## 华东政法大学
## 课程和教材建设委员会

**主　任**　叶　青
**副主任**　曹文泽　顾功耘　唐　波　林燕萍　王月明
**委　员**　王　戎　孙万怀　孙黎明　金可可　吴　弘
　　　　　刘宁元　杨正鸣　屈文生　张明军　范玉吉
　　　　　何　敏　易益典　何益忠　金其荣　洪冬英
　　　　　丁绍宽　贺小勇　常永平　高　汉
**秘书长**　王月明（兼）
**秘　书**　张　毅

# Macro-control Law

# 宏观调控法学
## ——市场与宏观调控法治化

主　编　吴　弘
副主编　任　超

北京大学出版社
PEKING UNIVERSITY PRESS

图书在版编目(CIP)数据

宏观调控法学:市场与宏观调控法治化/吴弘主编.—北京:北京大学出版社,2018.5
(高等学校法学系列教材)
ISBN 978-7-301-29462-8

Ⅰ.①宏… Ⅱ.①吴… Ⅲ.①宏观经济调控—经济法—法学—中国—高等学校—教材 Ⅳ.①D922.291.01

中国版本图书馆 CIP 数据核字(2018)第 078186 号

| | |
|---|---|
| 书　　　名 | 宏观调控法学——市场与宏观调控法治化<br>HONGGUAN TIAOKONG FAXUE |
| 著作责任者 | 吴　弘　主编 |
| 责任编辑 | 杨丽明　吕　正　黄　蔚 |
| 标准书号 | ISBN 978-7-301-29462-8 |
| 出版发行 | 北京大学出版社 |
| 地　　　址 | 北京市海淀区成府路 205 号　100871 |
| 网　　　址 | http://www.pup.cn |
| 电子信箱 | sdyy_2005@126.com |
| 新浪微博 | @北京大学出版社 |
| 电　　　话 | 邮购部 62752015　发行部 62750672　编辑部 021-62071998 |
| 印刷者 | 北京鑫海金澳胶印有限公司 |
| 经销者 | 新华书店 |
| | 730 毫米×980 毫米　16 开本　22 印张　359 千字<br>2018 年 5 月第 1 版　2018 年 5 月第 1 次印刷 |
| 定　　　价 | 56.00 元 |

未经许可,不得以任何方式复制或抄袭本书之部分或全部内容。
版权所有,侵权必究
举报电话:010-62752024　电子信箱:fd@pup.pku.edu.cn
图书如有印装质量问题,请与出版部联系,电话:010-62756370

# 目 录

**第一章 市场经济环境下的宏观调控法治化** …………………………… (1)
  一、市场与宏观调控的关系 …………………………………………… (1)
    (一)市场与宏观调控的含义 ………………………………………… (1)
    (二)市场与宏观调控的关系 ………………………………………… (2)
  二、宏观调控法治化及其意义 ………………………………………… (3)
    (一)法治化的含义 …………………………………………………… (3)
    (二)宏观调控法治化的背景与意义 ………………………………… (4)
  三、关于宏观调控法治化的理论争鸣 ………………………………… (5)
    (一)宏观调控法治化的必要性问题 ………………………………… (5)
    (二)宏观调控法治化的可行性问题 ………………………………… (7)

**第二章 市场与宏观调控法治化的理论分析** …………………………… (10)
  一、宏观调控的理论依据——市场失灵 ……………………………… (10)
    (一)"市场失灵"的一般理论 ……………………………………… (11)
    (二)市场在宏观经济层面失灵的主要表现及其原因分析 ……… (13)
    (三)小结:市场机制与宏观调控 …………………………………… (18)
  二、宏观调控法治化的理论依据——政府失灵 ……………………… (19)
    (一)"政府失灵"的一般理论 ……………………………………… (20)
    (二)政府在宏观调控市场中失灵的主要表现及其原因分析 …… (21)
    (三)小结:宏观调控与法治 ………………………………………… (25)

## 第三章　我国宏观调控的实践与问题 …………………………… (29)
一、我国宏观调控的历程 ………………………………………… (29)
（一）第一阶段：1993—1997 年 ………………………………… (29)
（二）第二阶段：1998—2002 年 ………………………………… (30)
（三）第三阶段：2003—2007 年 ………………………………… (30)
（四）第四阶段：2008—2010 年 ………………………………… (31)
（五）第五阶段：2011 年至今 …………………………………… (32)
二、我国宏观调控实践中存在的问题 …………………………… (32)
（一）宏观调控机构存在的问题 ………………………………… (32)
（二）宏观调控手段存在的问题 ………………………………… (33)
（三）宏观调控目标存在的问题 ………………………………… (34)

## 第四章　宏观调控法治化的国外经验 …………………………… (35)
一、美国宏观调控法的发展 ……………………………………… (35)
（一）美国宏观调控法的开端：罗斯福新政 …………………… (35)
（二）财政法 ……………………………………………………… (37)
（三）税法 ………………………………………………………… (38)
（四）金融调控法 ………………………………………………… (38)
（五）产业政策法 ………………………………………………… (39)
二、德国宏观调控法的发展 ……………………………………… (40)
（一）《经济稳定与增长促进法》 ………………………………… (42)
（二）《德意志联邦银行法》 ……………………………………… (42)
（三）财政预算法 ………………………………………………… (43)
（四）税收法 ……………………………………………………… (44)
（五）产业区域调控法 …………………………………………… (45)
三、日本宏观调控法的发展 ……………………………………… (46)
（一）经济计划法 ………………………………………………… (47)
（二）产业政策法 ………………………………………………… (48)
（三）财政税收调控法 …………………………………………… (49)

（四）金融调控法 …………………………………………（50）
　四、金砖国家宏观调控及其法治化 ……………………………（51）
　　（一）俄罗斯各经济时期的政府宏观调控 …………………（51）
　　（二）巴西应对金融危机的宏观调控及基本思路 …………（57）
　五、域外宏观调控法治化经验带来的启示 ……………………（60）
　　（一）健全的市场经济体制需要法治化 ……………………（60）
　　（二）宏观调控法治聚焦经济危机防范 ……………………（61）
　　（三）强调立法在权力制衡中的重要性 ……………………（61）
　　（四）根据国情选择宏观调控的目标与重点 ………………（62）

**第五章　新发展理念与宏观调控法治化** ………………………（63）
　一、新发展理念融入宏观调控法治 ……………………………（63）
　　（一）新发展理念的基本含义 ………………………………（63）
　　（二）新发展理念融入宏观调控法治的路径 ………………（64）
　二、宏观调控理念的更新 ………………………………………（65）
　　（一）宏观调控环境的变化要求市场化理念更新 …………（66）
　　（二）宏观调控行为认识的市场化重构 ……………………（66）
　　（三）宏观调控法理念市场化重构：从政府管制到市场配置 …（67）
　三、宏观调控法治化的内涵 ……………………………………（68）
　　（一）宏观调控的系统化 ……………………………………（69）
　　（二）宏观调控的程序化 ……………………………………（70）
　　（三）宏观调控的协调化 ……………………………………（72）
　　（四）宏观调控的类别化 ……………………………………（74）
　　（五）宏观调控监管的严格化 ………………………………（76）
　　（六）宏观调控信息的公开化 ………………………………（78）

**第六章　宏观调控法概述** ………………………………………（80）
　一、宏观调控法的内涵 …………………………………………（80）
　　（一）宏观调控法的概念 ……………………………………（80）

（二）宏观调控法的地位 ……………………………………（81）
二、宏观调控的法定目标 …………………………………………（82）
　　（一）基本目标 ………………………………………………（82）
　　（二）宏观调控法定目标的选择 ……………………………（84）
三、宏观调控法的基本原则 ………………………………………（85）
　　（一）权力限制原则 …………………………………………（85）
　　（二）合理适度原则 …………………………………………（85）
　　（三）维护调控对象权利原则 ………………………………（85）
　　（四）调控手段法定原则 ……………………………………（86）
四、完善宏观调控法构成体系 ……………………………………（86）
　　（一）宏观调控基本法 ………………………………………（86）
　　（二）宏观调控专门法 ………………………………………（87）
五、宏观调控法的若干理论问题 …………………………………（89）
　　（一）宏观调控基本法的立法问题 …………………………（89）
　　（二）宏观调控及时性与程序化矛盾 ………………………（90）
　　（三）市场调控主体与市场监管主体的关系 ………………（92）
　　（四）调控的法律手段与政府直接干预的关系 ……………（93）

## 第七章　宏观调控的主体 …………………………………………（95）

一、调控主体 ………………………………………………………（95）
　　（一）宏观调控的决策主体和执行主体 ……………………（95）
　　（二）地方政府在宏观调控中的角色定位 …………………（97）
二、受调控主体 ……………………………………………………（98）
　　（一）受调控主体的内涵 ……………………………………（98）
　　（二）受调控主体的特征 ……………………………………（100）
　　（三）受调控主体的权利和义务 ……………………………（101）
三、宏观调控主体的权能 …………………………………………（103）
　　（一）宏观调控权 ……………………………………………（103）
　　（二）宏观调控法主体的权能 ………………………………（104）

# 第八章 宏观调控的方式 ………………………………………… (107)
一、宏观调控行为 ……………………………………………… (107)
　（一）宏观调控行为的特点 ………………………………… (107)
　（二）宏观调控行为的性质及分类 ………………………… (108)
　（三）宏观调控行为的其他分类 …………………………… (110)
二、宏观调控工具 ……………………………………………… (111)
　（一）常用调控工具 ………………………………………… (111)
　（二）宏观调控工具创新 …………………………………… (116)

# 第九章 宏观调控的程序规范 …………………………………… (118)
一、宏观调控程序规范的意义 ………………………………… (118)
　（一）制约权力恣意扩张 …………………………………… (118)
　（二）保障经济民主 ………………………………………… (119)
　（三）增进宏观调控整体效益 ……………………………… (120)
二、决策程序 …………………………………………………… (121)
　（一）宏观调控决策的一般程序 …………………………… (121)
　（二）宏观调控决策的特殊程序 …………………………… (121)
　（三）宏观调控的变更程序 ………………………………… (122)
三、执行程序 …………………………………………………… (123)

# 第十章 宏观调控的监督与救济 ………………………………… (125)
一、宏观调控的监督 …………………………………………… (125)
　（一）宏观调控监督的必要性 ……………………………… (125)
　（二）权力机关对宏观调控的监督 ………………………… (126)
二、宏观调控的信息披露 ……………………………………… (128)
　（一）信息披露的信息经济学基础理论 …………………… (128)
　（二）宏观调控信息披露的形式 …………………………… (128)
三、违法调控行为的救济渠道 ………………………………… (130)
四、宏观调控行为的可诉性辨析 ……………………………… (132)

  （一）宏观调控"国家行为"的性质辨析 …………………… (132)
  （二）调控行为的可诉性 …………………………………… (133)

## 第十一章　宏观调控的法律责任 ………………………………… (135)
 一、宏观调控法律责任概述 ………………………………………… (135)
  （一）宏观调控法律责任内涵 ……………………………… (135)
  （二）宏观调控法律责任主体 ……………………………… (136)
  （三）宏观调控法律责任归责原则 ………………………… (140)
  （四）违法行为是归责基础 ………………………………… (141)
 二、宏观调控法律责任的类型 ……………………………………… (142)
  （一）责任形式分类 ………………………………………… (142)
  （二）不同调控行为的责任 ………………………………… (143)

## 第十二章　金融调控法 …………………………………………… (146)
 一、金融调控法治化 ………………………………………………… (146)
  （一）金融调控的特点 ……………………………………… (146)
  （二）金融调控的理论基础 ………………………………… (147)
  （三）金融调控法治化问题 ………………………………… (148)
  （四）金融调控法概述 ……………………………………… (150)
 二、金融调控机构（中央银行）制度 ………………………………… (152)
  （一）中央银行制度及其由来 ……………………………… (152)
  （二）中央银行的性质与职能 ……………………………… (155)
  （三）中央银行的组织形式和机构设置 …………………… (157)
 三、货币政策的制定与实施 ………………………………………… (159)
  （一）货币政策目标 ………………………………………… (159)
  （二）货币政策的决策 ……………………………………… (160)
  （三）货币政策工具 ………………………………………… (162)
 四、金融调控配套制度 ……………………………………………… (166)
  （一）货币发行与管理制度 ………………………………… (166)

（二）反洗钱法律制度 …………………………………………… (169)
　　（三）外汇管理法律制度 …………………………………………… (174)
　　（四）政策性银行法律制度 ………………………………………… (180)

**第十三章　财政调控法** ……………………………………………… (183)
　一、预算法制 ………………………………………………………… (183)
　　（一）预算与预算法概述 …………………………………………… (183)
　　（二）复式预算体系 ………………………………………………… (185)
　　（三）预算管理程序 ………………………………………………… (187)
　　（四）我国预算法的进步、缺陷与完善 …………………………… (191)
　二、政府投资及政府投资引导制度 ………………………………… (196)
　　（一）政府投资的定义 ……………………………………………… (196)
　　（二）政府投资法律制度 …………………………………………… (197)
　　（三）政府投资引导基金 …………………………………………… (201)
　三、政府与社会资本合作制度 ……………………………………… (207)
　　（一）政府与社会资本合作制度（PPP）的起源与定义 ………… (207)
　　（二）PPP的主要特征、分类及主要形式 ………………………… (210)
　　（三）PPP操作流程中的财政调控法律制度 ……………………… (213)
　　（四）PPP的政府采购法律制度 …………………………………… (215)

**第十四章　税收调控法** ……………………………………………… (221)
　一、税收与税法 ……………………………………………………… (221)
　　（一）税收的概念 …………………………………………………… (221)
　　（二）税收的基本特征 ……………………………………………… (222)
　　（三）税收的分类 …………………………………………………… (223)
　　（四）税法的概念、特征与职能 …………………………………… (225)
　　（五）税法与税收调控 ……………………………………………… (226)
　二、税收调控 ………………………………………………………… (227)
　　（一）税收调控的概念与依据 ……………………………………… (227)

（二）税收调控手段之实体法的构成要素 …………………（228）
　　（三）税收调控的基本原理 ………………………………（231）
　　（四）流转税调控机制 ……………………………………（236）
　　（五）所得税调控机制 ……………………………………（239）
　　（六）财产税调控机制 ……………………………………（242）
　　（七）行为税调控机制 ……………………………………（245）
　三、税收调控法治化 …………………………………………（246）
　　（一）税收调控法治化的概念及含义 ……………………（246）
　　（二）税收调控权的法治化 ………………………………（247）
　　（三）税收调控权配置法治化 ……………………………（248）
　　（四）税收调控法治化与公民参与 ………………………（250）
　　（五）税收调控法治化与公平竞争审查 …………………（251）
　四、保障税收调控的征管制度 ………………………………（252）
　　（一）税务管理 ……………………………………………（252）
　　（二）税款征收 ……………………………………………（253）
　　（三）违反税法的法律责任 ………………………………（254）
　　（四）税务争议的解决 ……………………………………（255）

## 第十五章　产业调控法 …………………………………………（257）
　一、产业调控法概述 …………………………………………（257）
　　（一）产业调控的概念 ……………………………………（257）
　　（二）产业调控的主体 ……………………………………（257）
　　（三）产业调控的法治化 …………………………………（258）
　　（四）产业调控法的特征 …………………………………（260）
　　（五）产业调控法的发展 …………………………………（261）
　二、产业结构调控法 …………………………………………（262）
　　（一）战略产业调控 ………………………………………（262）
　　（二）衰退产业调控 ………………………………………（263）
　　（三）幼稚产业调控 ………………………………………（264）

（四）特殊产业结构调控 …………………………………………（265）
　三、产业组织调控法 ……………………………………………………（267）
　　（一）产业组织调控的理由 …………………………………………（267）
　　（二）产业组织调控的内容 …………………………………………（267）
　　（三）产业组织调控的措施 …………………………………………（268）
　四、产业技术调控法 ……………………………………………………（268）
　　（一）科学技术进步法 ………………………………………………（269）
　　（二）产业技术创新法 ………………………………………………（270）
　　（三）产业技术成果转化法 …………………………………………（271）
　　（四）产业技术引进法 ………………………………………………（272）

**第十六章　计划(规划)调控法** …………………………………………（274）
　一、计划调控法概述 ……………………………………………………（274）
　　（一）计划的含义与功能 ……………………………………………（274）
　　（二）计划的类型 ……………………………………………………（275）
　　（三）计划调控法的概念与原则 ……………………………………（277）
　二、市场经济改革与计划调控法治化 …………………………………（278）
　　（一）计划在各国经济建设中的演变 ………………………………（278）
　　（二）计划及其法治化在我国的进展 ………………………………（280）
　　（三）市场经济条件下计划调控法治化的必要性 …………………（281）
　三、计划调控法的立法模式与内容 ……………………………………（282）
　　（一）立法模式 ………………………………………………………（282）
　　（二）立法内容 ………………………………………………………（283）

**第十七章　区域经济调控法** ……………………………………………（286）
　一、区域与区域经济调控 ………………………………………………（286）
　　（一）区域的基本范畴 ………………………………………………（286）
　　（二）区域经济调控的必要性 ………………………………………（287）
　二、区域经济发展的相关理论 …………………………………………（290）

（一）区域经济平衡发展理论 …………………………（290）
　　（二）区域经济不平衡发展理论 ………………………（292）
　　（三）小结 ………………………………………………（294）
三、国外区域经济调控制度的考察 …………………………（295）
　　（一）美国 ………………………………………………（296）
　　（二）英国 ………………………………………………（298）
　　（三）日本 ………………………………………………（300）
　　（四）德国 ………………………………………………（301）
　　（五）启示与借鉴 ………………………………………（303）
四、我国区域经济调控的法治化 ……………………………（305）
　　（一）我国区域经济发展战略的演进 …………………（305）
　　（二）依法调控区域经济协调发展 ……………………（310）

## 第十八章　房地产调控法 …………………………………（316）

一、房地产调控的原因 ………………………………………（316）
　　（一）房地产市场对我国经济社会的影响 ……………（316）
　　（二）房地产价格的过度暴涨，促使政府调控 ………（318）
二、我国房地产调控措施及评价 ……………………………（321）
　　（一）我国采取的房地产调控措施 ……………………（321）
　　（二）房地产调控存在的问题 …………………………（325）
三、房地产调控法律措施 ……………………………………（327）
　　（一）明确政府责任 ……………………………………（327）
　　（二）加快社会保障房的供给 …………………………（328）
　　（三）社会保障房公平合理分配 ………………………（329）
　　（四）完善房地产租赁市场 ……………………………（330）
　　（五）减少行政手段 ……………………………………（331）

**附　录** ………………………………………………………（332）

**后　记** ………………………………………………………（339）

# 第一章 市场经济环境下的宏观调控法治化

## 一、市场与宏观调控的关系

市场与政府宏观调控的关系,是我国经济体制改革的核心环节,也是经济法研究的重点之一。在深化改革的背景下,对市场与宏观调控关系的再研究,具有不同以往的现实意义。

我国经济体制的大变革一步步走来,从高度集中的计划经济体转变到有计划的商品经济,即计划起主导作用、市场起辅助作用;再转变到"使市场在国家宏观调控下对资源配置起基础性作用"[1],直至"市场在资源配置中起决定性作用"[2],同时更好地发挥政府作用。市场起决定性作用,即资源配置首先应当由市场机制决定,只有出现市场失灵且市场机制无法自行解决时,才需要政府宏观调控。宏观调控的作用主要有两项:一是补缺性作用,只要市场能够发挥作用,一律由市场去解决,不需要政府采取宏观调控措施;只有,在市场机制本身确实不能对资源配置时,政府方应及时进行宏观调控;二是救急性作用,即当宏观经济出现剧烈波动而市场机制难以应对时,需要政府通过相机抉择的财政、货币、税收等政策予以调控。[3]

### (一)市场与宏观调控的含义

市场源于早期人类对固定时段或地点进行交易的场所的称谓。简言之,市场是指买卖双方进行交易的场所。市场发展到现在,有两种基本含义:"① 商品买卖的场所。如商品交易所、市集等。② 一定地区内商品或劳务等的供给和有

---

[1] 江泽民:《全面建设小康社会,开创中国特色社会主义事业新局面——在中国共产党第十六次全国代表大会上的报告》。
[2] 《中共中央关于全面深化改革若干重大问题的决定》。
[3] 参见华国庆:《论全面深化改革背景下中国宏观调控制度的完善》,载顾功耘主编:《政府与市场关系的重构——全面深化改革背景下的经济法治》,北京大学出版社2014年版,第74页。

支付能力需求间的关系。"①市场是社会分工的产物,与商品经济密切联系。它具有交换商品、提供信息、融通资金等功能。市场可以按多种类型划分:按地区范围分,有国际市场、国内市场;按商品种类分,有棉纱、粮食、黄金等市场;此外还有技术、金融、劳务、信息等市场。②本书探讨的宏观调控所涉及的市场是从供需关系角度而言的,重点关注的是市场供需总量、供需结构以及供需平衡等问题。

宏观调控,是指"国家对国民经济宏观运行的调节与控制"。③简言之,宏观调控是国家对宏观经济的调控。而所谓宏观经济,是"微观经济的对称,指整个社会范围的经济活动。如社会总供给和总需求的关系,国民收入分配中的消费、储蓄和投资总量的关系,社会再生产中的物资平衡、信贷平衡和财政平衡,货币流通量和物价水平的关系,经济增长与经济波动等。"④党的十四届三中全会通过的《中共中央关于建立社会主义市场经济体制若干问题的决定》指出:"社会主义市场经济必须有健全的宏观调控体系。宏观调控的主要任务是:保持经济总量的基本平衡,促进经济结构的优化,引导国民经济持续、快速、健康发展,推动社会全面进步。"

**(二) 市场与宏观调控的关系**

1. 市场需要宏观调控予以引导

众所周知,经济发展本身具有周期性,而市场具有自发性、盲目性和一定的滞后性,因此,为了克服或减少经济周期性给社会带来的负面影响,政府在必要的时候应当通过宏观调控措施积极引导国民经济平稳发展。特别是在当今世界政治格局动荡不定、全球经济尚未走出金融危机阴影的背景下,市场更需要政府宏观调控予以引导。

2. 宏观调控必须尊重市场规律

如前所述,宏观调控的对象是经济总量和经济结构,调控的目标和任务是引导国民经济持续、快速、健康地发展,而经济总量的变化和经济结构的改善是市场无数或千千万万个不同主体或个体自我意志的市场行为产生的共同结果。政

---

① 资料来源:《辞海》(中),上海辞书出版社 2009 年版,第 3585 页。
② 同上。
③ 资料来源:《辞海》(上),上海辞书出版社 2009 年版,第 1551 页。
④ 同上。

府宏观调控一般不宜也不应采取直接干预或命令各具体的市场主体作为或不作为以及如何作为的方式进行,而应采取鼓励、奖励或禁止、限制、惩处某类(些)市场行为的方式引导市场主体开展市场活动。例如,通过调整财政预算改变供需结构(如拉动内需)或有针对性地支持某些产业;通过开征或暂停房产税和调整房产税税率而影响房地产供求结构变化和房地产价格;通过提高产品质量标准或排污标准等措施引导企业淘汰落后产能。总之,宏观调控的成效如何仍取决于各市场主体的市场行为。

导致市场行为发生、改变或终止的关键因素还在于市场规律,即市场的内在机制,包括价格机制、供求机制、竞争机制等。宏观调控欲达成预期的目标或效果,绝不可忽视市场规律本身的作用。追逐利润是创办企业的一般动机,故直接影响成本核算的价格机制必然会直接影响企业的行为。当企业完全无利可图时,企业将自行退出市场或因破产而被迫退出市场。如税率、利率过高,货币供应过紧,或者产品质量、排污标准过严等,都可能导致大多数企业无利可图而关闭,进而窒息经济。因此,政府对宏观经济运行进行调控必须建立在全面了解市场、科学预测市场趋势并充分尊重市场规律的基础之上,也就是说,政府只有审慎地控制调控经济的范围和程度,并充分利用市场机制的调节作用,才可能提高宏观调控的成效。

## 二、宏观调控法治化及其意义

### (一) 法治化的含义

"法治"是相对于"人治"而言的。"人治"也被称为"德治"或"礼治"。在"人治"社会,"统治者的道德、言行是规范被统治者道德、言行的尺度。"[1]而"法治"是指"按照法律治理国家的政治主张"[2]。亚里士多德在《政治学》一书中论述了"法治"胜于"人治",认为"法治应包含两重含义:已成立的法律获得普遍的服从,而大家服从的法律又应该本身是制定得良好的法律"[3]。在法治社会,法律应在

---

[1] 《辞海》(中),上海辞书出版社 2009 年版,第 3261 页。
[2] 《辞海》(上),上海辞书出版社 2009 年版,第 0959 页。
[3] [古希腊]亚里士多德:《政治学》,吴寿彭译,商务印书馆 1965 年版,第 199 页。

任何方面受到尊重而保持无上权威,执政人员和公民、团体只应在法律(通则)所不及的"个别"事例上有所抉择,两者都不应侵犯法律。①

　　法治化也就是推进法治的进程,包含两层含义:其一,有关立法从无到有,从有到优,即推进法律制度的建设,使民众有法可依。"法治化的首要前提是有既定的法律制度(即先要法制化才有法治化)。"②其二,有关规定得以普遍遵守,即"坚持法治国家、法治政府、法治社会一体建设"③,切实做到有法必依、执法必严、违法必究。

### (二) 宏观调控法治化的背景与意义

　　近年来我国一系列涉及市场与宏观调控的实践,如以限贷、限购、限价为特征的房地产市场调控,以强行救市应对股灾的紧急状态调控,以补贴等优惠措施进行招商竞争的区域性调控等,尽管皆取得了一定的成效,但也暴露出一些问题。例如,调控主体混乱;调控职权和职责不清;调控手段和措施的运用过于频繁,有的调控政策朝令夕改,有的调控措施带有一定的随意性或长官意志;不同的调控部门之间缺乏有效的协调或配合;等等。这些问题引起了人们的普遍关注与思考。究其原因,我国宏观调控尚未步入法治化的轨道。因此,在政府转变思维与职能,宏观调控归位与优化方面,有必要进行梳理并加以规范,最终走向法治化。

　　"党的十一届三中全会以来,我们党深刻总结我国社会主义法治建设的成功经验和深刻教训,提出了为了保障人民民主,必须加强法治,必须使民主制度化、法律化,把依法治国确定为党领导人民治理国家的基本方略,把依法执政确定为党治国理政的基本方式,积极建设社会主义法治,取得历史性成就。"④党的十八届四中全会通过的《中共中央关于全面推进依法治国若干重大问题的决定》提出了建设中国特色社会主义法治体系,建设社会主义法治国家的总目标,其中特别明确提出"社会主义市场经济本质上是法治经济",并作出了一系列相应的要求,开启了法治中国、法治经济的新时代。

　　不以规矩,无以成方圆。市场中商品和要素自由流动,自愿、公平交易,正

---

① [古希腊]亚里士多德:《政治学》,吴寿彭译,商务印书馆1965年版,第192页。
② 胡光志:《宏观调控法研究及其展望》,载《重庆大学学报(社会科学版)》2008年第5期。
③ 《中共中央关于全面推进依法治国若干重大问题的决定》。
④ 同上。

当、公平竞争等，均需要法治强有力的保障。从法治经济角度而言，良好的市场运行还意味着市场不受来自包括政府在内任何部门、组织、团体或个人的非法干扰，因此，政府宏观调控市场或经济应当于法有据，即应当纳入法治化的轨道。尽管我国1993年《宪法》修正案将"国家加强经济立法，完善宏观经济调控"写入国家根本大法，但这并不意味着我国宏观调控已步入法治化轨道。事实上，截至目前，我国尚未出台宏观调控基本法，而政府宏观调控经济手段的运用和措施的推出也显得随意性较大。《中共中央关于全面推进依法治国若干重大问题的决定》中明确提出"依法加强和改善宏观调控"，其深刻含义就是宏观调控有待法治化。

## 三、关于宏观调控法治化的理论争鸣

### （一）宏观调控法治化的必要性问题

目前学界普遍认为，现代民主政治与法治理念的核心要义在于公共权力的相互制衡以及政府行为的法治化。以法治为核心的法律的形式化要求国家权力的运作纳入法律设定的轨道之中，因此，宏观调控作为国家干预市场经济的重要方面理应纳入法治的轨道。但也少数学者持反对意见，认为不能运用法律手段对宏观调控进行规制。

持赞成观点的学者主要从经济学和法理学两个角度展开分析。经济学分析认为，市场机制并非完美万能，由于外部性、信息不对称、不完全竞争等问题的存在，市场会失灵，但是由于信息不完善、寻租和部门利益等问题存在，政府基于市场失灵进行的宏观调控行为也会出现失灵现象，所以，市场和政府的双重失灵要求法律对政府的宏观调控行为进行规制，使其法治化运行。法理学分析认为，宏观调控主体存在的滥用宏观调控权倾向，要求法律对宏观调控权的享有和行使划定一个边界，使宏观调控主体按照法治化要求依法进行调控。[①] 如有人指出，宏观调控主体享有很大的自由处分权力，在不能保证宏观调控主体至善与万能的情况下，只有通过法律、制度对其权力进行分配，达到制衡的效果，才有可能防止宏观调控主体的无序与任意。实现宏观调控权力的分权与制衡，为宏观调控

---

① 参见李传轩、沙文韬：《论金融宏观调控的法治化》，载《改革与战略》2007年第10期。

创造了自由而有限的权力空间,从而在具体的调控活动中有法可依,有规律可循。① 还有人认为,为防止政府失灵,确保相机抉择的准确性和合理性,需要运用法律对宏观调控进行规制。如中央银行宏观调控的地位、目标和手段法定反映金融宏观调控法主要是授权法,为防止对授权立法的滥用,维护法律体系的稳定和统一,金融宏观调控法应向限权法的方向发展。②

还有些学者认为,宏观调控的经济、行政和法律三种手段中,法律手段具有的普遍性、稳定性等特征,决定其较之于经济手段和行政手段处于明显优越的地位,理想的宏观调控行为必须是以法律为形式的行政手段或经济手段,这又成为衡量一个国家法治化程度的标志。如有学者认为,国家宏观调控的三种手段中,法律手段起到至关重要的作用,居于较高的层次,只有用法律手段约束和规范宏观调控行为,经济手段和行政手段的效能才能得到最大程度的发挥。③ 还有人认为,"在我国建立社会主义市场经济过程中,经济体制转化要求配以'经济和法律手段为主,行政手段为辅'的宏观调控方式"④。

有学者还从博弈论角度论证宏观调控法治化的必要性,认为"根据博弈论——参与人是理性的,而博弈结果往往是出人意料的,理性人的个体理性行为可能导致集体选择的非理性。在金融领域,主要表现为金融主体(包括银行、企业和个人)的理性选择与金融业的整体健康与稳定发展之间的冲突和矛盾"。金融调控通过限制微观金融组织机构的某些"获利"行为减少流动性或创造更多的流动性而达到金融秩序稳定、货币供求平衡的调控目的,这就使金融调控的意向必然与微观金融组织机构、企业、个人的理性行为相冲突。要实现有效合作和解决博弈冲突,达致最大化的效用,防范和化解金融风险,维护金融稳定,就需要不断地完善相关金融调控立法。⑤

持反对观点的学者是少数派。有学者认为宏观调控只管宏观层面,不过问微观,只有微观层面的市场经济活动才可以用法律手段规制,宏观调控不能用法律手段进行规范。例如,钱颖一认为,宏观调控是政府对经济总量的调节,是

---

① 参见上官玉磬:《金融宏观调控的权力分配与制约》,载《现代金融》2007年第9期。
② 参见方涌:《金融宏观调控法律制度刍议》,载《巢湖学院学报》2006年第1期。
③ 参见张永萍:《金融宏观调控法律制度完善》,载《人民论坛》2015年第23期。
④ 曾文革、廖益:《论法律手段在政府宏观调控中的运用》,载《河南师范大学学报(哲学社会科学版)》2003年第6期。
⑤ 参见周昌发:《经济学视野下的金融调控法律制度解析》,载《华东经济管理》2013年第4期。

不能用法律手段的,因为法律手段对市场经济进行规制是微观层面的。政府应该是对宏观经济总量作调节(价格或是数量的),而不是对微观经济活动作干预。① 还有些学者认为,法律手段具有形成过程的复杂性和漫长性以及执行中的刚性和被动性,不符合宏观调控手段需要具备很强时效性和灵活性的要求,甚至提出政府治理经济波动的经济手段和行政手段都是有法律依据或法律授权的,所有政策手段都可以视为法律手段。法律手段是借助立法、司法手段实施特定的经济政策。法律手段介入宏观调控只有在极端情况下才可能发生,不具有普遍意义。

本书认同赞成者的观点。我国正处于向市场经济转型深入的关键阶段,宏观调控中宏观调控权的设定及行使,若失去相应的法律规范就不能达到其应有目的。目前宏观调控法律制度体系存在"供给缺失"和"控权不足"的现象,需要将宏观调控纳入法制化渠道,进一步完善宏观调控法律制度体系。

### (二) 宏观调控法治化的可行性问题

讨论宏观调控是否适宜用法律规范,需要先厘清学界尚未达成共识的"宏观调控政策调整和法律调整之辨"以及"货币政策相机抉择和单一规则之争"。关于宏观调控适宜由行政部门依法制定的政策调整,还是应该制定法律使其法治化,学界的观点大体可归纳为权变派、规则派和中间派。

权变派主张"相机抉择",用灵活的政策处理经济波动,其经济理论基础主要包括凯恩斯主义和新古典综合派(也称后凯恩斯主义)等,主要理由是作为宏观调控对象的国民经济复杂多变,宏观调控应当根据具体的经济情势,相机作出决策、熨平经济波动,因此,"逆经济风向"而动的宏观调控法也应当具有灵活多变性。

规则派主张为调控主体制定规则,直接用法律处理经济波动,其经济理论基础主要包括货币主义和理论预期学派等。有些学者通过分析宏观调控和宏观调控法的调整对象的本质区别,反驳权变派"宏观调控的不确定性导致其难以适用法律调整"的观点,认为经济波动是宏观调控的调整对象,宏观调控法的调整对象是稳定的社会关系,符合法律稳定性、确定性的要求。例如,"宏观调控的对象

---

① 参见钱颖一:《宏观调控不能用法律手段》,载《东方企业文化》2005年第4期。

是经济现象,宏观调控法的对象是法律现象。经济现象的把握的确存在技术上的困难,比如缺乏可以跟踪、预测经济变动的金融、信贷和财会制度。但是宏观调控法的对象是宏观调控法律关系,是调控主体和受调控主体之间的权利义务关系,这是宏观调控法能成为一个相对独立的法律部门的依据。"①还有,根据货币政策实施效果的实证研究结果——相同规模幅度的紧缩性和宽松性货币政策,其于产出和价格的作用效力是不对等的,还伴随着不同程度的作用时滞,认为如果动辄机械地遵照线性的操作规则,难免会降低政策效力,加剧经济的波动程度,主张"我国的货币政策调控应逐步由相机抉择型向规则型调控为主转变,深入探讨货币政策调控的法治化路径,通过立法的方式确定货币政策最终目标"②。

中间派则主张采用规则约束下的相机抉择进行宏观调控,其经济理论学基础的主要代表是新凯恩斯主义。中间派学者认为,国家进行宏观调控时既要采取政策调整又要使用法律调整,一方面,国家宏观调控的主要任务是反经济周期,防止经济波动,而反经济周期的手段必然是逆风向行事,即相机抉择,因此宏观调控离不开运用灵活政策相机抉择;另一方面,不受规则约束的相机抉择又会导致调控的任意性和政府信誉丧失,根据理性预期理论,连续实施的最优相机抉择最终会导致次优的结果,因此相机抉择必须在规则约束下进行。学者认同宏观调控的复杂性、多变性和不可预知性,以及宏观调控法治化过程中难以避免的观念、制度和技术等难题,但仍然主张运用法律对宏观调控进行规制,认为将宏观调控纳入法治化轨道有径可循。如有专家认为在我国制定和颁布《宏观调控法》是完全必要和可行的,尽管对宏观经济形势的判断具有复杂性、前沿性和灵活性,但是宏观调控的原则性目标和实施手段都是可以制度化的。宏观调控制度与宏观调控政策完全可以做到互补。③ 有学者认为宏观调控具有间接性、随机性、变动性等特点,决定了其更多是依靠政策来实施,法律的稳定性特点使其很难对宏观调控行为进行具体而直接的规范调整,但法律作用的发挥可能主要

---

① 刘荔云:《我国宏观调控法治化的困境与出路》,载《长春工业大学学报(社会科学版)》2011年第3期。

② 郑曙光、戴超:《货币政策对区域性民间金融危机的制度诱因与法治化调控探析》,载《宁波大学学报(人文科学版)》2015年第6期。

③ 参见吴越:《宏观调控:宜政策化抑或制度化》,载《中国法学》2008年第1期。

通过程序进行控制,作用方式比较宏观和间接。① 有学者认为,宏观调控政策是各方利益博弈均衡的政治过程,如果没有相应的制度规则,很可能沦为暴政、赤裸裸的利益剥夺,成为利益集团牟取暴利的工具。相机抉择是宏观调控最基本的方式,对相机抉择的法律规制是宏观调控法的主要内容。他们批评经济学家围绕宏观调控应当遵守规则还是相机抉择的争论是一个伪命题,认为在规则约束下进行相机抉择已经成为各国宏观调控的基本做法。②

通过对上述三种观点分析发现,虽然"规则派"和"中间派"在宏观调控能否采用政策调整方面有分歧,但都认为不受规则约束的相机抉择会导致宏观调控的任意性和宏观调控权的滥用,为保证宏观调控的有效进行,需要用法律规则对宏观调控进行规制。本书认为在全面深化改革和全面依法治国的大背景下,将宏观调控纳入法治化轨道是市场经济深入转型的必经之路,既有必要性也有可行性。

---

① 参见李传轩、沙文韬:《论金融宏观调控的法治化》,载《改革与战略》2007 年第 10 期。
② 参见王新红:《规则约束下的相机抉择——宏观调控法几个基本问题的再思考》,载《法学论坛》2010 年第 5 期。

# 第二章  市场与宏观调控法治化的理论分析

## 一、宏观调控的理论依据——市场失灵

世界著名经济学家、1979年诺贝尔经济学奖获得者阿瑟·刘易斯认为:如果没有高瞻远瞩的政府的积极推动,没有一个国家能够在经济上取得进展。另一方面,政府干预经济生活造成不良后果的例子也有很多,因此提出种种警告要人们提防政府参与经济生活。政府可能会由于做得太少或做得太多而遭到失败。①

无论是西方发达资本主义国家的经济发展史,还是中华人民共和国成立以来经济建设的经验和教训,无不证明市场机制对社会资源配置的基础性作用是其他任何组织或力量所无法替代的。市场机制的核心是优胜劣汰的竞争机制和主要受供求关系影响的价值规律。"竞争是获致繁荣和保证繁荣最有效的手段。"②"竞争是提高生产率的最理想的手段。"③"在整体上,建立在竞争基础上的社会比其他社会能更有效地达到它们的目标。这是文明史已经明显证实的一个结论。"④

市场机制是资源配置极为有效的机制,创造了许多经济奇迹,但市场机制并非完美无缺、和谐协调、全知全能,"看不见的手"有时会引导经济走上错误的道路,市场机制有时会出现失灵的情况,在这些情况下,市场失灵会导致生产或消费的无效率,从而可以存在着政府治疗这些疾病的职能。⑤ 简言之,市场机制并非完美的,而存在自身无法或不能有效克服的缺陷,即"市场失灵"。因此,在"市场失灵"之处或当"市场失灵"之时,政府干预(包括宏观调控)市场或经济即成为

---

① 参见〔英〕阿瑟·刘易斯:《经济增长理论》,周师铭等译,商务印书馆1983年版,第463页。
② 〔德〕路德维希·艾哈德:《来自竞争的繁荣》,祝世康等译,商务印书馆1983年版,第11页。
③ 同上书,第154页。
④ Hayek, New Studies in Philosophy, Politics, Economics and the History of Ideas, Chicago: the University of Chicago Press, 1978, p.180.
⑤ 〔美〕保罗·A.萨缪尔森、威廉·D.诺德豪斯:《经济学(第12版)》(上),高鸿业等译,中国发展出版社1992年版,第78—79页。

必要。

**(一)"市场失灵"的一般理论**

关于市场与政府的关系,在经济学理论中主要存在两种观点,一种以亚当·斯密的古典经济学为代表,极力主张市场调节经济;一种以凯恩斯为代表,极力主张国家干预经济;此外还有介于这两种观点之间的诸多折中说。

在以亚当·斯密为代表,极力倡导市场这只"看不见的手"调节经济的古典经济学看来,市场经济就是实行自由企业制度,由市场这只"看不见的手"调节会实现供求均衡,并认为个人追求利益最大化的结果会实现社会利益的最大化。因此,对经济干预最少的政府是最好的政府。政府最好是充当"守夜人"的角色,其基本职能为:(1)保护本国社会的安全,使之不受其他独立社会的暴行与侵略。(2)保护人民,不使社会中的任何人受其他人的欺侮和压迫。(3)建设和维持某些私人无力办或不愿办的公共事业和公共设施。① 亚当·斯密的"经济人"概念及"看不见的手"的理论,实质就是要从根本上划清市场与政府权力之间的界限,严格限制政府的经济职能。②

古典经济学理想中的市场是完全竞争市场,其市场自动调节理论的前提和假设是市场充分竞争,是在一系列严格假设的基础上分析市场经济和市场机制的运行,因而价值规律或市场规律能够有效地配置资源。这些假设概括起来包括:完全理性的"经济人"、完全信息、零交易费用、完全竞争以及制度中性等。在古典经济学的假定市场经济中,每个主体都会按照市场调节信号作出符合市场规则的行为反应;市场是完全竞争的,每一个买者和卖者因规模很小而无从影响价格;经济运行中信息是完全的,价格在经济行为人之间传递有关稀缺性的信息,个人的经济行为完全由价格来支配;人们在市场上的交易过程归结为单纯的市场机制的操作,市场的运行也是没有交易费用的;市场信息的收集和传递,通过市场来配置资源均没有成本;制度是中性的。这种经济运行的结果会实现瓦

---

① 参见〔英〕亚当·斯密:《国民财富的性质和原因的研究》(下卷),郭大力、王亚南译,商务印书馆1981年版,第252—253页。
② 参见汤在新、吴超林:《宏观调控:理论基础与政策分析》,广东经济出版社2001年版,第52页。

尔拉斯"一般均衡"①：所有的厂商和个人都实现了利益的最大化，供求相等，各个市场、各种经济行为、各种经济变量实现相互依存和相互协调，社会福利实现最大化，达到"帕累托最优状态"②。

然而，在现实中，完全市场假设基本是不存在的，因为除了竞争导致集中即走向垄断以外，在现实社会经济中还存在自然垄断、国家垄断、地方保护、行业保护以及不正当竞争等诸多妨碍自由、公平竞争的情形。更为重要的是，市场本身是有缺陷的，即市场在运行过程中会出现失灵。市场是资源配置的有效机制，这已为十九世纪欧洲和北美洲大多数国家的资本主义经济成就所证明。"但是，市场不是万能的，市场机制也固有许多自身不可克服的缺陷，以致在资源配置上失灵和失效，即不能或难以实现资源的高效配置，这已为十九世纪末以来资本主义经济的发展状况，特别是周期性经济危机所证明。"③

所谓市场失灵，是指市场发挥作用的条件不具备或者不完全而造成的市场机制不能发挥作用的情形；④是指缘于市场机制本身的某些缺陷和外部条件的某种限制，使得单纯的市场机制无法把资源配置到最优的状态；⑤是指由于内在功能性缺陷和外部缺陷引起的市场机制在资源配置的某些领域运作不灵。⑥

时至今日，中外学者关于市场失灵的著述可谓汗牛充栋。诺贝尔经济学奖获得者斯蒂格利茨将市场失灵概括为公共产品、外部性、垄断尤其是自然垄断等方面。⑦ 我国有的学者将市场失灵的主要表现形式概括为市场的不完全、市场的不普遍、信息失灵、外部性问题、公共产品短缺和存在经济周期等六个方面；也有学者将市场失灵的主要表现归结为不完全竞争、不完善信息、外部性、公共产品短缺、社会分配不公以及宏观经济运行不稳等六个方面。⑧

---

① 瓦尔拉斯均衡(Walrasian Equilibrium)的含义为：在各种经济产品和要素市场上，消费者和生产者的最大化行为，在某些条件下能够导致需求和供给之间的数量均衡。一般均衡理论是法国经济学家瓦尔拉斯(Walrasian)于1874年在他的《纯粹经济学要义》一书中创立的，故名。

② 帕累托最优(Pareto Optimality)，也称帕累托效率(Pareto Efficiency)，是指资源分配的一种公平与效率的理想状态，假定固有的一群人和可分配的资源，从一种分配状态到另一种状态的变化中，在没有使任何人境况变坏的前提下，使得至少一个人变得更好。这个概念是以意大利经济学家维弗雷多·帕累托(Vilfredo Pareto)的名字命名的，他在关于经济效率和收入分配的研究中最早使用了这个概念。

③ 王全兴：《经济法基础理论专题研究》，中国检察出版社2002年版，第80页。

④ 参见李昌麒、刘瑞复主编：《经济法》，法律出版社2004年版，第34—35页。

⑤ 参见伍伯麟主编：《社会主义市场经济学教程》，复旦大学出版社1996年版，第317页。

⑥ 参见吴强：《政府行为与区域经济协调发展》，经济科学出版社2006年版，第5页。

⑦ 参见〔美〕斯蒂格利茨：《政府为什么干预经济》，郑秉文译，中国物资出版社1998年版，第69页。

⑧ 参见李昌麒、刘瑞复主编：《经济法》，法律出版社2004年版，第35页；王全兴：《经济法基础理论专题研究》，中国检察出版社2002年版，第85—86页。

关于市场失灵的表现,通常认为:所谓市场的不完全,主要是指市场容易形成垄断尤其是自然垄断的情形。所谓市场的不普遍,主要表现为价格机制的缺位。所谓信息失灵,主要是指信息不充分、信息不对称以及信息不准确;所谓外部性,又称外部效应,是指市场主体不需承担其行为的一切后果,或不能获得其行为所产生的一切利益的情形,又或它是一种非交换意义上的外部影响,可分为负外部效应和正外部效应。负外部性的存在往往会强化对不良行为的刺激,而正外部性的存在则会导致对良好行为的激励不足,两者都会导致资源配置的低效率。所谓公共产品,是相对于私人产品而言的,是指不把任何人排斥在享受之外的产品,具有非排他性和非竞争性,单纯依靠市场会导致公共产品的不足。所谓经济周期,通常是指在市场经济的生产和再生产过程中,周期性地出现经济扩张与市场紧缩交替更迭循环往复的这样一种现象。①

### (二)市场在宏观经济层面失灵的主要表现及其原因分析

宏观经济是相对于微观经济而言的。微观经济,是指单个经济单位的经济活动,如个别企业的生产、供销、个别交换的价格等。宏观经济,则是指国民经济的总体活动,即"整个国民经济或国民经济总体及其经济活动和运行状态,如总供给与总需求;国民经济的总值及其增长速度;国民经济中的主要比例关系;物价的总水平;劳动就业的总水平与失业率;货币发行的总规模与增长速度;进出口贸易的总规模及其变动等"②。

前文有关"市场失灵"的一般理论所分析的市场失灵的表现既有微观经济层面的,也有宏观经济层面的。其中,就宏观经济层面而言,市场失灵主要表现为总供需失衡、产业结构不合理、区域经济发展不平衡、经济周期性波动、贫富分化以及资源与环境等问题。

1. 市场难以自动实现社会总量的平衡

市场机制所产生的效率从微观层面来看无疑是最有效的。然而,市场参与者追求和实现自身或个体利益和效率的最大化,并不能带来宏观经济效益和效率的最大化。

市场之所以自身难以实现社会总供给与总需求的平衡,主要是因为市场参

---

① 参见李昌麒、刘瑞复主编:《经济法》,法律出版社2004年版,第35—37页。
② http://baike.baidu.com/view/337567.htm,2016年4月15日访问。

与者的宏观经济信息不完备(包括不全面、不准确、不及时),因此难以作出恰当的决策。此外,市场参与者在决策和行动时关心的只是个体的效率和效益而非宏观经济的平衡。"受市场机制作用的企业以追求利润为目的的微观选择,不可能洞察国民经济的全局,从国民经济综合平衡的角度安排自己的经济活动,由此容易导致全社会的供求失调。"[①]在市场经济中,失业、通货膨胀和经济危机等供需总量失衡现象是宏观经济运行不稳定的主要表现。[②]

在主张自由放任经济的学者看来,市场会通过"无形之手"实现供求的均衡。或许从相当长的时期来看这是正确的,但是,依靠市场在相当长的时期来实现供需总量的相对平衡,其社会成本必然是沉重的,并极可能由此引发社会剧烈动荡乃至政权稳固问题。早在自由放任主义的鼎盛时期,西斯蒙第就曾批判李嘉图的市场供求平衡理论,认为:"我们千万不要相信平衡会自动恢复,这是危险的学说……一定的平衡的确可能自动恢复,但必须逐渐恢复,而且还要经过一场可怕的灾难。"[③]由于宏观经济失衡是市场自发和有效运行的必然结果,因此市场机制就不可能自动保证供求总量均衡、经济稳定增长和充分就业的实现,而需要政府运用金融、财政等宏观经济政策来调控供求总量和结构,刺激或抑制经济增长,以保持宏观经济运行的稳定。[④] 市场难以自动快速有效地修复宏观经济总量的失衡。"宏观调控是为保持社会总需求与总供给的平衡、避免经济周期性波动而实施的经济措施,它所提供的'公共物品'是能维持经济健康运行的良好外部环境。"[⑤]

2. 市场难以自动合理调整产业结构

产业结构是指各产业的构成及各产业之间的联系和比例关系。在各国经济发展的过程中,均容易出现产业结构不合理或失衡的现象。

导致产业结构失衡的主要原因有:其一,不同产业之间在某一时期收益率存在明显差异,市场主体逐利的动机驱使其在一定时期纷纷涌向当时利润丰厚的产业,并迅速导致这类产业饱和进而出现产能过剩;其二,不同产业之间进入门

---

① 陈婉玲:《从单一干预到微观规制与宏观调控的辩证统一》,载《现代法学》2007年第6期。
② 参见王全兴:《经济法基础理论专题研究》,中国检察出版社2002年版,第84页。
③ 〔瑞士〕西斯蒙第:《政治经济学新原理》,何钦译,商务印书馆1983年版,第396页。
④ 参见王全兴:《经济法基础理论专题研究》,中国检察出版社2002年版,第84页。
⑤ 刘文华、丁亮华:《公共物品、市场自由与宏观调控》,载北京市法学会经济法学研究会编:《宏观经济法制文集》,2001年版,第7页。

槛存在明显差异,一般的市场参与者倾向于进入门槛较低的产业(往往是低端产业),导致这些产业容易出现产能过剩。这也正是我国目前低附加值、高消耗、高污染、高排放产业的比重偏高,而高附加值、绿色低碳、具有国际竞争力产业的比重偏低的产业结构问题突出的原因所在。为此,亟须调整产业结构,淘汰落后产能和"三高"行业,加快推进科技体制改革,促进高技术含量、高附加值产业的发展。

但是,由于市场运行的惯性,加上我国大量的国有资本沉积在落后的传统产业中,现有的不合理的产业结构很难依靠市场自身进行合理调整。因此,宏观调控无疑是产业结构转型、升级的重要推力。我国从 2015 年开始的以去产能、去库存、去杠杆、降成本、补短板为重点的供给侧结构性改革,其意旨就是通过宏观调控措施改善我国的产业结构。

3. 市场难以自动实现区际经济协调发展

由于地理位置和自然禀赋的差异,各国不同区域之间经济发展不均衡具有常态性、长期性,它是市场机制作用的必然产物。"在世界上,几乎每个国家都存在相对贫困落后的地区或失业问题严重、经济萧条的地区。"[①]"区际发展非均衡状态作为一种普遍的经济现象,它的合理性一面仅仅局限在一定的范围内。过大的区际发展差异,不仅因为所产生的宏观经济问题,如产业结构升级缓慢,需求不足引发投入不足等,从而影响整个国民经济的健康发展,而且将降低微观经济单位和要素的收益,使市场机制的作用受阻。"[②]

在 20 世纪 30 年代之前,自由主义理论认为,生产要素的空间流动能自动消除区域差距。在区域分工贸易方面,传统理论认为区域分工贸易必然会增进各地区的利益,导致区域均衡。[③] 在经济自由主义者看来,区际经济问题完全可以通过市场机制来解决。对于区际经济差距问题,可以通过市场机制再分配资源来促进区域均衡发展。较具代表性的是市场自发协调论。市场自发协调论由美国著名经济学家威廉姆逊(J. G. Williamson)提出,他强调,通过市场自发力量会自动拉平区域间的差距,达到区域协调发展。该理论认为,"在市场供求关系和资本边际收益递减规律的支配下,发达区域的资本会流向欠发达区域,欠发达区

---

① 张可云主编:《区域经济政策》,商务印书馆 2005 年版,第 1 页。
② 陈计旺:《地域分工与区域经济协调发展》,经济管理出版社 2001 年版,第 35—36 页。
③ 参见张可云主编:《区域经济政策》,商务印书馆 2005 年版,第 99—100 页。

域的劳动力则会流向发达区域。……因此,欠发达区域的经济增长具有比发达区域更为有利的因素,迟早会消除与发达区域的差距,不需要政府过多地干预。"①

然而,现实的情况却是,"在市场力量的作用下,发达地区经济表现为上升的正反馈运动,欠发达地区经济表现为下降的负反馈运动。在这种循环中,存在着扩散和回流两种不同效应。扩散效应是指从发达区域到不发达区域的投资活动,包括供给不发达区域原材料或购买其原料和产品;回流效应是由不发达区域流入发达区域的劳动力和资本,引起不发达区域经济活动的衰退。在循环累积因果过程中,回流效应总是大于扩散效应,因此区域差异在市场力量作用下会不断扩大。"②区际经济发展属于宏观经济范畴,各国经济发展的实践表明,市场机制对于解决宏观经济问题是失败的。正因为如此,缪尔达尔根据"马太效应"认为,市场机制的作用将使区际发展差距进一步扩大,并使落后地区陷入恶性循环状态。③ 总之,区域经济发展不平衡存在诸多原因,而市场机制在协调区际平衡发展方面显得无能为力。

发达国家的经济发展历史以及区域经济实践表明,单纯的市场机制无法实现区域经济的协调发展。市场机制在区域经济协调发展方面的"失灵"需要借助于政府干预(协调)来避免或弥补。"各国无一例外地通过政府的区域政策刺激欠发达地区的经济发展或采取其他经济手段来缩小区域间发展差距。"④"政府对区际发展非均衡的干预,并非是一种以牺牲效率换取公平的政治行为,而是一种谋求宏观经济利益,并为市场机制作用的发挥创造良好环境的经济行为。"⑤当一国区域经济发展差距过大或不断扩大之时,政府有必要通过宏观调控手段或措施,促进区域经济协调或平衡发展。

**4. 市场难以抑制过度投机而易形成经济泡沫**

在经济学上,"泡沫(bubble)"是指资产价值超越实体经济,因而极易缺乏持续发展能力的经济状态。该词可追溯至1720年发生在英国的"南海公司泡沫事

---

① 参见吴强:《政府行为与区域经济协调发展》,经济科学出版社2006年版,第28—35页。
② 刘秉镰、韩晶等:《区域经济与社会发展规划的理论与方法研究》,经济科学出版社2007年版,第15页。
③ 陈计旺:《地域分工与区域经济协调发展》,经济管理出版社2001年版,第35—36页。
④ 李英勤:《区域合作与分工——泛珠三角、南贵昆区域合作与贵州经济起飞战略》,中国经济出版社2005年版,第402页。
⑤ 陈计旺:《地域分工与区域经济协调发展》,经济管理出版社2001年版,第35—36页。

件",当时南海公司在英国政府的授权下垄断了对西班牙的贸易权,对外鼓吹其利润的高速增长,从而引发对南海股票的空前热潮。由于没有实体经济的支持,经过一段时间其股价迅速下跌,犹如泡沫那样迅速膨胀又迅速破灭。早期其他的泡沫现象还有荷兰的"郁金香事件"和法国的"约翰·劳事件"等。

经济泡沫大都由大量的过度投机活动形成并支撑。从常理上讲,市场参与者应当是理性的"经济人",其在从事经济活动时应当综合评估成本和将来可能的收益与风险。然而,现实中的市场参与者在许多情形下其理性是有限的,因为人性的贪婪与恐惧是与生俱来的,市场参与者追逐高额利润的贪婪本性会不时地显现出来。当越来越多的市场参与者过度投机,疯狂追逐短期利益而非长期投资收益之时,经济活动就成为"击鼓传花"式的市场游戏,于是经济泡沫就会快速形成。在现代经济条件下,各种金融工具和金融衍生工具的出现以及金融市场的自由化、国际化,使得泡沫经济的发生更为频繁,波及范围更加广泛,危害程度更加严重。各国股市、房市泡沫的形成和破裂均是典型的事例。

在经济泡沫生成和发展的过程中,市场自身不仅不会抑制泡沫的生长,相反会加快泡沫的扩张。经济泡沫一旦形成,其终将破裂并导致市场暴跌也就是必然的,并必将对经济持续、稳定发展造成极大地破坏。因此,当市场出现普遍的非理性的投机现象时,政府就有必要采取调控措施引导市场行为,抑制过度投机。

5. 市场易加剧社会贫富的分化

经济公平是现代法治所追求的重要目标之一。而经济公平又可分为机会公平和结果公平。"尽管市场在配置资源以适应消费需求方面是有效率的,或者确定是不可少的,但现有的需求方式却是不符合社会公平的。"① 市场机制实质上是"丛林规则",优胜劣汰、弱肉强食。"由于市场主体拥有生产要素的数量和质量有别、个人能力有差异,导致他们在市场竞争中的结果也不一样,从而造成贫富差距日益悬殊。"② "市场劣败者沦为市场优胜者的战利品,丧失作为人的基本权利,使人不成其为人。在存在千差万别的人们中间听凭市场自由竞争必然导致社会的不公平。"③ 市场自由竞争的经济机会公平的表象下往往掩盖的是事实

---

① 〔英〕阿列克·凯恩克劳斯:《经济学与经济政策》,李琮译,商务印书馆1990年版,第45页。
② 顾功耘主编:《经济法教程》,上海人民出版社、北京大学出版社2006年版,第17页。
③ 邱本:《自由竞争与秩序调控》,中国政法大学出版社2001年版,第329页。

上的社会经济或财富的不公平。

"社会公平问题是不能由市场机制解决的,大规模的社会保障活动不是任何单个的市场主体仅凭自身力量所能完成的,就只能寻求非市场的力量和方式。"① "宏观调控要扶持弱者、救济弱者,使残酷的市场竞争不乏对人尤其是对弱者的关切,宏观调控追求社会公平。"② 因此,只有政府采取税收和财政转移支付等宏观调控手段或措施,才能有效地抑制社会贫富分化的加剧。

6. 市场的负外部性易导致代际不公

市场活动具有外部性,包括正外部效应和负外部效应。在当今社会,随着科技的进步,人类开发和利用自然资源的能力在不断提高,但与此同时,人类对自然和生态的破坏力也在不断加大。"在现代市场经济中,外部效应的存在范围一直呈现扩大趋势,外部效应的承受者不仅包括当代公众而且还包括后代公众。特别是随着社会人口的日益稠密,自然资源消耗的日益加速和经济全球化的日益加深,负外部效应已成为可持续发展的巨大威胁。"③ 市场参与者以追求自身经济利益为本性,容易漠视社会经济的未来发展。因此,单纯的市场机制所导致的社会经济不公平除了上述当代人的贫富分化问题以外,还会因市场行为的负外部性而引发当代人与后代人即代际不公平问题。

正因如此,关注代际公平的可持续发展观已成为国际社会的共识。可持续发展是既满足当代人需要,又不危害满足后代人需要的能力的发展。这种理念突破了当代时间维度,以代际资源公平分配为其视野,要求宏观调控从考虑后代利益角度进行资源配置,纠正市场配置资源所带来的不利后代的偏差,引导资源配置向后代倾斜。还要求宏观调控手段提高资源利用效率,促进资源节约和环境保护。④

### (三) 小结:市场机制与宏观调控

关于市场机制与宏观调控的关系,通过上述分析,不难得出以下几点结论:

1. 市场机制在宏观经济层面存在"失灵",需要政府宏观调控

市场机制在宏观经济层面存在诸多自身无法克服的缺陷——市场失灵,因

---

① 王全兴:《经济法基础理论专题研究》,中国检察出版社2002年版,第187页。
② 邱本:《自由竞争与秩序调控》,中国政法大学出版社2001年版,第329页。
③ 王全兴:《经济法基础理论专题研究》,中国检察出版社2002年版,第82页。
④ 同上书,第187页。

此需要政府宏观调控。"市场失灵的地方往往就是宏观调控的领域。"①"政府的宏观经济作用就是避免协调失灵。"②在现代社会,完全自由放任的市场经济是不存在的。"概言之,由于市场本身固有的缺陷以及由此带来的市场失灵,诸如,信息不对称、公共产品短缺、分配不公、外部性、不完全竞争、个体追逐私利和社会整体利益的冲突等因素,使得国家干预经济,通过政府对经济进行宏观调控成为历史和现实的必然。"③

2. 市场经济与宏观调控相互依存

市场经济与宏观调控不是相互对立的而是相互依存、相得益彰的。没有市场机制,便成为政府管制经济,也就无所谓宏观调控;相反,没有宏观调控,"市场经济就会蜕变成洪水猛兽,最终就没有市场经济"④,也就无所谓市场机制。

3. 宏观调控是市场机制的有益补充,但不能替代市场机制

宏观调控是市场机制的有益补充,而非替代市场机制对资源配置的基础性作用。"宏观调控的存在价值是弥补市场失灵,它应当以市场调节为基础,作为市场调节的补充手段而存在。这就决定了宏观调控必须尊重、符合并善于利用市场规律。"⑤广泛无限的宏观调控必然管得太多太死,会蜕变成高度集权的行政管理,窒息经济民主和经济自由,这不是宏观调控而是全面管制。在市场体制下,市场调节是第一次的、基础性的,而政府干预是第二次的、辅助性的,……凡是能市场竞争的,就没有必要宏观调控。⑥ 宏观调控只能用于弥补市场失灵,不能越俎代庖。在市场经济条件下,政府是为社会服务的,而不是凌驾于社会之上。⑦ 因此,市场与政府之间应有合理的边界。

## 二、宏观调控法治化的理论依据——政府失灵

市场机制会出现失灵,需要政府干预或协调。在 20 世纪 30 年代自由主义

---

① 邱本:《自由竞争与秩序调控》,中国政法大学出版社 2001 年版,第 321 页。
② See Helm, The Economic Borders of the State, Oxford University Press, 1989, p.182.
③ 徐孟洲、谢增毅:《中国宏观经济调控立法研究》,载徐杰主编:《经济法(第 3 卷)》,法律出版社 2002 年版,第 227 页。
④ 邱本:《自由竞争与秩序调控》,中国政法大学出版社 2001 年版,第 332 页。
⑤ 王全兴、管斌:《宏观调控法论纲》,载《首都师范大学学报(社会科学版)》2002 年第 3 期。
⑥ 参见邱本:《自由竞争与秩序调控》,中国政法大学出版社 2001 年版,第 336 页。
⑦ 参见周永坤:《宏观调控法治化论纲》,载《法学》1995 年第 10 期。

陷入危机之后,以凯恩斯为代表的国家干预主义登上舞台。该理论认为,在市场不能自动有效地调节供需平衡的情况下,需要独立于市场之外的国家干预来弥补市场经济的这种内在缺陷;不能让经济力量自由运行,须由政府来约束或指导。凯恩斯主义曾在西方主要的资本主义国家盛行一时,并一度使许多国家得以迅速摆脱经济危机。

国家干预主义是以国家为理性与道德人假设作为前提的,然而,西方经济发展史已证明该假设是不成立的。政府并非万能,其理性是有限的。政府在许多情况下同样会出现"失灵",而防范或匡正"政府失灵"的最有效办法就是政府干预经济行为(包括政府宏观调控市场)的法治化。

### (一)"政府失灵"的一般理论

政府失灵论认为,政府干预或协调经济也会出现失灵,或称为政府缺陷。"政府的缺陷至少与市场一样严重。"[①]"应当认识到,既存在着市场失灵,也存在着政府失灵……当政府政策或集体运行所采取的手段不能改善经济效率或道德上可接受的收入分配时,政府失灵便产生了。"[②] 为弥补市场缺陷而出现的政府干预,在提高效率、增进平等和促进宏观经济稳定与增长方面,已取得巨大成就,这已为战后许多市场经济国家的经济成就所证明。但是,与市场不是万能者一样,政府也不是万能的。[③]

政府失灵既包括政府干预不到位,又包括政府干预错位,还包括政府干预不起作用。简言之,政府失灵是政府的局限性所造成的后果。有学者认为,政府失灵很容易表现在以下几个方面:(1) 政府运行效率低下;(2) 过度干预;(3) 公共产品供应不足;(4) 政府不受产权约束;(5) 预算分配偏离社会需要;(6) 权力寻租。也有学者将政府缺陷的主要表现归纳为:(1) 内部性;(2) 寻租行为;(3) 信息不完善;(4) 不完全竞争;(5) 官僚机构膨胀;(6) 政府效率递减。[④]

因此,在市场机制中,国家(或政府)既要对具有盲目性、自发性的自由竞争

---

① 〔美〕詹姆斯·M.布坎南:《自由、市场和国家——80年代的政治经济学》,平新乔、莫扶民译,上海三联书店1989年版,第28页。
② 〔美〕保罗·A.萨缪尔森、威廉·D.诺德豪斯:《经济学(第12版)》(下),中国发展出版社1992年版,第1173页。
③ 王全兴:《经济法基础理论专题研究》,中国检察出版社2002年版,第84—85页。
④ 参见李昌麒、刘瑞复主编:《经济法》,法律出版社2004年版,第38页;王全兴:《经济法基础理论专题研究》,中国检察出版社2002年版,第85—86页。

第二章　市场与宏观调控法治化的理论分析

状态进行调整,实现经济稳定协调发展,又要审慎地运用法律对具有过度运用权力倾向、存在自身利益和偏好的扩张性、官僚性的政府经济行为进行控制,防止因权力过度膨胀和权力至上而损害市场主体利益、妨碍市场机制对资源的基础性配置作用。①

**(二) 政府在宏观调控市场中失灵的主要表现及其原因分析**

政府干预或协调经济最重要的举措就是宏观调控。宏观调控是调控主体从社会公共利益出发,为了实现宏观经济变量的基本平衡和经济结构的优化,引导国民经济持续、健康、协调发展,对国民经济所进行的总体调节和控制。② 也是国家从社会经济的宏观和总体角度,运用国家计划、经济政策和各种调节手段,引导和促进社会经济活动,以调节社会经济的结构和运行,维护和促进社会经济协调、稳定和发展。③ 简言之,宏观调控是国家为了保持经济总量的平衡,促进经济结构的优化,实现经济发展和增长等目标,对国民经济总体活动进行的调节和控制。

国家或政府的宏观调控如同其他政府行为一样,同样存在着包括"政府失灵"在内的种种风险。④ 政府在宏观调控市场中的失灵主要表现在以下几方面:

1. 政府的有限理性易使宏观调控失当

传统理论对政府行为的研究是基于理性经济人的假设展开的,认为政府是理性的,通过政府的干预可以有效地克服市场缺陷,实现公共利益或社会利益的最大化。然而,现实中的政府不可能是全知全能和良知理性的。受主客观因素的影响或制约,政府的理性往往是有限的。"国家或政府并不一定是完全代表全社会的具有完全理性的实体。政府的行为既可能推进,也可能抑制或破坏市场制度的成长。"⑤ 导致政府在宏观经济调控中有限理性的主要因素有以下两方面:

第一,政府宏观经济信息不完备,包括信息不全面、不准确和信息不对称。

---

① 参见顾功耘主编:《经济法教程(第二版)》,上海人民出版社、北京大学出版社 2006 年版,第 183—184 页。
② 参见王全兴、管斌:《宏观调控法论纲》,载《首都师范大学学报(社会科学版)》2002 年第 3 期。
③ 参见漆多俊:《宏观调控法研究》,载《法商研究》1999 年第 2 期。
④ 参见胡光志、田杨:《宏观调控法基本原则新探——从金融危机中"救市"需要法治化谈起》,载《重庆大学学报(社会科学版)》2011 年第 1 期。
⑤ 姜德波:《地区本位论》,人民出版社 2004 年版,第 109 页。

政府宏观调控决策的正确性很大程度上取决对宏观经济信息的掌握。"政府对市场经济的有效干预取决于对市场信息的全面和准确的把握,但由于现代市场经济系统的复杂性和变动性,使这种对信息收集和处理的严格要求几乎是不可能达到的。"① 政府虽然具有优于市场主体的收集、分析和处理市场信息的条件,但市场信息的不确定性决定了政府仍难保证其所获信息的充分和真实。② 特别是在当今世界政治、经济局势动荡不定和经济全球化的背景下,社会经济运行和发展瞬息万变,经济信息的汇总往往会有一定的滞后性,从而导致宏观调控决策失当。

第二,宏观调控决策者的认知有限。政府宏观调控经济最终需要通过具体的人进行决策。而人的认知、经验是有限的,并且在作出判断和决策时可能还会受到个人情感、偏好等因素的影响。"宏观调控决策受调控者主客观因素的制约(如客观上掌握的市场信息是否有足够的数量和质量,主观上人们的理性判断是否准确等),不一定每次都能做出正确的判断与宏观调控决策。"③

第三,政府宏观调控部门倾向于维护国有经济利益。宏观调控部门作为政府机关的组成部分,在对经济进行宏观调控时不可避免地会偏袒基于政府投资的国有经济的利益。"在非国有经济比重越来越大、地位越来越重要的条件下,如果宏观调控依然以所有制为标准,对不同经济成分采取不同的调控策略和措施,必将使不同所有制的市场主体处于不平等的调控之下,仅使较少的企业受到有效的调控,造成调控的乏力和低效。"④ 为了预防政府因有限理性而作出非科学、合理的宏观调控决策,有必要通过立法明确宏观调控的条件和民主决策程序,并且明确从以所有制为标准转向以产业为标准进行宏观调控。

2. 政府宏观调控决策机关和决策者易出现权力寻租、被俘或者权力滥用

"寻租",也称"创租",指的是那种利用资源通过政治过程获得特权从而构成对他人利益的损害,且该损害大于租金获得者收益的行为。⑤ "被俘"是被动创租,指政府由于受到既得利益集团的诱使或迫使,利用其职权,创造和维护某些

---

① 徐孟洲、谢增毅:《中国宏观经济调控立法研究》,载徐杰主编:《经济法》(第3卷),法律出版社2002年版,第228页。
② 参见王全兴:《经济法基础理论专题研究》,中国检察出版社2002年版,第86页。
③ 胡光志:《宏观调控法研究及其展望》,载《重庆大学学报(社会科学版)》2008年第5期。
④ 王全兴、管斌:《宏观调控法论纲》,载《首都师范大学学报(社会科学版)》2002年第3期。
⑤ 参见过勇、胡鞍钢:《行政垄断、寻租与腐败——转型经济的腐败机理分析》,载《经济社会体制比较》2003年第2期。

## 第二章 市场与宏观调控法治化的理论分析

利益集团的既得利益。①

任何利益主体,无论是个人、企业还是政府,都有"经济人"固有的理性,总是要通过各种努力尽量谋求自身或相关主体的利益最大化。马克思曾经指出:"人们奋斗所争取的一切,都同他们的利益有关。"②布坎南认为,国家的建立同时意味着产生了依靠公共强制力的、或多或少不受委托者影响的统治者。统治者为了实际履行职能,必须寻求代理人,并赋予代理人一部分从委托人处获得的权利。问题在于,统治者与代理人都是与委托者一样具有"理性人"行为倾向的人,只不过拥有公职身份。他们既不会比常人更坏,也不会比常人更好。③ 法国启蒙思想家孟德斯鸠曾指出:"一切有权力的人都容易滥用权力,这是万古不易的一条经验。"④

政府宏观调控意味着政府权力介入市场。"在非法治化运作的背景下,谁也不敢保证宏观调控中不会出现创租或被俘的情形。"⑤市场主体受其利润最大化目标的驱使,必然寻求租用政府权力的机会。……与此对应的政府一方,在其内部性的作用下,也可能寻求设租的机会,将政府权力出租给交付租金的市场主体,即为增加政府组织或官员的自身利益,实施有利于特定市场主体集团或个人而偏离社会公共利益的政府经济行为。寻租现象不仅降低政府配置资源的效率,而且导致政府腐败。⑥ 在宏观调控过程中,调控者拥有无比强大的权力,调控者与受调控者的法律地位不平等,极易导致权力滥用、低效运行等逆向效应,使国家的经济发展同时面临市场失灵和政府失灵的双重风险。⑦

"从事物性质来说,要防止滥用权力,就必须以权力约束权力。"⑧因此,对宏观调控关系的调整,重点在于控制政府的宏观调控行为,宏观调控法首先是规范和管理调控者的法。⑨

---

① 参见胡光志:《宏观调控法研究及其展望》,载《重庆大学学报(社会科学版)》2008 年第 5 期。
② 《马克思恩格斯全集》第 1 卷,人民出版社 1956 年版,第 82 页。
③ 参见〔美〕詹姆斯·M. 布坎南:《自由、市场和国家——80 年代的政治经济学》,平新乔、莫扶民译,上海三联书店 1989 年版,第 29—41 页。
④ 〔法〕孟德斯鸠:《论法的精神》(上册),张雁深译,商务印书馆 1982 年版,第 154 页。
⑤ 胡光志:《宏观调控法研究及其展望》,载《重庆大学学报(社会科学版)》2008 年第 5 期。
⑥ 参见王全兴:《经济法基础理论专题研究》,中国检察出版社 2002 年版,第 85—86 页。
⑦ 参见李昌麒、胡光志:《宏观调控法若干基本范畴的法理分析》,载《中国法学》2002 年第 2 期。
⑧ 〔法〕孟德斯鸠:《论法的精神》(上册),张雁深译,商务印书馆 1982 年版,第 154 页。
⑨ 参见李昌麒、胡光志:《宏观调控法若干基本范畴的法理分析》,载《中国法学》2002 年第 2 期。

3. 政府宏观调控部门间调控目标和利益的不同易影响调控效率

"宏观经济管理被普遍认为是中央政府的职能。"①宏观调控的根本特点就在于，它必须从全局出发，针对整个市场运行情况，对有关经济全局和根本性的问题作出安排或进行协调和控制。而政府的个别部门以及地方政府（尤其是基层政府），一般是不可能担当这一重任的。考虑到宏观调控自身的规律，在授权时就必须坚持决策集权原则。② 因此，宏观调控法应当确立"集中统一调控权原则"。党的十四届三中全会决定就曾明确提出，"宏观经济调控权，……必须集中在中央。"有学者提出，宏观调控的决策权主要应当集中在中央政府，对特别重大的宏观调控措施，决策权则应交由全国人大或人大常委会行使。③

尽管政府宏观调控权集中于中央政府已无太多争议，但由于政府宏观调控市场涉及财政、税收、价格、利率、汇率等多种经济手段的综合运用，因此，这些不同的经济手段运用决策权或决策建议权以及宏观调控决策后的执行权或落实权实际分属于中央政府不同的部门。单一的宏观经济政策或者调控手段由于本身的特点和局限性无法完全实现宏观调控目标，宏观调控的综合协调是宏观经济运行本身的内在要求和客观需要。"宏观调控主体在职权上的分工，一方面是宏观调控的专业性、技术性使然，另一方面也有利于彼此之间的相互制约和监督。"④目前我国从事宏观调控的经济管理机关主要包括中国人民银行、财政部、国家发展和改革委员会、商务部、国家工商总局等部门，各个宏观调控部门均具有相对独立的宏观调控目标和部门利益。例如，中央银行货币政策的主要目标是保持货币币值的稳定，为了实现该目标，中央银行会倾向于保持较高的利率水平，但过高的利率会加大企业融资的成本，加重企业的负担，企业的利润会受到影响，投资也会受到抑制，政府的经济增长率以及财政和税务部门的税收收入因此也会受到影响。⑤ 再比如，在当前我国面临经济下行压力增大的背景下，"保增长"和"调结构"这两大宏观经济调控目标之间有不可兼得之虞，因为"调结构"就意味着削减部分产能，这势必在一定程度上影响"保增长"的目标。

在多部门、多目标的宏观经济调控过程中，容易发生各宏观经济调控部门之

---

① 世界银行：《1997年世界发展报告》，蔡秋生等译，中国财政经济出版社1997年版，第124页。
② 参见李昌麒、胡光志：《宏观调控法若干基本范畴的法理分析》，载《中国法学》2002年第2期。
③ 同上。
④ 谢增毅：《宏观调控法基本原则新论》，载《厦门大学学报（哲学社会科学版）》2003年第5期。
⑤ 同上。

间相互推诿或互不配合的现象,进而影响宏观调控的整体效率。

4. 政府宏观调控决策不当具有极大的负外部性

恩格斯曾经指出:如果政治权力被错误或者不适当地用于干预国家经济,那么政治权力能给经济发展造成巨大的损害,并能引起大量的人力和物力的浪费。① 宏观调控是政府的重要经济职能,并且由于其调控的对象是国民经济整体,针对的是社会产品和服务的总需求、总供给、经济结构等事关经济全局的经济变量,对经济的影响是全局性的、长期性的。宏观调控运用得当与否对国民经济的影响是难以估量且无法回复的。宏观调控权作为国家的一项重要权力,对经济以及市场主体和普通民众的影响是人所共知的。因此,宏观调控具有极大的外部性;其实施应当相当谨慎和理性。②

不当的政府宏观调控决策除了对宏观经济发展造成重大不利影响以外,其负外部性还可能是对市场经济组织或公民正当、合法权利的侵犯。"如果没有经济管理权限和程序法定的原则,任意扩大和推定经济管理权的范围,也会导致对法人和自然人的权利的侵犯。"③

### (三) 小结:宏观调控与法治

关于宏观调控与法治的关系,通过上述分析,不难得出以下几点结论:

1. 宏观调控在弥补市场机制方面存在"失灵",需要法治防范和匡正

宏观调控在弥补市场机制方面存在"失灵",而政府宏观调控失灵难以通过政府自身得到矫正。防范和匡正政府宏观调控失灵最有效的途径是宏观调控的法治化。"市场经济不是放任自流的无政府主义经济,它内在地要求宏观调控,因此,要发展市场经济,就要加强宏观调控,而要加强宏观调控,就要加强宏观调控法制建设。"④宏观调控之所以需要法治化,主要取决于两个方面的因素:其一,现代民主政治与法治理念的精髓在于公共权力的制衡与政府行为的法治化。……其二,宏观调控自身隐含的风险要求宏观调控应当法治化。⑤ 对宏观经济形势的判断具有复杂性、灵活性和前沿性等特点,但鉴于宏观调控政策对经

---

① 《马克思恩格斯选集(第4卷)》,人民出版社1972年版,第483页。
② 谢增毅:《宏观调控法基本原则新论》,载《厦门大学学报(哲学社会科学版)》2003年第5期。
③ 王保树:《经济法原理》,社会科学文献出版社1999年版,第51页。
④ 邱本:《自由竞争与秩序调控》,中国政法大学出版社2001年版,第320页。
⑤ 胡光志:《宏观调控法研究及其展望》,载《重庆大学学报(社会科学版)》2008年第5期。

济社会影响深远,其目标和手段的制度化、法治化刻不容缓。①

2. 政府宏观调控源于法律授权,并受制于法律约束

市场经济本质上是法治经济。"政府权力法定是现代法治社会的基本要求。"②《宪法》第15条规定:"国家加强经济立法,完善宏观调控。"宏观调控属于政府的行政行为,应严格遵循"法无授权不可为"的依法行政原则。因此,"宏观调控法既是授权法,更是限权法。"③

首先,明确政府宏观调控的权力范围或边界。"政府和市场都有缺陷,因而二者互动应当以二者保持距离为前提,这就需要用法治来界定政府与市场的界限。"④政府的权力必须被限制在一个合理的"度"之内,使它不致滥用或越权。这样,才能在宏观调控部门与国民总体之间形成权力的平衡和利益的均衡,才能确保调控的稳定性和常态性。国家的调控行为,无论是积极的还是消极的,都必须保持在一定的限度之内,以使国民所受到的侵害最小。⑤ 政府宏观调控权应当在法定的授权范围内行使。

其次,宏观调控目标、手段、程序的法治化。宏观调控手段的法治化是民主政治进程发展的必然结果,宏观调控法治化的终极目标,始终会引导我们尽量将经济和行政手段纳入法律的范畴。⑥"坚持宏观调控手段的法治化,就必须尽量将宏观调控措施纳入法律的规范范围,并以法律的形式加以表现。"⑦"不依法定权限和法定程序的宏观调控只能是滥加调控、瞎指挥;只有法律化的宏观调控才是制度化的宏观调控,持续稳定,不因领导人的改变而改变,不因领导人的看法和注意力的改变而改变,不会因人而异、朝令夕改,避免引起社会经济的动荡和混乱;只有通过法律,宏观调控的内容是政府宏观调控的权力范围才能精确化。"⑧宏观调控需要法定目标、手段、程序来保障决策的科学、民主,杜绝个人主

---

① 吴弘、宋澜:《建设法治经济的经济法思考》,载吴弘主编:《法治经济与经济法治》,法律出版社2015年版,第12页。
② 胡光志、田杨:《宏观调控法基本原则新探——从金融危机中"救市"需要法治化谈起》,载《重庆大学学报(社会科学版)》2011年第1期。
③ 李昌麒、胡光志:《宏观调控法若干基本范畴的法理分析》,载《中国法学》2002年第2期。
④ 王全兴:《经济法基础理论专题研究》,中国检察出版社2002年版,第89页。
⑤ 参见张守文:《宏观调控权的法律解析》,载《北京大学学报(哲学社会科学版)》2001年第3期。
⑥ 参见胡光志、田杨:《宏观调控法基本原则新探——从金融危机中"救市"需要法治化谈起》,载《重庆大学学报(社会科学版)》2011年第1期。
⑦ 李昌麒、胡光志:《宏观调控法若干基本范畴的法理分析》,载《中国法学》2002年第2期。
⑧ 邱本:《自由竞争与秩序调控》,中国政法大学出版社2001年版,第325—326页。

观臆断,从而提高调控有效性。

最后,宏观调控权行使不当,应追究相应的法律责任。宏观调控的权力应有相应的责任相匹配。政府宏观调控法治化一方面要明确宏观调控主体以及调控权限、手段、方式等,另一方面应明确规定调控主体的义务和法律责任。

3. 宏观调控应充分尊重和保障公民和社会经济组织的正当、合法权益

首先,宏观调控应当充分尊重公民和社会经济组织的经济民主权。宏观调控涉及国民经济全局,关系国计民生,是一项十分庞杂、繁复、艰难的事情,必须发动群众,群策群力;宏观调控是大众的事业,必须贯彻民主、保障民主。①

其次,宏观调控应保障受调控者的正当、合法权益。宏观调控的行为极可能侵犯到市场主体的合法权益,因此,"必须赋予市场主体参与宏观调控决策和实施的权利如发言权、异议权、监督权等。当出现违法调控和不当调控时,要赋予受害人求偿权等。"②宏观调控在多数情况下可能会对部分市场主体产生不利的影响,甚至可能会从根本上牺牲一部分市场主体的利益,受调控主体应当服从和承受,但这并不意味着受调控主体在宏观调控中不享有任何法律权利,也不意味着受调控主体仅仅是被动地接受宏观调控的结果。法律在规定受调控主体必须接受国家宏观调控的同时,必须赋予并充分顾及受调控主体应有的权利。从此意义上讲,"宏观调控法是控权法,但同时也必须是权利保障法。"③

4. 宏观调控需要制度化的协调机制

宏观调控往往涉及多种调控手段、措施的运用,即需要多部门打"组合拳",因此,需要通过立法明确各宏观经济调控部门的职权、义务和责任,并在不同的宏观经济调控部门之间建立顺畅的协调机制。"国家宏观调控必须制定相应的法律,以规范宏观调控中有关各主体的行为,维护宏观调控秩序,保障国家宏观调控顺利进行和目标实现。"④它们在国家宏观调控体系中各自的地位、职能、权力以及责任如何,关键看是否能运用法律形式长期地、相对稳定地固定下来,不因领导人主观意志的变化而随意变化。⑤

总之,在我国建立和完善社会主义市场经济体制的背景下,让市场发挥资源

---

① 参见邱本:《自由竞争与秩序调控》,中国政法大学出版社 2001 年版,第 324 页。
② 李昌麒、胡光志:《宏观调控法若干基本范畴的法理分析》,载《中国法学》2002 年第 2 期。
③ 同上。
④ 漆多俊:《宏观调控法研究》,载《法商研究》1999 年第 2 期。
⑤ 参见王全兴、管斌:《宏观调控法论纲》,载《首都师范大学学报(社会科学版)》2002 年第 3 期。

配置的基础性作用是毋庸置疑的。但是市场本身是有缺陷的,在市场失灵之处或之时,需要政府通过以宏观调控为主的干预措施引导、协调经济发展。同时政府也不是万能的,也会出现失灵,而预防和匡正政府失灵的最有效途径就是政府宏观调控的法治化。"一方面需要确立政府在宏观调控中的作用,以克服市场失灵;另一方面,也需要规范政府的宏观调控行为,减少和避免政府失灵。这就需要借助法律的控制力,依靠法律自身的特点,建立和完善宏观调控法体系,确认和规范政府在宏观调控中的地位和作用。"① 在现代市场经济条件下,宏观调控并不是任意的,必须与法治相联系,或者说必须建立在法治的基础上。宏观调控作为国家干预市场经济最重要的手段,在推崇法治的今天,理应得到法律的确认和规范。② 因此,宏观调控法治化是中国改革深化的必然要求,也是市场经济发展的时代呼唤。

---

① 徐孟洲、谢增毅:《中国宏观经济调控立法研究》,载徐杰主编:《经济法》(第3卷),法律出版社2002年版,第227页。
② 胡光志、田杨:《宏观调控法基本原则新探——从金融危机中"救市"需要法治化谈起》,载《重庆大学学报(社会科学版)》2011年第1期。

# 第三章 我国宏观调控的实践与问题

## 一、我国宏观调控的历程

1992年邓小平南方谈话和中国共产党第十四次代表大会召开后,社会主义市场经济体制得以确立。在这样一种大环境下,我国市场的投资热情高涨,1992年经济出现超高速增长,引发通货膨胀。通过财政和货币的"双紧"政策,我国成功控制了通胀。1997年开始,我国又遭受了改革开放以来的第一次通货紧缩,政府确立了以财政政策为主并与货币政策相互配合的积极的政策取向。2003年,我国走出通货紧缩阴影,消费价格指数持续走高,政府的宏观调控手段转变为财政政策和货币政策双稳健的政策。2008年遭遇全球性的金融危机后,为拉动经济增长,我国采取空前宽松的货币政策,随之而来的是通货膨胀,物价指数上升。2011年后,我国宏观调控的主要目标转向引导货币的流向。

### (一) 第一阶段:1993—1997年

1992年邓小平南方谈话和党的十四大确立了社会主义市场经济体制后,我国经济出现了超高速增长。在这一大环境下,高涨的投资热情和宽松的货币政策引发了一轮通货膨胀。到1993年上半年,经济运行出现了高投资、高货币投放、高物价、高进口、金融秩序混乱以及生产资料市场秩序混乱的现象。尤其是在金融领域,更是出现了乱集资、乱拆借的混乱现象。中共中央于1993年作出《关于当前经济情况和加强宏观调控的意见》,文件中提出了提高存贷款利率等措施,这些措施有效地遏制了不断增长的固定资产投资,同时也在一定程度上纠正了混乱的金融秩序。1994年实行财政体制改革和分税制改革,货币政策适度从紧。1995年和1996年继续实行财政和货币的"双紧"政策。最终,经过三年多时间的宏观调控,通货膨胀率从1994年7月的21.6%降到1996年年底的6.1%,通胀得到有效控制。

## （二）第二阶段：1998—2002年

1997年东南亚爆发严重的金融危机，再加上1998年我国南方地区爆发严重的洪涝灾害，国内商品供求也逐步由卖方市场转为买方市场，我国遭遇改革开放以来的第一次通货紧缩，有效需求不足成为影响我国经济发展的主要因素。为了应对金融危机，1998年1月1日，中国人民银行取消了商业银行的贷款限额控制，之后又采取了下调利率、调整法定准备金率、恢复中央银行债券回购业务等货币政策工具，一改过去从紧的财政政策和货币政策，采取了较为宽松的货币政策。1998年中期，政府确立以财政政策为主并与货币政策相互配合的政策取向，拉动内需，促进了经济的增长。之后，一直采取积极的财政政策，发行国债，鼓励民间投资和提高收入，提高出口退税率。这一系列措施，带动了经济的回升，使之进入新一轮的增长。

## （三）第三阶段：2003—2007年

通过前一阶段的宏观调控，2003年我国走出通货紧缩的阴影。2004年初，新开工的项目迅速增加，投资势头增长过猛，部分行业甚至出现了投资过剩，继而引发煤、电、油、运的全面紧张，反映通货膨胀水平的消费价格指数（CPI）持续走高，客观上要求宏观经济政策对此作出适应性调整。面对这一宏观经济形势的根本性变化，中央于2004年底召开的中央经济工作会议上作出决定调整我国的财政政策由积极转变为稳健，从而宏观调控手段转变为财政政策和货币政策双稳健的政策。

财政政策方面，连续调减长期建设国债，适当增加中央预算内建设投资。调整财政支出规模、优化支出结构。推进税制改革，完善税收体系。完善出口退税制度，对东北地区的装备制造业等八大行业实行了增值税转型改革试点；取消除烟叶以外的农业税和农业特产税；提高个人所得税起征点；统一内外企业所得税。

货币政策的主要措施包括：一是公开市场操作。恢复了央行票据发行；启动以特别国债为质押的正回购业务。二是利率政策。连续10次调整基准利率。三是15次上调大定存款准备金率，累计上调7.5个百分点，法定存款准备金率水平达到14.5%。四是窗口指导。针对房地产、钢铁、电解铝、水泥等投资过热行业发布多项文件,要求各金融机构按照国家产业政策,加强信贷管理,把握好信贷投资方向,采取措施限制对"过热"行业的贷款。

**(四) 第四阶段:2008—2010 年**

2008 年,美国发端的次贷危机愈演愈烈,很快引发全面的金融危机,之后危机扩展到了实体经济层面。在全球一体化的背景下,这一危机很快就传递到与美国有贸易联系的国家和地区,进而使得所有开放经济的国家都被危机所席卷。也使我国深受此次金融危机影响。在虚拟经济层面,我国各种金融机构和金融市场的正常运行受到影响,但这次危机对我国实体经济的打击更为强烈。发达国家的消费不振导致我国的出口贸易受到影响,国内的出口企业订单大幅减少,不得不倒闭或者大幅度裁员。2008 年我国南方大部分地区遭受低温冻雨的侵袭,继而四川汶川发生 8 级特大地震,更使得我国的经济形势雪上加霜。我国的宏观经济形势开始恶化,外需下降、内需不足,投资不振,并且有着进一步下降的趋势。

2008 年四季度开始,为了抵御国际性金融危机对我国的冲击,缓解我国的失业增加和经济增长率下降,国务院出台了十项应对经济危机影响的措施,加大对基础设施建设的投入力度,提高城乡居民收入水平,保障和改善民生,通过扩大内需促进经济的平稳较快增长。在国务院常务会议中,温家宝总理宣布批准在之后的两年时间里,国家财政投资 4 万亿元,用于基础设施和社会福利等方面的建设。4 万亿元投资计划的目的在于应对经济危机,维护国民经济的平稳较快增长。如此巨大的财政投资力度意味着积极财政政策在 1998 年后的又一次启动。

仅 2008 年下半年,中央银行除下调了 5 次准备金率外,还适时推出了差额准备金制度,于 2008 年 9 月 25 日、2008 年 12 月 5 日两次进行差别准备金调整;中央银行还 5 次下调金融机构存贷款利率,一年期存款、贷款利率分别降至 1.98% 和 5.31%。2010 年,中国经济迅速回升。但随着中央银行的货币政策调整为宽松的货币政策,货币供给方面空前宽松,而增长过快的货币供给量引发的后果就是国内物价指数的急转直上。央行被迫对货币供应量进行调整,上调准备金,提高存贷款利率,一方面防止趋稳的经济再次下滑,另一方面还要抑制快速上涨的物价,频繁使用法定准备金政策和利率工具平衡经济增长与稳定物价之间的矛盾。

**(五) 第五阶段:2011年至今**

2011年后,政府面临的首要问题是如何促进货币供应量与经济增长的实际相适应,同时调整资金投放方向,支持产业结构转型和发展,通过宏观调控引导资金流向。准备金政策仍然是这一阶段货币政策利用的主要工具,央行通过准备金率和公开市场操作适应性的调整流动性。2013年,央行彻底放开贷款利率管制,允许商业银行根据贷款人资信给予优惠利率的浮动利率并且利用窗口指导和道义劝告疏导资金流向国民经济薄弱环节和产业结构升级的关键产业中。在2015年的中央经济工作会议中,以去产能、去库存、去杠杆、降成本、补短板为重点的供给侧结构性改革拉开了序幕。2016年5月1日起,全面"营改增"进行结构性减税。这一系列举措的目的在于促进投资和需求,确保我国经济的可持续发展。

在未来的很长一段时间内,我国经济的新常态之下,促进宏观经济的健康发展,供给侧和需求侧的措施都要使用,并且,供给侧是主要矛盾,供给侧结构性改革会不断加强。

## 二、我国宏观调控实践中存在的问题

我国自1992年市场经济体制确立以来,经历了五轮宏观调控的实践。在这一过程中,我国宏观调控的政策和措施不断走向成熟,调控的手段和方法也在向多元化方向发展。我国的宏观调控在二十多年的发展历程中,正在走向成熟,但不可否认也存在众多需要解决的问题。

**(一) 宏观调控机构存在的问题**

1. 对市场经济运行状态判断不明

宏观调控是围绕着经济和市场进行的,只有把握住正确的经济形势,才能够作出正确的政策选择。在对经济形势进行判断时,要对区域间、行业间发展不平衡的现象进行全盘的考虑。但在对经济形势进行判断时,往往存在"一刀切"的现象,没有注意到局部经济的"过热"与"过冷"的现象是同时存在的。在对经济形势判断的指标进行解读时,对投资、贷款和货币等数据的变化和失业率、消费物价等数据的变化进行衡量有时得出的结论并不一致。我国目前缺乏一个权威的标准和一个指标变化预警机制。

2. 宏观调控部门之间职能错位、越位及缺位

现代市场经济是一种建立在生产力高度发展上的规范化、制度化、法制化的经济。市场经济的运行是靠价值规律进行自发的调节,但是自由市场存在市场缺陷与市场失灵的局限。政府的宏观调控主要有经济手段、法律手段和行政手段。国家通过宏观调控解决市场缺陷的问题,当市场不能有效配置资源时,可以通过政府这只看得见的手对市场进行干预。但是国家在进行宏观调控时,要注意与经济规律和市场规律相结合,充分尊重经济规律和市场规律,不能过分强调国家行为的意志性。

我国政府部门在宏观调控的过程中,往往会出现政府进入不该进入的经济领域的情形,超越法律规定行使职能。比如政府直接投资创办和经营企业,直接参与到市场竞争中,或者通过任命董事长和总经理来干预企业经营决策等。在政府越位进入不该进入的领域的同时,有一些政府本应承担的职能却没有提供到位。中央的财政转移支付政策过分迁就照顾东部地区的既得利益,未能起到缩小东、中、西部三大地带公共服务水平差距的作用,城乡间、城市中居民间收入水平差距明显,社会保障制度建设进展迟缓,这些问题都需要政府的积极干预。

3. 中央和地方的利益冲突问题

中央政府代表的是社会的整体利益,而地方政府在执行中央的宏观调控政策时会更多的考量地方所代表的地方利益。地方政府有其特殊的利益是客观存在的,而中央政府在进行宏观调控时不可能满足所有地方政府的利益要求,因而这两者并不总是一致的。例如,房地产投资增长过快,住房价格持续攀升都能在一定程度上反映中央和地方的利益冲突问题。

**(二) 宏观调控手段存在的问题**

长期以来,中央面对通货膨胀、房地产市场和贷款投向进行调控时,往往高度依赖行政手段,相对忽视了对市场经济手段的有效运用。比如,严格控制银行存贷款利率和银行信贷投放虽然在表面上抑制住了资金需求,实际上却导致利

率不能真实反映资金供求关系,继而引发民间借贷的弥补型增长。① 同时,我国利率市场化的改革一直迟滞不前,存贷款利率仍然受到管制,利率难以发挥引导金融资源配置的作用。金融机构市场退出机制的不健全更是增加了宏观调控的难度,不能在市场竞争中存活下来的金融机构不能依照优胜劣汰的规则退出市场,在一定程度上影响了中央银行在宏观调控中的作用。从 1994 年分税制改革至今建立起的财政体制,表面上看使得中央财政有了稳定的财源,但是实际上并未在中央与地方之间建立起规范的财政分配关系,影响了中央对地方的宏观调控力。

### (三) 宏观调控目标存在的问题

宏观调控是以稳定物价,促进充分就业,保持经济适度增长,实现国际收支平衡为目标。从根本上说,宏观调控的目标不是保增长,就是保就业。就中国而言,目前宏观调控是多目标的,即"稳增长、促改革、调结构"。② 在实现这些目标时,应该有一个优先选择的问题。在目前中国产能严重过剩的情况下,"新常态"为我国淘汰落后产能提供了契机,但与此同时存在的严重失业状况不利于社会稳定和经济平稳运行。宏观调控应在注重保证就业的情况下,尽量压低中国的经济增长率。同时,运用市场手段,淘汰落后的产能,进行经济结构的调整。

纵览上述我国宏观调控实践中所存在的问题,归根结底在于我国宏观调控的法治化水平不高。一方面,我国政府宏观调控部门的职能在法律中没有得到清晰明确的规定和授权;另一方面,我国的宏观调控权的配置和行使本身,也没有法律规范的限制和制约。因此,要解决目前我国宏观调控实践中存在的问题,必须提高我国宏观调控的法治化水平。宏观调控的法治化,是我国宏观调控实践的进一步发展,也是经济新常态下,做好我国宏观调控工作的必要前提和根本保障。

---

① 参见张中华:《中国金融宏观调控的问题与对策分析》,载《中南财经政法大学学报》2013 年第 2 期。
② 参见刘伟、苏剑:《"新常态"下的中国宏观调控》,载《经济科学》2014 年第 4 期。

# 第四章 宏观调控法治化的国外经验

## 一、美国宏观调控法的发展

美国既是当今世界最为发达的市场经济国家,又是西方国家中最早开始宏观调控立法的国家,学者们一般认为罗斯福的新政法令即为美国宏观调控立法的开端。① 在此之前,美国政府对经济的干预和调节主要通过反托拉斯法和消费者保护法等实现,新政之后,美国的宏观调控法在长期实行的反危机措施基础上逐步发展完善起来,成为美国现代经济法的主体。

### (一) 美国宏观调控法的开端:罗斯福新政

美国政府对宏观经济的干预,始于1929年至1933年的大危机后的"罗斯福新政"。可以说美国政府对经济的干预实际上是实践先于理论。但自从凯恩斯《就业、利息和货币通论》诞生后,美国政府在调控经济运行时都是依据特定的经济理论制定相应政策来实施对经济的调控的。宏观调控政策的制定与实施正是相应的经济理论的实践及其检验过程。

美国垄断资本主义发展到20世纪20年代末,其基本矛盾和无政府状态达到极端尖锐的程度,处于崩溃的边缘。根据当时的世界情况,出路有两条:一条是像苏联那样,彻底改变生产关系,建设社会主义社会;一条是像德、日、意那样,局部改变生产关系,建立极端反动的、极端沙文主义的军事国家垄断资本主义。但是,当时美国政界和大多数美国人不愿走这两条道路。② 于是选择了一条比较缓和的中间道路,即打破自由主义传统,大大加强国家的作用。为克服经济衰退,恢复经济增长,罗斯福自1933年就任总统伊始,开始对自由放任的市场经济进行全面干预。

---

① 参见叶秋华、宋凯利、郝刚:《西方宏观调控法与市场规制法研究》,中国人民大学出版社2005年版,第86页。
② 参见〔美〕威廉·爱·洛克滕堡:《罗斯福与新政》,朱鸿恩等译,商务印书馆1993年版,第6页。

罗斯福认为,经济危机的病因在于垄断资本,美国的公民只能求助于有组织的政府权力,联邦政府在国民经济中应该起到比过去更大的作用,所以"新政"的首要侧重点是通过一系列立法加强联邦政府对经济的调控力。新政期间,美国政府制定的重要的宏观调控法律有:

(1) 改革、重建金融、银行制度,加强政府对金融体系的管理和控制。1933年颁布《存款保险法》,由政府对储户的存款进行担保,以恢复储户对银行的信任;1935年颁布新的《银行法》,重点是加强联邦政府对金融体系的控制,把宏观调控的权力中心由纽约储备银行转移到华盛顿的联邦储备委员会,以稳定美国的银行制度。

(2) 对产业进行干预。1933年6月16日颁布《全国产业复兴法》,对工业的生产规模等进行宏观调控,由政府协调劳资关系,兼顾工业合理利润的保持和工人基本权益的保障。1933年美国国会颁布《农业调整法案》《农业信贷法》,通过政府补贴等方式来控制农产品的生产,提高农产品价格,进而使农民的地位和购买力都得以提高。

(3) 政府投资兴办公共工程,对失业进行救济。依据1933年通过的《联邦紧急救助法》,政府成立"联邦紧急救助署",及时向各州拨付各种救济款项和物品,直接救济贫民和失业者。1935年提出公共营造法案,用政府的财政开支兴办大量的公共工程,以吸收失业人员,提高社会购买力,刺激经济的复兴。1935年通过《社会保险法案》,旨在使每个公民从摇篮到坟墓的生活都得到保障。

"罗斯福新政"是美国政府开始通过宏观调控立法形式大规模、经常性干预经济的标志。虽然新政在推行中遇到了一些挫折,但其主要方面取得了成功。新政的实施为现代市场经济条件下的政府宏观经济调控积累了经验,并形成了基本框架。此后,美国各届政府都根据不同的形势与认识,在干预的时机、方式、范围和力度上有所不同,但政府宏观调控的传统却得以传承。新政通过的一系列立法,也正式被视为宏观调控法产生的标志。①

---

① 参见李炳鉴:《罗斯福"新政"及其财经政策理论评析与借鉴》,载《山东财经学院学报》2000年第2期。

### (二) 财政法

美国实行联邦、州、地方三级政府相对独立,以联邦政府为主体的财政体制。20 世纪 30 年代以前,美国政府的财政权力主要集中在地方,新政以后逐渐形成以联邦为主体的财政格局。美国宪法规定,国家拥有参与社会总产品分配的财政大权,美国政府正是运用宪法所赋予的筹集财政收入和安排财政支出方面的权力使财政成为干预国民经济的重要手段。美国的财政法主要包括预算法和国债法两方面的内容。

在预算法方面,美国联邦政府的预算程序主要受下列法规约束:(1)《宪法》第一章第 9 节第 7 条,要求财政部在支付各项款项之前,必须先将联邦政府支出的规模与分布以法律的形式加以确定。(2)《美国法典》第三十一类第十一章,规定了联邦预算草案提交的过程以及预算草案应包括的内容。(3)《国会预算与扣压拨款控制法》(1974 年通过),规定了国会审议预算案的过程,构建了国会预算管理的总体框架。(4)《预算执行管理法》(1974 年通过),对预算执行过程中的管理与控制问题作出规定。(5)《平衡预算与紧急情况下的赤字控制法》(1985 年通过),规定了消除联邦政府预算过度开支的原则与过程。(6)《预算执行法》(1990 年通过),对有关预算过程的法规作了重大修正,包括《国会预算法》和《平衡预算与非常情形赤字控制法》。(7)《防范预算缺陷法》(《美国法典》第 31 类第 13 章和第 15 章),对预算执行的原则和过程作出了规定。美国联邦预算法律体系中其他比较重要的法律还包括 1991 年的《首席财务官法》、1993 年的《政府绩效和成果法》和 1995 年的《未安排资金委托事权法》等。2011 年 8 月 2 日,美国国会参众两院通过了《2011 年预算控制法案》,在提高债务上限和减少财政赤字方面取得了进展,持续数月的美国债务上限和政府违约风险的讨论也暂告一段落。

在国债法方面,美国国债法区别于公司证券法律,是根据《美国法典》的基本规定,单独制定专门的法律、法规,并根据市场的发展变化不断进行增补、修订,使之不断完善。1942 年通过的《公共债务法》授权财政部订立政府债券的法律条款;1986 年的《政府债券法》在以前国债法的基础上针对国债二级市场的中间商和交易商作出规范;1993 年的《国债法修订案》主要对国债自营商、中间商及其客户、交易商、国债交易大户的持仓量、国债拍卖过程和国债限额作出新规定。

## （三）税法

美国的税法是美国政府干预经济的一个重要杠杆，是美国财政政策在法律上的体现。美国的税收同样划分为联邦、州和地方三级管理。主要税法由国会制定，但州和地方也可以规定自己的税种、税率和征收方法，三级政府对某些税种有征税权，但联邦政府有优先权。

二战以后，美国制定了《税收法》《国内收入法典》以及未编入该法典的其他税法。其中，1939年制定的《国内收入法典》是美国联邦一级的税收基本法，于1954年、1986年分别作了修订。之后又陆续颁布了大量的税法，如1954年颁布《财税法》、1965年通过《减少国内产品税法》、1969年通过《税收法》、1977年通过《降低和简化税收法》、1978年通过《能源税法》《财政收入法》、1982年通过《税收平等和财政责任法》、1988年通过《专门税和杂税法》。目前，联邦税法中起关键作用的法律是1986年10月23日经里根总统签署生效的1986年《税制改革法》，该法旨在使美国的税制"公平、简化、有利于经济增长"，被称为美国税制的"第二次革命"。该法案的出台，拓宽了税基，降低了税率，促进了经济的增长。该法通过后，1987年和1988年又分别通过了1987年《总括预算协调法》和1988年《专门税和杂税法》，这两部税法既遵循1986年税制改革的路线，又对1986年改革法的谬误和不确定性予以匡正。1993年，克林顿政府提出，经国会通过《1993年综合预算调整法案》，该法提高了高收入阶层个人所得税的最高边际税率。1997年又通过了《财政预算平衡法案》和《赋税法案》。2013年新年伊始，美国奥巴马政府与参众两院为了避免可能导致美国经济陷入衰退的"财政悬崖"问题而达成一项协议——《2012年美国纳税人减税法案》，该法在所得税、遗产税、资本利得税和股息税、可替代最低税、失业福利、Medicare健保项目保险报销、社会保险福利的收入税抵扣、全面削减开支等方面都进行了调整。

## （四）金融调控法

中央银行法是美国金融调控法的核心和主干，美国中央银行法由《联邦储备法》《1933年银行法》《信贷控制法》《充分就业和经济稳定增长法》和《稳定工资物价法》等立法组成。1913年，依据国会通过的《联邦储备法》，美国联邦储备系统成立。作为中央银行，其最重要的职能之一是作为政府的机构执行政府的货币政策,对国家的货币和信贷进行调节和控制。从富兰克林·罗斯福总统开始,美国联邦储备银行的职能中增加了运用货币手段干预经济运动的新内容。1933年,美国对《联邦储备法》作了修正,允许联邦储备委员会在面临紧急情况时变动准备金比率。1935年国会又对《联邦储备法》作了修正,授权联邦委员会可以将变动准备金比率作为实行货币管制的一种工具。经过这些变革以后,联邦储备委员会管制货币和信贷供给的能力得到了加强。

20世纪70年代以来,美国经历了通货膨胀和失业并存的剧烈打击,凯恩斯那种以财政赤字政策为主、货币政策为辅的调节模式行不通了。在这种历史条件下,美国国会通过了《充分就业和经济平衡增长法》,该法继《1946年就业法》之后再次明确规定促进充分就业、物价稳定、经济快速增长和国际收支平衡是联邦政府所应实现的政策目标,对《联邦储备法》作了重要修正。该法在立法上规定联邦储备银行的货币政策是实现美国经济发展目标的重要手段,从而使联邦储备银行在美国经济调节体系中的地位发生了重大变化,完成了联邦储备银行在国民经济中的职能作用由最初的服务型到成熟时期的调节型的转变。[①] 1980年,美国又通过了《放松对存款机构的管制与加强货币管制法》(简称《新银行法》),大大加强了联邦储备委员会的货币控制能力。[②]

美国在2008年次贷危机后进行了一系列的金融调控立法,其根本目的是维护金融系统的安全。为了应对金融危机,美国国会于2008年7月30日通过了《住房和经济恢复法案》,宣布拨款3000亿美元在联邦住宅管理局管理下成立专款专用基金,为40万个逾期未缴款的家庭提供担保。2008年10月,布什总统签署了《紧急经济稳定法案》,该法案的一项重要内容就是成立包括金融稳定监管委员会在内的多个监管组织,其主要职责是监督财政部按照稳定法案执行计划,提出合理建议,报告不当行为等。

### (五) 产业政策法

美国的产业政策立法缺乏一个整体性产业发展规划作为基本的立法依据,其产业结构政策立法大多直接体现为具体产业的立法。[③]

---

① 参见石泰峰主编:《资本主义市场经济立法》,中共中央党校出版社1994年版,第26页。
② 参见陈晓:《中央银行法律制度研究》,法律出版社1997年版,第40页。
③ 参见卢炯星主编:《宏观经济法》,厦门大学出版社2000年版,第406页。

罗斯福新政时期颁布的《产业复兴法》是美国的第一部产业政策法，该法授权全国产业复兴署针对当时萧条和不景气的状况，选择若干部门建立起一种法定的计划生产体系，并试图通过制定行业生产限额、价格水平、工资标准消除企业间的竞争，但这些努力没有取得预期的成效。这一时期，美国还制定了有关的产业区域政策法，如著名的《田纳西河流域法》，根据该法成立了田纳西河流域管理局，对整个田纳西河流域的治理开发进行统一规划，从而使这一流域的状况得到根本改善。

为了鼓励和促进小企业的发展，美国国会于1953年通过了《小企业法》（分别于1961年、1967年、1972年修正），根据这个法案设置了小企业管理局和各地相应的100多个办事机构，专门负责向小企业提供下列扶持和帮助：提供资金帮助、提供管理和技术帮助、帮助扩大产品市场、减轻小企业的负担和规章制度的束缚。如里根政府先后颁布了《规章灵活性法案》和《减少日常文书工作法》来减轻小企业的日常负担。为了鼓励小企业的研究创新，里根政府制定了《小企业创新研究法案》，向小企业提供优惠的研究创新补助金。此外，美国还制定了《小企业预算平衡和贷款调整改进法》《小企业发展中心法》《机会均等法》《小企业经济政策法》《小企业资助法》《小企业扩大出口法》《小企业投资法》等一系列法律法规，为小企业在竞争环境、技术开发和政府贷款等方面积极创造条件，扶持小企业的发展。此外，这一时期美国继续实行一些促进落后地区发展的政策，如1965年通过了《阿巴拉契亚地区法》和《公共工程和经济开发法案》等。[①] 1993年，克林顿政府签署了《联邦受援区和受援社区法案》，并经国会通过。该法案的目的在于通过一揽子税收优惠、联邦投资以及几个联邦机构的合作，使一些欠发达的城市和乡村社区实现振兴，以刺激企业成长和创造新的就业机会。[②] 此法案规定，政府拨款25亿美元，无偿用于税收优惠，拨款10亿美元，无偿用于城市和农村社区的各项援助。[③]

## 二、德国宏观调控法的发展

经济法作为宏观调控法的上位概念，学界一般认为其肇始于第一次世界大

---

[①] 参见叶秋华、宋凯利：《论美国的市场经济模式与宏观调控法》，载《法制与社会发展》2004年第6期。

[②] 参见马丽：《美国区域开发法律评述及其对我国的启示》，载《中国软科学》2010年第6期。

[③] 参见陈元生：《对美国区域发展政策的考察与思考》，载《市场经济导报》1997年第4期。

战时期的德国。① 具言之,当时德国颁布了一系列政府干预社会经济生活的法律,如《关于限制契约最高价格的公告》《确保国民粮食战时措施令》《强制卡特尔化法》《为了确保战时需要的公告》等。然而即便在一战后,为了经济复兴的需要,德国也订立了大量的国家干预社会经济生活的法律,如《煤炭经济法》《防止滥用经济力法令》(即《卡特尔令》)等。在二战爆发前后,颁布了《经济构成准备法》《资源法》《经济行政令》《战时利润管制令》《战时经济令》《战时经济动员法》等诸多法律。②

这些法律的相通之处,就在于它们全部都以"国家作为公权主体对社会经济生活进行干预"的法律形式存在。③ 这些法律与行政法不同,和民法也差异甚大,因此德国学界就将之称作"经济法"。此后,"经济法"的概念就在德国正式诞生了。对此,学者们提出过众多的经济法学说,然而各种不同的学说,孰是孰非难以一概而论。④ 埃希勒在其《经济法》一书中所提出的经济法学说的五分法,受到学界广泛的认同;其分类为集成说、组织经济法说、企业者法说、世界观说和法学研究的社会学方法说。⑤ 金泽良雄将埃希勒的观点称为"对象说",将其自身的观点称为"机能说"。⑥

德国的宏观调控体系是建立在市场经济体制基础上的,在推崇市场自由竞争的同时,德国历届政府都非常重视国家对经济运行和经济发展的宏观调控。1957 年颁布的《德意志联邦银行法》和 1967 年颁布的《经济稳定与增长促进法》是德国宏观调控法的基本法,推行经济稳定政策,以期通过对国民经济进行宏观

---

① 参见王保树:《经济法原理》,社会科学文献出版社 1999 年版;张守文:《经济法》,科学出版社 2008 年版;〔德〕罗尔夫·斯特博:《德国经济行政法》,苏颖霞等译,中国政法大学出版社 1999 年版;张世明:《中国经济法历史渊源原论》,中国民主法制出版社 2002 年版;〔德〕沃尔夫冈·费肯杰:《经济法》(第二卷),张世明等译,中国民主法制出版社 2010 年版。
② 参见《联邦德国经济法规选》,刘小林译,中国展望出版社 1986 年版;魏琼:《西方经济法发达史》,北京大学出版社 2006 年版。
③ 蔡和平:《德国经济法研究现状分析及其借鉴意义》,载杨紫烜:《经济法研究》,北京大学出版社 2003 年版。
④ 张守文:《论经济法的现代性》,载《中国法学》2000 年第 5 期。
⑤ See Peter Koslowski, The Theory of Capitalism in the German Economic Tradition: Historism, Ordo-Liberalism, Critical Theory, Solidarism, Springer Science & Business Media, 2013.
⑥ 参见金泽良雄:《当代经济法》,辽宁人民出版社 1988 年版;魏琼:《西方经济法发达史》,北京大学出版社 2006 年版。

调控,来缩短波动周期、减少波动幅度。① 同时,德国的财政法、税收法和产业政策法等也发挥着重要的作用,这些宏观调控专项法和宏观调控基本法一起构成了德国的宏观调控法体系。②

**(一)《经济稳定与增长促进法》**

德国宏观调控体系中,原本没有国家经济计划,但1966年到1967年的德国经济危机,使德国各界意识到没有国家经济计划的宏观调控体系是难以避免危机发生的,于是国家经济计划应运而生。1967年联邦议会通过了《经济稳定与增长促进法》。该法首先确立了经济政策的总目标,即保障德国社会市场经济体制,维持整体经济平衡。为实现上述总目标,还规定了四个专项目标:(1)促使经济持续适当地增长;(2)保持物价稳定;(3)保证充分就业;(4)维持国际收支平衡。该法还规定,每年一月联邦政府要向联邦议会提出"年度经济报告",即年度规划,其规定的宏观目标属一般方针性质,对各项宏观调控政策起指导作用。联邦和各州要以五年为期作出财政计划,通过计划手段,明确今后的任务,自觉运用财政政策实现宏观调控的目标。围绕国家计划的制定和实施,建立相应的执行机构,经济内阁负责制定国家经济计划的基本方针、宏观目标和调控手段,财政计划委员会协调各级政府的开支和投资计划,计划委员会的职能是结合年度计划或中期计划,制定3个月以下的影响国内经济形势发展的短期措施。

此外,该法还对立法宗旨、指导方针、财政计划、投资计划、贷款计划、经济储备、税收、外贸、经济波动的对策和机构设置等作了非常明确的规定,它的颁布标志着德国经济立法的重点从强调竞争的社会市场经济原则到国家对经济进行宏观调控原则的转变,被誉为现代中期经济干预的"伟大宪章"。③

**(二)《德意志联邦银行法》**

德国宏观调控立法具有自己的特色,与美国不同的是,由于受社会市场经济理论强调货币政策抑制通货膨胀观点的影响,德国更加重视货币政策及其立法,

---

① 参见漆多俊:《时代潮流与模块互动——"国家调节说"对经济法理论问题的破译》,载漆多俊主编:《经济法论丛》,中国方正出版社2007年版;梁慧星、王利明:《经济法的理论问题》,中国政法大学出版社1986年版。
② 参见何勤华:《德国法律发达史》,法律出版社2000年版,第310页。
③ 参见吴友法、黄正柏主编:《德国资本主义发展史》,武汉大学出版社2000年版,第480页。

而把财政政策及其立法放在从属的位置。[①] 1957年德国联邦议会通过了《德意志联邦银行法》,将各州的中央银行和德意志州际银行合并,创立德意志联邦银行为德国中央银行。该法详细规定了联邦银行的法律形式、任务、组织结构、与联邦政府的关系、货币政策权限、业务范围、年度决算、利润分配、报表制度等内容。联邦银行在贯彻和执行国家货币政策时具有很大的独立性,与联邦政府处于平等地位,不受政府的干涉,但有义务支持政府的经济政策。联邦银行直接对议会负责,但议会只能通过立法手段来影响联邦银行的金融政策。在德国银行体系中,联邦银行起着"银行的银行"和最后贷款人的作用。这是联邦银行实现其保持物价稳定目标的重要手段和影响国民经济的主要途径。在这方面,联邦银行通常采取的货币政策工具是:贴现和信贷政策、公开市场业务政策、最低准备金政策和外汇政策等。

1994年,德国议会通过了《德意志联邦银行法修正案》,将1957年《德意志联邦银行法》中"联邦银行在规定限额内对政府机构、专门公共财产机构提供短期保证贷款"的条文予以废除,切断了央行与政府的直接信贷关系,从而在资金运用方面进一步强化了联邦银行的独立性。

### (三) 财政预算法

德国与财政预算管理相关的法律主要有四个层次:联邦基本法、财政法、年度财政法和其他财政法律法规。相关的法律既有联邦的《联邦基本法》(宪法)、《经济平衡发展和增长法》,又有联邦及各州的《财政管理法》《联邦和州预算原则法》《联邦预算法典》和《联邦财政均衡法》等。每一项支出都通过立法予以规范,如《差旅费管理法》《培训费管理法》《政府采购法》《投资法》《办公费支出法》等,形成较为完备的法律体系,为预算活动全过程提供了充分的法律保障。

其中《联邦基本法》中关于公共财政的规定是德国财政法的立法基础,该法对联邦和州的公共开支、税收立法权、税收分配、财政管理和财政补贴等方面都作出规定,规定了各级政府的职责及与其相适应的财政收支范围,同时也明确了与其职责相适应的各级政府财政来源,包括税收及其他收入,其中税收是主要来源。《基本法》自1949年生效后,经多次修改,最近一次修改在2006年8月26

---

[①] 参见叶秋华、宋凯利、郝刚:《西方宏观调控法与市场规制法研究》,中国人民大学出版社2005年版,第143页。

日,并于 2006 年 9 月 1 日生效。该法主要在第十章"财政"第 110 条至 115 条对联邦、州和地方政府预算编制、预算原则、预算超支、审计监督等作出了总体规定。根据该法,德国的联邦、州、地方各级政府必须自己负责本级政府的财政收支平衡。德国在财政方面实行的是与其政体相适应的联邦、州、地方三级管理体制,三级政府间的财政独立性和自主性是德国财政体制的根本特点。

《联邦和州预算原则法》于 1969 年 8 月 19 日生效,对联邦政府和州政府预算的原则问题作了规定,最近的一次修改是在 2013 年 7 月 15 日。《联邦预算法典》明确了联邦预算草案的起草、通过、政府职责的履行等各项制度。《联邦财政均衡法》规定联邦政府要采取一定的方式在财力不同的州之间进行财政收入的再分配,以使它们的财政实力大体平均。

同时,德国的财政计划有中期(五年)财政计划与年度财政计划(预算)。中期财政计划是滚动式的计划,每年重新编制一次。中期财政计划是根据中期经济计划的经济发展目标编制的,它为财政管理提供一个有关国家财政支出和收入的规模和结构的长期方向。它不具有法律的约束作用,但对经济发展具有指导作用。

**(四) 税收法**

税法方面,德国运用税收调节收入分配,以实现社会的公平、安全与保障的政策目标。如 1952 年制定的《均衡负担法》规定,在二战期间未受损失的居民,根据 1949 年 6 月 21 日的财产价值征收一次性的财产税——"负担平衡税",于 1979 年 3 月 31 日前,分 108 次缴清,政府用以补偿战争期间遭受损失的居民。运用增减财政支出措施,对经济实行"景气"调节。1967 年制定的《经济稳定与增长法》规定,联邦政府可以根据经济形势变化情况,通过增加或减少财政支出,对经济进行逆周期的调节。该法规定可以在 10% 以内提高或降低所得税率,为期只限一年,但自 20 世纪 80 年代以来,对这种措施的运用已非常慎重。

德国的税收管理体制实行的是以共享税为主体的,专享税为辅的联邦、州和地方三级财政体制。[①] 德国的税收立法权基本上集中于联邦政府,分为"单独立法权"和"共同立法权"。单独立法权是指联邦政府在某些方面有单独的立法权

---

① 参见刘长琨主编:《德国财政制度》,中国财政经济出版社 1999 年版,第 19 页。

力,如对于关税,联邦政府有独占的立法权;联邦其他的专享税以及共享税也由联邦立法。共同立法权是指联邦和州均有立法权,但联邦有优先立法权。也就是说,联邦已经立法的,州则不能再重复立法;如果联邦尚未立法则允许州行使立法权;一旦州的立法与联邦的法律有冲突,则服从联邦的法律。各州的专享税和地方的专享税属于共同立法权的范围。实际上各州的专享税基本上由联邦立法,各州的立法只限于一些地方专享税。德国高度集中型的立法权,不仅保证了税收法令的统一,而且还有利于加强联邦的宏观调控作用。

德国的税收法律比较完善。其中,被视为德国税收基本法的法律为《德国租税通则》,该法详细规定了税收行政执法的职权和程序,是一部操作性极强的税收法典。此外还有个人所得税、遗产税、社会保障税、企业所得税、增值税等多个具体税种的法律。

### (五) 产业区域调控法

德国产业政策与区域规划立法紧密结合,既有正常空间规划的法律程序,又有特定区域产业发展规划的专项制度,充分体现其"社会市场经济"的特点,即对若干传统产业处于衰退中的工业基地和一些边远落后地区的扶持。依据1967年颁布的《促进经济稳定与增长法》,德国政府开始编制中期经济计划,全面推行产业结构与区域布局政策。联邦德国1965年的《区域规划法》将全国划分为四种类型的地区:人口集聚区、经济发展迟缓区、农业区和边境区。1968年,德国政府又制定了《部门和地区结构政策的基本原则》,把产业区域结构政策用法律的形式固定下来。同年,政府又出台《德国煤矿开采区法》支持采煤业的发展,鼓励采煤业改进技术,提高生产效率。1969年的《改善区域经济结构共同任务法》规定,产业调节等区域经济政策主要由各州负责执行,联邦政府只在经济上给予必要资助。该法还规定采取财政补贴促进产业布局合理化发展。其他采用类似调控手段的立法还有1971年的《联邦国境地带振兴法》等。[①]

1990年,德国实现了统一,但也进一步带来了区域经济发展不平衡问题,西部地区经济一派繁荣,而东部地区经济则极端恶化。[②]"面对东西地区经济发展的严重失衡,德国政府依据社会市场经济理论,采取传导式区域经济政策,加强

---

① 参见陈历幸、徐澜波:《产业布局法若干基本问题研究》,载《南京社会科学》2009年第11期。
② 参见吴强:《政府行为与区域经济协调发展》,经济科学出版社2006年版,第185页。

政府对经济发展的干预作用。"①为促进区域产业和区域经济协调发展,德国制定了一系列促进区域产业与区域经济协调发展的法律,为区域产业调节等提供法律保障。这些法律主要有《联邦基本法》《联邦空间布局法》《区域规划法》《联邦改善区域结构公共任务法》。其中《联邦基本法》规定:"联邦各地区发展和人民生活水平应该趋于一致,并消除地区发展的不平衡。"《联邦空间布局法》规定,联邦领土在空间上应该得到普遍发展,从而为区域公平发展提供了法律基础。《联邦改善区域结构公共任务法》规定由联邦和州共同出资,对落后地区及结构薄弱地区的援助责任和补贴按比例。②

德国的《空间规划法》是空间规划权的直接法律依据,它不仅是一部规范平面空间的"国土规划法",同时也是一部立体的空间规划法。它对德国的空间的不同功能划分作了战略性的规定,因此该法也是国民经济与社会发展规划法的重要组成部分,更是"宏观调控法"和生态环境保护法的有效组成部分。德国《空间规划条例》实际上是对《空间规划法》第 6 条"空间规划方法"的细化和解释,共有三条,主要内容是第 2 条"应用范围",对空间规划方法的应用范围作了具体规定。③

## 三、日本宏观调控法的发展

日本同美国一样,承认宏观调控的法治化,认为宏观调控应按照法律规定进行。日本的宏观调控是典型的政府主导型,这与日本自身的市场经济模式密不可分。日本宏观调控的前提和依据是其本国的市场经济模式——政府主导型市场经济。该模式的形成是日本在本国历史和国情的基础上借鉴欧美国家市场经济发展的经验,并结合经济计划指导的特点发展出来的。日本政府的宏观调控在西方发达国家中很有特色,即指导性经济计划和产业政策都在宏观调控中发挥很大作用,因此日本政府的宏观调控目标基本都体现在战后实施的指导性经济计划中。

第二次世界大战使日本经济遭受了毁灭性的打击。然而,战后日本却以惊

---

① 韩凤芹:《国外政府干预地区差距的实践及借鉴》,载《经济研究参考》2004 年第 10 期。
② 杭海等:《美、日、德三国区域协调发展的经验分析》,载《世界经济与政治论坛》2011 年第 1 期。
③ 孙雯:《论发展规划的法律规制——兼论德国规划立法例之启示》,载《南京财经大学学报》2009 年第 6 期。

人的速度重新崛起,1955年,日本经济即恢复到战前水平,1968年,日本国民生产总值达到1946年的11倍,在经济规模上,成为仅次于美国的第二经济大国,创造了世人瞩目的经济"奇迹"。这主要归功于日本政府对工业经济的计划调控和产业政策。①

**(一) 经济计划法**

日本政府参与经济活动的一个重要方面是制定经济计划,日本的经济计划对其经济发展起着重要的推动作用。日本的经济计划主要有三种:一是中长期经济计划,其作用是说明计划期内政府的政策目标及实现目标的政策手段,中长期计划一般为5年至7年;二是年度经济预测,用以说明政府下一年度的政策要点及经济状况的预测,通常被作为政府编制预算的依据;三是国土开发及地区开发计划。内容有主要发展目标、达成目标的基本政策和方针、经济增长速度、国民所得的增长速度等。

从20世纪50年代中期到90年代初期,日本先后制定了14个中长期规划。《经济自立五年计划》(1956—1960年)的目标是:经济稳定、充分就业和国际收支平衡,它是以经济的复兴为最终目的的计划;《新长期经济计划》(1958—1962年)的目标是:稳定物价、充分就业和经济增长;《国民收入倍增计划》(1961—1970年)的目标是:物价稳定、充分就业、经济增长和结构平衡,其最终目标是实现经济的高速增长;《中期经济计划》(1964—1968年)、《经济社会发展计划》(1970—1975年)、《经济社会基本计划》(1973—1977年)等计划中,开始引入"社会"一词,标志着日本经济计划中开始兼顾经济增长与社会协调发展的目标,但是这些目标仍然包含盲目追求经济发展的内容。到了80年代的《经济运营五年计划》(1988—1992年)则体现了注重国际协调与追求大国地位的计划目标。《生活大国五年计划》(1992—1996年)注重从"生产优先"向"生活优先"转变,体现出可持续发展的思想。《今后五年经济和社会发展计划》(1999—2003年)重点解决居住和生活空间问题、产业结构调整问题。但是到了90年代中后期,由于经济发展的低迷,经济增长的目标并没有实现。

日本经济计划具有如下特征:(1) 经济计划具有综合性、协调性和相对稳定

---

① 参见吴金园:《战后日本工业经济的宏观调控及其借鉴》,载《阜阳师范学院学报》(社会科学版)2009年第2期。

性。首先,日本的经济计划是兼采现代西方资本主义国家的所谓预测型、政策型和调整型经济计划之长"合三为一"的产物,具有综合性;其次,日本经济计划是政府同各社会集团及其代表人物反复协商、调整而最后确定的经济社会发展的"共同纲领",具有较强的协调性;最后,经济计划的基本目标具有连续性和相对稳定性。(2)经济计划具有较高的科学性。(3)经济计划有一定的经济和政策保证。日本经济计划的这些特质使它的适应性更强、社会基础更广泛、基本目标更集中和稳定,从而对宏观经济过程形成相对较强的控制力。日本的经济计划显示了政府调节市场经济环境的总趋势和国民经济未来的发展方向,为市场经济运行提供了良好的宏观条件。

### (二) 产业政策法

日本的产业政策又被称为产业合理化政策,日本政府运用产业政策调控经济在发达市场经济国家中是最突出的,也被认为是最成功的。日本政府对幼稚产业和战略产业实行了一系列保护扶植政策,涵盖了外贸、税收、金融等多方面,政策的重点是限制进口、促进出口、进行投资倾斜等,面对这些产业所需技术采取积极的进口措施,并实施政策倾斜。

在产业政策制定的过程中,法治化发挥了基础性的作用,其表现有三:(1)以产业政策规划为依据制定了大量的产业政策专门法,不同时期的产业政策规划为具体的产业政策立法提供了指南。[①] 在日本经济发展的各个阶段,都有相应的产业政策法律,每一阶段经济发展的方向大体上也与产业政策所指的方向相吻合。(2)在现行法不利于产业政策推行时,按照法治要求不是搁置现行法而是对现行法作必要的修改。(3)重大的改革措施所必经的程序是先通过社会各阶层的充分讨论,再进行专门立法,然后才是具体措施的出台。例如,在20世纪70、80年代日本国有铁路改革过程中,为保证改革的顺利进行,国会在咨议会充分运作以及媒体和社会广泛参与、讨论的基础上通过了多部专门性法,然后才启动国有铁路的全面改革。

日本的产业结构法数量众多、覆盖面广,大致可以分为三类:一是基本的法律法规,主要为各类产业的发展创造条件、理顺关系,具有综合性的作用,如

---

① 参见卢炯星主编:《宏观经济学》,厦门大学出版社 2000 年版。

1946年的《工业标准化法》、1952年的《企业合理化法》、1963年的《中小企业基本法》和《中小企业现代化促进法》等。二是培育振兴的法律法规，主要目的是扶持基础薄弱的战略性产业的发展，如1956年的《机械工业临时措施法》、1957年的《电子工业振兴临时措施法》、1962年的《石油工业法》、1964年的《电气事业法》、1971年的《特定电子工业和特定机械工业临时措施法》、1973年的《石油供应适度法》等。三是调整援助的法律法规，主要是为了解决传统产业和衰退产业的调整问题，如《平稳调整产业法》、1979年的《特定不景气产业稳定临时措施法》[1]等。

为促进产业合理布局，发挥区域比较优势协调发展，日本十分重视产业区域调控法。1950年，日本政府在中央设立了北海道开发厅，同年制定了《北海道开发法》，依据该法，自1951年以来先后制定并实施了六次"北海道综合开发计划"。日本以促进区域均衡发展为目标，立图解决经济布局过密或过疏的问题。1962年日本制定了《全国综合开发计划》，将国土分成过密区、整治区和开发地区，分别实施不同的开发政策。[2] 20世纪60年代，日本采取"据点开发方式"推进工业化，制定了《新产业都市建设促进法》《工业整备特别区域整备促进法》，避免大城市人口过度集中，促进地方经济发展；70年代，为消解大都市圈与地方经济发展存在的差异，注重发展地方经济文化，创造良好地方居住环境，[3]制定了《工厂限制法》，严格限制首都圈以及近畿圈在现有城市区域内建设新的工厂和大学；《工厂再配置促进法》鼓励企业从大都市圈向地方城市转移。1995年，日本制定了《高技术园区法》，促进信息产业的发展。1995年以后，日本注重发挥区域特色以形成广泛的国际交流圈，先后出台了《区域产业集聚活性化法》(1997年)、《产业集群法》(2001年)和《企业立地促进法》(2007年)。

**（三）财政税收调控法**

日本财政法的体系是在宪法基本原则的规定之下，以《财政法》为基本法，由《地方财政法》《财务省设置法》《国库法》《国有资产法》《地方交付税法》《关于中央政府债权管理等的法律》和《物品管理法》等主要法律共同构成的。其中，《财

---

[1] 参见刘国臻、罗峰:《战后日本产业结构立法研究》,载《云南学术探索》1994年第1期。
[2] 参见吴强:《政府行为与区域经济协调发展》,经济科学出版社2006年版,第4页。
[3] 参见田庆立:《日本的区域经济政策及对我国的启示》,载《环渤海经济瞭望》2010年第2期。

政法》规范了国家预决算等财政基本事项,是关于财政运营的基本法律;《地方财政法》主要规定中央政府在协调、指导地方财政运行中的相关职能与职责;《财务省设置法》规定了日本财政部的机构设置与权限;《国库法》规定了财政资金的国库管理与操作;《国有资产法》约束国有资产的管理;《地方交付税法》是关于一般性转移支付制度的原则和方法等的具体规定;《关于中央政府债权管理等的法律》和《物品管理法》非常细致地规定了中央政府债权与物品的管理。

日本税收的基本法是《国税通则法》,该法规定了关于国税的基本事项,如纳税义务的确定、税款的缴纳与征收、税收争议的审查和诉讼等。在税收征管方面,日本还制定了《国税征收法》《国税违章取缔法》《税理士法》《税收特别措施法》等。日本的单行税法主要有:《法人税法》《所得税法》《继承税法》《关税法》等,这些法律共同组成日本完整的税收法律体系。为了振兴国内经济,日本国会又出台了《2014 年税收改革法案》和《2015 年税收改革提案纲要》,调整和完善税收政策。税改的主要内容有:降低纳税人实际税负、促进就业和社会公平、鼓励提高生产效率和研发创新、扶持并购重组和创业投资活动、维护国际税收权益和增加税收收入等。[①]

### (四) 金融调控法

二战后建立的日本金融体制是以政府为主导的。与其他西方发达国家不同,日本银行作为中央银行不具有绝对的独立性。《日本银行法》规定,日本银行业务上履行中央银行的一般职能,行政上,则由主管财政、金融、税收的中央政府机关大藏省对日本银行的人事、金融政策和业务经营等各方面进行监督管理。这样一来,许多金融监管事项不是通过法规,而是通过行政方式来实现。整体来看,在日本经济高速发展时期,行政指导行为确实为完成资金供给的任务立下汗马功劳,但其不注重市场作用的行为也造成日本金融业的许多问题,并且过大的权力也容易滋生腐败,因此,在 20 世纪 90 年代日本金融危机爆发后,加上多件相关的丑闻和腐败案暴露,金融体制立即成为众矢之的。之后,日本开始金融改革,1992 年日本出台了《金融改革法》,允许不同行业的金融机构以设立子公司的方式来实现跨行业的兼营,但由于担心过度竞争,该法对子公司的业务范围仍

---

① 参见吴小强:《日本最新税改评介》,载《环球税收》2015 年第 5 期。

作了许多限制,由此可见,日本在放松监管的初期是非常谨慎的,动作十分稳妥小心。直到1998年6月5日,《金融体系改革法》在日本参议院得到通过,日本的金融改革才出现了质的飞跃,该法是日本金融体系改革最重要的法律,由22项与金融改革有关的法律组成。同年6月22日,大藏省这一机构被取消,成立了金融监管厅来接管其对民间金融机构检查和监督的职能。从此,日本银行的独立性大大加强。

## 四、金砖国家宏观调控及其法治化

21世纪以来,金砖国家普遍注重推进市场化改革,加大对外开放力度和调整政府宏观调控职能。如1999年巴西发生金融危机后,放弃了实施52年之久的固定汇率制度,改行浮动汇率制;2003年继续采取稳健务实的经济政策,控制通胀和财政赤字,鼓励生产性投资和工农业发展;此后还推出"加速增长计划"等一系列刺激经济发展措施,推动了巴西工业生产和对外贸易的持续快速增长。20世纪90年代初,印度开始走出尼赫鲁时代计划经济模式的困境,朝着市场经济模式演化,走上了以"自由化、市场化、全球化和私有化"为特色的对内改革、对外开放的道路。进入21世纪以来,印度政府继续深化改革,加速国有企业私有化,精简政府机构,改革宏观调控方式,减少干预,同时降低进口关税,改善投资环境,放松外商投资限制;印度经济逐渐呈现快速、可预期、内需主导、外需促进的增长特色。1992年,俄罗斯开始实施"休克疗法"的激进改革,一度给经济带来重大损害,当年通胀率上涨了25倍,大量国有资产流失,大多数人民生活水平大幅下降。2000年普京任总统后,对过去的激进改革方式进行部分修正,积极争取加入世贸组织并最终在2011年12月如愿。其间俄罗斯做了大量工作,旨在与世界贸易组织的各项原则与规则接轨。总体看,市场化、国际化改革的不断推进为金砖国家崛起打下了坚实的内部基础。关于金砖国家的政府宏观调控政策和经验,下文以俄罗斯和巴西为典型代表作介绍和分析。

### (一)俄罗斯各经济时期的政府宏观调控

苏联解体后,俄罗斯经济的发展经历了两个阶段,即经济过渡期和后经济过渡期。在不同的经济时期,俄罗斯政府对宏观经济的调控呈现出不同的特点。

1. 俄罗斯经济过渡时期的政府宏观调控

俄罗斯的经济过渡期是指在苏联解体后,俄罗斯经济独立发展的历史阶段。一般来说,该过渡期开始于1992年,因为这一年俄罗斯开始推行一系列建立市场经济的改革措施,逐步建立起整套基本的市场经济体制,在本质上已难与中等发展水平的资本主义国家的经济相区分。2000年普京入主克里姆林宫是俄罗斯社会及经济发展的重要分界线,意味着俄罗斯经济过渡期的结束。

俄罗斯经济过渡期的政府职能最显著的特征是,在市场经济条件下,政府对经济的宏观调控体系(货币、信贷、财政、税收、汇率等政策)已经建立,可以在一定范围内调控经济主体的行为。俄罗斯市场经济改革的实质是外贸、汇率、金融等经济领域的自由化和大规模私有化。所以俄罗斯政府在这一时期的主要作用是采取措施推进经济自由化和私有化:一方面要建立市场基础设施,即建立一整套商贸实体、法律法规、程序细则等,为市场主体进行经济活动创造良好的条件,包括设立调整经济政策的有关部门,如解决冲突和纠纷、维护经济活动依法运作、监控国有资产流通等各个部门;另一方面是放开价格,实现贸易自由,推进私有化,同时采取新的税收、收费以及关税制度。这些措施在一定程度上促进了经济竞争机制的建立,推进了俄罗斯由计划经济向市场经济转轨。

此外,在经济过渡期,俄罗斯政府的宏观调控决策很大程度上是暂时性的,或者更确切地说是应急性的,即是为了缓解当时的紧张局势而出台的,并不是真正意义上的市场经济下的政府宏观调控,所以不可避免地存在一些缺陷。首先,俄罗斯国内对产权的保护很弱,这使产权、资本以及利润之间的联系脱节,导致企业资产流失和资本抽逃国外。而经济主体间的结算多数是非货币式的,因此西方一些经济学家称俄罗斯经济为"虚拟经济"。决定企业资产规模和经营业绩的不是企业家有多少经营才能,而是能获得政府多少扶持(典型的例子是寡头垄断企业,它们利用政府的扶持拥有资源、税收、人才上的优势),因此目前现实中的政企分开(或更贴切地说是所有权和政权分离)与标准的市场经济模式还相差甚远。其次,俄罗斯政府在这些年的改革中存在滥用宏观经济政策的问题,直到1998年才有所改变。政府的基本职能应是保护产权和所有者以及社会居民的利益,并不是扶持本国生产者和为官员们谋利。而俄罗斯的政府管理由于一些官员的贪污腐败直到现在也不能正常发挥对经济的调控作用。再加上政府的巨额外债,其支出约占俄罗斯财政收入的一半,对于本已拮据的财政状况来说,更是雪上加霜,俄罗斯因此陷入类似于20世纪80年代初期拉丁美洲国家的困境,即低效率的经济体制、政府官员的贪污腐败与尖锐的外债危机并存。而且,尽管过渡期宏观经济调控体制在整体上已经建立,但是相对于俄罗斯社会经济的发展状况而言,一些新经济制度(如税收体制、价格形成机制、激励机制等)的产生还是相对滞后,因而对生产和商贸活动产生了一定的抑制作用。

2. 俄罗斯后经济过渡期政府的宏观调控

过渡期的结束意味着俄罗斯经济进入一个新的发展阶段,即后过渡时期,相应地,俄罗斯也进入"新兴市场"国家的行列。这对俄罗斯政府的宏观调控而言,主要包括以下几方面的转变:

首先,重塑中央政府和联邦成员之间的经济关系。随着经济全球化趋势日益加强,一些联邦成员和大城市正走出国门,独立进入国际市场,特别是信息服务市场和金融市场,会根据自身利益的需要与外国的经济合作伙伴建立联系。这种现象在俄罗斯已十分普遍。那些最积极参与国际贸易的地方(如加里宁格勒地区、沿海地区)的社会经济状况在很大程度上依赖于相邻的国际市场的情况,而不是联邦中央的经济政策如何。在这种情况下,俄罗斯政府的宏观管理体制改革不能局限于加强政权的垂直领导和重新修订财政体制,而应该包含各级政府新的相互作用机制的改革,以适应各联邦成员客观上日益增强的经济独立性。

其次,为国内外投资者创造良好的投资环境。目前国际资本的高速流动,使各国之间不得不为吸引资本展开竞争,即使在国内各地区之间也是如此。近年来俄罗斯资本大量流入欧洲、亚洲和非洲国家进行直接投资(有别于通常所说的资本抽逃)。俄罗斯资本的大量外流,势必会影响国内的投资环境,同时也意味着目前俄罗斯在吸引资本的国际竞争中处于不利地位。俄罗斯政府为投资者创造良好的外部环境主要从以下几方面着手:一是为私有产权提供法律保护,由于过去俄罗斯政府在保护产权的问题上措施不力,使投资者十分担忧,尤其是外国投资者。二是保护契约,其重要性不亚于保护产权:根据制度学派的理论,契约是经济活动的初始形式,没有契约就没有整个经济。不重视履行契约是过去俄罗斯交易费用高、经济相互作用和市场交换范围相应缩小的根本原因。三是制止官员的专断和贪污以及犯罪行为,因为行政专断和贪污犯罪是阻止外国资本流入俄罗斯的最重要的因素。这些措施使俄罗斯的投资环境逐步改善,一些国际组织相应提高了俄罗斯的信用级别,外资也在近一两年有了较大幅度的增长,例如,尽管出现了1998年8月的金融危机,在1999年外国投资仍比1998年增加了27%,其总额达到40亿美元。

再次,采取倾斜政策扶持高科技生产。如果说在20世纪60年代苏联为世界提供了20%的科技产品的话,那么俄罗斯此时能提供的最多只有4%—5%,国家的科研经费也相应地降低了25倍。为了促进国家的科技创新能力,俄政府拟阶段性地提高国家在促进科技进步方面的支出,预计在最近3年达到预算支出的4%—5%。同时在此基础上大力发展有竞争优势的加工业,以此来调整经济结构,占领世界市场,如发展航空航天工业、原子能工业、仪器仪表工业及生物技术工业等。它们可以形成6—7个大型基础的高科技产业,从而将俄罗斯在高科技产品市场上的份额从目前的0.3%提高到2010年的10%—12%。俄政府采取的促进措施主要有税收、关税、投资,以及进口新技术工艺,淘汰现有的陈旧设备等。

最后,十分重视人才。此时俄罗斯感到匮乏的与其说是资金,不如说是人才。俄罗斯政府为了避免最有才能的俄罗斯人迁居国外,采取积极措施,如根据居住地来聘请专家执行高科技的国际项目等。目前,在发达国家,对人才的投资总额远远超过对生产的投资总额。根据联合国确定的关于人力资源发展的指标体系,俄罗斯仅处于第80位。所以俄政府需要扩大培养管理人才的规模,对培养计划作一些根本的修正。很明显,国家需要的不仅仅是掌握管理业务和技巧的经理,而且是反危机管理的专家,能够在经济调整的条件下进行有效管理。

3. 对俄罗斯政府宏观调控的几点评述

从以上分析可以看出,过渡期的结束使俄罗斯经济可以真正按市场经济的模式来运行,与过渡期相比,目前俄罗斯的经济发展趋于稳定,宏观调控也逐渐摆脱了过渡时期的应急性和短期性特征,政府开始从经济长期发展的角度来实施宏观经济政策。从另一个角度看,这也是俄罗斯大国意识在复苏,并力图像苏联时期那样通过制定一些中长期计划来明确各阶段的经济发展目标,从而彻底摆脱经济危机。综观俄罗斯政府在不同经济发展时期的宏观经济调控,主要有以下几方面的认识:

第一,政府进行宏观经济调控时更应考虑到经济发展的现实。政府灵活运用宏观经济杠杆确实能够解决许多经济问题,包括结构性问题。但也应注意到,宏观经济调控是一种细致而复杂的手段，不谨慎的操作可能会损害经济的长期发展，所以一些经济政策的出台应考虑周详。例如，俄罗斯政府追回抽逃资本的做法。在过渡期，由于法律等方面的很多漏洞，在大规模私有化的背景下，俄罗斯的资本抽逃在转轨国家中是最为严重的，而政府对此毫无办法。过渡期结束后，俄罗斯政府企图追回抽逃资本，然而，从行政上追究将资金转往国外的那些人的责任是不够的，还应考虑到，资本抽逃虽然是畸形的，但这是俄罗斯企业在国内社会经济不稳定和不顺利的条件下市场机制完全作用的结果。假使这些资本被迫流回俄罗斯，进入金融市场，则会在金融市场上引起大的波动；而若这些资金不进入金融市场，持在"手里"，则卢布的汇率会上升，俄罗斯企业失去本币贬值带来的优势，出口将下降。此时俄中央银行若购买美元以稳定汇率，则需要补充发行本币，从而加剧俄罗斯国内的通货膨胀。同时也应注意到，俄罗斯作为新兴市场经济国家，不能再出现以前那样的宏观经济严重不平衡。1998年的金融危机说明，俄罗斯是世界金融体系的一部分，任何发生在这一体系的问题（包括大规模的金融投机和炒作），在宏观经济指标不平衡的情况下都有可能爆发严重的危机。

第二，关于私营经济发展的问题应予重视。私营经济是最具活力的一种经济形式，对目前俄罗斯的经济发展而言，私人资本可能会起到很重要的作用，1999—2000年的经济增长就显示了这一点。但同时也应看到，尽管目前俄罗斯经济的自由化程度得到了很大的提高，但私人生产者在俄罗斯依然存在许多限制。在过渡期内，政府对私营经济实施了高税率和行政管制，这一方面是由于在当时经济衰退的情况下，国家需要足够的财力来进行社会经济活动，另一方面也是私营经济软弱性的表现。过渡期之后，俄罗斯政府尽管采取了一些扶持私营经济的措施，但对私人资本的压制依然客观存在，于是便产生了"虚拟经济"，即前文所指的非货币式结算、拖欠、会计账目作假等现象。这不仅使私营经济受损，也使国家的税收流失，不能有足够的财力来实施必要的经济政策。所以俄罗斯经济要想有较大的发展，就必须重视发展私营经济。

第三，应正确处理效率与公平问题。过渡期内，俄罗斯政府只重视效率，而忽视了收入的公平分配，或者说俄政府在这一领域的调控是失效的，所以导致这样一种状况：在俄罗斯，工资收入占GNP不足25%，例如，1999年实际工资只占GNP的23%，这个比例不仅无法与发达国家相比，甚至与发展中国家也没法比——发展中国家,这一比例也占到55.6%。而且俄罗斯收入差距扩大的问题十分尖锐,近20%的居民集中了货币总收入的47.3%,而20%的低收入者只拥有消费基金的6.2%。如此严重的收入分配问题,成为社会经济发展的重要障碍,因为工资水平太低,所以无法改变国内市场需求不振的情况,从而使经济的持续发展受到威胁;不仅如此,可能还会造成社会的不稳定。随着过渡期的结束,俄罗斯政府开始逐渐关注公平问题,并且拟从工资体制改革入手。与其将工资提高到足以保障居民的最低生活水平看作改革的结果,毋宁说其是改革的必要条件。但同时也应看到,期望将工资、退休金、补助金同时提高几倍是不切实际的,这会"拧开"通货膨胀的"螺旋",加剧通货膨胀。俄政府需要周密而渐进地将其与其他领域的改革相结合来解决这一问题。

第四,关于政府的投资力度问题。经常存在的财政赤字说明,俄罗斯政府已没有足够的资金来进行大型投资以实现经济现代化,然而经济的发展却要求增加资本投入,加大对资源的利用。随着过渡期的结束,这一矛盾日益显化。从经济发展的长期来看,据估计,在今后的20—25年间,俄罗斯科技现代化大约需要1.5万亿—2万亿美元,近10年也需要6000亿—7000亿美元。而短期内的经济结构改革同样也有最低的投资要求,例如,使劳动生产率提高2倍的话估计需要150亿—200亿美元,而俄政府的投资额在近3—4年间不足这一数额的4%—5%。由此可见政府投资所需的资金缺口有多大,这直接影响着政府的投资力度。在过渡期内由于俄罗斯社会经济处于不稳定的状态,政府的宏观经济调控也处于"弱"的状态,财政政策根本发挥不了作用,或者说根本没有财力来发挥作用。过渡期结束后,为了提高财政政策的效力,国家采取各种措施提高政府的投资能力,其中最重要的是要有效地管理国有财产。目前,俄政府持有3896家股份公司的股票,却只获得被分配利润的0.5%,这是很不正常的,在国外这一数据是7%。87%含有国有股的企业没有一分钱的股息被列入国家预算。所以提高国有资产的管理效率是增强政府投资力的关键。

第五,参与经济全球化方面。过渡期内俄罗斯实行的参与经济全球化的政策特征是,国家全方位地放开经济"走出去",而保留"进入"的限制。这就导致资本和人力资源无阻碍地逃离俄罗斯,而它们的回流却遇到许多障碍。问题还不止于此,过渡期结束后,俄政府越来越发现,俄罗斯经济融入世界经济的进程也受阻,因为俄罗斯目前还未加入一些重要的国际经济组织,如WTO。而且由于没有贯彻最新的科学工艺,俄罗斯企业逐渐变得缺乏竞争力,在这种情况下,俄罗斯企业虽利用较高的进口关税和卢布的低汇率来维持自己暂时的利益,但却降低了本国居民的生活水平。所以过渡期结束后俄罗斯政府需要重新调整其对外经济战略。

总之,俄罗斯政府的宏观经济调控处在不同社会经济发展阶段,其情况有很大的不同,后过渡期的调控范围更大、调控手段更多、调控时机也越来越合理;但是也应看到,市场经济体制在俄罗斯毕竟还不成熟,政府的宏观调控也相应存在许多问题。经济的发展要求继续深化改革,这首先涉及政府、市场和社会之间的相互关系,改革的方向不是机械地强化行政职能,而是从根本上完善政府对经济的宏观调控作用。

**(二)巴西应对金融危机的宏观调控及基本思路**

1. 巴西应对金融危机的财政货币政策

实施减税计划,充分发挥税收政策的调控作用。2008年全球性金融危机爆发后,为应对国际金融危机和稳定就业,巴西政府于当年12月正式出台一项总额达100亿雷亚尔(约合42亿美元)的减税计划。这一减税计划的具体措施包括重新制定个人所得税、降低金融领域流通税和制造业领域的工业产品税等。巴西财政部自2009年3月末又推出了一系列减税措施,包括取消摩托车销售中的社会安全税以及涉及水泥和油漆等工业产品的生产税,延长针对汽车、摩托车和建筑材料的税收减免政策:一是在汽车、"白色家电"和建材类行业施行工业产品税(IPI)减免政策,降低对白色家电征收的工业产品税率,其中冰箱由原来的15%降至5%,燃气灶由5%降至0,洗衣机由20%降至10%,甩干机由10%降至0(从4月17日起,优惠政策的有效期是三个月);二是延长摩托车、小麦、面粉、法式面包等产品的社会安全费(COFINS),减免社会一体化计划费(PIS);三是下调玛瑙斯开发区及环保企业的所得税等。

追加财政预算,加快基础设施项目建设。在此次金融危机中,巴西寻求以扩大内需为目标的反周期财政相机抉择政策,决定在2008—2010年增加2007年制订的《加速发展计划》的预算支出规模,加快实施计划中的基础设施建设项目,其中2007—2010年间的预算将增加28.2%,2010年后将追加165.4%,这些资金主要用于交通运输、能源、社会和市政基础设施建设。除联邦政府外,一些地方政府也推出用自有资金建设的基础设施项目,以创造更多的工作岗位。此外巴西政府还采取了更积极的措施,主动扩张财政支出,其中包括一项大规模的住房保障政策,如增支330亿美元建造100万套住房计划。该政策不仅可帮助低收入居民购买自有住房,还有助于使受金融危机冲击最大的建筑行业走出困境。

调整信贷政策,提供农牧业专项信贷支持。巴西先后出台了一系列信贷调控政策,包括为中小企业提供优惠贷款、为农业提供专项信贷支持、增加农业专项贷款额度等,以缩减国际信贷紧张对巴西企业的影响。鉴于农产品出口占总出口额的比重接近20%,为了应对外部市场需求下降的状况,巴西政府通过国有银行增加专项贷款额度支持农业和畜牧业。例如,巴西政府于2008年10月22日颁布法令,授权巴西银行和联邦经济储蓄银行这两家国有银行收购受到影响的中小金融机构,以解决农民信贷难的问题。此外,2009年4月16日,巴西国家货币委员会还通过了向畜牧业部门提供100亿雷亚尔贷款的决定。这些资金通过国家经济和社会发展银行进行借贷,期限为24个月,主要用于支持牛、羊、猪肉和奶制品、禽蛋等行业。

干预汇率市场,维护币值稳定。2008年9月至2009年1月,巴西的实际有效汇率贬值18.4%。美元升值将导致巴西国内通货膨胀率上升,同时让企业外债负担加重。为此,巴西中央银行通过卖掉美元外汇储备,提供美元贷款和为出口企业提供贷款等途径,有效控制了美元对巴西雷亚尔的过快升值。巴西经济界人士估算,自2008年9月初至2009年3月,巴西央行动用了大约300亿美元的外汇储备干预汇市,约占巴西外汇储备总量的7%。2009年2月至6月,巴币又大幅升值21.6%,汇率的大幅波动给巴西企业经营带来不稳定因素,不利于其经济复苏。因此,巴西政府还通过签订美元和巴西雷亚尔的互换协议,以及加强进口产品许可证管理三种方式增加外币供应量和限制外汇流出。在前期经济刺激政策的作用下,截至2009年10月9日,巴西外汇储备已经达到2315亿美元,再攀历史新高。由于巴西经济发展趋稳,外资再度快速流入巴西,导致美元对巴西雷亚尔的比价急剧下跌,10月9日,降至1∶1.737,创下13个月以来的最低点。由于美元流入量过大,2009年全年雷亚尔对美元的升值幅度超过25%。此外,为保持币值稳定,巴西央行还多次入市收购美元,以防雷亚尔对美元急剧升值。

2. 巴西宏观调控的修补与改良

第一,政府主导制定经济、社会发展方向。卢拉政府先后制定了两个四年发展计划。第一个四年经济发展计划(2003年9月3日提出),即2003—2006年经济发展计划总投资18500亿雷亚尔,其中60%的资金投向社会发展领域;36%的资金投向经济领域。巴西通过第一个四年计划解决了所有7—14岁的儿童入学问题;建立了30000人的医疗队伍,解决了1亿人的就医难问题;使低收入的居民(月工资在政府规定的5个最低工资以下)住房困难户减少25%;扶植中小企业出口由占出口总额的10%提高到20%;维修75万公里国道,兴建5500公里公路,2400公里铁路;到2007年,进出口贸易总额增长1000亿美元,达2150亿美元,占PCM规划总量(5500亿美元)的35.18%;解决了780万人的就业。第二个四年经济发展计划的要点是4年中增加5000亿雷亚尔的公共支出,同时减免66亿雷亚尔的税收,推动公共投资和私人投资的增加。两个四年计划体现了政府与市场这"两只手"搭配的合理性,通过渐进地修复激进改革带来的失衡与失序,巴西实现了经济增长和社会发展的同步,为经济发展提供了可持续的内生动力,使得巴西在本次金融危机中未受重大影响。

第二,提高国家金融控制力。巴西20世纪90年代的金融自由化的实践证明,脱离国情和发展阶段,盲目追求开放的金融改革会弱化国家的金融控制力并进而威胁金融安全。为此,巴西政府吸取经验和教训,进行了一系列的渐进式金融改革。首先,依据《巴塞尔协议三》,巴西中央银行提出了一揽子改革方案,明确将金融市场风险和银行经营风险一起纳入风险检验的计算和监管框架,并要求银行对风险资料进行更多的公开披露,从而使市场约束机制成为监管的有益补充。此外,在计算信用风险的标准法中,新协议采用评级公司的评级结果确定风险权重,废除以往以经合组织成员确定风险权重的做法,同时允许风险管理水平较高的银行使用自己的内部评级体系计算资本充足率。其次,加强对国际收支中资本项目的管制,削弱以追逐利差为目的的外部游资的影响力,巴西央行提出条例提高外国资产的风险评估等级,以提高他们在巴西公司投资的会计成本,尤其是对银行。同时,央行提高不稳定资本的收费,比如提高资本收益税及利润转移税,从而降低利率及资本外逃风险。在本次金融危机中,巴西为了应对西方流动性泛滥所带来的套利风险,多次上调金融交易税率,同时还将外汇衍生品交易税率由0.38%上调至6%。

第三,加强与发展中国家的交流与合作,提高在国际社会中的话语权。在激进主义改革时期,巴西政府一度提出"宁做发达国家的尾巴,不做第三世界的头"。美国处于世界秩序的中心位置,巴西必须同美国保持良好的关系,不与美国对立。不过,巴西政府逐渐意识到,一味迎合西方的意识形态与价值观最终只能成为西方的附庸。巴西通过优先发展南南外交,平衡与发达国家的关系,减少对他们的依赖。2003年,在卢拉总统的倡议下,巴西、印度和南非三国成立了对话论坛(即"伊巴斯"论坛),巴西和印度的贸易在随后的3年中增长了143%,与南非的贸易增加了一倍,2010年三国间的贸易额达到150亿美元的水平。在三国论坛的基础上,巴西还积极参与金砖国家领导人的会晤与交流,金砖国家集团已经由经济学家所提出来的一个概念演变成有相当影响力的多边合作机制。尽管形式松散,但五国如果能够在世界经济秩序、安全战略等重大问题上达成共识,采取统一立场,将成为国际社会不可小觑的力量,挑战现存发达国家主导的世界政治经济秩序。

## 五、域外宏观调控法治化经验带来的启示

由于经济发展阶段、社会政治条件、历史文化背景以及社会意识形态等方面的差异,各国往往根据各自的国情选择和推行不同的经济体制模式。自20世纪30年代产生以来,宏观调控法作为政府间接干预经济的一种制度设计,其重要性越来越受到各国政府的重视。80年代以来,不论是发达国家还是发展中国家,都明显地加强了对经济的宏观调控,并使宏观调控方面的法治地位上升,使之逐渐成为经济法体系中最主要的、起主导作用的构成部分。上述各国宏观调控法治化实践,带给我们的启示主要有:

### (一) 健全的市场经济体制需要法治化

尽管上述各国在具体国情、经济发展模式及发展水平等方面有诸多差异,但在处理市场与政府的关系上,均高度重视法制。各国在宏观调控方式、调控手段的运用和选择上呈现出一定的区别,但是在对市场进行宏观调控时,毫无例外地都依法弥补市场缺陷,以正常、有效地发挥市场机制的作用为目标。各国成熟的宏观调控模式和完善的宏观调控立法,是其全面开放、健全发达的市场经济体制的基础和组成部分。我国计划经济时期的调控,就是计划调控、行政调控,因而实际上是一种有计划而无市场,只有计划和行政刚性的"控",并无市场和其他经

济参数的"调"的经济运行方式,也不是真正的宏观调控。随着市场经济体制的逐步完善,市场失灵的现象和问题逐步暴露,宏观调控的必要性也为市场各方充分重视。因此,我国建设完善的市场经济体制和成熟的宏观调控体系,必然要实现宏观调控法治化,将政府的宏观调控纳入法制化轨道,重视法律制度的制定和实施。

**(二)宏观调控法治聚焦经济危机防范**

一些国家的宏观调控法律是经济危机的直接结果。经济危机是市场经济所共有的伴生物,会对社会财富带来较大破坏,但也给一国的市场经济体制改革和完善提供了较好的契机,上述美国、德国、日本等国家的很多宏观调控法律都是在对经济危机进行反思、总结后制定的。美国于20世纪60年代末至70年代初出现了"滞胀"现象,失业率和通货膨胀率均上升至两位数,在此背景下,美国国会于1978年通过了《充分就业和国民经济平衡增长法》。在二战后近20年的时间里,联邦德国政府的宏观经济政策均偏向"有限调节的社会市场经济理论",加之国内外各种有利条件,实现了高达8.6%的飞速增长。然而1966—1967年,联邦德国爆发了战后第一次经济危机,导致"基督教民主联盟—基督教社会联盟"政府的下台,这一危机直接推动了《经济稳定与增长促进法》的制定与实施。可以看到,国外宏观调控法律是伴随着经济危机的应对而出现并丰富的。社会主义市场经济也存在市场失灵的问题,2008年世界范围内的经济金融危机对我国经济也产生了较大消极影响,2015年的股票市场剧烈波动对金融市场宏观调控提出了新的挑战。我们应当对这些危机进行必要总结,将其中较为确定的宏观调控规律用法律的手段予以固定。

**(三)强调立法在权力制衡中的重要性**

世界各国的政治体制和干预目标不同,对于宏观调控的具体执行部门也存在较大差异,但由于是国家对市场的干预,因此行政机关在宏观调控政策的执行过程中起到十分重要的作用,这也给行政权过度侵犯私权留下了隐患。为了防止行政权的过度扩张和出现政府失灵等问题,各国在进行宏观调控的同时都强调立法机关在调控过程中对行政机关的制衡作用,如美国参众两院的立法活动。我国立法机关——全国人民代表大会及其常务委员会,是宏观调控的决策部门。

我国宪法规定，它有权根据全国人大组织法和立法法的规定制定和解释法律，在宏观调控领域制定宏观调控基本法以及单行法。目前我国仍缺乏一部宏观调控基本法，且一般情况下宏观调控更多是以行政命令形式出现，也缺乏宏观调控单行法的规范。另外根据我国宪法规定，人民代表大会及其常委会具有监督权，即对由其产生的国家机关的工作和法律的实施进行检查、调查、督促、纠正、处理的强制性权力。据此，立法机关应当具有对宏观调控执行的监督权，但是实践中，很难发挥对宏观调控的监督权。为防止行政权力的过度扩张，应当从立法到监督全方位发挥立法机关在宏观调控方面的积极作用。

### （四）根据国情选择宏观调控的目标与重点

由于国情、历史传统、社会环境不同，民族、文化、习俗差异，各国在实施宏观调控的过程中，采用各具特色的宏观调控模式，导致宏观调控法存在差异性和多样性。首先表现在调控主体不同，政策搭配方式不同，从而形成产业法主导型和计划法主导型两大类型。例如，美国受凯恩斯理论的影响，宏观调控目标更多地考虑就业问题，因此重视财政调控法，将其列为宏观调控法的核心。德国为维护"公平与效率"的社会市场经济模式，更加注视金融调控法的突出作用，同时辅之以必要的财政调控政策。日本则高度重视计划法的指导作用，并综合运用财政政策法、金融政策法促进产业结构的调整，统筹协调国民经济的重大决策，计划法的龙头作用更为突出；而随着经济走向成熟，日本逐步加强财政调控法的功能。

# 第五章　新发展理念与宏观调控法治化

## 一、新发展理念融入宏观调控法治

### (一) 新发展理念的基本含义

以习近平同志为核心的党中央协调推进全面深化改革、全面依法治国、全面建成小康社会、全面从严治党的战略布局,要求牢固树立和贯彻落实新发展理念,使党和国家事业取得新成就。2016年1月29日,习近平在中共中央政治局第三十次集体学习时强调:新发展理念就是指挥棒、红绿灯。全党要把思想和行动统一到新发展理念上来,努力提高统筹贯彻新发展理念的能力和水平,对不适应、不适合甚至违背新发展理念的认识要立即调整,对不适应、不适合甚至违背新发展理念的行为要坚决纠正,对不适应、不适合甚至违背新发展理念的做法要彻底摒弃。

新发展理念即**创新**、**协调**、**绿色**、**开放**、**共享**的发展理念。

**创新**是引领发展的第一动力。必须把创新摆在国家发展全局的核心位置,不断推进理论创新、制度创新、科技创新、文化创新等各方面的创新,让创新贯穿党和国家一切工作,让创新在全社会蔚然成风。

**协调**是持续健康发展的内在要求。必须牢牢把握中国特色社会主义事业总体布局,正确处理发展中的重大关系,重点促进城乡区域协调发展,促进经济社会协调发展,促进新型工业化、信息化、城镇化、农业现代化同步发展,在增强国家硬实力的同时注重提升国家软实力,不断增强发展整体性。

**绿色**是永续发展的必要条件和人民追求美好生活的重要体现。必须坚持节约资源和保护环境的基本国策,坚持可持续发展,坚定走生产发展、生活富裕、生态良好的文明发展道路,加快建设资源节约型、环境友好型社会,形成人与自然和谐发展的现代化建设新格局,推进美丽中国建设,为全球生态安全做出新贡献。

**开放**是国家繁荣发展的必由之路。必须顺应我国经济深度融入世界经济的趋势,奉行互利共赢的开放战略,坚持内外需协调、进出口平衡、引进来和走出去并重、引资和引技引智并举,发展更高层次的开放型经济,积极参与全球经济治理和公共产品供给,提高我国在全球经济治理中的制度性话语权,构建广泛的利益共同体。

共享是中国特色社会主义的本质要求。必须坚持发展为了人民、发展依靠人民、发展成果由人民共享,作出更有效的制度安排,使全体人民在共建共享发展中有更多获得感,增强发展动力,增进人民团结,朝着共同富裕方向稳步前进。①

新发展理念是针对我国经济发展进入新常态、世界经济复苏低迷形势提出的治本之策,是针对当前我国发展面临的突出问题和挑战提出来的战略指引,指明了"十三五"乃至更长时期我国的发展思路、发展方向和发展着力点。新发展理念,起着管全局、管根本、管长远的导向作用,具有战略性、纲领性、引领性。新发展理念集中反映了我们党对经济社会发展规律认识的深化,是我国发展理论的又一次重大创新,深刻揭示了实现更高质量、更有效率、更加公平、更可持续发展的必由之路,是关系我国发展全局的一场深刻变革。

### (二) 新发展理念融入宏观调控法治的路径

新发展理念要落地生根、变成普遍实践,就需要深入理解、准确把握其科学内涵和实践要求,落实为共识和行动。作为国家调节市场、推进经济发展的宏观调控法,全面对应了新发展理念的要求,理应通过金融、税收、财政、规划、产业等法律措施,全面贯彻落实新发展理念,将新发展理念融入本法,使新发展理念成为宏观调控法的灵魂,进而保障新发展理念的践行。

我国经济持续快速发展,在很大程度上得益于有效的宏观调控。当前,适应和引领经济发展新常态,需要继续加强和改善宏观调控,更好地发挥其稳增长、促改革、调结构、惠民生的重要作用。以法治思维加强和改善宏观调控,使宏观调控在法治框架内运行,有助于优化调控制度和程序,创新和完善调控方式,稳定社会预期,提高调控效果。为此,需要将新经济发展理念融入宏观调控法治。

首先,要将新发展理念与法治精神相结合。无论将宏观调控作为促进发展

---

① 参见《中华人民共和国国民经济和社会发展第十三个五年(2016—2020年)规划纲要》第一篇第四章。

的手段还是经济治理的重要制度,其加强和改善都应体现创新、协调、绿色、开放、共享的新发展理念,符合法治精神。在创新发展方面,宏观调控应有助于经营模式变革、科学技术进步。具体的调控手段都应制度化、法律化,以更好地符合调控法定原则,使各类市场主体形成明确稳定的预期。

其次,要加强宏观调控立法。加强宏观调控立法,应符合宏观调控的特殊性和法治要求。从法律层面考虑宏观调控权的配置以及宏观调控的主体、职能、程序、责任等问题,完善调控体制机制,让各类调控手段协同发挥作用。在推进宏观调控整体立法或综合立法的同时,还应根据不同调控领域、调控手段的特殊性,制定具体的宏观调控法律规范,提高财政、税收、金融、规划、环境、资源等各类调控方式的法治化水平。

最后,要依法有效实施宏观调控,完善宏观调控手段。使市场在资源配置中起决定性作用,必须加快转变政府职能,切实简政放权,坚决摒弃不当行政干预。也应看到,宏观调控是现代国家至为重要的经济职能,关乎国家能力的提升和目标的实现,只能加强,不能削弱。今后应作出更为严格具体的规定,特别是预算审批、预算调整、转移支付、征税调整、货币发行、规划实施等方面的程序,需要在立法上进一步完善有关规定并严格执行。完善宏观调控程序规定的过程,也是创新宏观调控方式的过程。

## 二、宏观调控理念的更新

理念之于法治,犹灵魂之于人类。没有正确的理念作为指导,就难以真正实现宏观调控的法治化。因此,对于宏观调控法治化内涵的探究,也应当自理念革新起始。长期以来,受计划经济传统的影响,政府对于经济的限制较大,宏观调控的实施过程,主要是政府基于自身的职能需要,主动对宏观经济的运行进行调节和控制,表现为一种权力主导型的宏观调控。在我国市场经济体制尚未完全建成、经济发展水平较为落后的时期,这种旧式理念的宏观调控基本能够满足社会经济发展的需要,也对经济的发展起到了应有的作用。但是,随着改革开放的不断深入,社会主义市场经济体制的全面建设完善,这种"权力主导、政府为主"理念指导下的宏观调控已经难以满足经济社会发展的要求,必须让宏观调控的理念和价值取向跟随经济情势的变更而进行适时的调整和发展。

**(一) 宏观调控环境的变化要求市场化理念更新**

改革开放以来,尤其进入 21 世纪以后,我国市场化和国际化进程不断加快,经济发展水平发生了翻天覆地的变化,宏观调控制度实施的社会环境也随之有了巨大的改变。外部环境的改变给宏观调控制度和理念带来了巨大的挑战,"权力主导"型宏观调控的弊端在新的市场环境下更大程度地暴露,对经济发展的不利影响也进一步显现。[①]

在国家权力主导宏观调控实施的理念指导下,调控机关容易将宏观调控行为狭隘地理解为国家权力行为,只由自身出发考虑问题而忽视经济发展和市场主体的客观要求。在当今的社会主义市场经济体制下,这样作为宏观调控机关"独角戏"的宏观调控,公众认同度低,民主参与程度不够,宏观调控的效果被大打折扣。同时,在国家权力主导的理念下,政府容易根据自身的认知采取直接的干预手段,导致经济在短时间内较大波动,影响国民经济的良好发展。相较于计划经济体制时期,这样的经济巨大起伏对如今发达的市场经济造成的伤害无疑是更为严重且难以恢复的。

在政府主导和管制理念指导下的宏观调控所带来的负面作用已经远远超过了其正面价值,因此,我们必须打破原有观念,寻求对宏观调控自身的重新认知并在此基础上确立正确的宏观调控理念,才能为实现宏观调控的法治化树立正确的方向。

**(二) 宏观调控行为认识的市场化重构**

长期以来,在"权力主导"的理念下,宏观调控和宏观调控法被单纯视为国家对于国民经济进行干预和管理的工具,从而导致在宏观调控的立法和实施的过程中更多的是考虑如何使政府宏观调控的行为更加顺利进行,而忽略了宏观调控这一行为本身所应达到的目标和对国民经济发展的作用。对于宏观调控这样的定位和认识直接导致其在实施过程中忽视市场和社会的民主参与,缺乏对于政府行为的约束限制,也难以形成对经济的有效调整和控制。

要想实现宏观调控理念的革新,必须修正以往对于宏观调控的上述固有看

---

① 参见岳彩申:《经济发展方式转变中的宏观调控制度转型》,载《法商研究》2012 年第 2 期。

法,重新确立对宏观调控自身及其作用的认识。市场作为"看不见的手"在资源配置中发挥基础性的作用,与之相对应,宏观调控应更多地体现对于市场本身的尊重。宏观调控不能仅仅被当作政府权力主导下的行为,它需要市场和社会公众的参与,它应当是公民将其拥有的对于经济实行调节、控制的权利授权给国家、政府实施的一种行为。宏观调控的权力来源于权利并且应当以权利为界限。

**(三) 宏观调控法理念市场化重构:从政府管制到市场配置**

制度设计,理念先行。理念的重构并非务虚而为务实,纵观我国目前宏观调控法存在的问题,其主要原因即在于我们的制度理念较为落后。我们过于崇尚政府管制,对政府管制下的调控政策有着天然的好感和依赖感。这种崇尚政府管制的理念不仅贯穿在产业投资政策、产业技术政策和产业组织政策中,而且还贯穿在财税激励、金融调控等各项政策中。正是在这种错误理念的指导下,我们的政府在制定宏观调控制度时,无视市场对资源配置的决定性作用,不尊重市价价值规律,完全不考虑市场的需求,不考虑产业的特点,想当然地制定出一些所谓的调控政策。结果就是这些制定出来的调控政策非常零散、不成体系,易变,缺乏可预测性和普遍适用性,而且对于相关市场和产业缺乏针对性。因而使得我们的所谓调控政策对于产业和市场的发展起到的作用非常有限。因此,当前我们的首要任务就是要转变理念,将调控政策的指导理念由政府管制转为市场配置,只有有了正确理念的指导,我们才有可能制定出更有针对性,更加尊重市场,更能促进产业和市场发展的调控政策。

一方面,我们应当重新界定政府在宏观调控中的作用和角色。在现代市场经济社会,政府在经济成长中的主要职能为在保持社会经济稳定增长的前提下,促进经济的效率和社会的平等。在我国市场经济的发展过程中,我们的宏观调控政策制度应当充分考虑经济发展的效率和社会公平,遵循宏观调控制度中性的特性。在市场失灵、市场机制难以发挥作用的领域,应通过各种宏观调控的适当倾斜和照顾,进行政府扶持,在技术研发和企业运行方面提供必要的资金和制度支持,促进其发展。但是,政府又要适当把握干预的程度,尤其是在市场机制发挥作用的领域,政府的宏观调控政策应当坚持中性原则,不干扰市场机制作用的发挥,政府更多地应当在改善外部环境等方面多做贡献,而将"政府之手"撤回到市场之外,发挥市场的自发调节作用和企业的自主创新能力。

另一方面,宏观调控的措施和手段应当以市场化运作为主导,发挥市场在资源配置中的决定性作用。任何产业和行业发展的真正动力均来源于市场,只有市场才是社会经济发展的内生性因素。如上所述,政府虽然能在市场失灵的领域发挥作用,但相关技术的选择和产业的发展最终仍需要靠市场机制来完成。因为政府扶持政策虽然能够集中社会力量,在看准方向的前提下进行多部门协作和支持,从而使新技术迅速形成生产能力。① 但其缺陷也显而易见,主要表现在政府也不是万能的,对市场信息的把握势必不够全面和灵活,容易造成决策失误和政府失灵。同时,政府基于不完全市场信息而作出的宏观调控措施和手段,容易诱发企业的寻租行为,而不是把更多投入放到研发和技术改造升级上,使得新兴行业企业在市场竞争中形成对宏观调控政策措施的依赖。②

因此,宏观调控法理念的重构,应当基于上述认识,以市场化资源配置为导向,约束和束缚"政府之手",通过制度的设计,引导市场主体,根据市场供求关系的变化,作出符合政府宏观调控立法意图的正确选择,从而促进市场的发展。宏观调控过程中对市场的尊重,主要就是体现在充分尊重市场主体的自由选择权,这就要求政府在充分尊重市场主体意见的前提下严格遵守法律的限制,将自己置于法律的规则框架和民主的市场参与监督的制约之下。唯有如此,政府方能在合理合法的基础上实现对市场经济的有效调控。

## 三、宏观调控法治化的内涵

宏观调控是促进国民经济整体持续、稳定和协调发展的重大课题,是我国市场经济体制建设和发展的重要内容。在全面推进依法治国的进程中,对宏观调控法治化命题的研究意义深远。准确把握宏观调控法治化的概念,深入理解宏观调控法治化的内涵,正确认识宏观调控法治化的价值,都是实现宏观调控法治化目标不可或缺的基础。宏观调控法治化包含多个方面的内容,是一个结构庞大、内容复杂的体系。对其内涵的探究和理解,也应当从多种不同的角度进行。通过对各方面内涵的深入剖析,再将之统一于宏观调控法治化的整体内涵之上,

---

① 参见王小鲁:《政府与市场——中国模式之辩》,在体改研究会宏观形势座谈会上的发言,2011年3月27日。
② 参见〔美〕沙希德·尤素福、西蒙·伊夫耐特:《东亚具有竞争力吗?应对全球市场竞争的创新法则》,王丹莹、许建军译,中国财政经济出版社2004年版,第60页。

才能对宏观调控法治化进行全面、系统、深入的理解,更好地发挥宏观调控应有的功能。

**(一) 宏观调控的系统化**

宏观调控法治化进程的推进,离不开协调完善的宏观调控体系的构建。这种系统化的宏观调控体系,既包括宏观调控内容本身的确定,更重要的是宏观调控法律体系的系统化。

1. 宏观调控范围的完整化

构建完善系统性的宏观调控体系,必须首先对宏观调控的行为边界有准确的界定,只有明确政府在宏观调控过程中的行为边界,才能以此为基础,明确政府在宏观调控中可以采取的手段及调控的方式,才能为宏观调控体系的构建奠定坚实的基础。在法治化的宏观调控中,政府的调控行为受法律保障,调控权力受法律限制,宏观经济调控关系受法律调整。那么,宏观调控范围的确定,自然也需要通过法律来划定。这种划定,并不是闭门造车式的纯粹宏观调控内部概念的探索,而是应当回归于宏观调控最初的发源地——市场当中去。市场的发展成熟和配置资源的固有缺陷需要政府对宏观经济进行调控,市场力所不能及存在缺陷的地方即应为政府经济调控的范围。因此,法律对于政府宏观经济调控范围的划定必须充分尊重市场的决定,用法律的形式赋予市场宏观调控范围以强制性和确定性。

宏观调控范围界限的准确划定既是克服市场失灵,保证国民经济持续、稳定协调增长对宏观调控法治化提出的内在需求,也是克服政府失灵、防止权力寻租、治理官员腐败对宏观调控法治化提出的客观要求。通过法律的形式对宏观调控范围进行准确的界定,使宏观调控概念的使用科学化、规范化、明确化,为宏观调控法治化问题的研究探讨提供统一确定的基础,这对于构建完整的宏观调控体系来说至关重要。

2. 宏观调控法律的系统化

宏观调控包括金融、税收、财政、计划等多个方面的内容,同时也涉及各个方面不同的手段和措施,这就需要多项的法律规范来进行调整。改革开放近四十年来,我国已经制定了不少宏观调控法律法规,但仍不能满足经济社会发展的需要。究其原因,一方面是由于有些部门尚未制定有效的法律规范或是已经制定的规范内容存在较大的问题;另一方面则是由于现存的法律之间各自为政,没有形成统一协调的法律体系,使其实施中出现了矛盾和冲突,大大影响宏观调控法律的实施效果及政府的宏观调控行为实践。在宏观调控法治化的内涵中,法律体系的系统构建是完善宏观调控体系最为基础的一部分。为了实现宏观调控法律的系统化,改善我国宏观调控法律的实施现状,应该从以下两个方面着手:

其一,争取制定宏观调控基本法。宏观调控基本法的制定是落实我国宪法关于加强宏观调控立法原则的要求,也是推动我国市场经济体制改革的需要。基本法的制定,不仅能够对各种单行的法律进行统一的指导协调,使其形成有效的法律体系,更为重要的是,可以从规范的层面上对宏观调控的理念进行界定,为宏观调控的目标树立及调控手段选择提供全面的判断基础。

其二,整合现有法律法规。宏观调控法的体系规模庞杂,涉及的内容广泛,立法的效力层次多样,且存在大量的行政法规和部门规章。然而,宏观调控措施之间必须互相配合,协调一致才能取得效果。因此必须在统一理念的指导下,对现有的法律法规进行整合,理顺各个部门、各个层级之间法律法规的关系。

### (二) 宏观调控的程序化

宏观调控的法治化内涵不仅包括在静态层面对于实体法律体系的完善化,同时也应当包括对于动态运行过程的程序化。但是国内对于宏观调控的法学研究长期以来偏重于实体而轻视程序,使得宏观调控运行程序化的研究未能得到应有的重视。基于此,对宏观调控法的程序价值的发现和程序化命题的研究也就有了突出的重要性。

1. 宏观调控法的程序价值

法律在宏观调控中的价值首先在于其程序价值,即通过法律的强制性规定确保宏观调控的过程和内容严格遵循相关的程序,从而避免政府宏观调控的失误给国民经济发展和社会稳定造成威胁。具体而言,法律的程序价值体现在以下方面:其一,程序通过对政府作为程序参与者的主体定位而达到对政府恣意调控行为的限制,明确其在宏观调控运行中的权力义务职责,从而减少任意调控的可能;其二,程序法定可以用法律的确定内容来防止和消除政府对于宏观经济方面的过度自由从而带来的不确定性风险;其三,对于宏观调控运行过程而言,法律程序既是其主体行为模式、法定步骤和调控方式,又是实现对宏观调控权力约束的重要机制,是保障宏观调控运行中对于政府授权和限权协调统一的必备基础。

宏观调控运行的程序化,实际上是要解决建立怎样的宏观调控法律程序体系、如何运用好这套程序体系保障宏观调控法治化实施的问题,这其实也是宏观调控程序法治化内涵之所在。宏观调控运行的方式是否符合法律程序的规定,宏观调控的内容是否基于法定程序所确定,是宏观调控运行程序化所要解决的两个基本问题,也是宏观调控程序法治化的核心问题。

2. 宏观调控运行方式程序化

宏观调控的运行过程,包括宏观调控的决策、执行、监督和后果处理等。在这一系列环节中,为了适应不同的经济形势和社会环境,宏观调控的实体法常常"很难在平衡总量与结构、效率与公平等矛盾价值达到各方满意的程度,从而也需要换一种思路,在价值和利益难以取得一致的地方,程序建构选择是其应有的选择"。与实体法相反,宏观调控程序规范以其内容的稳定性和确定性而具有独特的平衡优势——既可以通过法定的程序保障宏观调控措施得到有效的实行,提高宏观调控运行的效率,降低法治的成本;也能够通过法定程序限制宏观调控主体权力的滥用,保证宏观调控运行的正当性,保障经济民主原则的实现。

宏观调控运行方式的程序化,应当贯穿于宏观调控运行过程的始终。不论是宏观调控的决策、执行还是监督和后果处理,均需要遵从程序化的方式。这个方式,包括决策方式。当然,我们在宏观调控法治化语境下的程序特指通过法律规定的程序,也可以认为就是程序的法治化。如果没有法律的强制力保障,仅依赖宏观调控各个主体的自觉遵守,再好的程序设计也不过是一纸空谈。只有用程序来确定宏观调控运行方式,用法律来赋予程序效力,才能使宏观调控的运行方式置于法治环境之中,实现其程序价值。

3. 宏观调控运行内容程序化

宏观调控运行方式的法治化为宏观调控运行的程序化搭建了框架,使各个环节、各个行为依照一定程序的方式开展。与此对应,宏观调控运行内容的程序化就是在此基础上对这个框架进行填充,使宏观调控运行程序化形成一个立体、充实的体系。

所谓运行内容的程序化,在这里并不是指对具体的宏观调控行为针对特定的经济形势进行调整和控制的措施前置施加内容细节上的限制。其真正含义是指某一宏观调控内容是否是基于法定的程序作出,是否能得到法定程序的执行,以及执行后能否按照法定的程序进行监督和后果处理。易言之,也就是该内容在宏观调控所有环节的运行过程中是否完全依照法律规定的程序,完全符合法律的要求。为了实现这样的内容方面的程序化目标,防止由于对程序的违背而造成的对国民经济的盲目干预,必须重视和完善宏观调控的法律程序,把宏观调控建立在民主、科学、理性和法治的基础上。①

宏观调控运行的程序化是对宏观调控法律实施的保障,反之法律更好的实施也可以推动程序化本身发展。二者之间形成良好的互动关系,彼此推动不断向前发展,这对于推动宏观调控法治化进程具有重大的意义和价值。

### (三) 宏观调控的协调化

1. 宏观调控机构职责的协调化

宏观调控是政府对本国范围内经济总量平衡的调节和控制,以保持社会总供给和总需求的平衡来推动一国经济持续、快速和稳定的发展。由于宏观调控的手段和方法是多种多样的,因此,基于不同的调控手段和方法而产生的宏观调控措施和政策,只能由不同的专业政府部门制定和实施。这当中就涉及宏观调控权的横向配置问题,即政府各宏观管理部门之间的权力配置。

首先,在政府各部门之间配置宏观调控权,应当坚持职权法定、权限适当均衡及权责对称三大原则。首先,任何政府部门所行使的宏观调控权,必须具有法律依据,法无明文授权即为禁止,并且,政府部门行使宏观调控权的行为必须依据法律所规定的程序进行。其次,通过法律的规定,在政府各部门之间所配置的宏观调控权,应当适当均衡,避免部分宏观调控部门在金融、产业政策、财政税收、价格调控等方面过度涉及,宏观调控权过大过重难以监督,而另一部分政府调控机构的宏观调控权只局限于极少内容的局面出现。最后,任何享有宏观调控权的机构,应当对其宏观调控的行为承担责任,真正做到权责对称和一致,任何调控部门和机构都应当对自己的宏观调控权负责,对于调控错误或者失误所造成的严重影响,应当终身负责。目前,我国的宏观调控权的横向配置大致如下,国家发展与改革委员会系统负责国民经济规划、投资总量调节、产业政策及

---

① 参见张文显:《宏观调控及其政策与法律的思考》,载《中外法学》1994年第1期。

价格等领域的宏观调控;中国人民银行系统则负责金融调控;财政部门和税务部门则负责财政税收调控。

其次,构建综合性的宏观调控协调机构。由于我国的宏观调控权被配置给了众多的政府部门,因此各政府部门之间所制定的宏观调控措施和政策,不可避免会在部门利益的影响下,出现冲突和混乱。这种不统一和协调,不仅会影响宏观调控的最终效果,更重要的是严重影响到政府的权威和公信力。因此,我国应当组建一个类似于宏观调控委员会的机构,它并没有宏观调控权,但可以协调、统一各宏观调控部门之间的工作,以达到宏观调控协调化的目的。

2. 宏观调控行为模式的规范化

正如上文所述,我国目前行使宏观调控权的经济管理部门主要是发改委、央行和财政部等部门。虽然,我国已经在它们之间进行了宏观调控权的配置,它们的职能和业务也有明确的规定,但是,随着社会经济关系的发展,往往也会出现游离于不同宏观调控部门的职责和权限之间的行为,这就需要对此进行协调和统一。我们认为,在这一过程中,不同宏观调控行为模式的规范化,是达成这一协调化的重要方法。

宏观调控行为模式的规范化具有必要性。第一,进行相关部门法规范的制定,给予调控行为模式合法依据;第二,基于有限政府的理念,在市场起决定性作用的基础之上发挥政府的有限作用,不仅使权力的产生有法可依,还应在权力的行使过程中保证合法,在行使权力之后也进行监督检查,实现事前、事中和事后全过程的规范运行。此外还涉及自由裁量权的问题,这关键在于度的把握,宏观调控权的自身属性决定了职能部门享有的权力不能是固定僵化的,应赋予一定的自由裁量权,让其在经济活动中自主行使。市场环境瞬息万变,市场活动创新不断,赋予一定范围的自由裁量权也是应有之义。

3. 宏观调控手段运用的协调化

长期以来,不论是经济学界还是法学界都一致认为宏观调控手段就是指经济手段、法律手段和行政手段这三大手段的综合。从经济学角度来讲,"三手段说"无可非议,但从法律角度而言,三手段之间的划分标准甚是模糊。法治与市场经济的关系决定了经济手段和行政手段最终都应纳入法治化的轨道,经济手段和行政手段只有根据法律的程序决定和实施,依照法律的遵循,才有存在和运行的合法空间,在此意义上,笔者认为宏观调控手段应是指法律手段似乎也并不过激。

再就法律手段分析,面对 2008 年金融危机,世界上许多国家采取了近似的救市方案:降息、银行国有化和注资,即宏观调控法律手段中货币调控手段、税收调控手段、财政调控手段及金融调控手段的综合体现。危机时期的政府救市方案,离不开国家的宏观调控法律手段,有效的政府救市则很大程度上依赖宏观调控法律手段间的相互配合和综合协调。

宏观调控的手段运用协调化是其内部性和外部性双方面的要求。内部性是指各个调控手段都由诸要素构成,诸要素的内在牵连性要求只有协同运作才能保证调控力度;外部性是指调控手段配套行使,单一手段因其本身的特点和局限性是无法实现宏观调控目标的。例如,国家对中小企业的扶持,仅仅进行产业政策的倾斜是不够的,需要同时加大对中小企业的财政补贴,放宽对中小企业的信贷条件,减轻其课税压力等,这体现了产业政策、金融、财税等多手段的协调配合。当然,坚持宏观调控手段的法治化,不仅仅是各手段之间的协调配合,更重要的是以法律的形式加以规范,一是改进立法,将有效且具普遍意义的宏观调控措施制定为具体法律规范并形成制度规则;二是根据计划法制定短期内实施的调控措施,并在较为紧急情况下颁布临时的特别法令,这也是此次应对金融危机各国普遍采用的方式。

### (四) 宏观调控的类别化

由于我国幅员辽阔,各地区在地理位置、气候环境等方面存在差异,经济发展不平衡是我国历来有之的问题。但是,改革开放以来,我国地区间的经济开始加速分化,在此过程中,东部沿海涌现出一批有活力的地区、有竞争力的企业。2008 年国际金融危机以后,世界经济分化加快,我国经济进入新常态,国内的经济分化进一步加剧,不仅地区之间的经济差距有扩大的趋势,不同的行业之间也开始出现分化。东部沿海地区经济企稳回升势头强劲,但东北和中西部地区一些资源型省份的经济依然比较困难;凡是主动适应新常态、重视创新和质量效益的行业,发展态势都比较好,反之,压力都比较大。分化,已经成为经济发展的必然。由此,我国的宏观调控也应当适应这一经济分化趋势,针对不同的地区和行业,实施类别化宏观调控政策和措施。

#### 1. 宏观调控的分层化

第一,宏观调控分层化的必要性。长久以来,在宏观调控权的纵向配置问题上,学术界的主流观点认为,只有中央政府享有宏观调控权,地方政府不享有宏观调控权,因为只有中央政府才有反映全国经济总量运行的经济要求的可能性,并具备制定克服总量失衡、推动经济结构优化升级的制度和政策的能力,只有中央政府才能站在全社会的总体立场上对宏观的经济运行进行调节和控制。但是,随着我国经济分化的进一步加速,各省市地区之间的经济运行情况已经出现了各种分化,全国一致的集权式的宏观调控措施和政策已经很难统一适用于不同的经济分化地区。更为重要的是,在地方政府与中央政府之间的利益不一致和利益博弈越来越严重的情况下,集中统一的宏观调控也很难继续实施。这一问题在房地产调控上体现得最为明显。从 2004 年开始,我国中央政府致力于以稳定房价为目标的房地产宏观调控,但由于地方政府在土地财政方面的利益,它们在房地产调控中变相不执行、缩水执行甚至拒不执行中央政府调控政策的现象屡见不鲜。而从 2014 年至今,我国各地房地产形势发生了分化,一线城市继续需要限购才能遏制需求,但更多的三、四线城市则面临着房地产"去库存"的压力。在这种情况下,我国房地产市场的宏观调控,必须分层实施,因地因城而施策。

第二,宏观调控权的分层配置。分层式宏观调控机制要求对中央与地方的调控权限适当划分,进一步发挥地方政府的积极性。对于分层式宏观调控机制的具体配置建构路径,有不少构想。有的主张我国宏观调控的决策权归属中央政府,而宏观调控的执行权可以由地方政府来实施。有的主张可以由中央政府和地方政府共享宏观调控执行权。我们则主张,分层式的宏观调控机制,既包括宏观调控决策权的分层实施,也包括宏观调控执行权的分层实施。就宏观调控决策权来说,原则上宏观调控的决策权主要由中央政府享有,但当该宏观调控决策涉及不同省级政府的不同利益诉求时,作为例外情形,省级政府享有参与中央决策和中央授权地方决策的权力。省级政府可以对宏观调控政策的制定拥有建议权,以及在不与中央决策相冲突的前提下根据本省实际情况予以取舍变通的权力。就宏观调控的执行权来说,省级政府,应当在中央制定出全国性的宏观调控决策后,可以根据本辖区的客观情况,有针对性地制定一些具体的执行政策,用以管理和调节辖区内的经济活动。

第三,宏观调控机构及职能下移。在我国经济新常态之下,市场环境日趋复杂,这就为我国分层化的宏观调控提出了新的要求,宏观调控的措施和政策,必须建立在对复杂的市场进行识别和辨认的基础之上,这也就要求所有的宏观调控部门将机构与权力向市场一线、基层下移。如央行上海总部的设立,完善了中央银行决策与操作体系、更好地发挥了中央银行的宏观调控职能,同时也是推进上海国际金融中心和自贸区建设的一项重要举措。国务院应该批准建立宏观调控部门的省级机构,或赋予宏观调控部门省级机构更大的调控权,或者考虑将各调控部门的职能适当向省级部门转移,以降低中央和地方的宏观调控成本。

2. 宏观调控的分行业化

宏观调控主要是通过供给和需求的调节控制,从而达到经济总量平衡的目的。在市场经济条件下,资源往往向高收益行业领域集中,出现产业同构化趋势,一段时间后,就会形成产能过剩,产生过度竞争,超额利润消失。此时,有的资源和行业开始寻找新去处,这就产生了创新;有的则比较迟钝,还停留在原处,这就必然导致不同行业之间的分化。而在我国经济新常态之下,行业之间的分化更为明显。有的行业创新力更足,商品和服务不断推陈出新;有的行业则产能严重过剩,创新不足,整个行业处在寒冬之中。此时,我国的宏观调控措施和政策,就必须按照不同的行业特点,分类实施,因行业施策而不搞一刀切。

一方面,对于那些创新较快,技术驱动的新兴行业,应当适当刺激和扩大需求,通过财政政策和税收政策,鼓励消费者去购买这些新兴行业的商品和服务,以扩大需求来拉动这些行业的发展。例如,对于技术创新不断的新能源产业,我国就应当通过刺激相关消费需求的方式,来拉动这些产业的成长和发展。

另一方面,对于那些产能严重过剩的技术含量较低的行业,则应当坚定不移地推进供给侧改革,全面落实"去产能、去库存、去杠杆"等任务,宏观调控的重点应当放在供给侧改革之上。例如,钢铁、水泥等行业,就必须区分于前述新兴产业,因行业施策,体现特殊性。

(五)宏观调控监管的严格化

1. 加强宏观调控监管力度

(1)宏观调控监管主体的独立性。孟德斯鸠在《论法的精神》一书中说到,"从事物的性质来说,要防止滥用权力,就必须以权力约束权力。"最高权力机关(全国人大及其常委会)当然对宏观调控主体享有监管权力,且享有的是最高监管权力。新设一个监管委员会也不失为可选项,机构置于全国人大常委会之下,不受国务院领导,强调其独立性,直接向全国人大及其常委会负责,接受全国人大及其常委会的监督。值得一提的是,监管委员会的人事任免可以借鉴美国的法官终身制,这样可以保证宏观调控监管委员会成员的监管独立,从而保证监管委员会的独立性。

同时,加强宏观调控主体的自身监管。我国现行制度下,调控行为主体中有不少部门兼具监管职能,如国家审计部门、统计部门、物价部门、质量监管部门等,这些部门履行经济职能时,不管是内容还是方式抑或程序都必须遵守法定要求,任何调控权的行使都必须有相应的机构进行监管,同理,任何违法环节也应有相应的机构进行制裁。只有监管主体独立才能保证实施的监管权具有独立性。

(2)宏观调控监管职责的明确性。确定了独立的监管主体,相应的监管职责也需要明确。首先是最高权力机关即全国人大及其常委会,其监管职责主要是立法层面,在宏观调控主体决策过程中进行监管,依照民主集中制原则,按照法律遵循,不仅权力内容合法,行权程序更需合乎法律规定。其次是设立专门监管委员会,这里新设部门强调其独立性,更重要的是强调其专业性。宏观调控法是相对比较专业性的法律,从决策、实施到监督整个过程可以让该领域专家学者参与其中,提出建议进行完善。最后是内部监管,宏观调控行为主体自身的监管部门发挥监管职能,各部门之间相互制衡,实现各部门之间、上下级之间的相互监管,增强监管力度,一定程度上也可以实现监管目的。

2. 构建宏观调控监督制度

(1)宏观调控监督主体的多样性。宏观调控监督主体多种多样,首先是民众监督。民主宪政理念是国家权力来源于人民,民众对国家权力实施的监督实际上是对其自身权利的维护,《宪法》第41条赋予该权利合法依据。目前民众监督力度还远远不够,更多的作用发挥是在引起调控机构的自我反省或是立法机关和司法机关的关注,进而达到监督的目的,但是该方式作为监督体系不可或缺的组成部分,在法治化进程中将逐渐完善并强化作用。

其次是社会舆论监督。新闻媒体的舆论监督是一种有效方式,对宏观调控决策和实施保持正确性发挥一定的作用。当前我国新闻媒体的监督过多地受到政府部门的行政干预,没有得到充分的法律保障。充分发挥新闻媒体的舆论监督作用是健全监督体系的必然选择。

最后是司法监督，当前司法机关对政府宏观调控行为的监督一般是通过行政诉讼来实现的，《行政诉讼法》第 5 条规定，"人民法院审理行政案件，对具体的行政行为是否合法进行审查。"依照法律规定，司法机关只有权针对具体的行政行为进行审查，导致的结果可能是监督效果薄弱无力，而对于大量存在的抽象行政行为，目前还无规章制度可寻，据此，学者建议的公益诉讼制度可以予以借鉴。

（2）宏观调控监督渠道的通畅性。健全宏观调控监督体系还需要保证监督渠道的通畅性。第一，完善民主监督渠道，进一步加强法律监督。市场配置的效率最高，培育出的成熟监督主体，组成协会、联合动议或是参与制度的博弈，赋予其提出议案的权利、参与制定宏观调控法律规范的权利、听证的权利等都有助于拓宽宏观调控的民主监督渠道。

最后引入监督责任制度，可以有效弥补宏观调控监督不力导致流于形式的弊端。保障宏观调控监督渠道的通畅性，让各种声音发出，最终才能真正起到监督作用。

**（六）宏观调控信息的公开化**

作为对宏观经济总量平衡的调节和控制方式，政府的宏观调控决策和措施对被调控的市场主体的经营决策有着重要的影响，市场主体往往会通过对政府宏观调控信息的判断，然后作出相应的市场调整。因此，这些宏观调控信息对所有的市场主体来说都是极为重要的。政府作为宏观调控的实施主体，同时也是一国范围内最大的信息所有者、控制者，应当向社会公众和市场主体公开相关宏观调控信息。宏观调控信息的公开化，也应当成为宏观调控法治化的题中应有之义。

宏观调控信息公开制度，有利于增强政府宏观调控行为的透明度，维护公民的知情权；更有利于社会主体行使监督的权利，对事关国民经济全局的宏观调控行为进行有效的社会监督。这是完善宏观调控体系的需要，也是建设法治国家、法治政府的需要。同时，政府对于宏观调控相关信息的及时、准确、全面的公开，有利于市场主体更好地理解政府的宏观调控措施，也能够更好地配合政府的相关行为，从而形成宏观调控和市场主体之间良好的互动关系，使宏观调控的社会公共性和正当性得到彰显。

宏观调控信息的公开化包括两方面的含义：其一，宏观调控部门对何种信息负有公开义务;其二,对应当公开的信息,需要公开到何种程度。我们认为,宏观调控部门对所有能够影响市场机制运行的宏观调控信息,均有公开的义务,包括该种调控的措施、方法、手段以及想要达到的目的。例如,中国人民银行应当对正在采取的货币政策进行公开,并说明它的预期目标,而不应当只做不说,任由市场猜测。此外,对于应当公开到何种程度,我们认为,宏观调控信息的公开化,并不要求将所有宏观调控的过程公之于众,而只需要将宏观调控决策本身,以及将要采取的措施和预期的目标公开,而决策过程中的争议等细节,则无须公开,否则,也会引发市场的动荡和猜测。

# 第六章 宏观调控法概述

## 一、宏观调控法的内涵

### (一) 宏观调控法的概念

如前所述,宏观调控是国家为了实现宏观经济的总量平衡和经济结构的优化,保证经济持续、稳定、健康发展,运用经济手段、法律手段和必要的行政手段,对国民经济总体活动进行的宏观上的调节和控制。对于宏观调控所涵盖的范围,依据调控方式通常有广义和狭义之分。狭义上的宏观调控仅指货币收支总量、财政收支总量和外汇收支总量的调节和控制;广义上的宏观调控,还包括政府为弥补市场缺陷而采取其他方面的措施,诸如制定经济和社会发展的计划或规划、发布产业政策等。作为国家干预经济最主要的形式,宏观调控的基本目标就是经济总量的平衡和经济结构的优化。

宏观调控法是宏观调控法治化的法律载体。宏观调控法是指调整国家对国民经济进行宏观调控过程中所产生的各种社会经济关系的法律规范的总称。一般包括财政税收法律制度、金融(货币)调控法律制度、计划法律制度、产业法律制度、价格法律制度等。迄今为止,我国立法体系中还没有一部统一的宏观调控法,现有法律体系主要包括各类调整宏观经济调控关系的法律,如《预算法》《中国人民银行法》《税收征收管理法》《对外贸易法》《价格法》等,以及相关法规、规章与规范性文件等。

宏观调控法具有以下特征:

1. 宏观调控法是追求社会公共利益的法。宏观调控具有"公共物品"属性,目的是为经济运行营造稳定有效的宏观环境。宏观调控要保证社会生产者与消费者从中获益,避免因时而经济过热、通货膨胀,时而整顿治理、全面紧缩和市场疲软,以致社会生产者与消费者无法获得确定的预期。[1] 宏观调控法的宗旨是

---

[1] 参见刘文华、丁亮华主编:《宏观调控法制文集》,法律出版社2002年版。

为了社会公共利益,实现物价稳定、充分就业、对外经济平衡和经济持续适当增长,①同时体现了公共政策。宏观调控法强调政府干预与民间规范相结合,体现了一种社会责任。

2. 宏观调控法是具有整体导向作用的法。宏观调控法在保障国家对经济调控中集中反映了国家之意图,对受调控者的行为具有明显的导向性,即引导、控制市场主体行为符合国家的要求,让市场主体清楚国家希望他们怎么做,以加强相互沟通,使市场主体能按国家调控要求进行活动。②引导方式又以"间接性"为主,在市场经济条件下,宏观调控措施往往不直接管制市场主体,而依靠市场机制发挥作用,即"政策调控市场,市场引导企业"。

3. 宏观调控法是突出"经济性"和"政策性"的法。一般认为,宏观调控是政府综合运用经济的、法律的和行政的手段对社会经济实行的调节与控制。③。在市场经济条件下,宏观调控运用金融、财政、税收、产业政策等刺激或限制市场行为的经济性措施,更有效、更及时、更符合市场规律。而经济性措施既表现为法律规范,也表现为政策性规范,后者往往具有一定数量。这是因为宏观调控深受社会经济情势变化的影响,具有极强的时效性与不确定性,因此宏观调控法主要是对宏观调控的原则与程序作出规定,而宏观调控具体措施则留给政策,随着社会经济情势的变化作出调整,所以有人认为宏观调控法是一种固定的程序法与变化的实体法相结合的法律。④

## (二) 宏观调控法的地位

宏观调控法是经济法的重要组成部分。经济法是社会主义市场经济法律体系中一个独立的、重要的法律部门,与民法、商法、刑法、行政法、诉讼法等一起为改革开放和市场经济建设服务。经济法的调整对象是由国家协调、干预的经济关系,在我国,根据国家协调干预的方式与具体目标的不同,把国家协调、干预的经济关系具体区分为五个方面,即宏观调控关系、市场秩序关系、市场监管关系、国有资产关系和涉外经济关系,与经济法的具体调整对象相对应,就形成了宏观调控法、市场秩序法、市场监管法、国有资产法和涉外经济法,它们共同组成了有

---

① 参见1967年联邦德国《经济稳定与增长促进法》第1条。
② 参见顾功耘主编:《经济法教程》,上海人民出版社、北京大学出版社2006年版,第181页。
③ 参见潘静成、刘文华主编:《经济法》,中国人民大学出版社2000年版,第291—292页。
④ 参见顾功耘主编:《经济法教程》,上海人民出版社、北京大学出版社2006年版,第181页。

机联系的统一体,并形成了完备的经济法体系。

宏观调控法的调整对象是宏观调控关系,即国家对国民经济总体活动和有关国计民生的重大因素,实行全局性协调、干预过程中产生的经济关系。任何市场都存在因自发调节不能解决的长远的、全局的、社会公共利益问题,只能由国家调整。我国是个社会主义大国,人多地广,发展也不平衡,因此国家的宏观调控更为必要。宏观调控就是国家以直接方法(计划、组织等)或间接方法(补贴、优惠等),选择经济和社会发展战略目标,调整重大结构和布局,兼顾公平与效率,保护资源与环境,以及建设公共基础设施等,实现经济总量的基本平衡和经济结构的优化,使国民经济持续、快速、健康发展。经济法对宏观经济调控关系的调整,是通过明确国家调控的任务、目标、范围、程度、方式,以及执行调控的机构等,确保宏观经济有效调控,促进经济稳定增长,提高人民生活水平。

## 二、宏观调控的法定目标

关于宏观调控的目标与宏观调控法的目标的关系,有两种不同的观点。"区分说"认为宏观调控是经济现象,其目标是追求总量平衡、避免危机等;宏观调控法是法律规范,其目标是法的价值的体现,即保障宏观调控的科学、安全、有效性,[①]所以二者区别明显。"一致说"则认为宏观调控法的价值取向就是宏观调控本身的价值取向在法律上的反映,最终达到社会总量平衡,[②]所以二者是一致的。笔者认为宏观调控的目标与宏观调控法的目标有一定区别,但又有紧密联系。为准确表达,笔者在这里使用宏观调控的法定目标的讲法,即由宏观调控法直接规定的宏观调控目标。

### (一) 基本目标

各国立法中明文规定的宏观调控目标包括:

1. 稳定物价水平。物价与货币币值相关,货币价值下降则价格水平上升,如果货币价值保持稳定则价格水平也保持稳定。稳定物价就是要将物价总水平的上升控制在一定的幅度内,通常认为年物价上涨率在3%以内即实现了物价

---

① 参见李昌麒、胡光志:《宏观调控法若干基本范畴的法理分析》,载《中国法学》2002年第2期。
② 参见刘大洪主编:《经济法学》,中国法制出版社2007年版,第116—117页。

稳定。自 20 世纪六七十年代以来,通货膨胀日益成为世界性的迫切需要解决的经济问题,物价的不稳定严重干扰了各国经济的顺利发展,因此各国立法与各国政府宏观调控部门都将稳定物价、控制通货膨胀作为宏观调控的重要目标。如,德国《经济稳定与增长促进法》第 1 条将"物价水平的稳定"列为宏观调控的第一目标,美国《平衡增长法》第 11 条也将"合理的价格稳定"作为宏观调控的基本目标之一。德国及美国的法律仅原则性规定了应维持物价水平的稳定,但是如何维持价格水平的稳定,由于涉及许多技术性问题,就交给政府裁量了。[①]

2. 充分就业。充分就业就是保障劳动力就业,充分就业的实质是保持高就业率、低失业率,发达市场国家常以控制失业率在 4% 以下作为充分就业的标准。德国《经济稳定与增长促进法》将"高就业水平"列为宏观调控的第二大目标,而美国《平衡增长法》第 11 条将"充分就业"作为宏观调控的首要目标。将维持高就业水平作为一个原则性目标是可以法定化的,政府应按照法定要求,根据经济发展状况,采取相应措施扩大就业,减少失业。

3. 经济保持增长。经济增长就是在一定时期内增加产品与劳务的产出,以促进国民经济的发展。经济增长通常以"人均国民生产总值"的增长率来表示,因各国各时期经济增长目标不同而有所区别,发达国家一般为 1%—4%,发展中国家则以 4%—8% 作为经济增长的目标。德国《经济稳定法》和美国《平衡增长法》将其表述为稳定与合理的经济增长和平衡增长、充分发展生产力。我国改革开放后经历了经济持续高速增长的阶段,然而随着新发展理念的落实和经济新常态的到来,必须转型发展,转变经济增长方式,实现可持续发展。

4. 国际收支平衡。国际收支平衡也称对外经济平衡,是一个国家在一定周期内的国际收支相抵达到平衡,国际收支数额与国际经贸活动相适应,国际收支结构合理。具体就是指外国货物、服务和资本的流入与本国货物、服务和资本的流出基本持平。在经济全球化的背景下,国际经济交往大增,国际市场竞争激烈,维持国际收支的相对平衡成为各国的重要任务,其标准也只能根据各国所处的不同经济发展阶段和具体情况而定。美国《平衡增长法》将"通过扩大出口和提高农业、商业与工业的国际竞争力改善贸易平衡"作为其宏观调控目标。

此外,一些学者主张将"生态环境"以及"市场稳定"也作为宏观调控的法定

---

[①] 参见吴越:《宏观调控:宜政策化抑或制度化》,载《中国法学》2008 年第 1 期。

目标。

## (二) 宏观调控法定目标的选择

以上四大目标均事关国民经济大局,而现实中却很难真正同时实现四大目标,甚至有所冲突。因此,政策制定者按照不同的领域、不同的时间段(一定时间或较长时期)以及不同的背景(现实经济状况和当前的主要经济任务),选择确定最合理的一个或几个宏观调控目标,并在立法中作出规定。

首先是稳定物价与实现充分就业之间的选择。经济学理论中著名的"菲利普斯曲线"描述了稳定物价与充分就业这两个宏观调控政策之间的选择难点所在,在失业率与物价上涨率之间,无论宏观调控措施如何,都存在着此消彼长的替代关系。因此,在特定的社会经济条件下,应选择较为缓和的政策措施。

其次是稳定物价与促进经济增长之间的选择。资料表明,任何一国在经济增长时期,其物价水平均呈上涨趋势。因此,在为实现经济增长目标而努力时,必须考虑如何在经济增长与稳定物价之间寻求平衡。

最后是稳定物价、经济增长与平衡国际收支之间的选择。一般而言,当本国物价水平上涨到高于他国物价水平时,国内总需求增长,国内经济扩张,导致出口减少、进口增长,从而使本国国际收支出现逆差或顺差减少。反之,若要消除、减少国际收支逆差或增加顺差,通常就会压缩国内总需求,带来国内经济的收缩。因此,在不同的宏观调控政策与措施之间,通常需要宏观调控主体依据特定的情况和条件进行合理的选择。[①]

宏观调控的领域主要有金融调控、财税调控与产业调节等,虽然总体上都要实现上述四大目标,但不同领域也要结合自身特点选择适用的宏观调控具体目标。如我国的《中国人民银行法》中就规定"货币政策目标是保持货币币值的稳定,并以此促进经济增长"。另外,该法明确规定:在稳定货币与经济增长发生冲突时,应优先考虑稳定货币。可见我国金融调控的首要目标是稳定货币(物价)。

---

① 参见王大伟等:《各国中央银行管理运作》,贵州人民出版社1994年版,第26页。

## 三、宏观调控法的基本原则

基本原则是法律基础性的原理,或是为了其他法律要素提供基础或本源的综合性原理或出发点。[①] 在宏观调控法治化过程中所应遵循的基本原则是宏观调控法本质属性在法律技术方面的体现,是宏观调控法价值的体现,是指导宏观调控立法所坚持的基本思想。[②] 根据学术界的理论研究成果和在宏观调控实践中不断总结的经验,宏观调控法治化所遵循的基本原则应体现在以下几方面:

### (一) 权力限制原则

博登海默认为,一个人一旦拥有绝对权力,就会试图将其意志毫无约束地强加于为他所控制的人,因此权力必须加以约束和限制。宏观调控权行使的对象是宏观调控经济领域的重大问题,宏观调控主体与被调控对象(受调控主体)之间的法律地位不平等,加之法律制度欠缺,宏观调控主体拥有很大程度的自由裁量权。如果不对其行为加以限制,很容易导致权力滥用、越权等违法行为。通过宏观调控法对宏观调控体系、方式、程序的确立与稳定,限制调控主体的行为,可以减少国家机关的行政恣意行为。

### (二) 合理适度原则

宏观调控实现法治化的目的是为了以法律手段保障宏观调控政策的实施。通过立法合理配置权力,维护宏观调控秩序,使宏观调控发挥正常作用。在市场经济体制下,要充分尊重市场规律和自由竞争,市场才是配置资源的基础,法律所具有的可计算、可预期和稳定、确定的特征,也可以使市场主体对自己的市场行为进行预测,宏观调控的范围、力度、手段要控制在合理的范围之内,国家对宏观经济的管理不能过宽或过严。

### (三) 维护调控对象权利原则

宏观调控从总体和全局出发,保障社会总需求和总供给达到平衡状态,以实

---

[①] 参见张文显:《法理学》,高等教育出版社2007年版,第121页。
[②] 参见李昌麒、胡光志:《宏观调控法若干基本范畴的法律探析》,载《中国法学》2002年第2期。

现社会整体协调发展。所以,宏观调控的决策和执行会对部分市场主体造成不利影响,甚至牺牲其利益,加之宏观调控法律关系双方的地位是不平等的,被调控对象(受调控主体)处于弱势地位。因此,在宏观调控法中必须赋予和保障被调控对象应有的法律权利,使其能在宏观调控决策和执行中拥有参与权、知情权、监督权、获得补偿和求偿权。

**(四)调控手段法定原则**

国家在进行宏观调控的实践中,因为市场经济发展形势千变万化,被调控对象千差万别,所以必须综合运用多种调控手段。且在市场经济条件下,国家宏观调控以间接手段为主,不宜直接、过度、强制性参与经济活动。因此必须要求宏观调控手段法定化,政府行使宏观调控权、运用具体的调控手段都必须要有明确的法律依据,并由法律予以保障。同时宏观调控手段应是有限的,要防止宏观调控泛化。

## 四、完善宏观调控法构成体系

**(一)宏观调控基本法**

确定宏观调控的基本原则,确定宏观调控范围、主体、手段、程序与责任等基本制度,这既是市场经济作为法治经济的宪法要求,也是市场运行实践的客观要求。

宏观调控与经济监管在本质上都属于"社会公共产品"。因此,在经济法学界经常不将其作严格划分,尤其是在金融法、税法、产业政策法等领域。但是,两者是存在区别的:一是从直接的目标角度来说,宏观调控是一种"主动"引导市场的行为,而经济监管是一种"被动"监督市场主体的行为;二是从规范的稳定性来说,宏观调控的具体措施受经济形势的影响甚大,具有不稳定性,而经济监管则有较强的稳定性。因此,在诸如《中国人民银行法》《企业所得税法》《国债法》等具体的法中没有必要,也难以将宏观调控与经济监管严格分离,但是在进行宏观调控基本法的立法过程中,则必须将宏观调控与经济监管严格分离。宏观调控基本法使政府对市场经济的调控法律化、制度化,并对各具体的调控法进行统筹指导,使宏观调控方面的法律有一个基本法,充分发挥宏观调控法的"统筹规划、组织协调、具体指导"的职能。

宏观调控基本法的第一部分应是对总则的规定,对于宏观调控的基本目标、基本原则、调整对象等予以规定。这既是纲领性的规定,又是起承式的规定。宏观调控基本法的第二部分是规定宏观调控的主体,宏观调控是国家对市场经济的干预,对于受调控主体的合法权益有较大影响,而实践中对于宏观调控主体机关的认识也有较多分歧,有必要以法律的形式对于中央地方宏观调控权力进行明确,对于具体的宏观调控机关进行规定。宏观调控基本法的第三部分是规定宏观调控手段,目前国家对经济进行宏观调控的手段有很多,通常包括产业政策、财政税收、货币金融、外贸外汇等等,虽然这些调控手段在各个单行调控法律法规中已有规定,但仍应对宏观调控所应采用的调节手段予以归纳总结,在厘清宏观调控手段的种类及其具体工具等基础上根据我国既有的宪政法律规定的原则,设置、分配相应的运用宏观调控手段的宏观调控权力。宏观调控基本法的第四部分是对每类宏观调控手段规定相关的程序,宏观调控法治化必须规定宏观调控程序。宏观调控程序法治化的目的是规制宏观调控主体的行为,使宏观调控在程序的保障下安全、健康运行,最终实现宏观调控的目标。宏观调控程序法治化的"度"就是要找到一个合理的契合点,使法律程序的设计不只是停留在限权的层面,而应着力于设权和促进权力的正当、合法行使,既要加强对公民权利的保护,更要提高国家宏观调控的能力。宏观调控基本法的第五部分则是相应的责任制度,包括民事责任、行政责任、刑事责任、社会责任和问责制度等。权、责、利相统一的立法才能真正发挥法律的作用,法律规定才不再是空中楼阁。宏观调控基本法的第六部分是监督管理制度,包括立法监督、司法监督和社会监督等形式。完善的法律体制必须要有完备的监督管理制度作为保障,唯有如此才能保证法律制度的良性运行。

### (二) 宏观调控专门法

按照宏观调控的主要措施,我们可以将宏观调控法结构体系作如下划分:

1. 规划(计划)法。规划法是指关于制定国民经济与社会发展的目标、任务以及需要配套实施的经济政策的规划的法律规范。其功能如下:

一是促进国民经济的稳定发展。市场经济是一种"无知经济",这种"无知"必然带来市场经济的盲目性与不稳定性。因此,我们有必要借助规划来促进国民经济的稳定发展。"虽然我们无法预见未来,但如果我们没有根据当时所得到的信息而制定的未来计划,我们就无法合理地行事。"①

二是保障社会稳定。市场经济会引发通货膨胀、高失业率、贫富悬殊、垄断等市场失灵问题,破坏社会结构的稳定性,我们通过规划与规划法,对国家经济结构进行顶层设计,改善国家的经济结构,促进社会稳定。

三是决定经济政策。"发展计划的质量取决于它提出的政策的质量,而不是它的计算工作的数量和质量。""发展计划中至关重要的不是数字,而是政策"。②因此,规划法是规划政策的法治化,决定了经济政策的基调。

2. 金融调控法。金融调控法是中央银行利用货币手段进行宏观调控的法律依据,它具有如下功能:

一是稳定币值。中央银行利用货币政策的首要目标就是稳定一国或地区的币值,稳定币值是社会经济稳定的关键因素。现代宏观调控是建立在社会高度分工基础上的,而作为宏观调控主体的中央银行的主要任务就是稳定币值,抑制通货膨胀。

二是刺激经济增长与减少失业。在社会生产萎缩与失业人员增多的情况下,中央银行可以通过积极的货币政策——增加一定的货币供给,来扩大社会生产,刺激经济增长,从而增加就业人员。

三是保证国际收支平衡。中央银行通过外汇管制来调节汇率,可以使一国或地区实现国际收支平衡的目标。

3. 财政税收法。财政税收法是一国政府实行财政与税收调控的法律依据,财政税收不仅具有保证国家收入,控制国家预算等功能,还具有对经济进行宏观调控的功能,它具有如下功能:

一是确保社会总供给与总需求平衡。当社会总供给不足时,政府实行扩张的财政政策,扩大财政支出;当社会总需求不足时,政府收缩财政收入,实行减税政策,刺激需求。如此,以确保社会供需平衡。

二是确保社会公正。国家的财税手段可以克服社会贫富悬殊的现象。在经济萧条时,实行积极的财税政策可以刺激经济增长,增加就业人口;在经济繁荣时,可以增加税收,抑制需求。

---

① 〔英〕W. 阿瑟·刘易斯:《经济增长理论》,梁小民译,上海三联书店、上海人民出版社1994年版,第497页。

② 转引自王保树主编:《经济法原理》,社会科学文献出版社1999年版,第332页。

4. 产业政策法。产业政策法是指国家从社会需求出发,引导、促进和调节各种产业形成与发展的法律规范。其功能如下:

一是促进社会全面发展与地区平衡。合理的产业布局政策可以使产业合理布局,避免重复建设,促进地区间经济与社会发展的平衡,进而促进社会与经济的全面发展。

二是促进全国优势产业的发展,以提升一国的综合竞争能力。产业调节政策,可以选择本国有优势的产业,促进其迅速发展,以便其在国际经济舞台上取胜,提升本国的综合竞争能力。

三是保障淘汰产业的规范退出。推动落后、夕阳产业市场退出,进行产业淘汰的善后处置,防止社会资源的浪费,维护社会秩序。

## 五、宏观调控法的若干理论问题

### (一)宏观调控基本法的立法问题

社会对宏观调控基本法的立法缺乏广泛关注。原因主要有两方面:一是我国社会主义市场经济转型仍在探索中,在相当长的发展过程中,国家宏观调控方式逐步由直接干预向间接调控转变,这导致宏观调控法实践经验不足;二是宏观调控具有间接性、随机性和变动性等特点,而法律则具有稳定性的特点,这使法律在宏观调控领域难以找到合适的规范与调整方式,未能确立全面和有效的控制与调整机制,也影响了宏观调控法的普及度和认知度。[1] 我们认为,包括基本立法在内的宏观调控法理论与实施活动应大大加强,不能长期停留于少数专家的呼吁和学术性活动,要有更多的人参与,要早日成为社会共识。

专家对宏观调控基本法的命名与范围也有争议。命名方面有"宏观调控法"和"稳定增长法"等不同主张。[2] 有教授从早已为社会所熟悉和认可的角度详细论证了称为"宏观调控法"的理由,[3] 也有学者以德国 1967 年《经济稳定与增长

---

[1] 参见李传轩、沙文韬:《论金融宏观调控的法治化》,载《改革与战略》2007 年第 10 期;参见张永萍:《金融宏观调控法律制度完善》,载《人民论坛》2015 年第 23 期。
[2] 参见席斯:《宏观调控立法两套方案,发改委力争纳入立法计划》,载《经济观察报》2007 年 5 月 26 日。
[3] 参见徐孟洲:《对制订〈宏观调控法〉的构思》,载《法学杂志》2001 年第 3 期。

促进法》及美国 1978 年《充分就业与平衡增长法》为例,主张从调整对象和立法目的角度命名为"经济稳定法"。[1] 宏观调控基本法应该统率其他宏观调控专门法,并作为其他相关法及行政法规的立法依据,但宏观调控基本法的覆盖范围,专家也有两种主张:小范围方案主张主要是调整经济运行而不包括环境资源等,大范围方案则主张在资源日益稀缺和环境压力日益增大、转变经济增长方式的背景下,应涵盖环境资源内容。[2] 笔者认为,还是要从经济法的体系性考虑宏观调控基本法的命名与范围问题,经济法从整体上安排了宏观调控、微观规制等构成,比较容易分类与协调,并已为广泛采用,不宜简单改名。虽然经济法与环境资源法有分工,但新的经济发展理念,包括绿色发展也应当在宏观调控中体现,所以,宏观调控基本法应含有环境资源的因素。

### (二) 宏观调控及时性与程序化矛盾

宏观调控中需要一定的决策程序,这就涉及宏观调控决策参与与法律调整的问题。这涉及是否应当在宏观调控中,灵活运用程序,还是应当严格遵守程序。因为程序的启动,往往需要一定的时间,而宏观调控往往需要特定的时机,当程序启动后往往时机已过。但是,若允许国家不经过法定程序就进行宏观调控,则被视为程序不正义。

所以,宏观调控及时性与程序化的矛盾,也是实质正义和程序正义的一种抉择。当然,最优方案自然是两者的一种均衡,从而使社会整体福利最大化。有学者将这种矛盾称作"规则约束下的相机抉择",宏观调控法也被视为规范政府宏观调控相机抉择行为的法律。这一矛盾是基于诺贝尔奖得主基德兰德和普雷斯科特的时间一致性理论。时间一致性理论旨在解释为何凯恩斯主义干预政策不能产生其相应的作用。

凯恩斯主义认为产出和就业的短期波动是因为需求的变动而产生的,因此,不应当拘泥于规则,而应积极根据经济形势相机抉择经济政策,这样能够系统地控制总需求,避免产出的连续波动。但是美国的滞涨及之后的里根新政,使得凯恩斯主义受到了极大冲击,因此凯恩斯主义式的国家干预往往不能达到预定的目的。

而时间一致性理论认为,许多政策的决定受固有的时间一致性问题约束,不

---

[1] 参见吴越:《宏观调控:宜政策化抑或制度化》,载《中国法学》2008 年第 1 期。
[2] 同上。

能坚持时间一致性的相机抉择不能实现政府事先的承诺。如果政府无法对未来政策作出有约束力的承诺,那么就会面临可信度问题,公众便会认为未来的政府政策并不一定与当前公布的政策保持一致。换句话说,宏观调控如果是"相机抉择"而缺乏规则约束,则可能导致公众与政府之间产生博弈,公众出于对政府的不信任和对于政府未来政策的预期而做出其他选择,这就导致了现有宏观调控政策的失败。

在这种理论之下,两位经济学家经分析得出:第一,宏观调控离不开相机抉择。相机抉择是国家宏观调控的基本方式,目前也很难达到对于长期的调控。凯恩斯说过:"从长远来看,我们都是要死的。"这一点是对于重视长期均衡的古典经济学的挑战。我们固然应当重视短期调控政策对于长期的影响,但是,并不存在亘古不变的调控政策。第二,相机抉择必须在规则约束下进行。这一点无疑是对于时间一致性的尊重。政府信用是十分重要的。假使人民信任政府,则政府短期内最优的调控措施无疑能起到最大的作用。政府若一味追求效率,在经济形势发生变化时不按照法定程序要求进行宏观调控政策的变化,则人民很难相信政府政策的持久性,就不会按照现有政策进行资源配置。从这点来说,通过群体决策的博弈,在规则约束下的相机抉择恰恰能满足公众利益。同时,规范的决策程序保证了决策的科学、民主。从整体上而言,公众利益可达到最大化,从利益内部分配而言,也尽可能地避免了利益集团在这种资源配置中牟取私利。

其实,从这个理论引申,可以看出,宏观调控难以达到计量意义上的最优,即对于市场的变化作出即刻的政策调整。而"相机抉择"中所要遵循的规则(宏观调控法相关法律法规)对于宏观调控达到最优没有帮助。

那么,宏观调控法要达到的目的是什么?这也是法学家和经济学家对于宏观调控法治化的争议焦点。经济学家认为宏观调控的法治化,事实上会对经济产生束缚,旷日持久的立法过程会错失调控的时机,不如适用灵活多变的政策调整相关宏观调控中的资源配置。而法学家则赞成宏观调控的法治化,认为法治化至少避免了作为代理人的决策者的道德风险,保护了利益的分配,更何况法治化也很可能带来更大的利益。

要解决这个问题,首先应当思考的是:宏观调控法律的价值取向是怎样的?其立法目的是什么?宏观调控中的程序正义和实质正义应该如何满足?我们强调的宏观调控法是"程序法和实体法的统一"应如何理解,为何在实践中宏观调控法的程序法时常被忽视？

从正义的角度来说，首先正义是价值，是宏观调控法要追求的目标之一，而不仅仅是手段。罗尔斯将程序正义分为三种形态：完善程序正义、纯粹程序正义以及不完善程序正义，其区别在于是否存在一个正当结果的独立判断标准。完善程序正义存在这一标准，也有旨在达到这一结果的程序；纯粹程序正义无此标准，但有程序；不完善程序正义则是有此标准，无此程序。在此基础上，有学者认为宏观调控应当以纯粹程序正义的路径进行驱动，这是因为宏观调控法很难说存在一定的结果标准，在此基础上，宏观调控程序法的构建需要两个模式转换：一是由"行政机关主导决策"向"权力机关主导决策"转换；二是由"纵向权力分配"向"横向权力分配"模式转换。

目前，宏观调控的程序制度没有得到充分重视，既有的程序化也并不一定法制化。程序化还停留在程序中审批事项，总是按照政府级别高低、抑或官员职级大小"逐级申报"，政策落实总是遵循"上级传达，下级执行"的路径。这也就是为何目前的宏观调控法虽具程序，但执行难的问题。次贷危机发生后，为应对全球性经济衰退，我国出台4万亿经济刺激计划起到了一定作用，其及时性得到肯定，但其非程序化一直饱受诟病。

总之，根据理论，强调宏观调控法的稳定性和强制性具有积极的意义。如果法律不稳定、不具有强制性，不仅宏观调控行为不具有科学性、民主性，而且宏观调控行为也难以达到预期的目的。所以在宏观调控法的立法当中，应该更多地关注宏观调控法的可执行性和其相关的强制力，而不仅是宣示其纲领性。

### （三）市场调控主体与市场监管主体的关系

市场调控主体和市场监管主体共同的出发点自然是市场。两者同样是针对市场主体可能由于信息不对称、道德风险等问题导致的资源配置的效率下降的问题。

不同的是，市场监管更多关注市场安全与防范风险，是用公法来调整私法关系；而市场调控更多是从宏观的角度，采用种种手段促进资源的合理配置。这就是为何谈及市场监管主体时更加注重行为监管，而谈及市场调控主体时更多是从市场全局来进行规范，通过政策进行引导。

市场监管法具有更多"裁判员"的性质，也具有"啄木鸟"的属性，它具有的强制性使得市场监管关系存在监管与服从的属性,同时市场监管具有更多的标准化和针对性;宏观调控不直接作用于微观经济,而是作用于整个宏观经济,通过经济杠杆对宏观经济运行发生影响,进而间接地引导微观经济。市场监管法由于对时机的要求,则赋予了监管更多的权力,更注重时机;宏观调控政策的出台和实施则有一套严格的法定程序,必须按部就班、循序渐进。微观经济学中更注重对于个体行为的研究,市场监管法对于个体和行为更为关注;而宏观经济学更注重研究个体行为对于整体经济的影响,所以调控更注重的是无数个个体组成的群体、国民经济全局。

目前,很多声音在淡化市场调控中法律或者调控主体的规则,认为应当实时调整市场,并应当赋予调控更多自主权。这正是混淆了市场调控和市场监管的作用。市场调控的性质,恰恰决定了其不宜"赤膊上阵",而是通过一系列行为间接达到自己的调控效果,通过给市场信号,让市场自发地进行资源配置上的调整;而调控者一旦绕开程序,进行直接干预,往往达不到预期效果。当然,有些监管主体(如证券监管部门)时不时把自己看作调控主体,干预市场供需,这也必然适得其反。调控主体与监管主体不要错位,如在资本市场中,监管事项由证监会执行,调控市场包括救市应由央行主导。

**(四)调控的法律手段与政府直接干预的关系**

宏观调控手段包含经济手段、行政手段和法律手段。其中,法律手段指政府依靠法制力量,通过经济立法和司法,运用经济法规来调节经济关系和经济活动,以达到宏观调控目标的一种手段。通过法律手段可以有效地保护公有财产、个人财产,维护各种所有制经济、各个经济组织和社会成员个人的合法权益;调整各种经济组织之间横向和纵向的关系,保证经济运行的正常秩序。国家制定和公布关于经济活动的各种法律、法规,规范各种经济部门、各产业、各行业和各类企业以及金融、税收、财政等系统的领导机关、领导者和一般工作人员,在生产和经营管理活动中的行为,来调整各方面的经济关系,处理经济矛盾,使之按照宏观调控所要求的目标进行。

法律手段的内容包括经济立法和经济司法两个方面。经济立法主要是由立法机关制定各种经济法规,保护市场主体权益;经济司法主要是由司法机关按照法律规定的制度、程序,对经济案件进行检察和审理的活动,维护市场秩序,惩罚和制裁经济犯罪。

之所以强调调控中的法律手段,一方面固然是强调对于市场主体的监管,约束市场主体的行为,避免其因为市场的盲目性、自发性等问题,以及对于逐利的追求导致的道德风险,更重要的一个方面就是约束政府,避免政府对经济活动的任意干预。市场力量是无形之手,而宏观调控是看得见的手。宏观调控法这一法律手段正是为经济手段和行政手段提供基础的支持,这也是国家法治化的要求。

应当认识到,经济法既是确权法,也是控权法。政府对于经济活动的干预,应该保持在一个适度的范围内,且应当在法律框架内实施。现代经济学的研究显示,政府也是经济人,也存在自身的利益,传统的"哈韦路假设"中政府超然而一心为人民服务的观点,已被公共选择学派所推翻,这也就是会出现"政府失灵"的原因。所以,不但要强调政府调控,也要强调调控政府。

在这种"政府失灵"的情况下,政府很可能存在任意调控的现象。政府权力膨胀是权力寻租的根源,所以政府的干预在法治框架下进行,也有利于避免绝对的权力导致的绝对的腐败。即使政府主观上符合"哈韦路假设",但是客观上也可能存在由于信息不对称而导致的信息不足。因而,斯蒂格里茨认为,政府干预应该限定在政府力所能及的范围之内。同时,政府干预也存在成本;由于政府的经济人属性以及其有限理性,政府干预同样也会导致外部性的问题。

所以,避免政府的过度干预和直接干预,正是出于对于政府以上缺点的认识而进行的。诺斯指出:"国家的存在是经济增长的关键,然而国家又是人为经济衰退的根源。"所以,宏观调控法事实上既针对市场失灵,也针对政府失灵。

在此基础上,宏观调控的法律手段的重要性十分显著。特别是我国作为经济体制转型国家,市场机制的脆弱性,要求政府积极、合理地干预和培植市场机制,因为这一市场制度并非如西方发达国家是通过漫长的制度演化,出于经验主义自下而上自发产生的,而是理性主义的产物。这一制度变迁决定了尽管有政府失灵的存在,但政府干预是需要的。重要的是干预的方式。

此时,法律手段就显得很重要。一方面,如前所述,法律手段有助于避免政府过度干预、直接干预;另一方面,法律手段又有助于将抽象的经济手段转化为法律手段。再者,法律手段也避免了过度依赖政策手段带来的人治冲击法治的危险。过度依赖政策手段极易造成政府的过度干预,这种从精英主义出发的观点,在个体上很可能存在极大的差异。

# 第七章 宏观调控的主体

## 一、调 控 主 体

### (一)宏观调控的决策主体和执行主体

对于宏观调控主体的抽象化和具体化,学者的观点主要有以下几种:一种观点认为,"宏观经济调控主体主要是指拥有宏观经济调控权力,依法执行宏观调控职责,综合运用各种手段影响国民经济的运行的法定的国家宏观经济管理机关,例如全国人大、国务院、国家计委、财政机关、税务机关、中国人民银行、工商行政管理局等";第二种观点认为,宏观调控主体只能是国家,而不是如全国人大、国务院等国家机关,更不是具体的政府宏观经济管理机关,国家是唯一的调控主体,而权力机关、行政机关、司法机关等等只能是形式上的国家机体的组成部分,持这一观点的学者认为宏观调控的主体应当是具有唯一性的而不是多元的,应当是具有概括性和抽象性的,因此政府等部门行使宏观调控职权只能说是代表国家作出具体的宏观调控行为,是一个相对于国家来说的下位概念。笔者认为,宏观调控是调控主体站在国家整体层面对总体经济运行走势进行调节,但在具体行使宏观调控职权时国家并不适合成为宏观调控法律关系主体,法律关系中的权力行使、程序、责任承担都需要确定具体的职能部门。在现实的社会生活之中,国家宏观调控的职能是由各个职能部门来实现的,依据具体形式职能的不同,可以将宏观调控主体相应划分为:宏观调控决策主体、宏观调控执行主体和宏观调控监督主体。

1. 宏观调控的决策主体

决策主体占宏观调控法的关键地位。宏观调控决策主体是指制定计划、经济政策和具体调节手段的主体。具体说来,宏观调控决策主体包括两类:作为权力机关的全国人大及其常委会、作为最高行政机关的国务院。

决策主体之一是权力机关,主要是指全国人大及其常委会。全国人大及其常委会进行宏观调控决策的典型方式是通过计划规划、财政预算、税收政策等方案或修正案。如,按照严格的"税收法定主义",对税收政策的决策都要通过税收立法,而立法权是专属于全国人大的。又如,国民经济计划的制定分为确定计划初步方案、协调制定计划草案和审议通过几个阶段并涉及国家发改委、国务院和全国人大等机关,既有行政机关又有权力机关,但计划的决策主体是立法机关,因为计划必须经过全国人大审议通过,也就是说最终决策权属于权力机关。此外,按《宪法》和《预算法》的规定,预算草案、预算执行情况必须经全国人大批准,而预算调整方案和决算则必须经人大常委会批准,即使中央政府每年的国债发行额也必须经过全国人大审查批准,因此预算的决策主体也是权力机关。

第二类决策主体是最高行政机关,即国务院。《宪法》第89条规定:"国务院行使下列职权:……(五)编制和执行国民经济和社会发展计划和国家预算;(六)领导和管理经济工作和城乡建设……",这就是国务院行使宏观调控决策权的宪法性依据。在国务院的决策过程中,有些所属部委和直属机构成为参与决策的主体。其中有的所属部委机构依据法律授权代替国务院或直接行使宏观调控决策权,有的所属部委机构承担调研情况、编制调控方案等具体事项,成为工作机构,主要有国家发展改革委员会、财政部、国家税务总局、商务部等。

中央银行是一类特殊的决策主体。在很多国家,中央银行具有独立地位,在货币政策方面独立决策,直接向立法机构报告。在我国,《中国人民银行法》第2条规定:"中国人民银行在国务院领导下,制定和执行货币政策。"

2. 宏观调控的执行主体

宏观调控执行主体是指在宏观调控过程中对宏观调控政策承担具体实施,引导产生实际调控效果的职能部门。具体来说,宏观调控执行主体包括三类:第一类是行政主体,比如负责执行《中小企业促进法》《价格法》的各级政府部门就属此类。第二类是地方权力机关,该类主体在一定情况下可以成为执行主体,如为了贯彻执行国家或上级权力机关颁布的宏观调控方案、制度,需要通过地方性落实方案,或制定地方性规范文件并且作为其他执行主体执行的依据。第三类是社会中介组织,它既不是权力机关也不是行政机关,典型的是一些行业协会或服务机构,如按照《中小企业促进法》第39条中"政府根据实际需要扶持建立的中小企业服务机构",另外商业银行在执行货币政策时承担着重要的角色。

3. 宏观调控的监督主体

宏观调控监督主体是依法对宏观调控行为的实施及其实际效果进行监督的

特定国家机关,宏观调控监督的重点是宏观调控行为的实施和其调控目标的落实情况,它是保证宏观调控法律、行政法规和各项具体措施得以落实的重要环节。从我国现行体制来看,宏观调控监督主体可划定为以下几类:(1)国家职能分工性监督主体。如全国人民代表大会常委会对国务院及部委、地方人大常委会的宏观调控行为实施监督;国务院对其部委及地方政府的宏观调控行为实施监督等。(2)特定的履行宏观调控监督职能的专业主体。如统计部门对宏观调控总量实施统计监督;审计部门对宏观调控实施过程中进行经济审计监督等。

全国人大除了享有宏观调控决策权外,还可以对宏观调控的决策和执行进行监督,是宏观调控的监督主体。除了预算、决算这样的财政政策之外,全国人大还对货币政策的调控行使监督,如《中国人民银行法》第6条规定:"中国人民银行应当向全国人民代表大会常务委员会提出有关货币政策情况和金融业运行情况的工作报告。"

### (二) 地方政府在宏观调控中的角色定位

从法理学角度来看,法律关系的主体是指法律关系的参加者,包括权利享有者和义务承担者。对于宏观调控的主体是中央还是地方,是单一的还是多个的,理论界存在不同观点。其中主要有两种观点:第一种观点从宏观法律关系出发,认为地方政府是宏观调控主体中承担执行宏观调控政策的执行工作,是宏观调控法律关系的执行主体,同时,地方政府特别是省级地方政府应当享有一定的宏观调控权,即对省级区划内进行经济调节的决策权。地方政府必须拥有对其管辖范围内可能关涉国民经济的事务的管理、调控权;鉴于宏观调控的间接性、层次性和相对性,地方的这种调控权与中央宏观调控权相区别,不妨称为中观或地方的调控权。第二种观点认为地方政府不是宏观调控的主体,而只是宏观调控主体的辅助性机关。认为地方政府虽然能够参与中央决策,但是只是为中央决策提供经济信息和决策建议,并不等于决策者本身;而且地方政府也不是执行主体,因为地方政府执行国家宏观调控政策是在履行上级政府的指示,属于行政性质,而与宏观调控中执行的性质不同。

1993年通过的《中共中央关于建立社会主义市场经济体制若干问题的决定》指出:"宏观经济调控权,包括货币的发行、基准利率的确定、汇率的调节和重要简易税种税率的调整等,必须集中在中央。这是保证经济总量平衡、经济结构优化和全国市场统一的需要。"因此,有的学者指出,在级次上,宏观调控权的享有主体只能是中央级次的国家机关。① 但是应当注意的是,中央文件里提到的内容应当属于宏观调控的决策权,笔者认为宏观调控的决策权应当属于中央政府,地方政府在履行经济管理职能过程中,可能会基于自身发展考虑对地方经济定位、结构进行一定的调节,但这种调节应当与国家的宏观调控保持一致,不能与宏观调控相冲突,实际是国家宏观调控的落地。因此,地方政府并不具有宏观调控的决策权。

复杂的法律关系中可能涉及多方法律主体,宏观调控行为的运行过程涉及多个环节,涉及宏观调控的决策主体、执行主体,以及宏观调控的监督主体,还有宏观调控的对象受调控主体。可以看到,在实践中地方政府承担了多重角色,从调研收集信息辅助决策,到作为执行主体中的主力落实决策,包括进行地方调控,以及其本身的经济活动还被调控而受到影响。为此,应当承认地方政府作为宏观调控法律关系主体之一的地位,其职责以执行为主,也有充分的表达意见和陈述理由的权利,这有利于宏观调控的有效性,也是宏观调控法治化的题中之意。

中央下达的各项调控指标和措施若确与地方的实际情况有偏差的,地方有权在中央下达前或在执行中及时反馈意见,请求调整或在适当范围内对其进行更改。同时,要追究地方政府拒不执行或擅自变更中央宏观调控措施行为的法律责任,以保证国家宏观调控目标的实现。

## 二、受调控主体

### (一) 受调控主体的内涵

宏观调控行为的受调控主体是指在宏观调控法律关系中依法享有权利和承担义务,与调控主体相对应并受到调控主体宏观调控行为影响的社会实体。与调控主体的特定性相对应,受调控对象存在不特定性,具体体现在受调控对象的种类和范围都不确定。经济运行虽有一定的规律,但对宏观经济进行调控的效果仍具有较大的不确定性,这也导致受宏观调控影响对象的范围存在较大的不

---

① 参见邢会强:《宏观调控行为的不可诉性探析》,载《法商研究》2002年第5期。

确定性,有可能泛化也有可能不达预期;在宏观调控政策运行的理想状态下,由于引起了市场环境的变化,受调控主体将会因为这种变化而受到影响,包括对自身权利义务、实际利益的影响,且这种影响是客观的社会现实,在较大程度上并不取决于受调控对象的主观意愿;同时,宏观调控的受调控主体具有广泛性,由于宏观调控是调控主体站在国家层面对一国经济总体运行进行的调整,使用的货币政策、财税政策都是涉及社会各界,例如《计划法》中的企业、《中小企业促进法》中的中小企业、《价格法》中的经营者、《货币银行法》中的存贷款人和公开市场业务中作为一级交易商的商业银行本身和作为二级交易商的广大债券买卖人等等。大体来说,宏观调控行为的受调控主体可以分为以下几类:

1. 自然人

自然人是各种法律关系的基本主体,在宏观调控法律关系中,自然人成为宏观调控法律关系的受调控主体。自然人成为宏观调控的受调控主体,主要体现在国家通过依法设定和调整诸如自然人的税率、存贷款利率等宏观经济变量,通过经济链条的传导间接影响自然人的经济行为,实现事先设定的宏观调控目标。例如,根据对房地产实行宏观调控,限制自然人购买房屋,自然人成为国家宏观调控的受调控主体。[①]

2. 企业

企业是现代市场经济活动中最主要的组织形态,也是宏观调控法律关系中最主要的受调控主体。国家对宏观经济开展的调控手段大多会直接或间接地影响企业经营,具体而言,企业作为受调控主体主要从以下几方面受到宏观调控行为的影响:一是企业的行业准入、退出、企业的内部合规运行、对外经营活动,都受到国家颁布的有关法律法规和日常监管制度、机构的影响;二是在特定的经济形势和背景下,企业的具体经济活动还受到国家产业政策的影响,如对高耗能、高污染企业的严格限制,对生物科技、信息技术等高科技企业在税收、金融等方面的大力支持;三是与国计民生关系密切的垄断性企业、公共事业企业,也受到国家行政性调控手段的直接影响。

3. 中介机构

中介机构又或是中间层主体,从宏观调控法角度看是指那些介于调控主体

---

① 参见卢炯星:《宏观经济调控法主体职责和权利义务理论研究》,载张守文主编:《经济法研究》(第14卷),北京大学出版社2014年版。

与受调控主体之间,一方面接受调控主体的调控成为受调控对象,同时在其自身开展市场经营活动时,对于保证市场公平交易、平等竞争、促进市场发展并提供服务、调停市场纠纷、保证市场正常运作、沟通市场交易活动等具有重要作用,成为政府职能转变过程中,发挥市场自我调控作用的重要主体。"将一部分宏观调控权交给社会公共权力机关行使,是现代市场经济国家分配国家宏观调控权力的另一个重要形式。"①"政府与社会中间层的配合,在实践中已经有了许多表现,如中央银行通过政策性银行、国有商业银行进行价值调控;国有资产管理部门通过国有资产投资机构决定国有资产的宏观布局,进行宏观调控;财政部门通过会计师事务所、资产评估事务所、政府采购中心、社团等社会中间层,运用经济参数调控等等。"②

国家在宏观调控过程中,对中介组织的宏观指导、宏观调控等,使中介机构进一步适应市场、规范自律。国家对中介组织的调控过程中,中介组织成为宏观调控的受调控主体。例如国家对房地产宏观调控,房地产中介组织成为宏观调控的受调控主体。③ 具体而言,国家对中介机构的调控手段主要体现在以下几个方面:一是制定社会中介机构的行为规范,对其进行合规监管;二是制定相关行业发展政策,引导中介机构行业健康发展;三是在宏观经济政策研讨和制定过程中,听取社会中介机构的意见和建议,实现决策的民主化和科学化。

**(二) 受调控主体的特征**

1. 受调控主体具有不特定性

与调控主体的确定性相比较,受调控主体显然在范围和数量上都具有不特定性,这主要体现在两方面:一是受调控主体的范围是不特定的,除了产业政策类的宏观调控措施,其他宏观调控措施并非针对特定的某一产业或行业,实际影响的受调控主体在政策制定时并没有限定范围。而且随着市场经济的不断发展和变化,市场主体的类型也在不断更新,不断有新的经济组织进入和旧经济组织退出,因此,受调控主体的范围具有不特定性;二是受调控主体的数量是不特定的,宏观调控的主体种类虽然较多,但是按照不同的分类还是可以大概确定数量

---

① 李力:《宏观调控法律制度研究》,南京师范大学出版社1998年版,第72页。
② 王全兴、管斌:《宏观调控法论纲》,载《首都师范大学学报(社会科学版)》2002年第3期。
③ 参见卢炯星:《宏观经济调控法主体职责和权利义务理论研究》,载张守文主编:《经济法研究》(第14卷),北京大学出版社2014年版。

的,但是受调控主体由于实际受调控的不确定性,因此在数量上很难加以确定。

2. 受调控主体的利益损益与宏观调控政策有因果关系

宏观调控主体实施宏观调控行为的目的是为了对市场经济进行有意识的干预,这种干预有可能是强制性的行政命令,也有可能采用间接的诱导性手段。对于强制性的调控手段,受调控主体的切身利益将受到直接的影响,如在目前经济转型、去产能的背景下,国家对于污染严重、耗能严重的钢铁、煤炭等产业直接采取"关停并转"等强制性手段开展调控,这些产业中的企业作为受调控对象,利益直接受到影响。而对于诱导性的间接调控手段,则通常是通过市场的反应链条来对受调控主体的利益进行影响,而这种影响的不确定性也将更多,如在房价暴涨带来潜在金融风险时,国家将通过各种手段对房地产市场金融调控,而最常见的调控手段则是对贷款利率进行调整,这种手段并没有特定的调控对象,但是通过市场的传导作用,通过制定房贷政策影响市场的实际贷款利率以及购房者的实际购房成本的因果链条来影响购房者也即受调控主体的利益。因此,无论是直接的强制性调控手段还是间接的诱导性调控手段,都与受调控主体的利益损益有直接或间接的因果关系。

3. 受调控主体的弱势地位

经济法和民商法的一个不同之处就在于调整主体之间的地位差异,民商法法律关系主体一般都处于平等的法律地位,因此,民商法更多的是处于中立角度保护各方利益。经济法则是产生于市场经济高度发达的背景下,市场上的交易主体地位、经济实力也呈现高度不对等的态势,最典型如《消费者权益保护法》《反垄断法》等,经济法所起的作用其实更多是在对市场的弱势方进行扶持,使得市场的强弱能保持平衡,继而健康发展。在宏观调控法律关系中,也是如此。调控主体一般都是代表国家权力的公权力机关,而受调控主体一般是企业或者自然人,两者相比较,受调控主体的地位明显处于弱势地位,存在合法利益受宏观调控行为损害的情形,且在我国现有的行政、司法体制下,宏观调控行为的司法审查仍存在一定障碍。因此,在宏观调控的立法过程中,应当重点关注受调控主体的弱势地位,增强其对自身利益的救济渠道。

**(三) 受调控主体的权利和义务**

1. 受调控主体的权利

在宏观调控过程中,注意受调控主体的权利法律保护。宏观调控法中受调控主体的主要权利如下：(1) 依法接受调控、享用调控成果的权利。宏观调控是对社会经济实行的调节与控制，其目标是要实现社会总需求与社会总供给之间的平衡、保证国民经济持续、稳定、协调增长。① 虽然对不同受调控主体的利益有影响，但其出发点却是增进社会的整体福利，是政府提供的公共产品，因此受调控主体有依法享受此公共产品的权利。(2) 宏观调控决策的参与权、听证权。宏观调控决策涉及社会各方面、各层级，调控主体虽然具有宏观视野，但也具有局限性，且宏观调控决策的执行也要得到广泛支持才能发挥最好的调控效果。这就要求在形成宏观调控决策的过程中，赋予受调控主体广泛的参与权，充分表达其利益诉求，并保证其意见能被认真地听取和采纳，因此程序化的听证制度是较好的参与形式。(3) 向调控主体提出建议和异议的权利。宏观调控是政府对市场的一种干预手段，但是市场环境瞬息万变，在执行过程中市场环境可能已与决策时有完全不同的情况，而受调控主体因为关系切身利益对此也应当是感受最深的，因此在宏观调控决策的形成和执行过程中，应当赋予受调控主体提出建议和异议的权利。(4) 在受到宏观调控主体非法调控造成损害时的损害赔偿请求权。宏观调控解决的是市场失灵的情况，但政府在进行宏观调控的过程中同样也面临"政府失灵"的情况。出于自身利益考虑，或者被利益集团所"俘虏"，其有可能违背调控的目的，对受调控主体非法调控并造成损害。目前我国受调控主体的救济途径几乎没有，这主要表现在宏观调控行为性质认识不清、司法审查机制尚未建立、调控主体的责任制度不完善等，因此在宏观调控立法时应当注重对受调控主体救济途径的完善。

2. 受调控主体的义务

受调控主体的主要义务是遵守宏观调控法律、合法经营、接受宏观调控主体的调控、组织和指导。受调控主体一方面要加快进行企业经营机制的转换，进一步完善公司法人治理结构，塑造合格的市场主体，使企业成为真正独立的商品生产者和经营者；另一方面要加强法制教育，使这些经济实体和个人依法自律，自觉接受调控主体的宏观调控。②

---

① 参见潘静成、刘文华主编：《经济法》，中国人民大学出版社 2000 年版，第 291—292 页。
② 参见卢炯星：《宏观经济调控法主体职责和权利义务理论研究》，载张守文主编：《经济法研究》(第 14 卷)，北京大学出版社 2014 年版。

## 三、宏观调控主体的权能

### (一) 宏观调控权

宏观调控行为作为国家对市场的强制干预手段,其内涵与国家拥有的其他如市场监管权、市场秩序规制等干预权力有本质不同。对于宏观调控权的定义存在着多种认识。如"宏观调控权是国家对国民经济进行宏观调控过程中产生的,有关国家经济调控主体依法可以为一定行为或不为一定行为和要求他人为一定行为或不为一定行为的资格。"[1]"宏观调控权是一种有别于行政权的独立权,即基于'宏观调控职能的特定化',由特定具有宏观调控职能的行政机关专属行使的职权,是一种与传统行政权有所不同的新型权力。"[2]"宏观调控权是指国家对宏观经济即一国国民经济总体进行调节和控制的权力。"[3]结合上文其他学者的观点,笔者认为宏观调控权是指宏观调控权力机关基于市场失灵,运用经济、法律和行政等手段,对国民经济总体运行进行调节和控制的权力。

1. 宏观调控权的国家行为属性之争

有学者认为宏观调控的主体是国家而非具体的国家机关,因此推导出宏观调控行为是一种国家行为(或者说统治行为),是一种政治行为,因此,从法理的角度看,宏观调控行为是不可诉的,也是不能诉的。[4]"宏观调控行为是一种国家行为,应当将其排除在司法审查之外,这种直接的推理就说明了宏观调控行为的不可诉性。"[5]主张宏观调控应当具有可诉性的学者认为,宏观调控不是具有高度政治性的、关系到国家存亡及统治之根本的国家行为,宏观调控行为首先是经济性的,是国家经济职能在经济生活中的运用,也是一种政府经济行为;宏观调控行为作为调节和控制一国经济总体的机制和手段,一般情况下和国家主权无涉,更不会引起政治纷争,同时也具备司法审查的可能性和必要性,自然不能游离于司法权的管辖之外,可以通过建立公益诉讼制度、宪法诉讼制度等来实现

---

[1] 卢炯星:《宏观经济法》,厦门大学出版社2000年版,第62页。
[2] 张守文:《宏观调控的法律解析》,载《北京大学学报(哲学社会科学版)》2001年第3期。
[3] 陈乃新、彭飞荣:《论宏观调控权》,载厦门大学法学院编《第九届全国经济法理论研讨会论文集》(上)。
[4] 参见肖顺武:《质疑宏观调控行为的可诉性》,载《经济法论坛》第5期。
[5] 邢会强:《宏观调控行为的不可诉性探析》,载《法商研究》2002年第5期。

宏观调控的可诉性。①

国家行为是指国家机关根据宪法和法律的授权，代表国家、以国家名义做出的涉及国家之间关系、国家安全以及其他国家重大问题的行为。国家行为一般发生在国际交往的场合，涉及国家重大利益，与国家主权密不可分。"一般而言，主权只有在国家间主权相较时才有应有的意义，因此一国国内事务之间并不存在主权与非主权的可比性。"②在绝大多数宏观调控行为中，如证券市场的宏观调控过程中，虽然金融联动效应呈现全球化趋势，但是一国在证券市场上的宏观调控行为仍然是确保其自身金融正常运转的手段，可以说是只涉及国内事务，因此定位为主权行为并无必要。也只有在特殊情况下，即与固有的国家行为发生特定联系时，宏观调控行为才有可能转化为国家行为，从而不再具有可诉性。

2. 宏观调控权的分类

宏观调控权的分类就是对宏观调控权，从外延上所作的划分。宏观调控权是一种综合性的、由一系列权力构成的权力束，包括宏观调控决策权、宏观调控执行权和宏观调控监督权等。

（1）宏观调控决策权。它是指根据《宪法》和法律的规定，国家最高权力机关和行政机关对宏观经济运行目标以及实现的方式、手段和程序等作出决定的权力。

（2）宏观调控执行权。它是指中央和省级政府在各自的职权范围内具体落实宏观调控措施的权力。

（3）宏观调控监督权。它是指国家最高权力机关和国家行政机关依照《宪法》和法律对宏观调控决策以及宏观调控措施执行情况进行审议、评价和监督的权力。③

## （二）宏观调控法主体的权能

法律上的能力是指法律关系主体进行法律活动所需要的资格，比如民法理论中将民事权利能力定位为民事主体享有权利和承担义务的主体资格。权利主

---

① 参见胡光志：《论宏观调控行为的可诉性》，载《现代法学》2008年第2期；参见张川华：《质疑宏观调控行为的不可诉性》，载《贵州警官职业学院学报》2004年第5期；参见鲁佳：《宏观调控行为的可诉性问题探究》，载《价值工程》2011年第6期。
② 胡光志：《论宏观调控行为的可诉性》，载《现代法学》2008年第2期。
③ 参见杨三正：《宏观调控权论》，厦门大学出版社2007年版，第34页。

体之地位或资格,谓之"权利能力",亦曰"人格",法、日民法上称为"私权之享有",德、瑞民法称为"权利能力"。① 同时,作为完整法律主体的法律上的能力又有权利能力、行为能力和责任能力之分。宏观调控主体作为宏观调控法律关系中的完整主体,其所具有的法律权能也应当包括大致如下 3 个方面:

1. 宏观调控主体的权力能力

由于宏观调控是国家机关对市场的一种干预手段,对于宏观调控主体而言是一种权力而非权利,因此是宏观调控主体的一种"权力能力",意指宏观调控主体根据法律享有调控权力的资格。"具有权力能力者,才可进行宏观调控,无权力能力者,不得进行宏观调控。由于宏观调控权的主体资格是由宪法、立法法和有关法律明确规定的,所以它们分别具有决策主体、执行主体和监督主体的资格。"②

2. 宏观调控主体的行为能力

类似于其他行为能力的定义,宏观调控主体的行为能力是指宏观调控主体行使宏观调控权的能力。宏观调控主体是法定的国家机关,不同于未成年人或处于清算阶段的公司,其权力能力和行为能力具有一致性,即有权力能力与行为能力。有学者认为宏观调控能力主要包括决策、执行、监督三方面的调控能力,并具体化为公共产品的供应能力、资源配置能力和运用宏观调控手段的能力。③在笔者看来并不合适,上文所提到的决策、执行、监督等都不能算是宏观调控主体的行为能力,而应当是宏观调控权力的职能体现,是实现宏观调控权力良性运行的手段。而宏观调控主体的行为能力则应当是对宏观调控主体的内在要求,如未成年人的行为能力不足主要是其对自身意思表示与理解的欠缺,清算阶段的法人行为能力不足也与其议事机构不健全有关,而这对于国家机关的宏观调控主体来说,即使出于政府公信力考虑,也不可能出现主体行为能力不足的情况。

3. 宏观调控主体的责任能力

法律责任是行为人违反法律所应当承担的否定性法律后果,法律责任制度是法律得到执行的保障措施。目前对于宏观调控方面的失职、失误、失效及责

---

① 参见郑玉波:《民法总论》,三民书局 1979 年版,第 66 页。
② 杨三正:《宏观调控权论》,厦门大学出版社 2007 年版,第 57 页。
③ 同上。

任,缺乏应有的监督和追究,如果市场被强大的公权力以紧急调控之名侵犯时,私权利无法得到保障或救济,其实施效果和行为后果都很难想象,显然宏观调控主体也应当具有责任能力。但是由于宏观调控是国家机关对宏观经济实施的干预措施,其承担责任有一定的特殊性,如应当承担何种形式的责任(包括民事、刑事、行政和政治责任);宏观调控经济形势具有变幻性,如何确定宏观调控行为的对错以及责任的大小存在困难等等,这些承担责任的具体形式笔者将在后文详细论述。既然是宏观调控的法治化,那其所含之义应当也包括宏观调控主体的责任能力、追责程序的法治化,可以采用司法审查而不应过多应用行政命令进行追责。

# 第八章 宏观调控的方式

宏观调控的方式是为实现宏观调控的目标和任务所实施的宏观调控行为与所运用的宏观调控工具的有机统一,是宏观调控法的重要表现形式和存在方式,反映了宏观调控法的法域价值和独特功能。

## 一、宏观调控行为

宏观调控行为是宏观调控主体从国家经济总体利益出发,为实现国家的宏观调控目标,综合运用各种宏观调控手段,从总体上调控经济运行的具有宏观性的决策行为和执行行为。

### (一) 宏观调控行为的特点

1. 宏观性

宏观调控要立足社会整体而不是个别部分,要着眼宏观经济而不是微观经济,要强调社会公共性而不是个体私人性,要追求社会公共利益而不是其他个别利益,要追求全局的持续稳定协调发展而不必计较局部的利害得失,其目的是为了预防和克服由市场失灵所带来的、在宏观经济总量和经济结构等宏观方面所存在的失衡、失调、无序状况,以促使经济的宏观状况朝着所预期的平衡、协调、有序的方向发展,这些要求在宏观调控行为上的具体反映就是宏观调控行为的宏观性。并且宏观调控行为所采取的工具也是"宏观"的,包括财政调控工具、税收调控工具、金融调控工具和宏观经济计划等。

2. 灵活性

国家的宏观调控行为在绝大多数情况下都是按照国际国内的具体形势的变化发展做出的,它根据法律的规定,在法定的权限范围内和程序下根据情势的变化及时作出政策、命令、法规和规章。以规范市场经济行为提出经济发展计划和产业政策以及优惠措施,对市场经济运行进行引导,通过行使行政自由裁量权随

时调整利率、税率、汇率、工资、货币、信贷规模,对市场进行强制性调控,并不断制定新的规则等。`

3. 广泛性

宏观调控是对整个市场经济的调控,调控行为作用的领域自然具有广泛性。通常包括:有关国家整体经济布局及国计民生的重大领域,涉及国民经济全局、社会稳定的重大问题;容易产生"市场失灵"的经济领域,能体现宏观调控的意义;私人的力量不愿意进入或者难以办好的领域,需要政府直接进入或者以引领的方式促成私人进入。政府通过法律的指导,引导相关利益主体的市场行为吻合政府的调控目标;或是通过政府实施具体的宏观调控行为,督促或引导相关利益主体从事或选择某一市场行为。

4. 主动性

市场调节是自发调节、偶发调节、事后调节,它在微观调节上功效神奇,但在宏观调控上力不从心,因为自发调节无法克服宏观经济的盲目性,偶发调节无法实现人们的经常目标,事后调节无法未雨绸缪、防患于未然。作为克服市场调节缺陷的宏观调控,并不是收拾市场调节的后果和残局,有时市场调节的后果和残局不堪设想,根本无法收拾。宏观调控行为要为市场调节奠定基础和创造条件,对市场条件加以预先调控和先行引导,使其朝着预期的方向和确定的目标运行。宏观调控行为不可以消极实施,那样只会坐失良机,而是要充分发挥人的主动性、积极性和创造性,要事先规划、根据对经济规律的正确认识,对经济形势的科学预测,先行确立目标,主动采取措施,自觉实施宏观调控行为,以避免市场自发调节所导致的盲目性等问题。

(二) 宏观调控行为的性质及分类

1. 宏观调控经济手段

经济手段是指国家在自觉依据和运用价值规律的基础上借助于经济杠杆、经济政策、经济计划等调节作用,通过经济利益的导向来影响和调节宏观经济活动的措施。

经济手段的作用机制是从经济利益上引导、指导。一是正确运用价格、税收、信贷、工资等经济杠杆,调节国民收入的分配和再分配,诱导、协调和控制社会再生产各个环节等。二是合理地制定各项经济政策和措施,如税收政策、财政政策、货币政策、产品购销政策、价格政策、扶贫政策、收入分配政策、优惠措施等,以调节积累和消费之间的比例关系,规划和调整产业发展,实现社会总供给和社会总需求的平衡。三是科学制定经济计划、提供信息服务等,使其在中长期的资源配置中发挥应有的作用,弥补完全依靠市场配置资源的不足。

2. 宏观调控法律手段

法律手段是指依靠法制力量,通过经济立法和司法执法,运用经济法治来调节经济关系和经济活动,以达到宏观调控目标的措施。通过法律手段可以有效地保护公私财产和资源环境,维护各种所有制经济、各经济组织和社会成员个人的合法权益,调整各市场主体之间经济关系,保证经济运行的正常秩序。

法律手段的内容包括经济立法和经济司法、执法。经济立法是制定实施经济法律法规,包括综合的或单行的宏观经济调控法,也包括个别"临时措施法"。经济司法是由司法机关依照法定程序,保护经济权益、惩治经济犯罪、处理经济纠纷。经济执法主要指行政机关通过行政许可、监督检查等保障宏观调控法实施,又通过行政处罚、行政复议制止违规、制裁违法。

3. 宏观调控行政手段

行政手段指依靠行政机构,采取命令、指示、规劝等行政方式来调节经济活动,以达到宏观调控目标的措施。行政手段具有强制性、纵向性、无偿性及速效性等特点,可以与具有稳定性的法律手段,具有短期性、效果滞后性和不确定性的经济手段形成互补。

行政手段通常具有强制性并以行政机关的权威性作为后盾保证执行,如命令、决定、禁入、强制信息披露、限制部分权利等;但也有一些行政手段的强制性较弱,带有指导特征,如窗口指导、警示谈话、监管评级、公开批评等。

宏观经济调控还不能放弃必要的行政手段,在经济手段无效、法律手段力所不逮时,就需采取行政手段。尤其在遇到重大风险或重大失控时,运用行政手段调控将能更迅速地扭转局面,更快地恢复正常的经济秩序。当然,有些临时性的、管制性过强的行政手段是非常规的手段,不可滥用,必须在尊重客观经济规律的基础上,从实际出发,并经一定程序后加以运用,如限价、限购、限贷、下令关闭有问题的小企业等。

宏观调控要逐步建立起以经济和法律手段为主,行政手段为辅的宏观调控体系,充分发挥宏观调控的功能。

### (三) 宏观调控行为的其他分类

1. 依据调控的主体以及调控的内容，可将宏观调控行为划分为宏观调控决策行为和宏观调控执行行为。其中宏观调控执行行为又可以划分为宏观调控具体执行行为和宏观调控抽象执行行为。

宏观调控决策行为是指宏观调控决策主体把宏观的规则制定成具有普遍约束力，可以反复适用，并有法律上的强制性的规范性文件的行为，为相对方提供指引、评价、预测其经营管理行为的依据。宏观调控具体执行行为是指宏观调控执行机构为了执行宏观调控法律、法规和政策所采取的具体执行措施。宏观调控抽象执行行为是指宏观调控执行主体即地方宏观调控执行机关在决策主体颁布某一宏观调控法律、法规、政策时，依据决策主体的规定在本辖区内颁布的适合于本辖区的执行政策。

2. 根据宏观调控行为的效力进行分类，可以把宏观调控行为分为直接宏观调控行为和间接宏观调控行为。

直接宏观调控行为有政府投资和招标采购等，这种宏观调控行为直接作用于特定的调控对象，具有约束力强、动员和集中生产要素速度快、调控效率高、完成任务有保障等特点。但也存在权力"寻租"的问题，不利于市场机制和价值规律发挥作用。

间接宏观调控行为有政府通过制定计划和产业政策指导目录来引导市场主体做出进入或退出相关市场的行为，这种宏观调控行为作用于非特定的市场主体，是通过间接地引导来影响市场主体的市场行为。在市场经济条件下，各个市场主体都是具有独立利益的经济主体，间接的宏观调控行为就是国家根据经济发展过程中存在的矛盾，运用各种宏观调控工具影响市场主体的经济利益，引导市场主体的行为，从而使各个市场主体的经济活动向宏观调控的总目标靠近，达到宏观调控的目的。在社会主义市场经济条件下，政府要转变管理经济的职能，不直接干预企业的日常生产经营活动，宏观调控应当结合直接宏观调控行为和间接宏观调控行为的优势，以间接宏观调控行为为主，更多地发挥市场机制的作用。

3. 根据宏观调控行为的性质，可以将宏观调控行为分为指令性（强制性）宏观调控行为和指导性（非强制性）的宏观调控行为。

指令性宏观调控行为多采用行政手段，它是由国家运用行政权力，通过制定方针政策,并以下达命令、指示、决定、通知、条例和指令性计划等形式,扫除不利于市场机制发挥作用的障碍,保障国民经济正常运行的一种行为。指令性宏观调控行为有助于解决市场机制不能完全发挥作用、甚至市场机制扭曲的特殊问题,如市场垄断问题、市场恐慌问题、价格剧烈波动问题、衰退产业或地区援助问题、贫困地区发展问题、幼稚产业扶持问题等。如在2008年汶川特大地震发生后,灾区建材价格迅速上涨,国家采取临时的价格干预措施,确保灾区市场稳定,保障灾区灾后恢复重建工作的顺利进行。指令性的宏观调控行为具有速度快、效果明显的特点,在特殊情况下是最为有效的宏观调控方式。但由于指令性的宏观调控行为缺乏弹性、容易导致腐败,影响市场机制发挥作用,因此不能作为经常性的宏观调控方式。

指导性宏观调控行为多采用经济手段,是由国家根据宏观调控的目标,通过调整政府投资规模与结构、财政支出规模与结构、国家物资储备规模与结构以及税率、汇率、利率等宏观调控工具,引导、影响市场主体的预期和行为,促进总供给与总需求的总量平衡和结构平衡,保障国民经济正常运行的一种行为。较之于指令性宏观调控行为,指导性宏观调控行为具有灵活性的特点,当经济活动中出现某种矛盾时,可及时运用相应的宏观调控工具予以调节,当其矛盾被解决时,又可以根据现实情况改变调节的方向和力度。由于市场是不断变化的,因此客观上需要这种带有灵活性的调控行为。指导性宏观调控行为在宏观调控体系中占有重要的地位,起着主导作用,但它在作用的范围和作用后果方面也有一定的局限性,因此,它必须与指令性宏观调控行为相结合,才能取得更好的效果。

## 二、宏观调控工具

宏观调控工具是宏观调控行为的具体化,是政府在对经济活动实施宏观调控行为过程中所运用的政策措施的载体。要根据实现宏观调控目标的需要,选用适当的宏观调控工具。

### (一) 常用调控工具

1. 计划工具

国家利用编制国民经济和社会发展计划的方式实施对市场的事前调整预

测,以保障经济总量平衡、保障社会公共利益、引导投资和促进经济结构合理化。国家通过对计划的编制、公布和执行,可以督促和引导市场主体对未来经济决策进行充分的预测,这样一方面可以减少市场竞争的盲目性,降低市场竞争的成本和风险,提高社会整体经济效益;另一方面亦可借以维护社会总体经济的平稳运行和协调发展,以共同促进经济发展与社会进步。包括年度计划、五年规划、愿景规划等,还包括保障计划实现的信息服务、国家订货、奖惩措施。

2. 产业政策工具

国家利用发布产业投资目录(包括负面清单)和制定产业发展纲要等形式,向投资者提供政府掌握的产业信息以及国家支持、鼓励、限制、禁止某一产业的基本态度,从而可以起到引导投资、调整产业结构和地区布局的作用,达到国家所确定的产业结构和地域分布的良好状态,使产业结构符合经济整体协调发展的基本要求。

3. 财政政策工具

财政政策工具是为实现政府宏观调控目标所采用的各种财政措施。一般把财政工具分为三大类,即预算、财政支出和财政收入。其中,财政支出包括政府购买和转移支付。财政收入包括税收和国债。

预算作为一种财政政策工具,主要通过年度预算的预先制定和在执行过程中的追加、追减收支实现其调节功能。预算的调节功能主要体现在财政收支规模和收支差额上。预算通过对国民收入的集中性分配和再分配,决定民间部门的可支配收入规模以及政府的生产性投资规模和消费总额,这会影响经济中的货币流通量,从而对整个社会的总需求以及总需求和总供给的关系产生重大影响。

政府购买是政府利用财政资金购买商品和劳务的支出。购买支出规模扩大或缩减直接影响社会总需求的增减,因而它能调节国民收入的扩张与收缩。当社会总需求明显超过总供给且通货膨胀的压力过大时,政府可以采取减少政府采购支出的政策,以减少社会总供给,抑制通货膨胀;当社会总供给大于总需求、失业增加、生产设备和劳动力闲置、社会资源不能充分利用时,政府可以扩大政府采购的规模,增加社会总需求,以刺激经济发展,增加就业。所以,政府采购是合理配置资源、稳定物价的强有力工具。

转移支付是政府把以税收形式筹集上来的一部分财政资金转移到社会福利

和财政补贴等费用的支付上。转移支付为企业和家庭提供购买力,使其有能力在市场上购买商品和劳务。在转移支付中,社会福利支付实际上是将高收入阶层的一部分收入转移到低收入阶层,以促进公平分配。在经济萧条时期,失业人口增加,失业者保险金和低收入者救济金等社会保障和社会福利费用增加,从而增加了人民的可支配收入,这有助于社会有效需求的增长,刺激经济增长。相反,在经济繁荣时期,失业率降低,人们收入水平提高,需要救济的人数减少,政府社会保障和社会福利费用支出减少,相应地减少了人民的可支配收入,减少需求过旺的压力。财政补贴是政府转移支付的主要形式,它分为两大类:一类是生产性补贴,另一类是消费性补贴。这两种补贴的调节效应有所不同。消费性补贴主要是对人民日常生活用品的价格补贴,其作用是通过直接增加消费者的可支配收入,鼓励消费者增加消费需求。生产性补贴主要是对生产者的特定生产投资活动的补贴,如生产资料价格补贴、投资补贴、利息补贴等。其作用等同于对生产者实施的减税政策,这可直接增加生产者的收入,从而提高生产者的投资能力。在有效需求不足时,主要增加消费性补贴,以增加社会总需求;在总供给不足时,主要增加生产性补贴,以扩张社会总供给,缓和供求矛盾。

国债最初是用来弥补财政赤字的,随着信用制度的发展,国债政策逐渐成为一种有效的财政政策工具。一方面,通过发行国债可以有效调动社会闲散资金,弥补财政赤字,筹集基础设施建设资金,这有利于我国经济社会的发展。另一方面,通过调节国债的利率水平和改变国债的价格来调节货币流通量及商品供应量,从而实现财政政策的目标。当经济萧条时,政府通过调低国债的发行利率,带动金融市场利率水平下降,以刺激投资需求和消费需求;当经济繁荣时,政府通过调高国债的发行利率,推动金融市场利率水平的上升,以抑制总需求。同理,在经济衰退时,政府可以大量买进国债,以刺激国债价格上升,使利率水平降低,产生扩张效应,在经济繁荣时,政府可以抛售国债,以促使国债价格下跌,使利率水平上升,产生紧缩效应。

4. 税收政策工具

税收的强制性、无偿性和固定性保证了税收作为税收政策工具的权威性。税收调节工具包括税制、税种、税目、税率和税收减免等。税收的调控主要是通过调节社会总供给和总需求的关系来实现的。在经济繁荣时期,国民收入增加,以国民收入为源泉的税收收入也随之增加,这就相对减少了个人的可支配收入,在一定程度上减轻了需求过旺的压力;此时,如果总需求与总供给的缺口仍然很大,政府则要采取相应的税收政策工具,或扩大税基,或提高税率,或减少税收优惠等等。在经济萧条时期,税收收入会自动减少,相对增加了个人的可支配收入,在一定程度上缓解了有效需求不足的矛盾,有利于经济复苏;此时,如果经济仍然不景气,政府可进一步采取税收措施,或缩小税基,或降低税率,或出口退税,或增加税收优惠措施等等。

5. 货币政策工具

货币政策工具是中央银行通过变动货币供给量,调整货币供求关系,进而调节社会总供求,以实现宏观经济调控目标的手段。中央银行采用的主要货币政策工具有一般性货币政策工具,这是总量控制工具,即对货币供给总量或信用总量进行调节和控制的政策工具,其中再贴现、存款准备金和公开市场政策,被称为中央银行的"三大法宝",是现代许多国家中央银行的主要政策工具。另外还有选择性货币政策工具和其他政策工具。

(1) 法定存款准备金。所谓法定存款准备金政策,是指中央银行在法律所赋予的权力范围内,通过规定或调整商业银行缴存中央银行的存款准备金比率,控制商业银行的信用创造能力,间接地控制货币供应量的措施。法定存款准备金政策发挥作用的核心在于法定存款准备金率的高低。准备金比率的变动直接影响中央银行所掌握的基础货币量和商业银行可用资金量,最终影响全社会货币供应量的增减。假定中央银行要实行宽松的货币政策以刺激经济发展,那么中央银行可调低法定存款准备金率。这就意味着商业银行在吸收的存款中上缴中央银行的法定准备金减少,而可直接运用的超额准备金增加。假定其他条件不变,商业银行用足超额准备金以增加贷款或投资,则会引起存款增加以及货币供应量的增加,进而导致市场利率降低,同时刺激投资、消费支出的增加,促进经济发展。反之,效果则相反。所以中央银行变更法定存款准备金率,往往可以迅速、普遍地产生增减货币供应量的效果。

(2) 再贴现政策。再贴现是指商业银行或其他金融机构将贴现所获得的未到期票据向中央银行转让以融通短期资金的一种行为。对中央银行来说,再贴现是买进商业银行持有的票据,流出现实货币,扩大货币供应量,对商业银行来说,则是出让票据,融进资金,解决一时资金短缺困难。整个再贴现过程,实际上就是商业银行和中央银行之间的票据买卖和资金让渡的过程。所谓再贴现政策,就是中央银行通过制定或调整再贴现率来干预和影响市场利率及货币市场的供应和需求,从而调节货币供应量的一种货币政策。

(3) 公开市场政策。公开市场政策是指中央银行为实现货币政策目标,通过在公开市场上买进或卖出有价证券来影响商业银行准备金,从而调节货币供应量的一种政策措施。中央银行在公开市场上买卖的证券主要是政府国债和国库券。公开市场政策的核心在于通过买卖证券影响商业银行的准备金数量,进而调节货币供应量,这可以说是中央银行调节货币供应量最主动、最直接、最快捷的途径,当金融市场上资金缺乏时,中央银行就可通过公开市场买进证券,无论是从何者手中购入都会导致市场基础货币的等额增加。这些基础货币如果流入社会大众手中,则会直接增加社会的货币供应量,如果流入商业银行,则会引起商业银行超额准备金的增加,成为商业银行扩张信贷、创造存款货币的基础,并最终导致货币供应量的增加。同时,这种购买的结果对利率还有一种更直接的影响,就是促使证券价格上升,市场利率下降,产生扩张性效应。相反,如果金融市场资金过多,中央银行则可反向操作,卖出证券。无论这些证券由谁购买,总会有相应数量的基础货币流回,缩减商业银行的超额准备金,引起信用规模的收缩和货币供应量的减少,市场利率上升,从而抑制通货膨胀。

(4) 直接信用控制。直接信用控制是指中央银行依据有关法令,利用行政手段,对商业银行及其他金融机构的业务活动进行各种直接干预。其中比较重要的有以下几种:第一,信用分配。它是指中央银行根据金融市场状况和客观经济的需要,对商业银行进行贷款分配,规定在各部门或地区资金分配的数量或比例,这种信用分配方式在资金需求旺季、资金短缺、单纯依靠市场机制不能达到控制效果时最适于采用。第二,直接干预。它是指中央银行直接对商业银行的信贷业务施以合理的干预,如规定商业银行的业务范围、放款政策等。中央银行直接干预的方式有直接限制放款的额度,直接干涉商业银行对活期存款的吸收,对业务经营不当的商业银行可以拒绝再贴现,或采取惩罚性利率明确规定各家银行的放款或投资的范围等。第三,流动性比率。它是指中央银行为了限制商业银行扩张信用,规定其流动资产与存款的比率。第四,利率最高限额。它是指中央银行规定商业银行对定期及储蓄存款所能支付的最高利率,其目的是为了防止银行之间的过度竞争以及为谋取高利进行风险投资和放款,从而保证银行的正常经营。第五,特种存款。它是指中央银行在银行体系中出现过剩超额准备金时，要求其按一定比例缴存中央银行，以紧缩放款，从而减少货币供应量。

（5）间接信用控制。所谓间接信用控制，是指中央银行利用其特殊地位，不直接影响商业银行的超额准备金和资金成本，而用各种间接措施对商业银行的信用施加影响。其主要措施有：第一，道义劝告。即指中央银行利用自己在金融体系中的特殊地位和威望，通过对金融机构的劝告，以影响其放款的数量和方向，从而达到控制和调节信用的目的。道义劝告既能控制信用的总量，也能调整信用的构成。不过要注意，这种调控方式不具有强制性，中央银行只是将其货币政策意向与金融状况传达给金融机构，使其能自动地根据中央银行的意图调整信用行为。能否达到预期效果，取决于三个条件：一是中央银行有较高的威望和地位；二是该国的道德水准和遵纪守法的意识较强；三是中央银行拥有控制信用的足够的法律权力和手段。第二是窗口指导。它是中央银行根据产业行情、物价趋势和金融市场动向，规定商业银行的贷款重点投向和贷款变动数量等。实行窗口指导的直接目的是为了使同业拆借市场利率保持稳定，同时，窗口指导也暗示其贷款的使用方向，以保证优先发展部门的资金需要。

（6）消费者信用控制。它是指中央银行对不动产以外的各种耐用消费品的销售、融资予以控制的一种措施。其核心在于规定分期付款购买消费品时第一次付款的最低限额和贷款的最长偿还期，以及运用于分期付款的商品种类。它的目的在于影响消费者对耐用消费品有支付能力的要求。

（7）证券市场信用控制。它是指中央银行对使用贷款进行证券交易的活动加以控制的一种措施。其核心在于规定贷款额占证券交易额的百分比率即证券保证比率，以限制对证券市场的放款规模。中央银行对证券保证比率的调整，不是为了直接干预证券价格，而是为了防止过度的证券信用，保证证券市场的稳定。

（8）不动产信用控制。它是指中央银行就一般商业银行对客户新购买住房或商品用房贷款的限制措施。其核心是规定不动产贷款的最高限额、偿还期限和第一次付款的比率。它的目的在于限制房地产投机。

（二）宏观调控工具创新

创新和完善宏观调控工具，加快构建科学规范、运转高效、实施有力的宏观调控体系，是促进经济社会平稳健康发展的强有力保障。近年来，面对国内外新常态的挑战和经济下行的压力,我国不断创新宏观调控思路和方式。在宏观调控思路方面,先后创新并实施区间调控、定向调控、相机调控,适时适度预调微调,有效稳定了市场信心和社会预期,促进了经济稳定运行和结构优化升级。在宏观调控工具方面,则充实和完善"三个工具箱":当经济平稳运行时,加快推出一些促改革、调结构的政策措施;当经济出现波动时,预调微调的力度就要大一些;当经济出现下滑时,采取力度更大的稳增长措施。[①]

工具创新的思路是:首先完善宏观调控政策体系,形成以财政政策、货币政策为主,产业政策、区域政策、投资政策、消费政策、价格政策协调配合的政策体系。做好公共预算安排、金融资本运用、国土空间开发、资源合理配置等。其次把握好政策的方向、力度、节奏和出台时机,避免政策效力过度叠加或相互抵消,形成调控合力。最后加强重大问题研究和政策储备,运用大数据技术提高经济运行信息的及时性和准确性,完善政策分析评估机制。

中国人民银行近年来不仅创设了常备借贷便利SLF、抵押补充贷款PSL、短期流动性调节工具SLO等工具,还创新运用了央行沟通的方式,这些都已成为宏观调控的有效工具。

---

① 参见徐绍史:《创新和完善宏观调控方式》,载《人民日报》2015年12月1日。

# 第九章 宏观调控的程序规范

## 一、宏观调控程序规范的意义

法治化在宏观调控中的价值首先在于其程序价值,即决策和执行的过程是否符合法律程序,内容是否符合法律要求。政府在宏观调控中更强调宏观调控的依据具有合法性,而对宏观调控措施的具体内容则随着社会经济情势的变化而变化。为了防止政府宏观调控失误而给国家和人民造成巨大损失,必须重视和完善宏观调控的法律程序,把宏观调控建立在民主、科学、理性和法治的基础上。宏观调控法律程序是法治化的宏观调控程序,即使我们把宏观调控程序化,但如果这种程序没有法律保障,只能靠宏观调控各方主体自觉遵守,这显然大大削弱了宏观调控程序的作用。因此,宏观调控程序还必须以法律的形式固定,程序明确是宏观调控之程序制度设计的必然要求。宏观调控既然要在法治语境内运行,也必然要满足程序明确的要求。而且,程序运作的信息必须公开。宏观调控在很大程度上需要有一套透明的机制,权力行使的透明化应当成为宏观调控过程中的固有制度。宏观调控程序规范化的意义具体体现在以下几个方面:

### (一) 制约权力恣意扩张

行政权力扩张定律认为,任何一个行政组织及其工作人员,要完成其所承担的职责和任务,必须拥有必要的权力,而每个行政组织及其工作人员所拥有的权力都是无限扩张的,除非遇到不可逾越的障碍,否则是绝不会停止的。[①] 宏观调控虽然属于经济法范畴,但仍然是公权力干预的一种体现,如果由公权力掌握过多自由裁量权,对于受调控主体也可能存在着潜在的侵害性。从程序法角度看,"程序具有制约、规范功能。程序的本质就是限制权力恣意行使,通过承认或规定相对方充分的程序性权利,而将权力的行使置于相对方的监控之下,这意味着

---

① 参见李福梅:《行政管理负效应三定律及其防治对策》,载《中国行政管理》1995 年第 7 期。

权力的享有者在拥有实体权利的同时必须承担相应的程序义务;这同时也意味着相对方可以通过行使程序性的权利,对抗和抵制恣意或违反程序规则而活动的权力。"①"保障公正事前程序有助于使行政机关活动过程合法化,确保处分措施等在实体方面具有合法性,同时,也具有这一意义,即当行政机关这些活动过程明朗时,其结果,将为处分相对人提供起诉的方便,并为行政机关减少应付无用争讼的必要性,而且还可以取得处分相对人以及国民的广泛信赖,从而使活动顺利进行下去,甚至也为法院减少被无用诉讼纠缠的必要性,使更广泛且更有效率的司法审查成为可能。"②由此可见,宏观调控行为的程序立法不仅可以使调控行为规范化,同时也是赋予受调控主体救济手段的重要渠道,从而保证权力在制度的笼子里合法运行。

### (二)保障经济民主

"在专制社会中,公民被视为行政的客体,无权参与行政过程,行政决定以何种方式作出由官员自行决定,带有极大的随意性。只有在现代社会中,随着公民基本权利在宪法中的确定,公民才作为具有独立人格的主体参与行政权力的运行,保障公民在行政权力运行过程中的权利才成为了实现实体目标之外的行政程序追求另一目标。"③民主是指人民在国家治理中具有广泛的参与和发表意见的权利,在多数人决定的同时也保护和尊重少数人的权利。经济民主的法哲学基础源于十九世纪理性主义和自然法思想,又是现代社会经济民主化的产物。"所谓经济民主是指民主由政治领域跨入经济领域,或者说经济领域引入政治领域的民主机制。"④中共十八届三中全会所提及的"社会治理创新"理念所强调的沟通与合作,发挥多元社会主体在社会治理中的作用等体现的即是民主国家的理念。其体现在宏观调控法律中,则"要求国家将经济民主作为宏观调控所追求的一种目标,以激发、尊重和维持市场主体的主动性、积极性和创造性"⑤。

按照"职业主义"的原理而设计的宏观调控决策体现的是"工具理性"或曰"目的理性",而没有考虑"沟通理性"。"工具理性"适用于主体与客体之间,而

---

① 邢会强:《宏观调控权运行的法律问题》,北京大学出版社2004年版,第58页。
② 〔日〕室井力主编:《日本现代行政法》,吴微译,中国政法大学出版社1995年版,第177—178页。
③ 王万华:《行政程序法论》,载《行政法论丛》(第3卷),法律出版社2001年版,第236页。
④ 王全兴:《经济法基础理论专题研究》,中国检察出版社2002年版,第227页。
⑤ 同上书,第243页。

"沟通理性"适用于主体与主体之间,表现为在主体之间的自由开放、不受压制的环境中,诚意地进行讨论和对话,真诚地了解对方的观点,以和平而理性的方式寻求共识。① 而从目前我国宏观调控的实施状况来看,我国的宏观调控带有浓重的"工具理性"色彩,为征求意见、履行民主程序的"听证会"往往成了"涨价会"。具体某领域的宏观调控政策往往是由所归属公权力机关决策、执行,市场主体、社会力量的参与度较低,这也导致了宏观调控政策之间的部门利益冲突等不协调现象。因此,宏观调控程序并非机械的决策或执行的过程或步骤,其所保障的经济民主价值要求宏观调控程序成为合作参与、沟通充分、利益共享、结构均衡的重要渠道。

### (三) 增进宏观调控整体效益

委托代理理论是过去 30 多年契约理论最重要的成果之一。20 世纪 70 年代兴起的委托代理理论所要解决的核心问题,即是在委托人与代理人之间的利益冲突和信息不对称等背景条件下,满足代理人参与和激励相容等约束条件,设计委托人与代理人之间的最优契约,使得代理人的工作符合委托人和代理人双方的利益。根据公共选择理论的观点,政府部门并不完全是公共利益的代表者,尤其是政府官员不可能在日常生活中是"经济人",而在行政管理中则成为不惜自身代价的"圣人",因此,政府部门和政府官员的行为动机也是追求自身利益的最大化。"在现代市场经济社会中,国家权力分别由代议机构、审判机构、政府机构行使。其中,政府具有行政的功能,其利益也受到多种利益动机的影响,例如财政的危机,社会控制的动机,政府短期行政目标以及政府任期制所导致的业绩动机等等,都会对政府的宏观调控政策形成产生影响。可见,国家机关,尤其是政府行政机关在其履行国家职能的过程中,也会受到各种利益动机的影响,这些利益动机在多数情况下,与社会整体有着一致性,但是在特定的情况下,也会与社会公共利益产生差异。"②在此情况下,通过宏观调控程序对权力的合理规制,如回避机制、监督审查机制、听证机制等制度设计,防止公共权力为了得到自身利益而牺牲社会福利,将宏观调控变成私人敛财的手段的情况发生,从而保障宏

---

① 罗豪才、王锡锌:《行政程序法与现代法治国家》,载《行政法论丛》(第 3 卷),法律出版社 2001 年版,第 202 页。
② 刘定华、肖海军等:《宏观调控法律制度研究》,人民法院出版社 2002 年版,第 465 页。

观调控最大限度地增进社会整体福利。

## 二、决 策 程 序

### (一) 宏观调控决策的一般程序

宏观调控决策的一般程序可以设定为:

1. 启动决策程序。宏观调控决策主体根据宏观经济运行情况,按照一定内部审批程序启动宏观调控决策。

2. 调查研究。在作出决策之前必须要充分收集准确、真实的信息,对宏观调控决策所针对的问题进行全面的调查研究,务必保证宏观调控决策科学合理。

3. 拟定草案。在信息充分、真实准确的基础上,拟定宏观调控决策草案,确定宏观调控政策所要实现的目标。在此过程中应当详细、客观地记录决策主体的情况,便于明确责任、追究责任。在拟定决策草案过程中必须保证信息公开、公众参与,听取公众对决策所涉及的宏观经济运行问题的意见,吸纳合理成分,实现决策民主。此外,宏观经济运行中所涉及的问题范围广泛、专业化要求高,宏观调控决策主体不能详尽所有,因此必须由专业人士建言献策。要实现宏观调控决策程序中公众的有效参与,需将行政程序中的听证制度引入其中。听证制度是现代社会法治国家进行公共决策的主要方式。对重大决策进行听证有助于集思广益、科学合理地决策,还能使公民有效地行使监督权,防止权力滥用。

4. 公示。公告、评论环节是美国行政法制定过程中最重要的环节,也是行政民主的一种表现。对宏观调控决策草案涉及的内容、对象和法律依据等问题,由公众通过网络、微博等形式参与讨论,提出意见和建议。

5. 审议草案。通过前面各阶段的准备和公众的信息反馈,决策主体对决策进行综合评价、全局衡量后,按照其议事规则进行审议,作出最优选择。

6. 调整与公布。虽然选择了最优方案,但是根据经济发展形势的不断变化,需要根据实际情况及时地作出调整,保证宏观调控决策切实、可行。宏观调控决策的详细内容和实施方案必须通过法定形式向社会公布。

### (二) 宏观调控决策的特殊程序

宏观经济不断处于变化过程中,特别是在现代化市场之间跨市场影响叠加,经济形势瞬息万变,宏观调控的时机相对来说则是稍纵即逝。而前述宏观调控决策的一般程序,由于考虑到决策的公开性、权威性,设置了较多的论证、审查环节,必然会导致其时间周期较长,在很大程度上将无法应对宏观经济形势中的突发紧急状况,有可能丧失最佳的调控时机,造成无法挽回的损失。但也并非说紧急状态的宏观调控不用纳入法治化轨道,为了防止权力运行的失序,有必要制定与实施特别重视紧急状态时的特殊决策或临机处理的程序规则。宏观调控决策的特殊程序可以设定为:

1. 特殊程序前置启动。决策立项宏观调控主要决策主体认为需要紧急制定宏观调控决策的,应当向全国人大及其常委会申请立项。该立项申请应当对该决策的紧急性、必要性、所要解决的主要问题、拟采取的主要措施和制度等作出说明。在决策立项报请过程中,可以根据实际情况予以调整,对拟调整的内容应当进行补充论证。

2. 起草草案。在通过全国人大及其常委会紧急调控立项之后,由宏观调控主要决策主体组织起草决策,参与决策主体可以参与起草工作。起草决策还应该邀请有关专家、组织参加。同时,应当进行必要调查研究,总结实践经验,广泛听取有关机关、组织和公民的意见。在经济情势允许的条件下,起草单位也可以举行听证会。

3. 批准、实施。调控措施报告可以在决策主体内部讨论后批准通过,但同时应当向全国人大及其常委会保送通过的宏观调控决策,并接受其监督和质询。

4. 公布、调整。宏观调控决策主体应当及时将批准实施的调控措施向社会公布,并实时掌握宏观调控的效果,如果出现调控不达预期或预期相反的情况,应当及时对调控决策进行调整,并向全国人大及其常委会报备,解释调整原因,接受监督和质询。

### (三) 宏观调控的变更程序

任何宏观调控措施的制定都不可能尽善尽美,尤其是全球化背景下的市场经济瞬息万变,为了应对彼时的经济形势所采取的宏观调控措施,往往可能会对此时的经济产生不利影响。因此,宏观调控权在运行过程中,必须有能力根据形势变化作出相应调整,即对于宏观调控决策来说,因情势变更,对合法的宏观调控行为进行相应的变更或者终止其效力的程序必不可少,这也是动态保证宏观调控决策科学、公正的根本。宏观调控的变更程序实际上是调控政策的再制定，因此，宏观调控的变更程序很大程度上与宏观调控决策程序有相似性，除非在紧急情况下，调整程序一般不适用特别程序。

宏观调控变更程序还要求建立宏观调控的评价与预测程序。除稳定的基本国策外，宏观调控政策的周期性是其重要的特征。实践表明，对于一定时期的宏观调控政策进行评价并同时对今后的宏观调控政策的走势予以预测，从而为下一轮宏观调控政策的制定提供参考，应是宏观调控政策制定与实施的基本程序。因此，有必要对宏观调控政策实施评价与预测的组织和行为予以法律程序的规范。[①] 对于宏观调控措施制定与实施的评价与预测包括官方机构的评价与预测和民间机构的评价与预测两个方面。这种评价及预测，通过会议讨论的方式、学术论文的发表、学术著作的出版，以及网络、媒体的传播，为下一轮宏观调控政策提供智力支持。

## 三、执 行 程 序

宏观调控执行本质上还是宏观调控权的运行方式，更多的应当是考虑对权力的控制。主要可以包括三个方面：(1) 制定执行计划。宏观调控决策需要进行分解并予以具体化，即在对调控事项进行统筹安排，对于执行主体自身的执行调控职权、职责、程序予以规划。虽然并不是每一项宏观调控措施都允许执行主体能够发挥其能动性，但仍有必要为宏观调控制定一套健全的执行计划，对于执行后可能出现的情况进行较为周密的考量，从而建立相应的配套机制；(2) 监督程序。要强调全国人大对宏观调控决策的监督，全国人大是宏观调控的主要决策机关，对于宏观调控决策出台的背景、重点、难点已深入研究，因此应当由全国人大对宏观调控的执行发挥监督作用，同时由于各地情况差异较大，也应当发挥各地人大机关的配合监督作用；(3) 反馈调整程序。在宏观调控决策执行过程中，由于层级较多，对决策的理解存在差异，可能造成宏观调控决策的走样，因此执行机关应当及时将宏观调控决策执行情况向上级机关进行反馈，上级决策机关应当对各地执行情况进行汇总研究，由于执行机关自身行为造成调控偏差的，

---

[①] 参见董玉明：《论宏观调控政策的程序法保障》，载《中国法学会经济法学研究会 2007 年年会暨第十五届全国经济法理论研讨会论文集》。

应当及时进行纠正;由于调控政策本身实践问题的,应当深入研究,及时对调控政策按照实际情况进行调整;(4)追责程序。如前文所述,宏观调控政策的好坏不仅仅在于政策本身,更重要的在于贯彻落实。对于在宏观调控执行过程中,违法变更执行,造成较大损失的,应当启动追责程序,追究相关责任人的责任,保障宏观调控政策的实施效果。

# 第十章 宏观调控的监督与救济

## 一、宏观调控的监督

### （一）宏观调控监督的必要性

"一切有权力的人都容易滥用权力,这是万古不变的一条经验。有权力的人们使用权力意志遇到有界限的地方才休止","要防止滥用权力就必须以权力约束权力"。① 宏观调控权是一种自由裁量度十分大的权力,且对于宏观调控的正确与否很难作出精准的判断,加之宏观调控行为影响的范围十分广泛,涉及社会不特定主体的切身利益,在此情况下,如果没有外部的监督机构对其合法性、合理性进行监督,将很容易产生权力滥用现象,具体而言,主要有以下几种形式：

（1）宏观调控的越权行使。宏观调控的越权行使主要包括纵向越权和横向越权两个方面。纵向越权是指地方政府越权作出宏观调控决策或者制定有关宏观调控规范性文件,且违背中央宏观调控决策或者法律、法规的行为。比如税收政策是中央宏观调控决策,地方如果从自身地方经济发展角度,对高污染、高耗能产业提供税收优惠,这不仅与国家的宏观税收政策相违背,还和相关产业政策冲突,因此属于典型的纵向越权行为。横向越权主要是中央国家宏观调控机关僭越法定的宏观调控职权,行使不该由自己行使的宏观调控权。比如国务院制定宏观调控方面的基本法律,但在国务院职能部门内部也可能产生宏观调控越权行为,比如,财政部门调整存贷款的利率,或者金融部门发行国债等,都属于宏观调控越权行为。

（2）宏观调控的不作为。宏观调控是国家对市场的一种强制干预手段,但其经济学基础是在市场失灵的情况下,通过外在的干预消除失灵现象,从而达到增加社会总体福利的效果,因此宏观调控不仅仅是一种公共权力,对于宏观调控

---

① 〔法〕孟德斯鸠：《论法的精神》（上册）,张雁深译,商务印书馆1982年版,第154页。

主体而言也是一种必须作为的义务,擅自的不作为也是宏观调控违法的一种形式。"不作为是行为人消极地不实施法律许可或要求的行为。"[①]我国经济正处于增长方式转换和增长速度换挡期,社会中、市场中各项矛盾集中体现,同时我国的经济发展路径仍然属于政府主导型,因此,只有通过国家的适时宏观调控行为,才能保持宏观经济的平稳、健康运行,任何宏观调控主体的懈怠,都可能使得宏观经济的一环出现问题,从而威胁经济的稳定。

(3)宏观调控的程序违法。宏观调控行为特别是宏观调控决策行为,其主要的法律责任应当产生于主体违反决策程序时所导致的法律责任,而其实体方面由于经济形势的不断变幻很难衡量其违法与否。宏观调控行为涉及社会不特定主体的利益,虽然在事先无法保证宏观调控行为的效果,但通过科学、严谨的程序设计却能尽量保证宏观调控过程中的公平和民主,这些法律程序包括上文提到的听证程序、公告程序、监督程序、变更程序等。宏观调控程序既可以限制宏观调控主体主观武断、滥用权力,又可以尽可能保障宏观调控目标与实际效果的一致性。而对宏观调控程序的违反或者漠视,则可能直接导致宏观调控权的过度裁量,影响宏观调控行为的准确性,还可能引发调控主体的道德风险,进而侵害被调控主体的合法权利。

### (二) 权力机关对宏观调控的监督

宏观调控对市场进行强制干预管理,但宏观调控作为一种权力的实施其本身也需要一种制约和监督。宏观调控监督体制的法制化有利于防止宏观调控主体的越权行为,避免低效与腐败。目前主要有通过权力机关监督、司法监督、舆论监督等形式,其中既包括现有法律规定的监督形式,也有理论探讨的监督形式。笔者主要在现有法律规定框架下探讨如何完善权力机关对宏观调控的监督机制,认为完善权力机关的监督主要从以下几方面入手:

1. 保证权力机关监督的持续性

全国人大及其常委会作为权力机关,依法享有对国务院及其职能部门实施宏观调控权的监督权力。如《宪法》第62条原则性规定了全国人大行使监督宪法实施的职权;行使审查和批准国民经济和社会发展计划执行情况的报告,国家

---

[①] 卓泽渊:《法理学》,法律出版社2000年版,第145页。

预算执行情况的报告的职权。2006年全国人大常委会通过的《各级人民代表大会常务委员会监督法》第2条、第5条规定,全国人大常委会依据宪法和有关法律的规定,行使监督职权。这些都赋予了全国人大及其常委会对宏观调控行为进行监督的权力。但是,全国人民代表大会非常设机构,在全国人大闭会期间,应该由全国人大常委会承担该监督义务。而全国人大常委会也属于"会议制"机关,对国务院及其职能部门决策和实施的宏观调控难以进行日常性监督,无法保证监督效力的持续有效性。笔者认为,可以"在人大常委会下增设公民申诉控告委员会,专门负责受理人民群众针对各种宏观调控行为等重大问题的申诉、控告等,以满足人民监督宏观调控权的诉求"①。

2. 权力机关监督的制度构建

目前,规定权力机关对宏观调控行使监督权的法律、法规主要有《全国人民代表大会议事规则》《全国人民代表大会常务委员会议事规则》《各级人民代表大会常务委员会监督法》等。根据这些法律,全国人大履行监督职能的方式主要有"审议国家计划和国家预算执行情况的报告""询问和质询""组织关于特定问题的调查委员会"等,全国人大常委会主要通过"审查和批准决算,听取和审议国民经济和社会发展计划、预算的执行情况报告,听取和审议审计工作报告"等方式履行监督职能。笔者认为目前权力机关履行监督职能还是基于有限的信息渠道,大多是在开会期间听取宏观调控的相关报告,因此时间间隔较长。虽有询问和质询的权力,但全国人大并非常设性机构,因此有必要扩宽权力机关的信息来源。笔者认为对于重大宏观调控决策和执行,宏观调控主体应当就详细情况向权力机关进行备案,权力机关对于该宏观调控行为应当在内部进行归档,并指定专门部门实时了解、监督其最新进展。除此之外,还应当"以目前涉及控制宏观调控监督权行使的规范性文件为基础,充分吸收有关行政公诉研究的理论成果,规定更加详细的宏观调控监督权行使的法律规范,进而通过构建一种宏观调控监督权行使的制度,实现对于宏观调控监督权行使的法律控制"②。

---

① 杨三正:《宏观调控权论》,厦门大学出版社2007年版,第170页。
② 张辉:《宏观调控权法律控制研究》,法律出版社2010年版,第218页。

## 二、宏观调控的信息披露

### （一）信息披露的信息经济学基础理论

信息经济学伴随着信息时代的来临而产生，由于市场信息的爆炸式增长，不完全竞争市场中信息不对称现象越发突显，传统经济学无法解决这种效率下降问题，不对称信息经济学也就此应运而生。1961年，斯蒂格勒批判了传统经济学的完全信息假定，提出了信息搜寻概念。他认为，经济行为主体掌握的初始经济信息是有限的，是不完全信息，这就决定了经济主体的行为具有极大的不确定性。经济主体要做出最优决策，必须对相关信息进行搜寻，而信息搜寻是需要成本的。[1] 把信息与成本、产出联系起来，提出搜寻概念及其理论方法，是斯蒂格勒对不对称信息经济学的重要贡献。罗思柴尔德进一步发展完善了信息搜寻理论，提出了最优截止价格规则，在价格分布未知的前提下，最优搜寻截止价格是搜寻的边际成本等于搜寻的边际收益时的价格。[2] 从信息经济学角度看，信息披露制度的建立可以很大程度上消除市场主体之间的信息不对称，同时也降低宏观调控监督主体对宏观调控实施监督的信息的搜寻成本，而增加进行额外筛查判断的信息搜寻成本，进一步导致信息搜寻边际收益的下降，从而凸显信息披露制度的必要性。

### （二）宏观调控信息披露的形式

#### 1. 宏观调控监督与信息披露关系

对宏观调控进行监督的途径大致可以划分为两类，一种是体制内的监督（如下文将详细论述的权力机关监督），另一种则是体制外的监督，如舆论媒体的监督、人民群众的监督。"新闻舆论监督主要表现为，通过报纸、杂志、广播、电视等新闻媒介对调控主体宏观调控行为的合法性所进行的监督。他们通过调查和了解，将宏观调控决策和实施过程中出现的违法失职行为和不公正现象公之于众，

---

[1] See G. J. Stigler, 'The Economics of Information.' Journal of Political Economy, 69(3):213—225.

[2] See M. Rothschild, 'Searching for the Lowest Price When the Distribution Is not Known', Journal of Political Economy, 1974.

督促宏观调控机关对此予以纠正。"①体制内监督和体制外监督有许多不同之处,体制内监督是国家机关之间的监督,地位处于平等甚至位阶高机关对位阶低机关的监督(如权力机关的监督),而体制外监督则完全是地位相差悬殊主体之间的监督,虽然新闻媒体被西方称为"第四种权力",但其与公权力机关所具有的强制力毕竟存在差异;体制内监督有固定的信息了解渠道,如全国人大及其常委会定期听取相关政府工作部门的报告等,可以了解宏观调控的相关信息,而体制外的监督在没有建立信息披露制度之前,其只能通过自己的力量对宏观调控的决策过程、执行情况进行调查、了解,从而对其中的违法行为进行监督,而这种信息垄断下的信息搜寻成本多数是一种经济资源的浪费。

2. 信息披露的范围

信息披露的范围主要解决两方面的问题:一是宏观调控主体对哪些调控信息负有披露的义务;二是对有义务披露的信息,调控主体需要披露到何种程度。笔者认为,在宏观调控决策方面,主要要对决策目标、决策程序、决策依据等进行披露。在决策目标的披露上,要求将决策目标的定性内容进行披露;在决策程序的披露上,要求围绕决策会议的召开和内容展开,对决策会议通过的措施及原因进行披露;在决策依据的披露上,要求对做出决策所依据的统计数据、基本经济展望和现有法律规定等进行披露。而对于宏观调控执行方面,则更应加强执行具体措施、调控成效等的披露。对执行具体措施的披露,要求将具体执行机关、将采取的手段、可能影响的受调控主体、可能遭受的利益影响等进行披露;对调控成效的披露,要求将宏观调控目标具体细分量化指标、调控目标与调控结果之间的差异以及存在差异的原因进行披露。

3. 信息披露的程序、方式

在披露程序上,一般存在两种模式:一是兼采主动披露程序和依申请披露程序的模式,其中主动披露程序是基本程序,该模式以英美国家为代表;二是主要采用依申请披露程序的模式,该模式以日本为代表。依据相关法律,我国目前采用第一种模式,也即兼采主动披露程序和依申请披露程序的模式。但是两种信息披露途径都需要进一步的加强和完善,应当明确宏观调控信息披露范围,减少调控主体在信息披露中的裁量权;同时保障公众对宏观调控信息的知情权,对于

---

① 杨三正:《宏观调控权论》,厦门大学出版社2007年版,第170页。

依申请不进行披露的应当充分说明不披露的理由和依据。

信息披露的方式目前呈现多种形式,典型的有:决策公告、决策会议之后的政策申明、会议记录或备忘录、月度、季度和年度报告、新闻发布会、决策讲话以及其他非正规方式。随着当前信息科技的飞速发展,更出现了多种网络信息传播形式,这也使人们了解宏观调控信息的途径更加通畅。在这种信息碎片化和杂糅的情况下,为防止"信息冗余"①的出现,有必要对不同重要性的宏观调控信息的披露方式作必要划分。如重大调控决策程序、决策依据等应当由更高级别的披露方式公布,而一些统计数据、经济信息等参考性信息则可以由较低级别的披露方式进行公布。当然现在可能在国家的信息披露机制中,有类似的约定俗成的做法,但从宏观调控法治化角度看,应当在今后可能制定的"宏观调控基本法"中对此予以明确。

## 三、违法调控行为的救济渠道

由于目前宏观调控行为可诉性障碍容易导致权力的滥用,进而造成对广大社会公众权利的侵害,因此为保护公民合法权利,必须建立健全相应的救济措施。前文所述的对宏观调控决策行为的调整以及执行行为中的经济利益赔偿都可以算是被调控对象运用法律手段进行自我救济的手段,与之相对应,宏观调控决策行为的调整可以通过复议制度的完善作为救济途径实现,而执行行为中的经济利益赔偿则需要复议制度或诉讼制度的完善作为救济途径来实现。

1. 权力机关的监督

通过全国人大及其常委会的监督,对违法的宏观调控行为进行纠正和调整,从而达到保护公民合法权利的目的。但权力机关的监督是基于自身职权,被调控对象并不能顺利启动其纠错程序,因此并不能作为完备的宏观调控违法行为救济手段。关于权力机关监督的形式、程序已有详细论述,在此不再赘述。

2. 司法审查途径

目前我国宏观调控有关司法审查仍存在体制性障碍,不仅如此,在理论上,对于宏观调控行为的可诉性仍存在较大争议(详见下文的可诉性辨析)。笔者认

---

① 在信息论中,信息冗余是传输消息所用数据位的数目与消息中所包含的实际信息的数据位的数目的差值。

为应当区分宏观调控应然和实然的可诉性,从实然角度看,可能宏观调控的司法审查仍存在现实困境,但从应然角度看,对宏观调控行为以司法审查的手段进行规范,无疑是宏观调控法治进步的体现。

对宏观调控司法审查的设计中,主要涉及的内容包括宏观调控行为是否违宪,是否存在程序违法以及是否损害了不特定社会主体的合法权益等。在审查是否违宪时,"在具备条件的基础上,可以考虑设立宪法法院。宪法法院大法官们按照宪法规定的权限和程序对一切已经生效的涉及宏观调控的基本法律、法律、决议、行政法规、地方性法规、自治条例、单行条例、司法解释以及各种规章进行抽象性审查并能够直接否定违宪规范的效力。……应在宪法中明确规定宏观调控违宪责任(包括立法赔偿),如宣布违宪的宏观调控行为无效;对违宪实施宏观调控行为的组织和责任人员予以弹劾、解散组织、行政处分;国家机关对其违宪宏观调控行为的具体受害人给予国家赔偿"。[①] 而"在不特定的社会主体的财产利益受到国家宏观调控行为侵害的情形中,既缺乏受到国家宏观调控行为侵害的特定受害人,也缺乏与诉讼标的有直接利害关系的当事人。将公益诉讼机制引入宏观调控损害不特定社会主体的财产利益的诉讼救济,就可以解决这一问题。因为公益诉讼中虽然原告与诉讼标的没有直接的利害关系,其自己的财产利益没有受到损害,但是其为保障社会公共(包括不特定社会主体)利益,可以对侵害不特定社会主体的当事人提起诉讼,请求被告承担包括赔偿损失的民事责任。在公益诉讼中,原告获得的赔偿金不归其所有,也不归国家所有,而是归社会公有,一般交由公益组织支配,用于社会公益事业。"[②] 公益诉讼的开展不仅依赖于目前司法体制中履行法律监督职能的检察机关,更重要的是要发挥市场中各种中介组织的作用,使其成为规范宏观调控权力运行的制衡力量。

3. 宏观调控的行政复议制度

这一制度类似于但不同于行政复议制度。受调控主体对于宏观调控机关(包括最高权力机关、国务院、中国人民银行、财政部、国家发展和改革委员会、商务部、国家税务总局等)的宏观调控决策违法或不当时,可以请求作出该宏观调控决策的机关再行决策。宏观调控复议机关可以根据情势,对因具有明显重大

---

[①] 颜运球、李大伟:《宏观调控行为可诉性分析》,载《中国社会科学院研究生院学报》2005年第1期。

[②] 徐澜波:《宏观调控的可诉性之辩》,载《法学》2012年第5期。

瑕疵或具备法定无效情形的宏观调控行为宣布无效；对欠缺合法要件的宏观调控行为进行事后补救，从而使违法的宏观调控行为因补足要件而成为合法的宏观调控行为，继续维持其效力；对违法的宏观调控行为予以撤销，使其不发生效力，或消灭已发生的法律效力；对合法的宏观调控行为，因事后形势的变迁，而调整、改变宏观调控行为的内容或者消灭效力。至于宏观调控机关是否进行宣告无效、补正、撤销、变更或废止，完全是宏观调控复议机关的自由裁量权。只有建立完备的宏观调控行政复议制度，才能为受调控主体多一些监督和救济的途径。[1]

## 四、宏观调控行为的可诉性辨析

### （一）宏观调控"国家行为"的性质辨析

国家行为是指涉及国家或社会重大安全的判断，以及社会安全专业机关的危险预测的行为。尽管各国对国家行为的称谓不尽相同，但都把国家行为排除在司法审查的范围之外。我国学者在论及宏观调控行为不具有可诉性时，也大都预先假定宏观调控行为是国家行为。因此，有必要先理清国家行为的特征、及其与宏观调控的关系。

首先，国家行为具有高度的政治性或统治性。在日本，国家行为称为"统治行为"，是指关系到国家存亡及国家统治之根本的、具有高度政治性的、国家最高机关（国会、内阁）作出的行为。在法国，国家行为是指"行政机关不受普通法院监督，不受行政法院监督的行为，由于只受政府管辖所以称为政府行为"。在德国，国家行为是指与国家整体利益、国家目的有关的行为，属于排除法院管辖的"高权行为"。它一般是由最高国家宪法机关（总理领导的联邦各部即整体意义上的联邦政府、联邦总统和议会）实施的行为。由此观之，国家行为是为了国家安全、国家主权、国家外交、军事机密，由最高行政机关和最高权力机关作出的属于"政治保留"范畴的行为，一般包括国防行动、军事行动、外交活动和戒严、紧急状态、总动员等。笔者认为宏观调控行为是经济性的，是国家经济职能在经济生活中的运用，与涉及国家主权的政治行为有明显区别，不能因为调控经济的层次

---

[1] 参见邢会强：《宏观调控权运行的法律问题》，北京大学出版社 2004 年版，第 82—83 页。

较为宏观就将经济行为政治化。

其次,国家行为不具备司法审查的合理性。美国学者亨金认为,所谓国家行为,"其真正含义是指这样一项司法政策,它宣称某些案件或某些案件涉及的问题不具有可裁判性,即不适宜司法解决,尽管这些案件或这些案件涉及的问题属于宪法或其他法律规定联邦法院的管辖权范围之内,或者也符合法院受理诉讼的各项要求。"国家行为之所以不能成为司法审查的对象,主要是基于以下的理由:第一,作为政治决策的国家行为是一国对外的绝对主权和对内的绝对统治权的体现,这些权力具有"神圣不可侵犯"的最高性,司法权本身从中衍生而来,司法权无法对作为它自己源泉的权力进行审查;第二,从策略上看,法院之所以拒绝审查具有高度政治性的国家行为,也是自己免于卷入政治纷争,从而保持司法独立、维护司法权威的明智之举;第三,国家行为作为体现国家重大主权利益的行为,涉及国家的尊严、荣誉和存亡,缺乏能被发现和容易控制的司法标准。宏观调控行为作为调节和控制一国经济总体的机制和手段,一般情况下和国家主权无涉,更不会引起政治纷争,也具备司法审查的可能性。但是在我国的政治和司法体制内,对宏观调控行为进行司法审查存在较多现实障碍,但是并不能因为宏观调控行为司法审查的缺失,就推断其是国家行为,更不能因此进一步断定宏观调控缺乏法治化的条件。

### (二) 调控行为的可诉性

宏观调控行为的可诉性是指司法机关可以对宏观调控行为进行司法审查,可以撤销、变更或废止宏观调控行为,并且可以判决宏观调控主体机关对宏观调控行为给受调控主体造成的损害承担赔偿责任。主张宏观调控行为具有可诉性的观点认为:"宏观调控行为具有不可诉性的观点在理论上因有悖于法治的基本理念而不合时宜,在实践中则可能因应人治的需要而十分有害。虽然要实现宏观调控的可诉性在目前还存在许多障碍,但这并不能成为否认宏观调控可诉性的理由。通过对现行司法制度的改革,以建立公益诉讼为突破口,辅之以法院之友等手段,宏观调控的可诉性是可以实现的。"主张宏观调控行为具有不可诉性的观点则认为:"宏观调控行为是一种国家行为,应当将其排除在司法审查之外,这种直接的推理就说明了宏观调控行为的不可诉性。""宏观调控不仅仅是一种技术,更是需根据主观经验判断抉择的一门艺术,它的风险很大,后果是不确定的。对于这类事务,需要知识、信息、经验、毅力、魄力和果断,需要决策者承担比法律责任更大的责任——政治责任。而法院既没有这种能力,又不负这种责任,故不适宜对宏观调控行为进行司法审查。"可以看到,主张可诉性和不可诉性的分歧,主要是集中在宏观调控行为的属性以及现行司法体制能力等方面。

我国的政治体制与国外"三权分立"的政治体制存在较大差异。在"三权分立"政治体制下,立法、司法、行政相互平等、相互制衡,司法可以对其他权力是否合法进行审查,而我国的权力机关是全国人民代表大会及其常委会,司法机关、行政机关都由其产生,司法机关在理论和实践上都不可能对权力机关进行审查;而且从宪法理论上看,由全国人大决策的宏观调控手段实际代表了全国人民的选择,即使调控的方向、效果出现偏差,也无法向全国人民追责。而其他的宏观调控决策机关,也由于我国目前的政治体制无法进行司法审查。由此,宏观调控的决策行为在我国的政治体制下不具有可诉性,而且这些不可诉的障碍是没有办法通过现行司法体制的改革来克服的。但同时宏观调控不仅仅是一种决策行为,同时还包含执行行为,且宏观调控执行行为的合法性直接关系到宏观调控的实际效果。在实际调控中,宏观调控执行权的滥用,使宏观调控性质的行为变相成为行政强制性的行为,有的宏观调控执行主体借宏观调控为名行干预之实,侵犯受调控主体的合法利益,使得很多宏观调控政策一到执行就变了味。有一句顺口溜对这类现象作了生动的诠释:"中央政策大晴天,下到地区起点云,传到县里变成雨,落到镇上淹死人。"因此,应当对宏观调控的执行行为进行司法审查。同时,通过公益诉讼的形式由检察院提请对执行行为的司法审查,而且执行行为不像决策行为具有高度的不确定性和灵活性,其相对稳定性也使得对执行行为的司法审查可以成为现实。

# 第十一章 宏观调控的法律责任

## 一、宏观调控法律责任概述

法律责任是由于违反了法定义务、契约义务或不当行使法定权力或权利,法律迫使行为人或其关系人所经受的制裁强制,以及给他人以补救(赔偿、补偿)的状态。与此相对应,宏观调控的法律责任就是调控主体在违反了法定义务及契约义务或不当行使其法定权力,法律迫使其所处的受制裁、和给他人以补救(赔偿、补偿)的必为状态。宏观调控责任制度是保障宏观调控法的守法、执法和司法的主要制度。

### (一)宏观调控法律责任内涵

宏观调控行为是国家行使公权力调节经济运行的一种行为,在此过程中,同样会涉及利益的调整和分配,而权力一旦没有制约就可能肆意侵犯被调控对象的合法权益,法律责任就成为被调控对象的救济手段之一,且由公权力行使者承担法律责任也是现代法治国家的应有之义。法律责任指的是因违反了法定义务或约定义务,或不当行使法律权利、权力所产生的,由行为人承担的不利后果。依照法理学的分类,法律责任可以大致分为四类:民事责任、刑事责任、行政责任和违宪责任。从法理学角度看,宏观调控主体如果在行为过程中产生了徇私舞弊、滥用职权的行为,那应当是刑事责任而非宏观调控法律责任;宏观调控行为主体不论是调控决策主体还是执行主体都是具有公权力的国家机关,宏观调控行为属于其行使公权力的体现,使得宏观调控法律责任一般与民事责任也无涉;有观点认为,宏观调控可以体现为一种宪法行为,比如,《宪法》第89条第6款规定:国务院领导和管理经济工作和城乡建设。其导出这条是宪法赋予国务院赋予宏观调控决策主体对经济进行调节的权力,因此决策主体需要就其不当行为向宪法负责,也即承担违宪责任。更多论者由于宏观调控的主体公权力特征和责任的强制性特征,还是倾向于将宏观调控法律责任归为行政责任或者是形式上与行政责任竞合。因此,总体而言,理论界并没有形成有关宏观调控法律责任内涵的通说。

同时也可以看到,宏观调控法律责任是依法治国的需要,也是完善宏观调控法律体系的必需,而非一种政治责任。政治责任是超法律的责任,政治责任主体的行为即使在程序上、实体上完全符合法律的规定,所制定的公共政策在实质上也不违反法律的宗旨和具体规则,也并不意味着其履行了政治责任。[①] 诚如前文所述,宏观调控行为并没有强烈的政治性,在属性上不属于国家行为,因此其责任也不属于政治责任,而属于接受法律调整的法律责任,一些主张宏观调控主体责任主要是政治责任的观点并不合适。虽然我国目前尚未制定统一的宏观调控法,但这并不妨碍宏观调控法律责任的规定,有关宏观调控的规定多散见于单行法条的相关法条规定中,如《商业银行法》《中小企业促进法》的相关法条等。宏观调控法属于经济法的一种,而"国家制定的经济法规范性文件,其中往往包含属于行政法、民法、刑法等部门法的一些法律规范。"[②]因此,经济法责任经常是一种民事、行政等复合交叉的形态出现,但并非因为法律责任的形式会导致经济法地位的丧失。法律责任的要素从法理学上来说,一般可以认为包括制裁、补救和强制,三者构成了法律责任的主要内容。制裁主要是一种惩罚,刑事法律责任的唯一内容就是制裁。[③] 补救则是责令责任人通过不作为停止继续危害他人、危害社会,以及通过作为弥补造成的损失,补救一般是民事责任的主要内容。强制则一般是指当义务人不履行义务时,有权机关使用强制力迫使责任人履行义务。行政责任的主要内容一般是强制。从现有分散的宏观调控法条来看,违反宏观调控法所应当承担的法律责任主要以民事责任和行政责任来体现,但是这并非民事责任和行政责任的简单叠加,虽然其不能在前文所述的刑事责任、民事责任、行政责任和违宪责任之外再并列为经济法责任或宏观调控法责任,但其也具有相对的独立性。

**(二) 宏观调控法律责任主体**

1. 被调控对象不能成为宏观调控法律责任主体

诚如前文所言,法律责任的产生与法律义务密切相关,法律关系主体没有法

---

① See Charls E. Lindblom, The Policy-making Process, Second Edition, New Jersey, Prentice Hall, Inc., Englewood Cliffs, 1980, p. 245.
② 漆多俊:《经济法基础理论(第三版)》,武汉大学出版社 2000 年版,第 194 页。
③ 参见周永坤:《法理学——全球视野》,法律出版社 2000 年版,270 页。

律义务的设定,必然也没有法律责任的后果产生。同样,"宏观调控法律规范可以分为强行性规范、任意性规范和提倡性规范三种。"①任意性规范由于属于授权性规范,是否行为或者如何行为的决定权掌握在权利人手中,不可能由此产生法律责任。当然,如果是授予调控主体权力的话则要另说,就公法而言法无授权即禁止,因此法律在授予调控主体权力的同时,一般也是对其权力行为方式进行了限制,如权力运行的背景,运行的方式,调控主体只能按照法律规定的方式行使宏观调控权力才算合法。例如《商业银行法》第47条规定:"商业银行不得违反规定提高或者降低利率以及采用其他不正当手段,吸收存款,发放贷款。"《中小企业促进法》第19条规定:"县级以上人民政府和有关部门应当推进和组织建立中小企业信用担保体系,推动对中小企业的信用担保,为中小企业融资创造条件。"这两个法条都是强制性规定,而这种强制性都是针对调控主体或者中介主体而言,作为被调控对象的中小企业或者普通的存贷款客户而言,法律对其并没有强制性的义务要求,自然也没有法律责任的产生;但是对于法条中的调控主体而言,这两个法条是对其设置了强制性的义务,在行为过程中不能违背,如有违背则可能导致承担法律责任的后果。提倡性规范是指规定在一定条件下,鼓励、提倡人们为或不为某种行为的规范。亦即鼓励性规范、引导性规范,在现代经济立法中呈现不断增加的趋势,宏观调控法中也是如此。但是倡导性规范通常仅代表法律对某种行为的态度,一般并没有权利义务的设定,因此被调控主体也不会因为行为不符合倡导性规范而导致承担法律责任的否定性后果。

综上所述,现有宏观调控法条中对被调控主体设定法律责任的空间不大,因为宏观调控不是宏观经济管制,宏观调控主体并不能直接命令被调控主体应当做什么,因此被调控主体不能成为宏观调控法律责任的承担主体。

2. 宏观调控监督主体不能同时成为责任主体

一般来说,宏观调控监督主体被认为是人大机关,同时在层级上应当限定为全国人大。因为地方政府可能存在宏观调控执行机关,但是对于宏观调控执行行为的监督也是由全国人大进行监督,而非地方人大。但是从我国宪法角度上说,全国人大及其常委会是最高的权力机关,也是国家的最高立法机关,没有办法成为法律责任的主体,即使需要承担责任也倾向于政治责任,而非法律责任。

---

① 漆多俊:《经济法基础理论(第三版)》,武汉大学出版社2000年版,第180页。

也有观点认为宏观调控监督主体除了全国人大外,还有如银监会等金融业监管机构,同时根据《银行业监督管理法》第42条规定:"银行业监督管理机构从事监督管理工作的人员有下列情形之一的,依法给予行政处分;……(二)违反规定对银行业金融机构进行现场检查的。"该观点进一步认为法条中所规定的法律责任不是宏观调控法律责任而是行政法律责任。其实,笔者认为该观点所指出的银监会并非是宏观调控的监督主体,而是宏观调控的决策或执行主体,虽然其可能对银行业的业务有一定的影响,且银行在一定程度上属于中间主体,并在实际上承担了一定意义上的调控执行效果,但从法律角度而言,银行仍然是被调控对象,银监会在对银行业施加影响的过程中并非对宏观调控的监督。而且这种影响即使是有监督的部分效果,也是金融监管的一种体现,监管和监督虽一字之差,但其本质内涵却谬以千里。因此,银监会等金融监管机构并非宏观调控的监督主体,不可以承担宏观调控的法律责任。

3. 宏观调控法律责任的应然主体

(1) 宏观调控的决策主体可以成为宏观调控法律责任主体

诚如前文所言,笔者所定义的宏观调控决策主体是指制定计划、经济政策和具体调节手段的主体。采取的是较为适中的范围,不仅包括最高权力机关,而且包括中央的与经济调控相关的部委。而权力机关由于同时又是宏观调控监督主体,因此其并不能成为宏观调控法律责任主体,能够成为宏观调控法律责任主体的决策主体仅有行政机关的国务院及其他中央部委。其实就宏观调控决策主体是否应当承担宏观调控法律责任,或者说如何判定宏观调控决策主体的法律责任,有观点认为,宏观调控决策行为具有较大的裁量权,而且宏观调控决策的效果也随着经济形势变化而发生变化,从而无法判断在宏观调控决策当时是否属于违法或者不当,因此决策主体无法承担宏观调控法律责任。首先,应当说现代国家治理实行的是依法治国的理念,特别是公权力的运行其每一个环节都要求有法律的授权和约束,对于公权力而言不能允许存在法外之地,否则很容易造成腐败和违法,进而损害广大被调控主体的合法权益。而法律控制权力运行除了在行为内容上去判断对错,更应当体现程序意义,如果宏观调控决策不讲规则、不讲程序而纯粹由领导拍板决定就无法治可言,也彻底没有办法受到监督和制约。因此宏观调控决策行为有其运行程序,即使是在情况紧急时,应当也有临时决策机制,如果决策主体违反了这些权力的界限,则应当承担相应的宏观调控法律责任。其次,对于宏观调控决策的内容的正确与否,很多情况下确实仅能以事后的效果进行判断,而在决策当时可能存在着信息不完善和形势变更等因素,这并非意味着决策主体要为决策不当承担法律责任,但也并不意味着决策主体对所有的不当决策行为都不承担法律责任。如何来确定其责任标准,我们可以从《公司法》中得到相关的启示。现代公司制由于产权明晰、管理科学而成为主要的市场主体形式,但是在公司治理中也存在委托代理等制度问题,董监高等公司高管有可能利用职务便利,为了自身的私利而侵犯公司和股东的利益,因此各国公司法都制定了相关的制度予以规范,我国《公司法》也规定公司董事、高级管理人员如果有损害公司利益的行为,应当进行赔偿。同样,公司商业经营也是一个不确定性很强的工作,一个经营决策有可能导致公司的亏损,但是这并不意味着高管需要就亏损担负赔偿的法律责任,仅当能够证明高管违反了忠诚义务而侵犯公司、中小股东合法权益时,就需要承担赔偿的法律责任。宏观调控决策行为也是如此,决策主体如果能够被证明为了自身私利而损害国家整体以及广大被调控主体的合法权益,即应当承担宏观调控法律责任。

因此,宏观调控决策主体可以成为宏观调控法律责任主体,不论是在程序上还是在实体内容上,一旦出现违法行为,都可能引发宏观调控法律责任的承担。

(2) 宏观调控的执行主体应当是宏观调控法律责任主体

宏观调控执行主体是指在宏观调控过程中对宏观调控政策承担具体实施,引导产生实际调控效果的职能部门。虽然中央部委也能成为国务院宏观调控决策的执行主体,但是更为普遍或者更加众多的宏观调控执行主体是地方各级机关,而这就引出了一个更为重大的问题,即中央与地方的经济分权关系。我国的政治体制是中央集中统一的,但是在改革开放之后,为了提高地方政府开展经济建设的积极性,因此在经济领域进行了一定的分权。虽然在1994年的分税制改革后,加强了中央财权,但是时至今日地方政府在经济发展的各方面仍然保有较大的权力,因此也有学者将我国的经济体制称为"经济联邦主义"。这种中央与地方有限分权的经济体制在一定程度上促成了地方经济竞争从而保持国家整体经济的高速发展,但其不足在于可能导致中央与地方的经济行为存在不一致,而削弱中央的宏观调控政策。目前在我国经济整体运行过程中普遍存在着地方保护主义,尤其在近年来的房地产市场调控中,很多调控政策是"政令不出中南海",这不利于我国宏观调控的效果发挥,而且如果进一步发展到地方经济割据的情况,可能会威胁国家的政体统一和稳定。其实,如果从宏观调控法的角度来看,中央制定了宏观调控政策,地方政府作为宏观调控执行主体,应当全面贯彻落实宏观调控决策,在其歪曲、抵制执行宏观调控政策时则应当承担宏观调控法律责任。其实,宏观调控执行主体的法律责任制度是宏观调控效果的重要保障,有专家指出:"我们建立政策执行者责任制,是为了制约政策执行者,把政策执行控制在法律秩序的范围内,使违法责任落实到具体人的头上,使政策合法执行。"①

### (三)宏观调控法律责任归责原则

归责是由特定国家机关或国家授权的机关依法对行为人的法律责任进行判断和确认。② 所谓的归责原则所要解决的就是依据何种事实状态确定责任归属问题。归责原则有很多种类,主要有过错原则(包括主观过错、客观过错)、违法原则、主观过错加违法原则、无过错原则等。就宏观调控行为法律责任的归责原则,有不少学者认为应当以违法归责原则为主,过错责任原则为辅。"违法归责原则的确立是借鉴了国家赔偿法的归责原则,是以行为违法为归责标准,即国家机关及其工作人员违法行使职权造成他人合法权益损害的,国家就应承担责任。违法归责原则是一种客观归责原则,有利于克服主观过错与客观过错分别在主观和客观方面认定的困难。过错原则是指宏观调控机关及宏观调控机关工作人员执行职务时的故意或者过失行为侵犯公民、法人或其他组织的合法权益造成损害的,应当承担责任。"③也有观点认为应当分别从宏观决策行为和宏观执行行为来看,对于宏观决策行为而言,应当是适用过错归责原则,而对于宏观执行行为而言,则应当适用过错原则和无过错原则两种。④

笔者赞同过错原则作为宏观调控法律责任的归责原则,如前所述,宏观决策主体承担法律责任,或者是其程序违法,没有进行相关的审批流程,或者是为了私利损害了其他被调控主体的合法权益,都体现为一种故意或者过失。而违法

---

① 张锐昕:《关于公共政策执行者的责任问题》,载《广西行政学院学报》2001年第13期,第4页。
② 参见沈宗灵:《法理学》,北京大学出版社2000年版,第523页。
③ 戴敏:《宏观调控行为法律责任的认定与归责初探》,载《湘潭大学学报》2005年第5期,第154页。
④ 参见张德峰:《宏观调控法律责任研究》,中南大学2007年博士学位论文,第37页。

原则是法律责任的构成要件而不是法律责任的归责原则，因为违法原则是任何法律责任必须具备的，否则就不可能形成法律责任。但是笔者并不同意宏观调控执行主体需承担无过错责任，该观点举例说当执行主体为执行宏观调控法律或政策而制定的规范性文件由于与法律或决策的精神相违背而承担被撤销的法律责任的情况。但制定规范性文件的行为也具有主观意思，或者故意或者过失，执行主体可能是出于过失制定了与上位法相违背的规范性文件，因此仍可归结为过错责任原则。

**(四) 违法行为是归责基础**

违反宏观调控法律义务的调控主体，之所以承担法律责任，是由于其违法行为所具有的社会危害性。在宏观调控法中，国家享有对经济实施宏观调控的行政权力，但这种权力的行使是对自由市场的干预，意图通过法律授权限度内的"有形之手"来校正市场秩序。在授权的过程中，宏观调控法为担负经济调控职能的调控主体划定了行为边界，以防止政府调节行为的"缺位"或"越位"给市场主体造成经济损失，因此当"政府失灵"时，也应当追究代表国家行使权力的调控主体的法律责任。

调控主体经济信息的失真、经济决策的失误以及对经济运行过程的监管不力违反了政府协调生产布局、优化资源配置、调整产业结构的经济义务，必须要求调控主体承担责任，以此实现对市场主体的救济。如，《中小企业促进法》第 19 条规定："县级以上人民政府和有关部门应当推进和组织建立中小企业信用担保体系，推动对中小企业的信用担保，为中小企业融资创造条件"，否则，将承担被"责令执行"之类的法律责任。《关于切实稳定住房价格的通知》第 2 条规定，"省级人民政府对本地区稳定住房价格工作负总责，同时要落实市、县人民政府的责任。……对住房价格上涨过快，控制措施不力，造成当地房地产市场大起大落，影响经济稳定运行和社会发展的地区，要追究有关负责人的责任。"前述的"应当"和"不得"就属义务性规定，违反宏观调控法中的这些义务性规定将导致宏观调控法律责任的产生。规定违反宏观调控义务的责任，有利于保障宏观调控法的实施和宏观调控目标的实现。

## 二、宏观调控法律责任的类型

### (一)责任形式分类

经济法责任的形式主要有如下几类：财产和其他经济利益方面的责任、经济信誉方面的责任、经济行为或经济管理行为方面的责任等。① 宏观调控法也属于经济法的一种，其法律责任主要也是这些经济法责任形式的具体化。

1. 经济利益责任

广义地讲，任何宏观调控行为，即使合法、适度的宏观调控也会给部分市场主体带来损失。比如，税率的调整、财政的转移支付以及利率、汇率、价格的调整，都会使一部分市场主体的利益特别是预期利益受到损害。基于调控公平的原则，国家及其政府往往会用其他合法、适当的方式予以政策性补偿。比如，对因为宏观调控政策的实施而受到损失的特定产业的经营者，通过制定特定的优惠政策予以补偿；对因宏观调控政策而下岗、失业的人员给予补助或救济。尽管这也是调控主体应尽的责任，但不是违反宏观调控法所应承担的法律责任。

调控主体违反宏观调控法的行为，都会给国家主体利益、部分市场主体甚至普通居民的利益造成损害。是否导致赔偿（即国家赔偿），要视具体情形和法律规定而定。如《企业国有资产法》第 70 条规定：履行出资人职责的机构委派的股东代表未按照委派机构的指示履行职责，造成国有资产损失的，依法承担赔偿责任；属于国家工作人员的，并依法给予处分。《农业法》第 90 条规定：国家工作人员利用职务便利或者以其他名义侵害农民和农业生产经营组织的合法权益的，应当赔偿损失，并由其所在单位或上级主管机关给予行政处分。

2. 经济信誉责任

这是指因调控主体的不合法的调控行为而引起的声誉上的不利后果。如对调控主体工作人员处以警告、记过、情节严重可降级、撤职、开除的行政处分；对调控主体通报批评、责令改正、责令停止违法行为、罚款、责令消除影响、没收违法所得、责令退还财产等等。

如《产品质量法》第 66 条规定：产品质量监督部门在产品质量监督检查中超

---

① 参见漆多俊：《经济法基础理论（第三版）》，武汉大学出版社 2000 年版，第 191 页。

过规定的数量索取样品或者向被检查人收取检验费用的,由上级产品质量监督部门或者监察机关责令退还;情节严重的,对直接负责的主管人员和其他直接责任人员依法给予行政处分。《产品质量法》第67条规定:产品质量监督部门或者其他国家机关违反本法第二十五条的规定,向社会推荐生产者的产品或者以监制、监销等方式参与产品经营活动的,由其上级机关或者监察机关责令改正,消除影响,有违法所得的予以没收;情节严重的,对直接负责的主管人员和其他直接责任人员依法给予行政处分。产品质量检验机构有前款所列违法行为的,由产品质量监督部门责令改正,消除影响,有违法收入的予以没收,可以并处违法收入一倍以下的罚款,情节严重的,撤销其质量检验资格。构成犯罪的,依法追究刑事责任。

3. 经济行为或经济管理行为责任

调控主体的工作人员严重违反宏观调控法的规定,并同时达到了刑法所规定的要件时,可能受到自由罚,即刑事制裁。如《进出口商品检验法》第37条规定,国家商检部门、商检机构的工作人员违反本法的规定,泄露所知悉的商业秘密的,依法给予行政处分,有违法所得的,没收违法所得,构成犯罪的,依法追究刑事责任。

调控主体及其工作人员违反宏观调控法,也会被处以资格罚,如限制或禁止从业资格或撤销资格等。比如,根据《商业银行法》第89条的规定,商业银行违反法律规定的,国务院银行业监督管理机构可以区别不同情形,取消其直接负责的董事、高级管理人员一定期限直至终身的任职资格,禁止直接负责的董事、高级管理人员和其他直接责任人员一定期限直至终身从事银行业工作。《农产品质量安全法》第44条规定,农产品质量安全检测机构伪造检测结果的,责令改正,没收违法所得,并处五万元以上十万元以下的罚款,对直接负责的主管人员和其他直接责任人员处一万元以上五万元以下的罚款,情节严重的,撤销其检测资格,造成损害的,依法承担赔偿责任。

**(二) 不同调控行为的责任**

1. 宏观调控决策行为的法律责任

对于宏观调控决策法律责任的实现机制,尽管经济法诉讼很重要,但在我国目前尚难使用;而且诉讼也并非是实现法律责任的唯一途径。宏观调控决策法律责任的实现可以通过建立宏观调控决策复议制度。宏观调控行为属于经济法行为,经济法责任以财产惩罚责任为主,同时辅之以行政处罚,但是对于宏观调控的决策行为,财产性惩罚显然不合适,决策主体均为最高立法机关和行政机关。笔者认为,由于经济运行的不确定性,合法有效的宏观调控决策也可能损害宏观经济利益,例如不能达到预期的调控效果,或者不但不能达到预期的效果,还使得宏观经济形势更加恶化,但是如果是符合法律程序制定的宏观调控决策行为,就不应当导致法律责任,更不存在赔偿责任的问题。只有当宏观调控的决策行为是不符合法律、程序规定的,此时应当纠正、调整经济管理行为,对违法决策予以变更,或撤销,或重新做出宏观调控决策是较好的选择。

宏观调控法律责任的形式以"经济管理行为方面的责任"为主(对决策主体和执行主体都适用),特殊情况下可以适用"财产和其他经济利益方面的责任(限于惩罚性的)"和"经济信誉方面的责任",且后两类责任仅对宏观调控执行主体适用。在宏观调控决策法律责任中不会存在"财产和其他经济利益方面的责任"和"经济信誉方面的责任"。

宏观调控决策法律责任主要是指"经济管理行为方面责任",具体体现为:

第一,限制、剥夺经济管理资格。比如对违法决策的直接责任人,或其主要负责人予以撤职、降职等。

第二,纠正、调整经济管理行为。比如对违法决策予以变更,或予以撤销,或责令决策主体重新作出决策等。

2. 宏观调控执行行为的法律责任

对宏观调控执行法律责任的实现机制,则可以如宏观调控决策行为,参照现成的行政复议制度,建立宏观调控执行法律责任复议制度。在完善我国集体诉讼和经济法代表诉讼的基础上,也可以尝试通过司法途径对执行行为的违法主体进行追责。宏观调控的执行主体包括三类:第一是行政主体;第二是地方权力机关;第三是中介组织,宏观调控执行主体就是执行法律责任主体。宏观调控的执行行为,由于其主体更多是在决策主体的领导下开展工作,可以适用更丰富的责任形式,除了责令及时调整、纠正已实施的宏观调控执行行为,还可以追究执行机关的行政责任,如对相关责任人撤职、降职处理。具体的责任形式可以体现为以下三种形式:

第一,从经济管理行为方面的责任来看,宏观调控执行法律责任也体现为

"限制、剥夺经济管理资格"(如撤职、降职)和"纠正、调整经济管理行为"(如变更或撤销或重新作出决策或规范性文件等)。"限制"的有因借指导为名行干预之实侵犯被调控主体利益所导致的"停止违法执行和予以改正"责任等。

第二,从财产和其他经济利益方面的责任来看,不包括因为正当合法的宏观调控执行行为(虽然正当的宏观调控执行行为也可能给被调控对象带来如经济上的损害),仅包括如借执行之名行非法干预之实侵犯被调控对象的合法利益、或受委托的中介组织滥施指导等等违法执行行为。这时如果给被调控对象带来实际的损害的,应当利用财产性的法律责任。

第三,从经济信誉方面的责任来看,这种责任形式一般对行业协会类的社会中介组织主体较为适用。

# 第十二章 金融调控法

## 一、金融调控法治化

### (一) 金融调控的特点

金融调控是指中央银行依照法律权限和法定程序,通过制定和实施货币政策等手段,以调节金融活动为媒介,实现资金供需平衡,最终作用于宏观经济整体的活动。金融调控对国民经济走向可以起到"牵一发而动全身"的功效,是宏观调控中最重要的一种。具有如下特征:

1. 金融调控的主体是中央银行。各国立法通常规定由独立的中央银行行使金融调控权,在我国,中央银行即为中国人民银行,它在国务院的领导下进行金融调控。其他任何机构与组织都不能成为金融调控的主体。

2. 金融调控的手段主要是货币政策。所谓的货币政策,是指中央银行为实现特定目标调节和控制货币供应量及处理货币事务的路线、方针、规范和措施的总称。由于货币政策是具有宏观性、间接性与长期性的经济政策,因此,决定了金融调控也具有宏观性、间接性与长期性的特点。此外选择适当的汇率机制,维护金融体系的稳健运行,也被认为是金融调控的一部分。

3. 金融调控须在法制范围内运行。金融调控的手段虽具有灵活性与适应性,但法律具有确定性和稳定性,制定和实施货币政策是法律赋予中央银行的一项权力,必须在法律的框架内运作。因此,中央银行宏观调控实质上是在法律授权的范围内灵活运用权力的行为,它不能脱离法定宗旨恣意行事。[①]

随着金融在现代经济中核心地位的日益突出,金融创新需求日益旺盛,金融调控在宏观调控中的地位也愈发显得重要。因此,其调控职能、方式和效力,已经直接影响到国家宏观经济管理的质量和水平。

---

① 参见陈晓:《中央银行法律制度研究》,法律出版社1997年版,第319页。

**(二) 金融调控的理论基础**

1. 金融调控正当性的经济学理论

传统自由经济学理论皆认为,有货币支付能力的需求将自发的与社会有效供给相平衡。其中,萨伊定律认为:供给会创造它自己的需求,任何供给都总是首先用自己的商品去购买货币,然后再用货币去购买别人的商品。这样有支付能力的需求与供给总相等,只会在局部上由于生产结构的失衡导致货币供需均衡打乱。但这种局部失衡并不要紧,因为"看不见的手"会通过价格的作用自动地对其加以调节,使之恢复平衡。事实上,这种理论所赖以生效的完全竞争市场并不存在,特别是工业革命带来生产力飞速发展并导致垄断横行,市场缺陷暴露无遗,上述观点凸显其局限性。此时,凯恩斯的"国家干预理论"应运而生,认为由于"边际消费倾向递减规律""边际利润率递减规律"和"货币灵活偏好"的作用,有货币支付能力的需求总是小于有效供给,市场经济不可能自动达到均衡,而需要国家通过调节货币供给量来促使有货币支付能力的需求和有效供给之间的平衡。自此,金融调控具备了合法性基础,并逐渐成为宏观经济调控的重要手段之一。① 正如萨缪尔森指出的:"一切经济学派在今天都同意,对于宏观经济学来说,货币供给的变动是重要的。"②

2. 金融调控法制化的法理分析

相较于纯政策性的调控行为,依法调控将使金融调控更加规范化、程序化、更具有可预见性。

(1) 金融调控需要程序规范。金融调控的目标具有宏观性,以货币供给量为例,即使存在对个体的直接作用,也是基于对金融总量的平衡把握。金融调控手段及途径侧重于对宏观经济结构总量的关注上,从调控内容看,它以金融经济中所发生货币供应和信用规模等经济关系为对象,这些金融关系具有宏观性、总体性特点,决定着金融形势。正因为上述特点,金融调控十分注重程序规范的完善。对于金融调控而言,实体性权利的法律化较难或不可操作,调控效果也具有模糊性,无法直接用法律加以评判,但程序的合法及公正性都需要法律明确界

---

① 参见刘志云、卢炯星:《金融调控法与金融监管法关系论》,载《西南政法大学学报》2006 年第 4 期;李小鲁:《金融调控与监管的差异性及金融法审视》,载《理论学刊》2010 年第 4 期。
② 〔美〕萨缪尔森·诺德豪斯:《经济学》(第 12 版),高鸿业等译,中国发展出版社 1992 年版,第 567 页。

定,即货币政策的制定是否完全依照程序是可以作出法律要求的。在衡量一个失败的货币政策时,只要其制定和执行的程序完全符合法定要求,则可免除或减轻货币政策失败的法律责任。

(2) 金融调控需要有效救济途径。金融调控关系双方主体的法律地位不对等,调控主体中央银行享有金融调控权可以行使广泛的权力;而受调控主体是受金融调控影响约束的市场主体,主要承担受调控义务。调控主体是明确而个体化的,但受调控主体在很多情况下则是相同的多数个体构成的一个层面。前者所行使的权利一定是后者的义务,但义务的履行效果无法用一个明确的尺度来衡量,而且有时这种权利和义务不完全对应。从维护调控权威性的角度,需要依法追究不履行调控义务的责任;而从保护市场主体合法权益考虑,则需要明确纠正不当措施、赔偿受调控主体利益的途径。

(3) 金融调控灵活性需要与法律稳定性相结合。金融调控目标通常随着国家经济金融形势和任务作出调整,因此金融调控措施缺乏稳定性,也缺乏定量的评价指标,从而削弱了可预见性。但为了金融调控的科学性有效性,作用于经济持续发展而不使经济运行大起大落,金融调控又必须具有一定的稳定性。法律无疑是使金融调控灵活性与稳定性相结合,并进行协调的最佳载体。

### (三) 金融调控法治化问题

1. 金融调控法治化需优先解决法治理念缺失问题

金融调控法治理念缺失的原因主要有两方面:一是我国社会主义市场经济仍在转型中,在相当长的发展过程中,国家金融调控方式逐步由直接干预向间接调控转变,导致金融调控法治化实践经验不足;如有人认为由于金融调控具有间接性、随机性和变动性等特点,决定了其更多是依靠金融政策来实施和进行,法律所具有的稳定性特点使其很难对金融调控行为进行具体而直接的规范调整。由此导致法律一直以来在金融宏观调控领域难以找到妥适的规范方法和调整方式,未能确立全面和有效的控制与调整机制,金融调控的法治化实践经验十分欠缺。[①] 二是金融调控自身的间接性、随机性和变动性等特点,决定了法律所具有的稳定性特点不能进行及时、直接的干预,进而使金融调控法治化的普及不足。

---

① 参见李传轩、沙文韬:《论金融宏观调控的法治化》,载《改革与战略》2007 年第 10 期。

有人认为法制观念不足是由金融调控自身的特点所决定的,金融宏观调控有随机、变动的特点,这些特性使以稳定见长的法律不能进行及时而直接的干预,这也使法律在宏观调控当中略显滞后和作用效能弱化,进而使金融宏观调控运用法律去调节的普及度和认知度大打折扣①。

2. 金融调控法治化要求健全金融调控法律制度

目前宏观调控基本法缺失,金融调控专门法也供给不足。如,有人认为我国金融宏观调控缺少基本法的规制。金融调控的立法现状为单行的《中国人民银行法》等法律、法规、行政规章所形成的一个集群,各个法律法规之间由于立法原则和实施细则不统一,执法冲突时有发生,整体效能发挥不理想,因此需要制定一部宏观调控基本法。有些学者还认为,金融调控法律尚未建立起完善、公正而高效的体系,立法主体的不同导致各个层级的法律、法规协调性不够,表现在上位法与下位法的调整对象不对应,基本法的配套法规仍不够健全,不同立法部门出台的金融规范缺乏连贯性、协调性和前瞻性。② 在目前的金融调控法律制度体系中,还有很多重要的单行法尚未制定,例如政策性银行法还未出台,而只是以《国家开发银行章程》《中国农业发展银行章程》《中国进出口银行章程》这样的自律性规范文件暂为代行。还有学者认为,相关规范性文件的立法层级不高亦是金融宏观调控法律制度不完善的重要体现,就规范的内容而言十分重要,但从规范的形式判断却处于比较低的层次,这种情况不利于发挥规范应有的功效。如《人民币管理条例》《金银管理条例》《外汇管理条例》等涉及货币政策内容的相关法律还只是条例的形式,不仅效力严重不足,更为关键的是内容已经严重滞后于经济发展。③ 货币政策委员会是货币政策制定的智囊团,货币政策委员会功能发挥的程度关系金融调控行为的理性程度,然而现行《货币政策委员会条例》的形式与规范的内容不相匹配,这也是我国货币政策委员会功能发挥不到位的重要原因。④

---

① 参见张永萍:《金融宏观调控法律制度完善》,载《人民论坛》2015年第23期。
② 参见杨松:《金融调控的法律问题分析》,载《社会科学战线》2004年第6期。
③ 参见王鹏:《我国金融宏观调控权"异化"之对策思考——以〈中国人民银行法〉为例》,载《财经政法资讯》2014年第3期。
④ 参见李西臣:《金融宏观调控行为的经济法分析》,载《经济经纬》2007年第6期。

### (四) 金融调控法概述

**1. 金融调控法的概念**

金融调控法是调整国家为实现经济目标而干预金融市场，对金融活动进行调控过程中所产生的社会关系的法律规范的总称。金融调控法以金融调控关系为调整对象，具有较强的程序法和组织法的特点。金融调控法确定金融调控的机构及其职责，明确金融调控的目标和手段，规定金融调控的原则和工具，它涉及与金融调控紧密相关的各个金融领域。金融调控法与金融监管法、金融业务法，共同构建起金融法的体系。金融调控法的特点有：

首先，调整对象具有宏观性。金融调控是国家宏观经济调控中的一个重要组成部分，有其特有的调整对象为金融调控关系，这是国家金融主管机关或授权机关为稳定金融市场，以引导资金流向，控制信用规模，对有关的金融变量实行调节和控制而产生的社会关系，是与货币流通和银行信贷关系相联系的经济活动中形成的经济关系。金融调控关系着眼于遵循客观经济规律，运用贴现、存款准备金比例等金融杠杆和金融工具对金融市场进行宏观调控。

其次，调控主体具有特定性。金融调控主体是特定的，专指国家或代表国家行使金融调控权的职能部门，通常为中央银行，我国《中国人民银行法》明确将金融调控权授予中国人民银行。被调控主体具有广泛性，机关、团体、社会组织、公民个人都可能受到金融调控。

最后，调整方法的间接性。金融调控法不直接调整关系，只调整货币政策的制定与实施。通过规范金融宏观决策产生科学合理的货币政策，再通过具体执行实施去影响金融交易和经济活动，引导市场与企业行为，实现宏观经济目标。

**2. 金融调控法律体系**

(1) 中央银行法。中央银行是最为重要的金融调控主体，在一国金融体制中居于核心地位，是依法制定和执行国家货币金融政策，实施金融调控和监管的特殊金融机关。在现代社会中，中央银行一般具有发行的银行、银行的银行、政府的银行、金融调控与维护金融稳定等重要职能。金融调控是中央银行的基本职能，因而规定金融调控机构的性质、地位、职责、调控方法、工具以及法律责任等，这无疑是中央银行法的重大任务。事实上，中央银行法是金融调控法最主要的法律渊源，也是核心和基础，并指导整个金融调控法体系的建构。在我国，《中国人民银行法》是我国中央银行法的核心。

(2) 货币管理与反洗钱法。货币管理法是调整货币发行、流通和管理活动的法律规范的总称。货币的确立、发行、投放、回笼、调拨、销毁、保管及调节各地的货币流通等都会影响金融和物价的稳定,是国家货币政策的重要组成部分和实施的保障,对于统一货币市场,抑制通货膨胀,促进国民经济增长等宏观方面影响深远。我国现行的货币管理立法即人民币管理法,是调整人民币的印制、发行、流通及其管理的法律规范。

洗钱活动的存在破坏了公平竞争的市场秩序,破坏国家宏观调控的有效性。因此,打击洗钱活动不仅仅是为了惩治犯罪,更重要的是保护金融体系的纯洁性,维护良好的经济社会秩序。2006 年 10 月 31 日《反洗钱法》通过后,中国人民银行依据该法及《中国人民银行法》等法律,于同年 11 月 14 日发布了新的《金融机构反洗钱规定》《金融机构大额交易和可疑交易报告管理办法》,构成了我国反洗钱法律体系的基本框架。

(3) 外汇管理法。外汇管理又称"外汇管制",是指一国依法所辖境内的外汇收支、买卖、借贷、转移以及国际结算、外汇汇率和外汇市场所实施的行政限制性措施。外汇管理对一国平衡国际收支、集中外汇资金并根据政策加以分配,以支持经济发展具有重要意义。世界各国普遍实行外汇管理,区别在于外汇管理的程度有所不同,大致有三种类型:一种是实行比较全面的外汇管理,即对经常项目和资本项目都实行管制,这类国家一般外汇资金短缺,希望通过集中分配和使用外汇来达到促进经济的目的;第二种是实行部分外汇管理,即对经常项目的外汇交易不实行或基本不实行外汇管制,但对资本项目实行一定的管制;第三种是宽松的外汇管理,即对经常项目和资本项目都不实行普遍管制。我国正在深化外汇管理体制改革和加快人民币国际化的步伐,汇率市场化、货币跨境流通使用等正逐步实现。外汇法是国家关于外汇的收支、存兑管理规定的总称,其作用一是稳定本国货币对外汇率;二是保护国内市场、促进经济发展;三是平衡本国国际收支。

3. 我国金融调控法的现状及完善

自改革开放以来,我国全面建立社会主义市场经济取得了突破性进展。为适应市场经济建设的需要,金融调控突出了综合性、间接性、灵活性和适应性,调控能力与效果明显增强,有效地保障了国民经济持续、稳定、健康发展。多年来的调控实践使我国金融调控具备了以下特点：综合运用多种货币政策工具，提高调控效率；变直接调控为主为间接调控为主，从贷款规模限额管理转变为利用其他货币政策工具控制货币供应量；及时根据形势的需要调整货币政策；顺应经济全球化的需要，提高金融调控的国际适应能力。

我国的金融调控立法起步较晚，1986年1月7日，国务院颁布《银行管理暂行条例》，总结了当时的金融改革经验，在实践中起了积极作用。1992年，我国确立了建立社会主义市场经济的体制，改革开放的步伐明显加快，金融业取得了非常大的发展。在加强金融调控的同时，我国十分重视金融调控法的立法，已经初步形成了相关的法律规范体系，主要有《中国人民银行法》(1995年制定、2003年修订)、《中国人民银行货币政策委员会条例》《外汇管理条例》《金银管理条例》《现金管理暂行条例》《国家金库条例》《国家货币出入境管理办法》《中国人民银行货币发行管理制度(试行)》《中国人民银行再贴现办法》《中国人民银行利率管理暂行条例》《中国人民银行对金融机构贷款管理暂行条例》《金融机构缴存外币存款准备金暂行规定》《中国人民银行融资券管理暂行办法》《中国人民银行货币供应量统计和公布暂行办法》等等。

但我国金融调控法存在诸多问题，需要进一步完善。比如，中央银行的独立性问题是理论界关注的重点，目前中国人民银行所享有的相对独立性，仍然不足以使它完全承担起稳定币值、进行金融调控的重任。此外，金融调控的主体行为立法尚存在空白，现有金融调控法律体系内部的协调也有待完善。

## 二、金融调控机构(中央银行)制度

### (一) 中央银行制度及其由来

1. 中央银行的地位

中央银行是一国负责制定和执行国家货币政策，调节货币流通，提供金融服务，维护金融稳定，实施金融监管的特殊金融机构。

世界各国大都设有中央银行，但称谓有所不同，部分国家直接称为"中央银行"，如智利中央银行、阿根廷中央银行、土耳其中央银行等；有的国家称为"国家银行"，如比利时国家银行、荷兰国家银行、瑞典国家银行等；有的则冠以国名，如英格兰银行、日本银行、意大利银行等；有的称"储备银行"，如美国联邦储备银行、南非联邦储备银行、新西兰储备银行等。虽然各国对中央银行的称谓有所不同,但是对其地位、性质和职能的规定都是基本一致的。我国的中央银行是中国人民银行。

中央银行既不同于一般商业银行,也不是普通政府机构,它是一个特殊的金融机构。

中央银行不同于一般的商业银行。从性质上看,中央银行是公法人;而商业银行是私法人、企业法人。从设立目的上看,中央银行以宏观调控为目标,而不以营利为其存在的经济基础;商业银行是营利性的法人,盈利是其存在发展的必要物质基础。从服务对象上看,中央银行仅对政府、银行或其他金融机构提供服务;商业银行则主要以公民、企业为其服务对象。从设立条件上看,中央银行以《中央银行法》为依据而设立;商业银行的设立则须满足《公司法》和《商业银行法》的规定。

中央银行也不同于一般的政府机构。从调控的手段上看,中央银行通过经济手段,控制市场货币的流通量,来实现金融管理职能;政府机构则主要运用行政手段,通过政策的引导、法规的规制来实现社会管理职能。从经费来源上看,中央银行实行资产负债管理,有资本、有收益;政府机构的资金则完全由国家财政拨付。从独立性上看,中央银行有着相对独立的法律地位;政府机构则直接隶属于政府并对其负责。

2. 中央银行制度的形成与发展

中央银行制度即中央银行法,是金融调控法的主要构成部分。世界上绝大多数国家均立法规定设立中央银行承担金融调控的重任。

中央银行是资本主义商品经济和银行信用发展的产物,早期的中央银行多是从商业银行蜕变而来。18世纪中叶以后,金融业对统一发行银行券的需要、票据交换与结算的需要、贷款支持的需要,终于导致了中央银行的产生。[①] 世界上最早的中央银行是瑞典国家银行,其原是创办于1656年的私营银行,1668年政府出面改组成国家银行,并于1897年成为中央银行。最典型的中央银行是英格兰银行,原也是在1694年因解决政府财政困难需要特许设立的股份制商业银行,1826年起获得一定范围的发钞权,1833年起其发行的货币由政府无限法偿,

---

① 参见强力:《金融法》,法律出版社1997年版,第69页。

1844年,国会通过《皮尔法案》使其独占货币发行权,后又陆续成为全英银行准备金保管者、票据交换中心及最后贷款者,逐步具备现代中央银行的雏形;1946年的《英格兰银行法》将该行资本由政府全部收购,并使其成为真正的现代中央银行。

19世纪,西方资本主义国家纷纷仿效英国建立中央银行,法兰西银行于1800年成立(1946年收归国营)、德国柏林帝国银行于1875年成立、荷兰银行建于1814年、比利时银行建于1835年、日本银行、意大利银行建于1893年。美国于1913年通过《联邦储备法》,建立联邦储备银行体系,将全美划分为12个联邦储备区,每区一个储备银行,若干区内设立分行(现有25家);设于华盛顿的联邦储备理事会对各储备银行有控制权,并制定货币政策。

1920年,布鲁塞尔国际金融会议要求各国尽快建立中央银行,以解决第一次世界大战后的国际金融混乱局面。此后,大多数国家都建立了中央银行,但也有少数国家或地区尚无中央银行,如新加坡的货币局和金融管理局分别行使中央银行的有关职责。[①]

中国人民银行于1948年在华北解放区成立,由若干家解放区的银行合并组成;1949年,中国人民银行又不断接管、合并官僚资本银行和私营银行,成为大一统的综合银行,长期身兼中央银行与商业银行双重职能。我国于1979年后陆续恢复了中国农业银行、中国银行、中国人民建设银行,并于1983年决定中国人民银行专门行使中央银行职能,将其商业银行职能由新设立的中国工商银行承担。我国1986年的《银行管理暂行条例》首次规定中国人民银行是我国的中央银行。在建立社会主义市场经济体制目标提出后,国务院又于1993年颁布《关于金融体制改革的决定》,要求建立独立制定和执行货币政策的中央银行调控体系,政策金融与商业金融相分离、国有商业银行为主体、多种金融机构并存的金融组织体系,以及统一开放、有序竞争、严格管理的金融市场体系。1995年《中国人民银行法》的公布实施,使中国人民银行的中央银行地位在法律上得到确立。

---

① 参见周大中:《现代金融学》,北京大学出版社1994年版,第217页。

## （二）中央银行的性质与职能

1. 中央银行的性质

亦即中央银行的本质特征。具体表现为以下四个方面：

第一，中央银行是发行的银行。统一发行货币是各国中央银行的特权，也是其制定和实施货币政策的基础。各国一般都规定中央银行垄断货币发行权，其他任何组织、机构无权行使。但是针对硬币和辅币，美国、日本等国家规定可以由财政部发行。中央银行作为发行的银行，有利于保证货币供求的平衡、稳定币值，有利于金融市场的稳定运行。

第二，中央银行是银行的银行。它只以政府、商业银行、其他金融机构为服务对象，不与普通工商企业或个人发生业务往来。它是金融体系中的最后贷款人，商业银行可以合格票据向央行办理再贴现、以证券抵押向央行申请借款；它依靠国家强制吸收银行存款，保管商业银行的准备金，充当商业银行的现金准备中心；它还是全国金融业票据结算中心。中央银行是调节社会金融所不可缺少的机构。

第三，中央银行是国家的银行。除美国仍实行会员行股份制外，各国中央银行的资本均已国有化或国有控股。它为政府提供贷款或以其他方式融资；它办理政府存款、代理国库、保管国家的黄金和外汇储备、代办政府债券发行兑付业务；它是政府金融政策顾问，代表政府从事国际金融活动。中央银行履行国家的金融管理职能。

第四，中央银行是独立的法人。有的国家的中央银行独立于政府，直接对议会负责，如美国；有的国家的中央银行是政府的组成部分，但独立于政府财政部门，如英国；也有国家的中央银行隶属于政府财政部门，受到财政部门的影响或控制。我国的中央银行是在国务院领导下的特殊的国家金融机关。

2. 中央银行的职能

传统的中央银行的职能主要有：首先是金融调控职能。调控职能是指中央银行对货币和信用进行调节和控制，干预经济生活，实现货币政策目标，主要表现为运用货币政策工具进行调控。其次是金融监管职能。监管是指中央银行对金融机构、金融市场及金融活动的监督、检查和控制，以保证法律调整下的金融业稳健运行。最后是公共服务职能。服务是指中央银行以其公法人（或机关法人)和特别银行的身份为政府、商业银行及其他非银行金融机构及社会提供金融服务,包括融资、担当清算中心、充任顾问、代理经理国库等。

金融调控与金融监管这两大职能是并列还是分设,在理论与实务上一直有分歧。20世纪末,英国、日本等带头将金融监管职能划出由独立设立的监管机构执掌。金融调控是通过调节货币供需关系来调节经济活动,着眼于总量控制,实现货币增长或稳定的目标;金融监管则立足于微观管理,维护市场安全,防范抵御金融危机。金融调控主体是唯一的,金融监管主体则具有多样性,既可以是国家机关,也可以是其他承担公共管理职能的社会组织,还包括自律组织。金融调控以间接为主,采取激励、抑制、指导等方式引导市场主体的金融活动,有时也凭借国家强制力使市场主体接受和服从;金融监管则比较直接,通过准入、退出、检查、评级等方式限制约束市场主体的行为。

主张将中央银行制定、执行货币政策和金融监管两大职能分离的基本理由是:第一,中央银行独立于政府已是大势所趋。从法律上界定,金融监管属于政府职能,因此只能划归政府行使。将两项职能集于中央银行一身,使央行不得不充当银行机构的"监护人"和"保姆"角色。[①] 将监管职能分出来有利于央行真正区别于、独立于政府。第二,随着金融融合经营的趋势,"全能化银行"的出现和扩展,金融监管职能要覆盖整个金融体系,而日益庞大而复杂的金融体系使中央银行难以胜任全覆盖的监管。因此,实行全能银行制的德国,其中央银行并不具有监管职能,而将监管职能从中央银行分离出来的英国和日本,金融混业经营却发展迅速。第三,纸币本位制的确立和经济的迅速发展使得货币政策的作用变得异乎寻常的重要。监管和制定、执行货币政策是性质不同的职能,有时会发生冲突。若中央银行监管任务过重、范围过宽,不仅影响监管本身的有效性,而且也损害了中央银行制定和执行货币政策的根本职责。将监管职能分离出去,有利于中央银行更好地、有效地执行货币政策职能。[②]

但是两大职能的分离也不是截然分开,二者之间的关系密切。调控与监管都是国家对市场的干预,都须依法进行。两大职能互为基础与保障,行使两大职能的机关的协调也是极为重要的。特别是金融稳定是金融调控的重要保障,但其本身又与金融监管密切相关。2008年美国次贷危机暴露了调控与监管冲突

---

① 参见杨家才:《我国金融改革存在的三大缺憾及改革建议》,载《金融研究》1998年第9期。
② 参见陆泽峰:《中央银行法律问题研究》,载《现代法学》1999年第4期。

导致监管放松的弊病,因此,以增强协调性、权威性为由,一些学者又开始主张两大职能与两大机构的融合,一些国家也开始了加强中央银行监管职能的实践,一个融合调控与监管功能的超级中央银行又出现了。我国也在深化金融体制改革的过程中,加强了中央银行在金融监管中的协调作用。

3. 中国人民银行的性质与职能

《中国人民银行法》第 2 条规定:"中国人民银行在国务院领导下,制定和执行货币政策,防范和化解金融风险,维护金融稳定。"中国人民银行由国家出资,归国家所有,并实行独立的财务预算管理。中国人民银行受国务院领导,是国务院的直属机构。

中国人民银行的性质决定了它具有相对独立的特殊地位。根据法律规定,它在国务院的领导下依法独立执行货币政策,履行职责,开展业务,不受各级政府部门、社会团体和个人行为的干涉。财政不得向中国人民银行透支;中国人民银行不得直接认购政府债券,不得向各级政府贷款,不得包销政府债券。

根据 2003 年颁行的《银行业监督管理法》,国务院设立中国银监会,履行原由中国人民银行履行的监管职责,统一监管银行和银行业金融机构。同时,修改后的《中国人民银行法》规定,中国人民银行仍将保留 6 项必要的监管职责。

根据 2003 年修订的《中国人民银行法》,中国人民银行的基本任务是在国务院领导下,制定和执行货币政策,防范和化解金融风险,维护金融稳定。具体履行下列职责:(1) 发布与履行与其职责有关的命令和规章;(2) 依法制定和执行货币政策;(3) 发行人民币,管理人民币流通;(4) 监督管理银行间同业拆借市场和银行间债券市场;(5) 实施外汇管理,监督管理银行间外汇市场;(6) 监督管理黄金市场;(7) 持有、管理、经营国家外汇储备、黄金储备;(8) 经理国库;(9) 维护支付、清算系统的正常运行;(10) 指导、部署金融业反洗钱工作,负责反洗钱的资金监测;(11) 负责金融业的统计、调查、分析和预测;(12) 作为国家的中央银行,从事有关的国际金融活动;(13) 国务院规定的其他职责。

### (三) 中央银行的组织形式和机构设置

1. 组织形式

中央银行的组织形式通常有单一制、多元制、准央行制和混合制等几种。

(1) 单一制。单一制是总分行制,在总行下根据需要设分支机构或派出机构,为世界上大多数国家所采用。如,英格兰银行就是单一制中央银行,其管理大权掌握在总裁和 4 位专职理事、12 位兼职理事组成的理事会手中。在 1997 年的重大改革后,英格兰银行获得了制定实施货币政策的独立权,对制定英国官方利率具有法律上的责任,实行钉住通货膨胀目标的货币政策;1998 年 6 月 1 日颁布的《英格兰银行法》,由 9 人组成的货币政策委员会具体决定英国的官方利率。

(2) 多元制。多元制则在中央和地方都设立中央银行,执行统一的货币政策,但各自相对独立,适用于联邦制国家。如,美国的联邦储备系统就是典型的多元制,全美划分为 12 个联邦储备区,各设一家联邦储备银行,联邦储备委员会是最高决策机构,决定联邦货币政策;各区储备银行由各自的会员行认缴资本组成,有自己的理事会作为权力机构,可决定再贴现率,经联邦储备委员会批准后实施,同时监管区内会员行,还可根据需要在区内设立分行。

(3) 准央行制。准央行制是指不存在独立的、专门的、全职的中央银行,而是由几个机构、部门分别行使部分央行职能,共同组成一个准中央银行体系的制度形式。如,新加坡货币的发行权归属货币局,而存款准备金的收取、商业银行资格的确认、融资、监理等职能则归属于金融管理局行使。

(4) 混合制及其他形式。混合制是指中央银行仍与商业银行不分,苏联和我国改革前都曾较长时间实行过混合制。此外,在一些国家结成经济货币联盟的地区,还设有跨国中央银行,如欧洲中央银行、西非国家中央银行等。

我国的中国人民银行是单一制的中央银行。根据《中国人民银行法》,中国人民银行的组织机构分为最高决策机构、执行机构、监督机构、内设机构和分支机构等。

2. 机构设置

中央银行设领导机构。中国人民银行实行行长负责制,行长的人选根据国务院总理的提名,由全国人民代表大会决定,全国人民代表大会闭会期间,由全国人民代表大会常务委员会决定,由国家主席任免。中国人民银行副行长由国务院总理任免。

中央银行内设机构通常包括货币政策、金融市场、金融稳定、调查统计、会计财务、支付结算、金融科技、货币金银、国库代理、法律、征信管理、反洗钱、消费者保护等部门。

中央银行根据业务需要向各地派驻机构。在我国,根据国务院的决定,中国人民银行已于1998年12月撤销各省级分行,在上海设立第二总部,并在天津、沈阳、上海、南京、济南、武汉、广州、成都、西安设立跨行政区的9个分行,在北京和重庆设立营业管理部,下辖339个中心支行,1766个县(市)支行。分支机构是中国人民银行的派驻机构,执行全国统一的货币政策,维护本辖区的金融稳定,其职责的履行也不受地方政府干预。

## 三、货币政策的制定与实施

### (一) 货币政策目标

货币政策是中央银行为实现特定的经济目标而采取的各种控制和调节货币供应量或信用量的方针、政策、措施的总称。货币政策通过调整货币供应与信用的总量和结构,影响货币支付能力,从而间接控制社会总需求,促进供求总量平衡。

货币政策的目标是中央银行实施货币政策所预定要对宏观经济产生的明确效果。如前所述,与社会经济形势相适应,宏观调控目标有一个多元化的发展过程,目前一般包括稳定物价(货币币值稳定)、充分就业、经济增长和平衡国际收支四项,其中一部分就要由货币政策来实现,并且由法律作出明确规定。

理论界关于货币政策目标的选择存在争论。鉴于稳定物价、充分就业、经济增长和国际收支平衡等货币政策终极目标相互之间存在矛盾,不可同时实现,关于目标的选择就成了最优先考虑的问题。围绕此种选择,形成了不同的观点,并最终形成了凯恩斯主义和货币主义两大学派。前者认为经济增长和物价稳定不可兼得,不断缓慢上升的物价有利于经济的增长,经济增长是货币政策的根本目标,同时应该兼顾充分就业。后者则主张,一方面,货币政策只是宏观经济政策的一部分,在保持与宏观经济政策目标一致的前提下应有其独立性;另一方面,在币值稳定的情况下,充分就业与经济增长可以由市场机制来调节,因此,货币政策应以稳定货币为首要目标。[①] 我国理论界对货币政策目标的选择争论,大致可分为一元目标论、双重目标论和多重目标论。一元目标论主张仅将币值稳

---

① 参见陈乐田主编:《银行法》,法律出版社1999年版,第79—80页。

定或经济发展作为货币政策的终极目标,其中主流观点主张以币值稳定作为货币政策的唯一目标,因为币值稳定对经济的影响关系重大,在稳定币值的政策与其他政策发生矛盾时,应以稳定币值为先;另一种一元目标论则从货币是再生产的第一推动力出发,主张用最大限度的经济增长、保障经济起飞作为货币政策目标,并在经济发展的基础上稳定物价,即强调经济增长应摆在首位。[①] 双重目标论认为货币政策目标不应是单一的,而应当同时兼顾发展经济和稳定物价的要求,稳定货币应是一种积极的能动的功能,即在经济发展中求稳定;经济增长也应是持续稳定的协调发展,即在稳定中求发展,不兼顾则两者均不能实现。[②] 多重目标论认为货币政策涉及面广,随着经济体制改革的进步、深化和对外开放的加快,就业和国际收支问题对宏观经济的影响越来越大,因此,有观点提出了多重目标下的政策组合问题,认为鉴于宏观经济政策的复杂性,单一政策操作弊端较大,而有主有辅的政策组合是一个正确的政策选择。[③]

根据我国的历史经验和现实情况,为协调稳定与发展的关系,《中国人民银行法》规定,我国货币政策目标是保持货币币值的稳定,并以此促进经济增长。币值稳定,同时遏制通货膨胀,防止通货紧缩,这是我国金融调控也即货币政策的首要目标。稳定币值与经济增长,二者从根本上看是一种对立统一的关系,我国是发展中国家,必须要促进经济增长,但经济的快速增长,往往伴随着物价上涨,容易导致通货膨胀,故经济的增长应建立在币值稳定的基础上,而稳定币值最终为了经济增长。《中国人民银行法》明确规定:在稳定货币与经济增长发生冲突时,应优先稳定货币。

### (二) 货币政策的决策

在一些国家,货币政策通常由中央银行的专设决策机构决定,如美国联邦储备委员会。根据《中国人民银行法》规定,中国人民银行重大货币政策,如货币供应量、利率、汇率等,应报国务院批准后执行;对其他一般货币政策事项作出决定后,即予执行,并报国务院备案。

中国人民银行设立货币政策委员会,就年度货币供应量、利率、汇率和国务

---

① 参见黄达主编:《货币银行学》,中国人民大学出版社 2000 年版,第 351 页。
② 同上书,第 352 页。
③ 参见北大中国经济研究中心宏观组:《寻求多重目标下的有效组合》,载《经济研究》1998 年第 4 期。

院规定的其他重要事项提出建议。《中国人民银行法》第12条对货币政策委员会作了原则性规定:"中国人民银行设立货币政策委员会。货币政策委员会的职责、组成和工作程序,由国务院规定,报全国人民代表大会常务委员会备案。"1997年4月15日,国务院公布发布《中国人民银行货币政策委员会条例》,货币政策委员会的工作有了具体的法律依据。

1. 货币政策委员会的性质职责

货币政策委员会是中国人民银行制定货币政策的咨询议事机构。货币政策委员会的职责是在综合分析宏观经济形势的基础上,依据国家的宏观经济调控目标,讨论货币政策事项,并提出建议;货币政策的制定、调整;一定时期内的货币政策控制目标;货币政策工具的运用;有关货币政策的重要措施;货币政策与其他宏观经济政策的协调。可以清楚的是,我国货币政策委员会不是货币政策直接决策机构,而是中央银行科学地制定及实施货币政策的支持和保障。

2. 货币政策委员会的组成

中国人民银行行长、国家外汇管理局局长、中国证券监督管理委员会主席为货币政策委员会的当然委员,人民银行副行长2人、财政部副部长和国家发展改革委员会副主任各1人,以及国有独资商业银行行长2人、金融专家1人等为其他委员人选,由中国人民银行提名或者中国人民银行有关部门提名,报请国务院任命。货币政策委员会设主席、副主席各1人,主席由中国人民银行行长担任,副主席由主席指定。另外货币政策委员会设立秘书处,作为货币政策委员会的常设办事机构。

3. 委员的权利和义务

货币政策委员会委员具有同等的权利和义务。委员为履行职责需要享有下列权利:了解金融货币政策方面的情况;对货币政策委员会所讨论的问题发表意见;向货币政策委员会就货币政策问题提出议案,并享有表决权。

货币政策委员会委员应当出席委员会会议,特殊情况不能出席时,应当委托熟悉情况的有关人员作为代表携其书面意见参加会议,但该代表不享有表决权。委员在任职期间和离职以后一年内,不得公开反对已按法定程序制定的货币政策。

4. 货币政策委员会的工作程序

货币政策委员会实行例会制度,在每季度的第一个月中旬召开例会;另外,货币政策委员会主席或 1/3 以上委员联名,可以提议召开临时会议。货币政策委员会会议有 2/3 以上委员出席,方可举行。会议由主席主持,主席因故不能履行职务时,由副主席代为主持。

货币政策委员会会议应当以会议纪要的形式记录各种意见。货币政策议案,经出席会议的 2/3 以上委员表决通过,形成货币政策委员会建议书。中国人民银行报请国务院批准有关年度货币供应量、利率、汇率或其他货币政策重要事项的决定方案或报送国务院备案的有关货币政策其他事项的决定时,应当将货币政策委员会建议书或会议纪要作为附件,一并报送或备案。

### (三) 货币政策工具

中央银行为实现其货币政策目标,必须通过一定货币政策工具来运作。各国立法中均有货币工具的制度,有的还对此作出具体规定。这些货币政策工具包括一般性货币政策工具和选择性货币政策工具。一般性货币政策工具是中央银行最常用的传统的三大货币政策工具:法定存款准备金、再贴现和公开市场业务,而依照《中国人民银行法》规定,中国人民银行可使用的一般性货币政策工具有五项,还包含基准利率和再贷款。选择性货币政策工具是只起加强或改进货币政策对特殊领域作用的工具,如直接信用控制、间接信用控制、消费信用控制、不动产信用控制和证券市场信用控制。按我国法律规定,选择性货币工具的运用,要报国务院确定。

#### 1. 法定存款准备金

存款准备金是限制金融机构信贷扩张、保证客户提取存款和资金清算需要而准备的资金,法定存款准备金是指以法律形式规定商业银行等金融机构将其吸收存款的一部分上缴中央银行作为准备金。存款准备金一方面增强了商业银行的现实清偿能力,另一方面又控制了商业银行的放贷能力,从而间接地控制了货币供应量。

金融机构交存的准备金所占其吸收存款总额的比例称为法定存款准备金率,中央银行有权根据社会货币供应量和信用量的情况,提高或降低法定存款准备金率,从而减少或增加货币供应量。金融机构有义务从自己吸收的存款中,依照中央银行根据法律授权所确定的比例,提取一定金额,无息存入中央银行。当中央银行提高法定准备金率时,货币乘数就变小,从而降低了整个商业银行体系创造信用、扩大信用规模的能力,商业银行可提供放款及创造信用的能力就下降,其结果是社会的银根偏紧,货币供应量减少,利息率提高,投资及社会支出都相应缩减;反之亦然。同时,中央银行据此可以集中一部分必要的资金,用来向商业银行发放贷款或进行贴现,以调节信贷规模。存款准备金是作用最明显的工具之一。另外存款准备金政策的运用保证了商业银行等金融机构的清偿能力,防止客户挤兑而形成金融危机。

我国存款准备金制度是1984年开始正式施行的,存款准备金率具体为:企业存款上缴20%,储蓄存款上缴40%,农村存款上缴25%。1985年调整为不分存款种类一律定为10%。此后又先后调整了数十次,其中2008年9月25日开始实行大型金融机构和中小金融机构存款准备金率分轨制,至2016年3月1日调整的大型金融机构存款准备金率为16.5%,中小金融机构存款准备金率为13%。

2. 再贴现

贴现是指票据持票人在票据到期之前,为获取资金而向银行贴付一定利息的票据转让,也是商业银行向企业提供资金的一种方式。即票据持有人申请银行贴付一定款项,银行扣除自贴现日至到期日期间的利息后,将其余款项支付给票据持有人。

再贴现是指商业银行或其他金融机构将贴现所获得的未到期票据向中央银行再作票据转让,是中央银行向商业银行等金融机构提供资金的一种方式。再贴现的主要作用在于调节贷款条件的松紧程度和借款成本的高低,通过影响金融机构行为来间接控制企业和个人的借款、投资行为。

中央银行通过再贴现率的调整调控货币供应量。再贴现率是中央银行买进商业银行贴进的票据时所扣除的利息率,央行通过调整贴现率,改变商业银行向中央银行融资的能力:贴现率提高,商业银行向央行借款的成本也随之提高,他们会相应减少贷款数量;贴现率下降,借款成本降低,会产生鼓励商业银行扩大贷款的作用。再贴现不仅影响商业银行的筹资成本,限制商业银行的信用扩张,控制货币供应总量,而且可以按国家产业政策的要求,有选择地对不同种类的票据进行融资,促进结构调整。

3. 公开市场业务

公开市场是指交易主体间自由议价、成交,且交易信息向社会公开的金融市场。公开市场业务是指中央银行通过在公开市场上买卖政府证券、外汇等交易品种,控制和调节信用规模、货币供应量和利率,以实现金融调控目标的活动。

公开市场业务的操作方法是:当中央银行判断社会上资金过多时,即卖出债券外汇,相应地收回一部分社会资金;当中央银行判断社会上资金不足时,则买入债券外汇,直接增加金融机构可用资金的数量。公开市场业务不仅可调节货币供应量,而且还会影响证券利率,从而影响银行利率。

4. 基准利率

利率是一定时期内利息额与借贷资金的比率,通常分为年利率、月利率和日利率。根据资金借贷的性质、借贷期限的长短等,可把利率划分为不同的种类,如法定利率和市场利率、短期利率和中长期利率、固定利率和浮动利率、名义利率和实际利率等。在利率体系中起主导作用的基础利率,称为基准利率,它的水平和变化决定着其他利率的水平和变化。

我国目前利率主要包括三类:一是中国人民银行对商业银行的存款和贷款利率;二是商业银行对企业和个人的存贷款利率;三是金融市场的利率。我国金融体制改革尚在深化中,金融市场也在发展完善中,相当时期内还难以完全以市场为基础形成基准利率,所以需以中央银行对商业银行的存贷款利率作为基准利率。基准利率的变动影响着商业银行筹措资金的成本和资金市场利率,导致货币供求量的变化,中央银行可以通过它来间接控制货币的供应量。当中央银行提高基准利率时,商业银行筹措资金的成本提高,对中央银行的贷款需求量减少,而且为了保持一定的利润水平,也相应提高了对企业和个人的贷款利率,贷款额即减少;同时,资金市场利率上扬,资金需求减少,从而起到紧缩银根,减少货币供应量的作用。反之,中央银行降低基准利率,则起到放松银根、增加货币供应量的作用。

5. 再贷款

再贷款即中央银行贷款,是指中央银行对金融机构发放的贷款,是中央银行调控基础货币的一种重要渠道。再贷款会增加金融机构贷款的初始资金来源,直接影响金融机构的信贷资金供应能力。所谓基础货币,是指具有使货币总量成倍扩张或成倍收缩能力的货币,它由流通中的现金和金融体系的存款准备金(金融机构准备金存款、金融机构备付金存款、财政金存款与邮政储蓄转存款等非金融机构存款)组成。央行基础货币投放渠道包括:中央银行贷款、金银外汇占款、财政透支借款和各种专项贷款。

控制中央银行再贷款,对于防止信用过度和通货膨胀有重要意义。在我国,中国人民银行通过控制贷款额,可影响商业银行缴存的超额准备金,指导和调节商业银行的信贷活动,从而调控货币供应量和信贷规模。① 中国人民银行运用该政策时受到两方面的限制:一方面是中国人民银行贷款的对象仅限于商业银行;另一方面是中国人民银行为执行货币政策,可以决定对商业银行贷款的数额、期限利率和方式,但贷款的期限最长不得超过一年。

6. 选择性货币政策工具

选择性货币政策工具又称特殊货币政策工具,它是起加强和改进货币政策对特殊领域作用的工具。

(1) 直接信用控制。② 直接信用控制是指中央银行以行政命令或其他方式对金融机构,尤其是商业银行的信用活动进行控制。它主要包括利率限额、信用配额、流动性比率和直接干预等。利率限额,即规定利率限额,主要是规定贷款利率下限和存款利率上限,这是最常用的直接信用管制工具。信用配额是指央行根据根据金融市场状况及客观经济需要,分别对各个金融机构的信用规模加以分配,限制其最高数量。该方法被广泛运用在多数发展中国家针对资金短缺的状况,我国于1998年1月1日宣布取消对国有独资商业银行贷款规模的限额控制,同时实行资产负债比例管理和风险管理,商业银行根据信贷原则自主决定发放贷款,中央银行只通过间接工具进行间接调节。流动性比率是指流动资产对存款的比重。一般来说,流动性比率与收益成反比。规定金融机构的流动性比率是限制其信用扩张的措施。为保证央行规定的流动性比率,商业银行必须缩减长期放款,扩大短期放款和增加易于变现的资产等措施。直接干预是指央行对商业银行的信贷业务、放款范围等加以干预。如,对业务经营不当的商业银行拒绝再贴现或采取高于一般的惩罚性利率,以及对银行吸收存款范围加以干预等。

(2) 间接信用指导。间接信用指导是指中央银行通过道义劝告、窗口指导等方法间接影响商业银行等金融机构的做法。间接信用指导不具法律效力,它主要借助央行的地位和威望推行,性质上是行政指导,属于广义的行政行为,通

---

① 参见吴弘:《新编经济法》,立信会计出版社1999年版,第331页。
② 信用一词有多种含义,但经济学上专指借贷行为。

常不可诉。道义劝告是指央行利用其声望和地位,以书面或面谈等形式与金融机构交流,劝告其遵守金融法规并自动采取配合央行货币政策的措施。窗口指导是中央银行在其与商业银行的往来中,根据产业行情、物价趋势和金融市场动向,规定商业银行的季度贷款额度,并要求其执行。窗口指导一度成为日本央行货币政策的主要工具。在我国,中央银行自1987年起对专业银行采取了以"行长联席会议制度"为形式的窗口指导。

(3) 其他选择性货币政策工具。其他选择性货币政策工具包括证券市场信用控制、消费信用控制、不动产信用控制、优惠利率、预缴进口保证金等。它具有灵活性的特点,能够针对具体的情况而加以适用。证券市场信用控制是指央行对有关证券交易的各种贷款,规定贷款额与交易额的百分比,以控制和调节流向证券市场的资金。消费信用控制是指央行对不动产以外的各种耐用消费品的销售融资予以的控制。不动产信用控制是指央行对金融机构在房地产方面放款的限制措施,以抑制房地产投机。优惠利率是指央行对国家重点发展的经济部门和产业,如出口工业、农业、能源交通业,所采取的鼓励措施。预缴进口保证金是指央行要求进口商预缴相当于进口商品总值一定比例的存款,以抑制进口的过快增长。

中国人民银行可以采用上述选择性货币政策工具,扶植国家急需发展的部门,如能源、交通、出口、民族贸易和支持重点建设工程;对于一些容易产生泡沫的领域,在特定时期,可以采用各种限制性工具控制局面。但是,这类选择性货币政策工具的行政决策色彩过浓,对信贷资金效率的充分发挥也有不利的一面。[①]

## 四、金融调控配套制度

为保证金融调控的有效性,需要相关金融法律制度配套。

### (一) 货币发行与管理制度

1. 人民币的法律地位

我国的货币制度即人民币制度。人民币是中华人民共和国的法定货币。

---

[①] 参见黄达主编:《货币银行学》,中国人民大学出版社2000年版,第359页。

《中国人民银行法》第 16 条规定:"中华人民共和国的法定货币是人民币。以人民币支付中华人民共和国境内的一切公共的和私人的债务,任何单位和个人不得拒收。"国务院 2000 年 2 月发布的《人民币管理条例》中,第 3 条也作了相同的规定。其含义是:

首先,人民币是我国唯一的法定货币。在我国,市场上只允许人民币的流通,除法律或者行政法规特殊规定外,国家禁止发行和流通除人民币以外的其他货币。同时,我国法律还禁止代币票券等各种变相货币的印制、发售、计价和流通;禁止金银和外汇的计价流通和私自买卖。

其次,人民币的发行权属于国家。根据《中国人民银行法》授权,中国人民银行是统一发行人民币的唯一机构,各地方政府、任何单位和个人无权发行货币或发行代币票券等各种变相货币。

再次,人民币是清偿货币,具有无限法偿能力。凡在我国境内的一切金钱债权债务,均以人民币结算并以人民币支付,任何人在任何时候均不得以任何理由拒绝接受人民币。按照《人民币管理条例》的规定,人民币依其面额支付。

最后,人民币是信用货币。自发行之日起,人民币就没有它自身的法定"含金量",它也不以黄金、白银等贵金属为价值基础。总之,人民币是不兑现的信用货币。

2. 人民币的发行

货币发行是中央银行向流通领域投放货币现金的行为。人民币的发行是由中国人民银行设置的发行基金保管库(简称发行库)将发行基金投入业务库,使这部分货币进入流通来进行的。

发行数额是货币发行最重要的管理对象,它涉及货币政策。根据《中国人民银行法》规定,中国人民银行发行人民币的数额,由于涉及年度货币供应量,应报国务院批准后执行。

人民币的发行应坚持统一发行的原则。发行权集中于中国人民银行,其他任何人和部门不得发行货币或变相货币。中国人民银行统一印制人民币,组织新币入库,发布新币发行公告,负责收回、销毁残缺、污损的旧币。

人民币的发行应坚持计划发行的原则。国务院和中国人民银行要根据国民经济发展的客观需要,正确制定与批准货币发行计划,有计划地发行人民币。

人民币的发行应坚持经济发行的原则。发行人民币必须根据国家经济的发展对货币供应量的需求,使市场上的货币流通量与商品流通量相适应。但不得用于对政府财政透支。

根据经济发展的需要,我国曾先后发行过五套不同版本的人民币。现在在市场上流通的主要是第五套人民币。

3. 人民币的流通管理

依照《人民币管理条例》的规定,办理人民币存取款业务的金融机构应当根据合理需要的原则,办理人民币券别的调剂业务;禁止任何单位和个人非法买卖流通人民币;人民币样币禁止流通;不能兑换的残缺、污损和停止流通的人民币不得流通等。禁止故意损毁人民币;禁止制作、仿制、买卖人民币图案和未经中国人民银行批准在宣传品、出版物或者在其他商品上使用人民币图案等损害人民币的行为,以维护人民币的尊严。另外,为确保金融调控的有效性和人民币的集中统一发行,维护人民币唯一法定货币的地位和声誉,维护税收和财务管理制度,《中国人民银行法》和《人民币管理条例》禁止代币票券替代人民币在市场上流通。

流通中的货币管理又称现金管理。为严格执行货币发行制度,有效控制货币流通量,我国仍实行较为严格的现金管理。1998年我国先后颁行了《现金管理条例》和《现金管理条例实施细则》。现金管理的主管机关是中国人民银行及其分支机构。现金管理的对象是在银行和其他金融机构开立账户的机关、团体、部队、企事业单位和其他单位的收支和现金使用。各单位现金的使用范围是:职工工资、津贴、个人劳务报酬,根据国家规定发给个人的科技、文艺、体育等奖金,各种劳保、福利费用,以及国家规定对个人的其他支出,向个人收购农副产品和其他物资的价款,出差人员必须随身携带差旅费,结算起点在一千元以下的零星支出,以及中国人民银行确定的需要支付现金的其他支出。由开户银行核定各开户单位库存现金限额,一经核定,不准超额。严格控制坐支(即不得从本单位的现金收入中直接支付),鼓励和保护非现金结算。

4. 对伪造、变造人民币的行为的处罚与处理

人民币是我国的法定货币,维护其完整性、权威性不仅有关金融秩序的稳定,还涉及维护国家、政府的权威和人民群众的利益。法律禁止伪造、变造人民币,禁止出售、购买、运输、持有、使用伪造、变造的人民币。

《刑法》第170条和第173条分别对伪造货币和变造货币的行为设置了刑罚

处罚措施,伪造货币最高可处以死刑,变造货币最高可处以十年有期徒刑。第171条和第172条则对出售、购买、运输伪造的货币的行为以及明知是伪造的货币而持有和使用的行为进行了处罚。《中国人民银行法》第19条、第42、43条也对伪造和变造人民币的行为进行了处罚,与《刑法》条文实现衔接,第42、43条还规定了对于伪造、变造人民币、购买伪造、变造的人民币以及明知是伪造、变造的人民币而持有、使用的行为,如果尚不构成犯罪的,由公安机关处十五日以下拘留、一万元以下罚款。

《人民币管理条例》规定:如果单位和个人持有伪造、变造的人民币的,应当及时上交中国人民银行、公安机关或者办理人民币存取款业务的金融机构;发现他人持有伪造、变造的人民币的,应当立即向公安机关报告。对于发现伪造、变造的人民币有以下两种处理方式:一是中国人民银行、公安机关发现伪造、变造的人民币,应当予以没收,持有人如果对公安机关没收的人民币的真伪有异议的,即认为其被没收的人民币是真币而非伪造或变造的,则可以向中国人民银行申请鉴定。二是办理人民币存取款业务的金融机构在营业活动中如果发现有数量较多的伪造、变造人民币,或者有新版的伪造人民币或者有其他制造贩卖伪造、变造人民币的线索,应当立即报告公安机关;数量较少的,由该金融机构两名以上工作人员当面予以收缴,加盖"假币"字样的戳记,登记造册,向持有人出具中国人民银行统一印制的收缴凭证,并告知持有人可以向中国人民银行及其授权的国有独资商业银行的业务机构申请鉴定。中国人民银行及其授权的国有独资商业银行的业务机构应当无偿提供鉴定人民币真伪的服务。

公安机关和办理人民币存取款业务的金融机构应当将没收或收缴的伪造、变造的人民币解缴当地中国人民银行。对盖有"假币"字样戳记的人民币,若经鉴定认为是真币,应由中国人民银行及其授权的国有独资商业银行的业务机构按照面额予以兑换。办理人民币存取款业务的金融机构应当采取有效措施,防止以伪造、变造的人民币对外支付。办理人民币存取款业务的金融机构应当在营业场所无偿提供鉴别人民币真伪的服务。伪造、变造的人民币由中国人民银行统一销毁。

**(二) 反洗钱法律制度**

1. 洗钱与反洗钱概念

洗钱是指将非法所得的财产及其收益的来源隐瞒,并通过一定的手段使其披上合法的"外衣"进入流通领域。洗钱有着特殊的法律意义，它是指将某些特定的犯罪所获得的财产及收益"合法化"的过程。

反洗钱是指国家反洗钱机构预防、阻止各类洗钱活动，并对其加以制裁的相关措施的总称。《反洗钱法》第2条规定："本法所称反洗钱，是指为了预防通过各种方式掩饰、隐瞒毒品犯罪、黑社会性质的组织犯罪、恐怖活动犯罪、走私犯罪、贪污贿赂犯罪、破坏金融管理秩序犯罪、金融诈骗犯罪等犯罪所得及其收益的来源和性质的洗钱活动，依照本法规定采取相关措施的行为。"

1989年全国人大常委会批准加入《联合国禁毒公约》后，制定通过的《关于禁毒的决定》中规定"掩饰、隐瞒出售毒品获得财物的非法性质和来源"为犯罪行为，可认为是"洗钱罪"的实质规定。1997年新《刑法》中以叙明罪状的方式明确了"洗钱罪"的概念、构成要件及法定刑，2006年全国人大常委会通过的《刑法修正案（六）》则扩大了洗钱罪的上游犯罪的范围，同时还制定了《反洗钱法》。中国人民银行也颁布了《金融机构反洗钱规定》《金融机构大额交易和可疑交易报告管理办法》《反洗钱现场检查管理办法（试行）》等，证监会发布《关于做好大额交易和可疑交易报告及相关反洗钱工作的通知》，国家外汇管理局发布《国家外汇管理局关于启用外汇反洗钱信息系统的通知》，以及其他的一些国家机关发布的规范性文件，构建了我国的反洗钱规范体系。

2. 反洗钱工作体制

我国从中央到地方参与或者执行反洗钱功能的机构包括国务院反洗钱行政主管部门及其派出机构、各级公安司法机关、国务院各金融监管机构、各金融监管机构所监管的各类金融机构。

国务院反洗钱主管部门是中国人民银行，其职责是组织、协调全国的反洗钱工作，负责反洗钱的资金监测，制定或者会同国务院有关金融监督管理机构制定金融机构反洗钱规章制度，监督、检查金融机构履行反洗钱义务的情况，在职责范围内调查可疑交易活动，履行法律和国务院规定的有关反洗钱的其他职责。国务院反洗钱行政主管部门的派出机构在国务院反洗钱行政主管部门的授权范围内，对金融机构履行反洗钱义务的情况进行监督、检查。

中国人民银行内部履行主要反洗钱职责的是直属其管辖的中国反洗钱监测分析中心，其主要职责包括：(1)会同有关部门研究、制定大额与可疑资金交易信息报告标准；(2)负责收集、整理并保存大额与可疑资金交易信息报告；

(3) 负责研究、分析和甄别大额与可疑资金交易报告,配合有关行政执法部门进行调查;(4) 按照规定向有关部门移送、提供涉嫌洗钱犯罪的可疑报告及其分析结论;(5) 按照规定向有关部门提交大额支付信息;(6) 研究分析洗钱犯罪的方式、手段及发展趋势,为制定反洗钱政策提供依据。

国务院各金融监管机构的主要职责是参与制定所监督管理的金融机构反洗钱规章,对所监督管理的金融机构提出按照规定建立健全的反洗钱内部控制制度的要求,履行法律和国务院规定的有关反洗钱的其他职责。

被监管的各类金融机构是指依法设立的从事金融业务的政策性银行、商业银行、信用合作社、邮政储汇机构、信托投资公司、证券公司、期货经纪公司、保险公司以及国务院反洗钱行政主管部门确定并公布的从事金融业务的其他机构。金融机构的主要职责是根据反洗钱行政主管部门及监管部门的规定,建立健全反洗钱内部控制制度,并履行《反洗钱法》《金融机构反洗钱规定》《金融机构大额交易和可疑交易报告管理办法》中规定的其应当履行的义务。

3. 客户身份识别与身份资料保存保密制度

客户身份识别又称"了解你的客户"原则,来源于巴塞尔银行监管委员会公布的《防止为洗钱目的而非法利用银行系统的规定》,它是指对所有与银行交易的对象或使用银行提供的任何服务的对象,银行应该对其身份的真实性进行确认,对于那些不能证明其真实身份的客户,银行不能与其建立业务联系或者进行交易。虽然这一原则巴塞尔银行监管委员会只是用于银行业,但是对于其他金融机构而言同样重要。身份识别不仅是金融机构内部控制制度的重要内容,更是反洗钱预防措施的重要环节。如果有足够完善和精密的身份识别制度,有足够翔实的客户身份资料,洗钱的第一环节——放置阶段的门槛将会非常高,犯罪分子止步于第一阶段的可能性和被反洗钱机关发现的可能性都会随之加大。因此建立完善的身份识别制度对于反洗钱工作的重要性不言而喻。

我国在《金融机构反洗钱规定》中对身份识别做了如下规定:(1) 对要求建立业务关系或者办理规定金额以上的一次性金融业务的客户身份进行识别,要求客户出示真实有效的身份证件或者其他身份证明文件,进行核对并登记,客户身份信息发生变化时,应当及时予以更新;(2) 按照规定了解客户的交易目的和交易性质,有效识别交易的受益人;(3) 在办理业务中发现异常迹象或者对先前获得的客户身份资料的真实性、有效性、完整性有疑问的,应当重新识别客户身份;(4)保证与其有代理关系或者类似业务关系的境外金融机构进行有效的客户身份识别,并可从该境外金融机构获得所需的客户身份信息。

2007年8月1日实施的由中国人民银行、中国证监会、银监会、保监会联合发布的《金融机构客户身份识别和客户身份资料及交易记录保存管理办法》中对银行类、证券类、保险类和其他金融公司的客户身份识别制度作出了更为具体的规定,要求不同的金融机构在不同种类的金融交易和金融业务中进行有效的客户识别,业务存续期间对客户身份持续识别;金融机构委托第三方识别客户身份需要符合相应条件和要求;客户身份识别过程中的可疑行为需要向反洗钱机构报告。金融机构在获得了客户的身份资料之后,必须对这些资料妥善保管,建立相应的资料保管制度,不得随意泄露,不得违反规定向客户和其他人员提供。

4. 交易记录保存与大额、可疑交易报告制度

对于不同账户之间资金的转移情况进行真实、可靠、及时的记录,这成为追踪犯罪分子的黑钱的来龙去脉的最有效的方式,这些记录也往往成为犯罪分子洗钱罪证的重要组成部分。而对于某些特殊的交易进行记录并向反洗钱机关报告,则是反洗钱案件的重要线索来源,对这些具有可疑特征的记录进行报告,通过反洗钱机关对搜集到的信息的整理和分析,再与公安机关进行协作配合调查,就成为整个反洗钱最主要、最基本的运作机制之一。

金融机构应当保存的交易记录包括:关于每笔交易的数据信息、业务凭证、账簿以及有关规定要求的反映交易真实情况的合同、业务凭证、单据、业务函件和其他资料。这些客户交易信息在交易结束后,应当至少保存五年。如客户身份资料和交易记录涉及正在被调查的可疑交易活动,且调查工作在前款规定的最低保存期届满时仍未结束的,金融机构应将其保存至调查工作结束。同一介质上存有不同保存期限客户身份资料或者交易记录的,应按最长期限保存。同一客户身份资料或者交易记录采用不同介质保存的,至少应当按照上述期限要求保存一种介质的客户身份资料或者交易记录。金融机构及其工作人员对依法履行反洗钱义务获得的交易信息应当予以保密,非依法律规定,不得向任何单位和个人提供。

在交易报告方面有两个标准:一是数额标准,二是可疑交易标准。以数额为标准的报告就是大额交易报告,而以可疑交易为标准就是可疑交易报告。根据《金融机构大额交易和可疑交易报告管理办法》规定,以下交易需要报告:(1)单

笔或者当日累计人民币交易 20 万元以上或者外币交易等值 1 万美元以上的现金缴存、现金支取、现金结售汇、现钞兑换、现金汇款、现金票据解付及其他形式的现金收支；(2) 法人、其他组织和个体工商户银行账户之间单笔或者当日累计人民币 200 万元以上或者外币等值 20 万美元以上的款项划转；(3) 自然人银行账户之间，以及自然人与法人、其他组织和个体工商户银行账户之间单笔或者当日累计人民币 50 万元以上或者外币等值 10 万美元以上的款项划转；(4) 交易一方为自然人、单笔或者当日累计等值 1 万美元以上的跨境交易。累计交易金额以单一客户为单位，按资金收入或者付出的情况，单边累计计算并报告，中国人民银行另有规定的除外。

可以免于报告的大额交易主要有：(1) 定期存款到期后，不直接提取或者划转，而是本金或者本金加全部或者部分利息续存入在同一金融机构开立的同一户名下的另一账户；活期存款的本金或者本金加全部或者部分利息转为在同一金融机构开立的同一户名下的另一账户内的定期存款；定期存款的本金或者本金加全部或者部分利息转为在同一金融机构开立的同一户名下的另一账户内的活期存款；(2) 自然人实盘外汇买卖交易过程中不同外币币种间的转换；(3) 交易一方为各级党的机关、国家权力机关、行政机关、司法机关、军事机关、人民政协机关和人民解放军、武警部队，但不含其下属的各类企事业单位；(4) 金融机构同业拆借、在银行间债券市场进行的债券交易；(5) 金融机构在黄金交易所进行的黄金交易；(6) 金融机构内部调拨资金；(7) 国际金融组织和外国政府贷款转贷业务项下的交易；(8) 国际金融组织和外国政府贷款项下的债务掉期交易；(9) 商业银行、城市信用合作社、农村信用合作社、邮政储汇机构、政策性银行发起的税收、错账冲正、利息支付；(10) 中国人民银行确定的其他情形。

5. 反洗钱国内协调与国际合作制度

经国务院批准，2004 年 8 月中国人民银行牵头组织召开了反洗钱工作部际联席会议第一次工作会议，确定了联席会议的组织架构和工作机制，并在《反洗钱工作部际联席会议制度》中明确了 23 个部委的职责分工。联席会议办公室主要是掌握全国各地区和各部门反洗钱工作情况，加强对洗钱活动手法、规律、特点的研究，就反洗钱工作的政策、措施、计划、项目向联席会议提出建议和方案；负责筹备联席会议的召开，督促落实联席会议作出的各项决定，及时通报反洗钱工作情况；统一协调各行业、各部门开展反洗钱工作，逐步实现有关工作信息共享;具体组织协调反洗钱国际合作,负责与国际或区域反洗钱组织、各国政府间的反洗钱合作事项,履行有关国际公约的义务。

我国目前在反洗钱国际合作方面有三种方式:一是加入反洗钱国际公约,如《联合国禁止非法贩运麻醉药品和精神药物公约》(即《联合国禁毒公约》)、《联合国打击跨国有组织犯罪公约》(即《巴勒莫公约》)、联合国《制止向恐怖主义提供资助的国际公约》《联合国反腐败公约》;二是加入国际反洗钱组织,我国加入的国际反洗钱组织主要有金融行动特别工作组,在此之前我国先加入了该组织的地区性组织——欧亚反洗钱与反恐融资小组(EAG);三是反洗钱工作人员国际交流学习。

### (三) 外汇管理法律制度

#### 1. 外汇管理与外汇管理法概念

外汇管理是指一国政府授权国家货币金融管理当局或其他国家机关,对外汇收支、买卖、借贷、转移以及国际结算、外汇汇率和外汇市场等实行的管制措施。外汇管理的作用包括:(1) 稳定本国货币的对外汇率;(2) 防范外汇风险,保护国内市场,促进经济发展;(3) 平衡本国国际收支;(4) 限制不利于本国经济发展的资本流动;(5) 配合贸易与投资政策,加强国际竞争力。

国家为了维护本国国际收支的平衡和汇价水平的稳定,有必要专门对外汇的买卖、收付、借贷、转移以及本国货币的汇率和外汇市场活动实行程度不同的限制措施,即对外汇进行管理(管制)。外汇储备的增加和减少,主要由进出口贸易外汇收支来决定。国际收支顺差则外汇储备增加,国际收支逆差则外汇储备减少。外汇储备减少会导致财政状况的恶化和汇价的波动,造成本国货币的贬值,影响本国的对外偿债能力。虽然各国外汇管理的宽严程度不同,但各国均从宏观上调控外汇收支,确保对外支付能力,积累一定的外汇储备,防止国际金融市场波动对本国造成不利影响。此外,由于现代市场经济下,全球资本在世界范围内流动,为了限制短期资本进出国境对本国经济的消极影响,也需要对外汇进行管理。在经济全球化格局下,贸易投资与外汇政策的关系越来越密切,各国为了加强本国产业的国际竞争力,对外汇政策不断进行调整。

根据各国和地区对外汇管理的严格程度,可将外汇管理分为三种类型:一是基本不实行外汇管制,即对经常项目和资本项目外汇收支都不加限制,允许外汇自由兑换、自由进出国境。这类国家主要是世界金融中心所在国，如美国、英国、瑞士、荷兰、新加坡、卢森堡等。二是部分外汇管制，即对经常项目的外汇收支原则上不加限制，但对资本项目的外汇收支加以一定的限制。一些发达的市场经济国家，如日本、丹麦、挪威、法国、意大利等国家，实行部分外汇管理。三是严格的外汇管制，即对经常项目外汇和资本项目的外汇收支都实行严格的限制。大多数发展中国家，外汇资金缺乏，为了发展生产抵御债务风险，都实行严格的外汇管理。我国在深化外汇管理体制改革的过程中，总体实行的是部分外汇管制的类型，但也正在加大人民币跨境流通的使用力度，并在自贸区、保税区和边境地区实行有区别的外汇管理。

外汇管理法是调整在外汇管理活动中发生的社会关系的法律规范的总称。在我国，有关外汇的法律规范主要有国务院制定的行政法规和中国人民银行以及外汇管理局制定的专门规章。如1980年12月颁布的《外汇管理暂行条例》，1996年2月颁布的《外汇管理条例》，1996年底实现人民币经常项目下可兑换后，1997年1月又对《外汇管理条例》进行了修改和补充。随着我国经济的快速发展以及国际经济形势的变化，外汇管理的背景、内容、形式等都发生了很大的变化，部分外汇管理规定越来越不适应经济发展的客观需要，有些已被新的规定所代替，有些适用期已过或者调整对象已消失。为此国务院于2008年8月对《外汇管理条例》进行了修订，适用于境内机构、境内个人的外汇收支或者外汇经营活动，以及境外机构、境外个人在境内的外汇收支或者外汇经营活动。全国人大常委会1998年12月29日通过的《关于惩治骗购外汇、逃汇、非法买卖外汇犯罪的决定》、国务院1998年12月16日批准的《关于骗购外汇、非法套汇、逃汇、非法买卖外汇等违反外汇管理行为的行政处分或者纪律处分暂行规定》等，都对外汇违法行为所应承担的法律责任作了明确规定。

2. 外汇管理的内容与基本规则

外汇管理的对象包括对物和对人两个方面。对物的管理是指对外汇的管理。对人的管理包括对自然人和法人的管理。根据居住地点和期限的不同，人又可分为居民和非居民。居民是指在本国境内居住一年以上的本国人和外国人。因居民的外汇收支对本国的国际收支影响较大，一般对居民的外汇管理较严，对非居民的外汇管理较松。

外汇管理的项目主要包括经常项目外汇管理、资本项目外汇管理、金融机构外汇管理、汇率管理、外汇市场管理以及黄金等贵金属的出入境管理。

我国外汇管理的基本规则有:(1)我国境内禁止外币流通,并不得以外币计价结算,国家另有规定的除外;(2)对国际收支实行统计申报制度;(3)国家对经常性国际支付和转移不予限制;(4)境内机构、境内个人的外汇收入可以调回境内或者存放境外,调回境内或者存放境外的条件、期限等,由国务院外汇管理部门根据国际收支状况和外汇管理的需要作出规定;(5)国务院外汇管理部门依法持有、管理、经营国家外汇储备,遵循安全、流动、增值的原则;(6)国际收支出现或者可能出现严重失衡,以及国民经济出现或者可能出现严重危机时,国家可以对国际收支采取必要的保障、控制等措施。

### 3. 外汇管理机关

实行外汇管理的国家,多数授权中央银行履行外汇管理职能。少数由政府设立专门的外汇管理机构,如意大利的外汇管理署。个别国家如日本由财政部门大藏省执行外汇管理职能。我国《外汇管理条例》第2条规定,国务院外汇管理部门及其分支机构(统称外汇管理机关)依法履行外汇管理职责。

1979年3月,国务院设立了国家外汇管理总局,它与中国银行合署办公,实际上是一个机构,两块牌子。1982年8月,国家外汇管理总局并入中国人民银行,属于中央银行管理外汇的一个职能部门,其名称改为国家外汇管理局。1988年,国务院进行了机构调整,将国家外汇管理局划为国务院直属局,业务上由中国人民银行代管,在地方各省、自治区、直辖市设立以及分局,在全国大部分市设立二级分局,有个别外汇集中的县、市还设立了支局,从中央到地方建立了外汇管理的行政管理体系。

### 4. 外汇账户的管理

《外汇管理条例》第7条规定,"经营外汇业务的金融机构应当按照国务院外汇管理部门的规定为客户开立外汇账户,并通过外汇账户办理外汇业务。经营外汇业务的金融机构应当依法向外汇管理机关报送客户的外汇收支及账户变动情况"。

按外汇账户的性质或外汇资金来源划分,可分为经常项目账户和资本项目账户。经常项目外汇账户主要用于经常项目外汇的收入与支出,也可用于经外汇管理部门批准的资本项目的支出。明细外汇账户有:结算户、代理户、工程承包户、驻华机构经费专户、保证金户等。资本项目外汇账户主要为资本项目下各类贷款、直接投资、证券投资等专户,它可用于经常项目支出或资本项目支出。明细账户有:资本金户、国内金融机构外汇贷款账户、外债户、还本付息专户、股票专户等。

按账户的功能划分可分为两类,即外汇结算账户和专项账户。外汇结算账户用于经常项目项下频繁的收支结算,如中资企业外汇结算账户、外商投资企业外汇结算账户。专项账户是用于存放特定外汇收入或用于特定外汇支出的账户,如境外捐助账户、还贷专户、临时账户等。

5. 经常项目下外汇管理

经常项目是指国际收支中涉及货物、服务、收益及经常转移的交易项目等。《外汇管理条例》第5条明确规定,国家对经常性国际支付和转移不予限制,因此在我国,人民币经常项目可兑换是一个基本政策。

(1) 经常项目外汇收支应当具有真实、合法的交易基础。经营结汇、售汇业务的金融机构应当按照国务院外汇管理部门的规定,对交易单证的真实性及其与外汇收支的一致性进行合理审查。

(2) 经常项目外汇收入可以按照国家有关规定[①]保留或者卖给经营结汇、售汇业务的金融机构。

(3) 经常项目外汇支出应当按照国务院外汇管理部门关于付汇与购汇的管理规定,凭有效单证以自有外汇支付或者向经营结汇、售汇业务的金融机构购汇支付。

(4) 携带、申报外币现钞出入境的限额由国务院外汇管理部门规定。例如,对个人结汇和境内个人购汇实行年度总额管理,国家外汇管理局可根据国际收支状况,对年度总额进行调整。

经常项目外汇管理,因其适应条件的不同,又分为对境内机构、对个人、对外国驻华机构与外籍人员经常项目外汇的收支管理三类,具体由相关细则规定。

6. 资本项目外汇管理

资本项目是指国际收支中引起对外资产和负债水平发生变化的交易项目,包括资本转移、直接投资、证券投资、衍生产品及贷款等。资本项目反映长期资本和短期资本在国际流动的状况。

---

[①] 国家外汇管理局2007年8月发布《关于境内机构自行保留经常项目外汇收入的通知》。

国际资本流动影响国际收支平衡。在长期资本从债权国流入债务国的初期,债务国的国际收支状况得到改善,但从长远看,债务国因输入资本需要偿付本金、利息、股息,必然造成外汇流出,从而使债务国的国际收支再次失去平衡。短期资本的影响更大,如果债权人大量提取存款,将不可避免地造成债务国国际收支的急剧恶化。因此,各国往往采用外汇管制来限制资本频繁的国际移动。绝大多数国家在取消外汇管制的过程中,一般也都是先放松经常项目的外汇管制,再逐步放宽资本项目的外汇限制。

目前,除国务院另有规定外,资本项目外汇收入均需调回境内。境内机构(包括外商投资企业)的资本项目下的外汇收入均应向注册所在地外汇管理局申请在外汇指定银行开立外汇专用账户进行保留。外商投资项下外汇资本金结汇可持相应材料直接到外汇管理局授权的外汇指定银行办理,其他资本项下外汇收入经外汇管理部门批准后才能卖给外汇指定银行。除外汇指定银行部分项目外,资本项目下的购汇和对外支付,均需经过外汇管理部门的核准,持核准件方可在银行办理售付汇。境外在境内投资或证券交易,境内向境外投资或证券交易,借用外债,提供对外担保,向境外提供商业贷款等,需经有关主管部门批准后,应当到外汇管理机构办理登记。

2009年,外汇管理局发布《关于境内企业境外放款外汇管理有关问题的通知》,自2009年8月1日起允许我国境内的各类所有制企业均可以为其境外的子公司提供直接外汇融资。境外放款可以采取以下形式:一是直接放款,即由境内企业直接向其境外合法设立的全资附属企业或参股企业提供放款;二是通过外汇指定银行以委托贷款方式进行。此外,如果境内企业所属的企业集团设有具有外汇业务资格的企业集团财务公司,也可通过该企业集团财务公司以委托放款方式进行放款。

2009年7月13日,外汇管理局发布《境内机构境外直接投资外汇管理规定》,对之前已出台的比较分散的有关境外直接投资的规范性文件进行了系统梳理并于同年8月1日起实施。主要的改革措施包括:扩大境外直接投资外汇资金来源,将境外直接投资外汇资金来源的审核方式由事前审查改为事后登记;对境外直接投资企业的后续融资提供支持,明确境内机构可以向其境外直接投资企业提供商业贷款及融资性担保;将外汇局对境内机构境外投资资金汇出的管理由以往的核准制调整为登记制,等等。

### 7. 人民币汇率和外汇市场管理

汇率是本国货币与外汇的比值,它反映了本国货币的外部价值。汇率涉及本国货币的稳定和国际收支平衡,与货币政策关系重大,所以它也成为中央银行的调控对象之一。汇率制度分为两类:固定汇率制和浮动汇率制。固定汇率制是指本币与外币的汇率只允许在一定幅度内变动,变动超过上下限,该国中央银行有义务干预,使之回归幅度之内。浮动汇率制是指对汇价不加限制,任其随市场供求变化而涨跌,各国中央银行根据情况自由选择是否干预以及维持在何种水平,央行对汇率的间接干预被称为管理浮动。

1993年11月,《中共中央关于建立社会主义市场经济体制若干问题的决定》提出了改革外汇管理体制,建立以市场为基础的有管理的浮动汇率制度的改革方向。1994年,我国实现了汇率并轨,人民币汇率由官方定价和市场调剂价并存的双重汇率制转变为以市场供求为基础的、单一的、有管理的浮动汇率制度,并在《外汇管理条例》予以明确规定。

人民币汇率形成机制改革坚持主动性、可控性、渐进性的原则。自2005年7月21日起,我国开始实行以市场供求为基础、参考一篮子货币进行调节、有管理的浮动汇率制度。中国人民银行根据前一日银行间外汇市场形成的价格,每日公布人民币对美元及其他几种主要货币的汇率;各外汇指定银行在中国人民银行规定的幅度内挂牌,自行确定对客户的外汇买卖价格;中国人民银行通过对外汇交易市场吞吐外汇的调控,保持各银行挂牌汇率的基本一致和相对稳定,在市场出现不公正交易时,由中国人民银行通过限制汇率浮动幅度或其他措施进行干预。

我国的外汇市场是指全国统一的银行间外汇市场,即经国家外汇管理局批准可以经营外汇业务的境内金融机构(包括银行、非银行金融机构和外资金融机构)之间通过外汇交易中心进行人民币与外币之间的交易市场。外汇市场业务主要由人民币兑外币市场和外币兑换外币市场构成。从市场结构上看,可分为两个层次:一是外汇指定银行与客户(主要是企业)之间的零售市场,又称银行结汇售汇市场。外汇指定银行按照银行结汇售汇规定为企业和个人办理汇兑业务,实现企业、个人间的外汇供需要求。二是银行间买卖外汇的同业市场,又称银行间外汇市场,包括商业银行间的外汇交易,以及外汇指定银行与中央银行间进行的交易。它主要为银行结汇售汇后的头寸平衡服务,基本功能是生成人民币基准汇率,是人民币基准汇率形成的核心。

《外汇管理条例》规定,经营结汇、售汇业务的金融机构和符合国务院外汇管理部门规定条件的其他机构,可以按照国务院外汇管理部门的规定在银行间外汇市场进行外汇交易。外汇市场交易应当遵循公开、公平、公正和诚实信用的原则。国家外汇管理局依法监督管理全国的外汇市场,可以根据外汇市场的变化和货币政策的要求,依法对外汇市场进行调节。外汇市场交易的币种和形式由国家外汇管理局规定。

8. 违反外汇管理的法律责任

(1) 逃汇行为的法律责任。有违反规定将境内外汇转移境外,或者以欺骗手段将境内资本转移境外等逃汇行为的,由外汇管理机关责令限期调回外汇,并处逃汇金额30%以下的罚款;情节严重的,处逃汇金额30%以上等值以下的罚款;构成犯罪的,依法追究刑事责任。

(2) 套汇行为的法律责任。有违反规定以外汇收付应当以人民币收付的款项,或者以虚假、无效的交易单证等向经营结汇、售汇业务的金融机构骗购外汇等非法套汇行为的,由外汇管理机关责令对非法套汇资金予以回兑,并处非法套汇金额30%以下的罚款;情节严重的,处非法套汇金额30%以上等值以下的罚款;构成犯罪的,依法追究刑事责任。

(3) 非法携汇、结汇的法律责任。违反规定将外汇汇入境内的,由外汇管理机关责令改正,并处违法金额30%以下的罚款;情节严重的,处违法金额30%以上等值以下的罚款。违反规定携带外汇出入境的,由外汇管理机关给予警告,可以处违法金额20%以下的罚款。法律、行政法规规定由海关予以处罚的,从其规定。非法结汇的,由外汇管理机关责令对非法结汇资金予以回兑,并处违法金额30%以下的罚款。

## (四) 政策性银行法律制度

政策性银行是由政府创立、参股或保证的,专门在特定业务领域内执行国家经济政策的银行,它不以营利为目的。政策性金融是政府实现发展目标、弥补体制落后和市场失灵、维护国家经济金融安全、增强竞争力的一种金融形式。一般为政府拥有、赋权经营。它具有国家信用,体现了政府的意志。

1993年12月25日,国务院发布了《关于金融体制改革的决定》,金融体制改革的目的是使金融体制适应建立社会主义市场经济的需要,更好地发挥金融机构在国民经济宏观调控和优化资源配置中的作用,促进国民经济持续快速健康地发展。金融体制改革的目标是建立在国务院领导下,独立执行货币政策的中央银行宏观调控体系;建立政策性金融和商业性金融分离,以国有商业银行为主体、多种金融机构并存的金融组织体系;建立统一开放、有序竞争、严格管理的金融市场体系。这次金融体制改革的一项重要举措就是建立政策性银行。建立政策性银行的目的是实现政策性金融和商业性金融分离,以解决国有专业银行身兼二任的问题;割断政策性贷款与基础货币的直接联系,确保人民银行调控基础货币的主动权。

1. 我国的政策性银行

1994年,我国相继成立了三家政策性银行,即国家开发银行(1994年3月17日)、中国进出口银行(1994年7月1日)和中国农业发展银行(1994年11月8日)。这三家政策性银行都是直属于国务院领导的政策性金融机构,在业务上接受国务院银行业监督管理机构的指导和监督。

(1) 国家开发银行。国家开发银行是一家以国家重点建设为主要融资对象的政策性投资开发银行,注册资本为500亿元人民币,由财政部划拨,主要办理国家重点建设(包括基础设施、基础产业和支柱产业)的政策性贷款及贴息业务。

(2) 中国进出口银行。中国进出口银行成立于1994年7月,是直属国务院领导的政策性金融机构,具有法人资格,不设营业性分支机构,注册资本金为33.8亿元人民币,由财政部核拨。中国进出口银行的主要职责是贯彻执行国家产业政策、外经贸政策、金融政策和外交政策,为扩大我国机电产品、成套设备和高新技术产品进出口,推动有比较优势的企业开展对外承包工程和境外投资,促进对外关系发展和国际经贸合作,提供政策性金融支持。

(3) 中国农业发展银行。中国农业发展银行成立于1994年11月,是一家以承担国家粮棉油储备、农副产品收购、农业开发等方面的政策性贷款为主要业务的政策性银行,注册资本为200亿元人民币,一部分资本金从中国农业银行资本金中划拨,以及接管原中国农业银行和中国工商银行的农业政策性贷款(债权),并接受相应的中国人民银行的贷款(债务)。

2. 政策性银行的改革

随着经济的全球化,金融市场的竞争越来越激烈,许多政策性银行失去了发展的可持续性,许多国家的政策性银行纷纷进行改革和重组。2007年1月,第三次全国金融工作会议在北京召开,会议要求按照分类指导、"一行一策"的原则,推进政策性银行的改革。首先推进国家开发银行商业化改革,实行自主经营、自担风险、自负盈亏。

传统意义上的政策性金融机构,只着眼于社会效益,而不追求自身业绩。过度依赖政府财政补贴,政策性金融机构充其量只是政府财政拨款的延伸和补充,作用非常有限。而综合性开发金融机构,则是对传统政策性金融的继承和超越,它更多地强调商业原则,通过制度和市场的建设保持经营和可持续发展。这种机构的能力和潜力,远远大于仅仅依赖于政府财政的政策性金融机构。

经国务院同意,银监会2008年批准国家开发银行以发起设立的方式进行改制,设立国家开发银行股份有限公司,注册资本金为人民币3000亿元,由财政部和中央汇金投资有限责任公司共同出资,双方持股比例分别为51.3%和48.7%。国家开发银行股份有限公司性质为商业银行,从现有的资产规模和股东构成属性看,是排名居工、农、中、建行之后的第5家大型国有商业银行。改制设立国家开发银行股份有限公司是党中央、国务院作出的重大改革部署,是我国深化银行业改革取得的又一项重大成果。国家开发银行股份有限公司依法承继原国家开发银行的全部资产和负债,主要从事中长期信贷与投资等金融业务,业务范围包括吸收除居民储蓄存款外的公众存款,以及发放短期、中期和长期贷款等《商业银行法》所规定的其他各项业务,但不再包含政策性银行业务。国家开发银行改制为商业银行后,将与其他商业银行一样,在机构、业务和高管人员等方面依法纳入商业银行有效监管体系。除自身的经营业务外,国家开发银行还对部分金融机构以及村镇银行进行控股投资。

要实现我国政策性银行的顺利转型,还需要立法保障。在立法层面应该尽快构建一个完善的政策性银行法律体系,明确政策性银行的基本原则、宗旨、目标和性质,规范其组织结构、业务活动,建立起有效的监督机制。

# 第十三章 财政调控法

## 一、预 算 法 制

### (一) 预算与预算法概述

1. 预算的含义

预算又称国家预算。"一般认为,预算是经法定程序批准的国家各级人民政府和实行预算管理的各部门、各单位一定期间的财政或财务收支计划,具有计划性、法定性、政治性、预测性、公开性等基本特点。"[①]预算是国家存在并实现其职能的物质基础,是国家管理社会经济事务和政府实施宏观调控的主要手段之一,在整个国家财政体系中居于核心地位。

形式上,国家预算是按照一定的标准将财政收入和支出分门别类地列入特定的表格,综合反映国家经济上的活动。实质上预算是一种制度,通过复杂、精确的数据与表格界定政府活动的范围,划定公共领域与私人领域的边界。所以,预算本质上是一个兼具政治性的法律问题,预算权力是极为重要的政治权力,预算制度也成为现代市场经济国家进行收入分配和宏观调控,以及控制政府行为的重要工具。

2. 预算法概念

预算法是调整预算关系,规范预算行为,贯彻国家财政政策,管理财政收支分配的基本法律手段,是财政法体系的核心制度。广义上的预算法,即一般意义上所说的预算法渊源,既包括宪法性法律中关于预算的基本规定,也包括有关预算的单行法律规范。自1949年9月27日中国人民政治协商会议第一届全体会议通过载有"建立国家预算、决算制度"内容的《共同纲领》以来,我国预算法律制度经历了不同的历史发展时期。1951年,政务院颁布《预决算暂行条例》,这个条例一直沿用40年。1991年10月,国务院颁布《国家预算管理条例》。1994年

---

① 刘剑文主编:《财税法学》,高等教育出版社2012年版,第83页。

3月,第八届全国人民代表大会第二次会议审议通过了《预算法》,该法自1995年1月1日起施行。1995年11月,国务院颁布《预算法实施条例》。通过法律法规对预算制度的管理基准进行明确规定,使其标准化和规范化,预算管理从此进入有法可依的新阶段。在此后的二十年中,历经四次审议,第十二届全国人大常委会第十次会议于2014年8月31日表决通过了《全国人大常委会关于修改〈预算法〉的决定》,并决议于2015年1月1日起施行。新《预算法》将实行全口径预算管理,规范政府收支行为,要求政府预算活动必须严格遵循法律,以实现政府财政收支活动和管理行为的制度化、程序化、透明化,并接受人民监督,标志着我国现代预算制度的逐步发展和完善。

3. 预算权的配置

《预算法》中关于预算级次的划分、预算收支的范围以及预算管理的职权分割等,构成了预算权配置权的主要内容。

预算级次的划分。《预算法》第3条规定,国家实行一级政府一级预算,设立中央,省、自治区、直辖市,设区的市、自治州,县、自治县、不设区的市、市辖区,乡、民族乡、镇五级预算。全国预算由中央预算和地方预算组成。地方预算由各省、自治区、直辖市总预算组成。地方各级总预算由本级预算和汇总的下一级总预算组成;下一级只有本级预算的,下一级总预算即指下一级的本级预算。没有下一级预算的,总预算即指本级预算。

预算收支的范围。根据《预算法》规定,一般公共预算收入包括各项税收收入、行政事业性收费收入、国有资源(资产)有偿使用收入、转移性收入和其他收入。一般公共预算支出按照其功能分类,包括一般公共服务支出,外交、公共安全、国防支出,农业、环境保护支出,教育、科技、文化、卫生、体育支出,社会保障及就业支出和其他支出。一般公共预算支出按照其经济性质分类,包括工资福利支出、商品和服务支出、资本性支出和其他支出。政府性基金预算、国有资本经营预算和社会保险基金预算的收支范围,按照法律、行政法规和国务院的规定执行。

预算管理职权。预算管理职权是指各级预算主体在预算活动中享有的权力和职责。预算管理职权根据主体不同,可分为权力机关的职权、行政机关的职权、财政部门的职权和其他部门和单位的职权。根据最新《预算法》规定,全国人民代表大会审查中央和地方预算草案及中央和地方预算执行情况的报告(审查权);批准中央预算和中央预算执行情况的报告(批准权);改变或者撤销全国人民代表大会常务委员会关于预算、决算的不适当的决议(变更、撤销权)。全国人民代表大会常务委员会监督中央和地方预算的执行(监督权);审查和批准中央预算的调整方案;审查和批准中央决算(审批权);撤销国务院制定的同宪法、法律相抵触的关于预算、决算的行政法规、决定和命令;撤销省、自治区、直辖市人民代表大会及其常务委员会制定的同宪法、法律和行政法规相抵触的关于预算、决算的地方性法规和决议(撤销权)。

地方人大对于本级预算享有与全国人大对国家预算的同等权力,地方人大常委会对本级预算享有与全国人大常委会对国家预算的同等权力。设立预算的乡、民族乡和镇的人民代表大会对于本级预算享有审批权、监督权和撤销权。

国务院编制中央预算、决算草案(编制权);向全国人民代表大会作关于中央和地方预算草案的报告;将省、自治区、直辖市政府报送备案的预算汇总后报全国人民代表大会常务委员会备案(报告权);组织中央和地方预算的执行(执行权);决定中央预算预备费的动用(决定权);编制中央预算调整方案;监督中央各部门和地方政府的预算执行(监督权);改变或者撤销中央各部门和地方政府关于预算、决算的不适当的决定、命令(变更、撤销权);向全国人民代表大会、全国人民代表大会常务委员会报告中央和地方预算的执行情况。县级以上人民政府对于本级预算享有与国务院对中央预算的同等权力,乡镇人民政府对于本级预算享有编制权、报告权、决定权和执行权。

国务院财政部门负责具体组织实施工作。地方各级政府财政部门对于本级预算享有编制权、执行权、提出方案权和报告权。

各部门和各单位具体负责本部门和单位预算的编制和执行。

**(二) 复式预算体系**

我国目前实行的是包括一般公共预算、政府性基金预算、国有资本经营预算、社会保险基金预算在内的复式预算体系。这一体系区分了政府以公共管理者与国有资产所有者身份取得收入和支出的不同性质,克服了单式预算体系(所谓单式预算是指政府在一个财政年度内的全部财政收支汇编在一个统一的预算表格中,而不区分各项财政收支的经济性质)对预算执行结果难以得出正确结论的缺陷,具有重大意义。

一般公共预算是指国家以政治权力身份所取得的以税收为主体的财政收入，安排用于保障和改善民生、推动经济社会发展、维护国家安全、保障国家机构正常运转等方面的收支预算。一般公共预算的基本特征是：第一，其分配的主体是政府，具有公共性；第二，其分配的目的是满足公共需求；第三，其实现方式是凭借政府的政治权力而非市场机制进行运作，具有强制性；第四，其收入主要是税收，其支出具有公共性，包括经常性经费和公共投资性支出。一般性公共预算作为我国《预算法》体系的主体，主要包括：中央一般公共预算收入包括中央本级收入和地方向中央的上解收入。中央一般公共预算支出包括中央本级支出、中央对地方的税收返还和转移支付。而地方各级一般公共预算收入包括地方本级收入、上级政府对本级政府的税收返还和转移支付、下级政府的上解收入。地方各级一般公共预算支出包括地方本级支出、对上级政府的上解支出、对下级政府的税收返还和转移支付。

一般公共预算收入包括税收收入、行政事业性收费收入、国有资源（资产）有偿使用收入、转移性收入和其他收入。[①] 其中，最主要的就是税收收入，我国的税收体系根据事权与财权相结合，按税种划分中央与地方的收入。具体而言，将维护国家权益、实施宏观调控所必需的税种划分为中央税，例如关税、消费税、车辆购置税、海关代征消费税和增值税等集中交纳的税种。将适合地方征管的税种划分为地方税，例如营业税（不含铁道部门、各银行总行、各保险总公司集中交纳的营业税）、城镇土地使用税、房产税、车船税、印花税、耕地占用税等。将同经济发展直接相关的主要税种划分为中央与地方共享税，例如资源税按不同的品种划分，大部分资源税作为地方收入，海洋石油资源税作为中央收入。一般公共预算的支出按照其功能分类，包括一般公共服务支出，外交、公共安全、国防支出，农业、环境保护支出，教育、科技、文化、卫生、体育支出，社会保障及就业支出和其他支出；按照其经济性质分类，包括工资福利支出、商品和服务支出、资本支出和其他支出。

一般性公共预算是我国《预算法》构造的基础，在预算体系中居于主体地位。

政府性基金预算是对依照法律、行政法规的规定在一定期限内向特定对象征收、收取或者以其他方式筹集的资金，专项用于特定公共事业发展的收支预

---

① 参见李昌麒主编：《经济法学》，法律出版社2016年版，第339页。

算,是政府预算体系的重要组成部分。政府性基金预算应当根据基金项目收入情况和实际支出需要,按基金项目编制,做到以收定支。其管理原则是"以收定支、专款专用、结余结转使用",这对于提高政府预算的统一性和完整性,增强预算的约束力和透明度,更好地接受人大和社会监督,具有十分重要的意义。

国有资本经营预算是指对国有资本收益作出支出安排的收支预算。国有资本经营预算应当按照收支平衡的原则编制,不列赤字,并安排资金调入一般公共预算。国有资本经营预算不同于一般公共预算的特征在于:第一,以国有资产的宏观经营为分配目的,所追求的是宏观经济效益;第二,以资产所有权为分配依据,并以自然垄断市场和一部分竞争性市场为主要活动范围;第三,收支内容基本上围绕对国有资产和国有资源进行价值管理和分配,属于经营型财政。建立国有资产经营预算制度,对增强政府宏观调控能力、完善国有企业收入分配制度具有重要的积极作用。

社会保险基金预算是对社会保险缴款、一般公共预算安排和其他方式筹集的资金,专项用于社会保险的收支预算。社会保险基金预算应当按照统筹层次和社会保险项目分别编制,做到收支平衡。其分配目的是保护公民和居民长期利益,协调收入的时间分配和代际分配,分配对象是参与者共同出资的社会保障资金,其中政府作为组织者,承担一部分拨款,用于满足社会特殊成员的需求,并承担最终支付责任。社会保障资金虽由各方共同筹资,但为了保护社会保障职能的连续性,在实施中采取法律手段强制执行,居民和单位作为个人无权抵制社会保障资金的集中管理。[①]

### (三) 预算管理程序

1. 预算的编制

预算编制是指编制预算草案。预算草案即各级政府、政府各部门、各单位编制的未经法定程序审批的预算收支计划。草案一经法定程序审批后,便成为正式的国家预算,因此预算编制是预算管理程序的基础环节。在现代民主国家,预算编制权基本上由行政机关行使,我国《宪法》和《预算法》也都明确了国务院财政部门以及地方各级财政部门是预算编制的主体。

---

① 参见漆多俊主编:《宏观调控法》,中国方正出版社2002年版,第138页。

(1) 编制预算的一般性要求。国务院应当及时下达关于编制下一年预算草案的通知,编制预算草案的具体事项由国务院财政部门部署。各级政府、各部门、各单位应当按照国务院规定的时间编制预算草案。各级预算应当根据年度经济社会发展目标、国家宏观调控总体要求和跨年度预算平衡的需要,参考上一年预算执行情况、有关支出绩效评价结果和本年度收支预测,按照规定程序征求各方面意见后进行编制。各级政府依据法定权限作出决定或者制定行政措施,凡涉及增加或者减少财政收入或者支出的,应当在预算批准前提出并在预算草案中作出相应安排。各部门、各单位应当按照国务院财政部门制定的政府收支分类科目、预算支出标准和要求,以及绩效目标管理等预算编制规定,根据其依法履行职能和事业发展的需要以及存量资产情况,编制本部门、本单位预算草案。省、自治区、直辖市政府应当按照国务院规定的时间,将本级总预算草案报国务院审核汇总。

(2) 各级政府举债的基本编制规范。中央一般公共预算中必需的部分资金,可以通过举借国内和国外债务等方式筹措,举借债务应当控制适当的规模,保持合理的结构。对中央一般公共预算中举借的债务实行余额管理,余额的规模不得超过全国人民代表大会批准的限额。国务院财政部门具体负责对中央政府债务的统一管理。地方各级预算按照量入为出、收支平衡的原则编制,除本法另有规定外,不列赤字。

经国务院批准的省、自治区、直辖市的预算中必需的建设投资的部分资金,可以在国务院确定的限额内,通过发行地方政府债券举借债务的方式筹措。举借债务的规模由国务院报全国人民代表大会或者全国人民代表大会常务委员会批准。省、自治区、直辖市依照国务院下达的限额举借的债务,列入本级预算调整方案,报本级人民代表大会常务委员会批准。举借的债务应当有偿还计划和稳定的偿还资金来源,且只能用于公益性资本支出,不得用于经常性支出。

除上述情形外,地方政府及其所属部门不得以任何方式举借债务。除法律另有规定外,地方政府及其所属部门不得为任何单位和个人的债务以任何方式提供担保。并且,国务院要建立地方政府债务风险评估和预警机制、应急处置机制以及责任追究制度。国务院财政部门对地方政府债务实施监督。

(3) 预算收入与支出的基本编制规范。各级预算收入的编制,应当与经济社会发展水平相适应,与财政政策相衔接。各级政府、各部门、各单位应当依照本法规定,将所有政府收入全部列入预算,不得隐瞒、少列。

各级预算支出应当依照《预算法》规定,按其功能和经济性质分类编制。各级预算支出的编制应当贯彻勤俭节约的原则,严格控制各部门、各单位的机关运行经费和楼堂馆所等基本建设支出。各级一般公共预算支出的编制,应当统筹兼顾,在保证基本公共服务合理需要的前提下,优先安排国家确定的重点支出。

(4) 转移支付的基本编制规范。一般性转移支付应当按照国务院规定的基本标准和计算方法编制。专项转移支付应当分地区、分项目编制。县级以上各级政府应当将对下级政府的转移支付预计数提前下达下级政府。地方各级政府应当将上级政府提前下达的转移支付预计数编入本级预算。

(5) 扶助性支出、预备费、周转金与调节基金的编制规范。中央预算和有关地方预算中应当安排必要的资金,用于扶助革命老区、民族地区、边疆地区、贫困地区发展经济社会建设事业。

各级一般公共预算应当按照本级一般公共预算支出额的1%至3%设置预备费,用于当年预算执行中的自然灾害等突发事件处理增加的支出及其他难以预见的开支。

各级一般公共预算按照国务院的规定设置预算周转金,用于本级政府调剂预算年度内季节性收支差额。

各级一般公共预算按照国务院的规定设置预算稳定调节基金,用于弥补以后年度预算资金的不足。

2. 预算的审批

预算审批是指国家各级权力机关对同级政府所提出的预算草案进行审查和批准的活动。权力机关对行政部门提出的预算草案进行审查和批准,使其成为具有法律效力的、各预算主体必须遵守的正式预算,这是预算管理程序中极为关键的一环。

根据《预算法》的规定,中央预算由全国人民代表大会审查和批准。地方各级预算由本级人民代表大会审查和批准。国务院在全国人民代表大会举行会议时,向大会作关于中央和地方预算草案以及中央和地方预算执行情况的报告。地方各级政府在本级人民代表大会举行会议时,向大会作关于总预算草案和总预算执行情况的报告。

各级政府预算经本级人大批准后,必须依法自下而上地向相应的国家机关备案。各级预算经本级人民代表大会批准后,本级政府财政部门应当在 20 日内向本级各部门批复预算。各部门应当在接到本级政府财政部门批复的本部门预算后 15 日内向所属各单位批复预算。

3. 预算的执行

预算执行是指经过法定程序批准的预算进入具体实施阶段。各级预算由本级政府组织执行,具体工作由本级政府财政部门负责。各部门、各单位是本部门、本单位的预算执行主体,负责本部门、本单位的预算执行,并对执行结果负责。预算收入征收部门和单位,必须依照法律、行政法规的规定,及时、足额征收应征的预算收入。不得违反法律、行政法规规定,多征、提前征收或者减征、免征、缓征应征的预算收入,不得截留、占用或者挪用预算收入。并且,2014 年新修订的《预算法》着重强调,各级政府不得向预算收入征收部门和单位下达收入指标。

4. 预算的调整

预算的调整是指在预算执行过程中,因发生特殊情况而对原来收支平衡的预算进行部分调整和变更。

在预算执行中,各级政府对于必须进行的预算调整,应当编制预算调整方案。预算调整方案应当说明预算调整的理由、项目和数额。中央预算的调整方案应当提请全国人民代表大会常务委员会审查和批准。县级以上地方各级预算的调整方案应当提请本级人民代表大会常务委员会审查和批准;乡、民族乡、镇预算的调整方案应当提请本级人民代表大会审查和批准。未经批准,不得调整预算。

5. 决算制度

决算是对预算收支的年度执行情况的总结。决算在形式上包括决算报表和文字说明两个部分。编制决算草案,必须符合法律、行政法规,做到收支真实、数额准确、内容完整、报送及时。决算草案应当与预算相对应,按预算数、调整预算数、决算数分别列出。一般公共预算支出应当按其功能分类编列到项,按其经济性质分类编列到款。

决算草案由各级政府、各部门、各单位,在每一预算年度终了后按照国务院规定的时间编制。编制决算草案的具体事项,由国务院财政部门部署。

国务院财政部门编制中央决算草案,经国务院审计部门审计后,报国务院审定，由国务院提请全国人民代表大会常务委员会审查和批准。县级以上地方各级政府财政部门编制本级决算草案，经本级政府审计部门审计后，报本级政府审定，由本级政府提请本级人民代表大会常务委员会审查和批准。

6. 预算和决算的监督

预算决算的监督根据主体不同，可以分为权力机关的监督、政府的监督、政府专门机关的监督和社会监督。

权力机关的监督。全国人民代表大会及其常务委员会对中央和地方预算、决算进行监督。县级以上地方各级人民代表大会及其常务委员会对本级和下级预算、决算进行监督。乡、民族乡、镇人民代表大会对本级预算、决算进行监督。各级人民代表大会和县级以上各级人民代表大会常务委员会有权就预算、决算中的重大事项或者特定问题组织调查，有关的政府、部门、单位和个人应当如实反映情况和提供必要的材料。各级人民代表大会和县级以上各级人民代表大会常务委员会举行会议时，人民代表大会代表或者常务委员会组成人员，依照法律规定程序就预算、决算中的有关问题提出询问或者质询，受询问或者受质询的有关政府或者财政部门必须及时给予答复。

政府的监督。各级政府监督下级政府的预算执行；下级政府应当定期向上一级政府报告预算执行情况。各级政府财政部门负责监督检查本级各部门及其所属各单位预算的编制、执行，并向本级政府和上一级政府财政部门报告预算执行情况。

政府专门机关的监督。县级以上政府审计部门依法对预算执行、决算实行审计监督。对预算执行和其他财政收支的审计工作报告应当向社会公开。政府各部门负责监督检查所属各单位的预算执行，及时向本级政府财政部门反映本部门预算执行情况，依法纠正违反预算的行为。

社会监督。公民、法人或者其他组织发现有违反本法的行为，可以依法向有关国家机关进行检举、控告。接受检举、控告的国家机关应当依法进行处理，并为检举人、控告人保密。任何单位或者个人不得压制和打击报复检举人、控告人。

**（四）我国预算法的进步、缺陷与完善**

1. 进步

2014年通过的《预算法》修正案共计100条，改动条文共82处，其中新增条文28条及3款内容,删除5个原有条文和1款内容。此次调整幅度较大,小到条文顺序、文字表达,大到条文增删。新《预算法》在强化人大预算监督权力、政府决策方式上发生了可喜的变化,实现预算由"政府管理的工具"向"管理政府的工具"转变,对于推进政府预算规范化,强化预算法律约束无疑具有十分重要的进步意义。

第一,实行全口径预算,健全预算编制制度。预算的完整性是《预算法》的基本原则,它要求政府全部收支都应纳入预算,全部收入和支出应分别独立编列表达,以实现立法机关对政府的全面审查监督。新《预算法》删除了有关预算外资金的规定,在第1条中将健全全面规范的预算制度作为立法宗旨,并在相关条款中对其作出较为全面规定,实行全口径预算。

预算编制是预算活动的起始和基础环节,是发挥预算功能的重要条件。新《预算法》为增强预算编制的科学性和规范性,完善了预算编制制度。例如,规定政府收支分类,要求各级预算支出应当按其功能和经济性质分类编制;编制预算时应当根据年度经济社会发展目标、国家宏观调控总体要求和跨年度预算平衡的需要,参考上一年预算执行情况、有关支出绩效评价结果和本年度收支预测,按照规定程序征求各方面意见进行编制。为体现收入预算从约束性转向预期性,规定收入编制应当与经济社会发展水平相适应,与财政政策相衔接,各级政府不得向预算收入征收部门和单位下达收入指标。为了增强地方政府财政保障能力,发挥地方债的积极作用,按照疏堵结合、适度放开、规范管理、防范风险的原则,规定在经国务院批准的省、自治区、直辖市的预算中必需的建设投资的部分资金,可以在国务院确定的限额内,通过发行地方政府债券举借债务的方式筹措。

第二,深化分税制财政管理体制改革,完善财政转移支付制度。分税制是我国财政体制改革应当长期坚持的目标,新《预算法》对此予以再次明确。但我国现行分税制并未对政府间事权进行划分,也未对省以下政府间财权进行划分,地方税建设长期滞后。在本次预算法修订审议稿中曾经对此作出细化规定。

新《预算法》规定财政转移支付应当规范、公平、公开,以推进地区间基本公共服务均等化为主要目标。为了增强转移支付的公平性、科学性和公开性,减少中央对地方的不当干预和"跑部钱进"现象,规定财政转移支付以均衡地区间基本财力、由下级政府统筹安排使用的一般性转移支付为主体。建立健全专项转移支付定期评估和退出机制;市场竞争机制能够有效调节的事项不得设立专项转移支付;上级政府在安排专项转移支付时,不得要求下级政府承担配套资金。

第三,强化人大预算权力,完善预算审批制度。新《预算法》在人大预算审批制度方面进行了较大幅度修改。一是增强初审机构的权力,规定各级人大财政经济委员会等专门委员会对本级预算草案、初步方案及上一年预算执行情况、本级预算调整初步方案和本级决算草案进行初步审查;初步审查意见应当印发本级人大代表。二是规定各级人大预算审查的重点是预算安排是否符合国民经济和社会发展的方针政策,收支政策是否可行;重点支出和重大投资项目的预算安排是否适当;对下级政府的转移性支出预算是否规范、适当等内容。三是重视社会公众对预算的审查监督权,规定县、自治县、不设区的市、市辖区、乡、民族乡、镇的人民代表大会举行会议审查预算草案前,应当采用多种形式组织本级人民代表大会代表,听取选民和社会各界的意见。

第四,增强预算执行的规范性,完善预算执行制度。硬化预算对政府支出的约束力,增强预算的执行力和规范性,是预算具有法律效力属性的必然要求,也是现代预算管理的核心所在。[①] 新《预算法》规定,经人民代表大会批准的预算,非经法定程序不得调整;各级政府、各部门、各单位的支出必须以经批准的预算为依据,未列入预算的不得支出。规定在预算执行中,各级政府一般不制定新的增加财政收入或者支出的政策和措施,也不制定减少财政收入的政策和措施;必须作出并需要进行预算调整的,应当在预算调整方案中作出安排。

第五,强化对预算决算的监督,完善预算法律责任制度。为了加强对决算的监督,新《预算法》规定决算草案应当与预算相对应,按预算数、调整预算数、决算数分别列出;财政部门编制的决算草案必须经审计部门审计后,才能报同级政府审定和提请人大常委会审查和批准。规定人大常委会审查决算的重点内容,提高对决算审查的质量。加强审计监督,规定对预算执行和其他财政收支的审计工作报告应当向社会公开。为改变法律责任严重虚化、缺乏刚性的问题,新《预算法》全面充实了法律责任规定,从各类预算主体、各个预算环节、各种预算行为等方面,对违反《预算法》的行为规定了具体的行政责任,有利于切实保障《预算

---

[①] 参见施正文:《新预算法与建立现代预算制度》,载《中国财政》2014年第18期。

法》各项制度的遵从和执行。

2. 缺陷与完善

新《预算法》的修订虽有可喜的进步,但并未就预算横向、纵向权力结构以及预算决策方式所存在的问题进行彻底的"清算",尚待进一步解决。

第一,预算权的配置是对控制稀缺资源的权力在立法机关和行政机关之间、行政机关内部各部门之间、司法机关之间进行调适和分配的过程,它的目标在于确保预算资金的安全高效运行。公众、社会和媒体的影响也是需要考虑的重要方面。[①] 预算权力结构的内容主要涉及四个方面:其一,公民和利益集团参与预算过程的程度、参与渠道、深度、效果等;其二,立法机关和政府之间预算权力的分配情况;其三,预算权力在政府内部的分配情况;其四,预算权力在立法机关内部的分配情况。权力有横向和纵向之分,预算权力结构更是如此。预算横向权力结构涉及立法机构和行政机构之间预算权分配情况,具体到我国《预算法》则是在人大和政府之间就预算编制、预算审批、预算执行和预算监督权力的分配。预算纵向权力结构则以行政机构内部的预算权力分配为核心。

在预算横向权力结构方面,政府主导是基本现状。预算横向权力结构涉及预算编制权、预算审批权、预算执行权以及监督审计权在人大、政府、审计机关之间的权力配置及其结构化。新《预算法》就预算横向权力结构的调整与规范在"议会至上"与"政府主导"两者之间摇摆不定,并未对人大与政府在预算横向权力结构中的地位、关系方面进行明确的界分。新《预算法》一方面增加第22条赋予人大财政经济委员会对预算草案、预算调整初步方案和预算决算草案的初步审查权以及第24条第3款乡镇级预算草案、预算调整方案、决算草案由乡级人大审查和批准的权力,新增加第48条和第49条细化人大审查权;另一方面,新《预算法》存在二十几处授权性法律条款,占据条文数量1/4的授权性条款成为政府获得实质性预算权力的通道。实质性授权条款抵销了形式上赋权条款的立法效能,预算法治过程中并未实现"议会至上"。在现代民主国家,财政民主主义已成为共识,在预算制度和理念中应当确立"议会至上"的原则,也即国家权力机关在国家预算活动中居于主导地位,实现预算由"政府管理的工具"向"管理政府的工具"的转变,以更好地实现预算的社会功能和制度价值。

---

① 参见张献勇:《预算权研究》,中国民主法制出版社2008年版,第29—33页。

第二，我国《预算法》中并未规定预算修正权。在实践操作中，权力机关对于预算草案只能在整体通过与整体否决两者之间进行选择，最终的结局往往是以整体通过而告终，如果赋予人大预算修正权就可以完全避免出现不合格预算被审议通过的尴尬局面。

第三，在预算纵向权力结构方面财权与事权的切割不均衡。中央与地方政府在预算收支权力分配中形成的权力格局及其结构化构成预算纵向权力结构。《预算法》第8条规定，我国实行中央和地方分税制。分税制确立了中央与地方政府围绕预算收入的分权格局，使中央政府在"中央—地方"纵向关系中保持强大的财政支配能力。随着分税制的不断推进，"强中央，弱地方"的结构得以强化，地方政府财权和事权的不均衡发展，随之而来的是地方预算收入与支出之间形成的巨大资金缺口。但是中央政府和地方政府之间的财政管理体制安排，已经超出了《预算法》的功能界限。毕竟《预算法》的修改不能完全等同于国家预算体制改革，无论《预算法》背后隐藏着再多的权力的博弈，它本质上还是一部注重预算程序规则的程序法。

现代预算必须在一套界定明确的财政规则下运作，这是保障财政纪律和可持续性的底线。新《预算法》在这方面表现积极，体现在债务资金用途以及债务限额管理上。但在税收、财政赤字、支出和贷款等方面，财政规则依然缺失。因此，理论上中央和地方政府可以继续不受"封顶"地拿钱和花钱，从而成为事实上的无限政府。①

第四，人大预算法律责任缺失。预算法定原则蕴含着多层意思，其中最重要的一项就是预算的形成及其运作过程受到法律的约束，即预算的要素法定、程序法定、责任法定。预算责任应是一种对不当预算行为或预算决策的审查、撤销以及纠正等，同时对决策失误者和不当行为者进行惩罚，从而使减损的公共利益得到复归，并消除预算过程中的潜藏威胁。预算责任应当涵盖预算全过程，包括预、决算的编制、审查、批准、监督以及预算的执行和调整。新《预算法》第92条到第95条围绕的焦点议题是政府预算的内部监督和管理，《预算法》规制的重点在于政府违法预算行为。但预算并不是政府单独可以完成的，对人大预算权力有效规制也是《预算法》不可回避的重要议题，是预算法定原则的基本要求，

---

① 参见杜坤：《预算法现代化的法治逻辑》，载《华东政法大学学报》2015年第2期。

更是预算责任全程化的题中之意。新《预算法》第十章并未将预算责任扩展到以人大为核心的立法机关,人大预算责任的缺失与预算法定原则的基本要求相背离。

第五,新《预算法》依然未提及建立预算公开制度。预算公开是预算法制现代化的重要一步,在考虑维护国家安全的前提下,可对预算信息进行严格的分类公开,便于社会对政府及其预算活动进行有效的监督。

预算背后所隐藏的权力结构是《预算法》改革的重点和难点,如果《预算法》的修订脱离了预算权力结构则只不过是对国家"预算机器"的表面修补。事实上,由于我国《宪法》预算基本规则以及预算权力结构的缺失,致使《预算法》修订中承载了太多难以完成的法治难题。"预算与政治体制非常复杂地联系在一起,影响预算最显著的方式是引入根本性的政治变化,如果不能同时影响政治过程,是不可能在预算过程上进行重大变化的"。迈向现代化的《预算法》,需要财税法领域乃至宪法领域等其他法律领域的配合与协调。

## 二、政府投资及政府投资引导制度

### (一) 政府投资的定义

投资是指经济主体为了获得经济利益而垫付货币或其他资源,并进而转化为实物资产或金融资产的活动。它是一国经济增长的基本推动力。社会发展的各个阶段,如果没有一定量的投资,经济是难以启动和发展的。以参与主体的性质不同,投资可分为政府投资和非政府投资两大部分。政府投资是指国家为了实现其职能,满足社会公共需要,由政府通过投入财政资金,以建造和转化为政府公共部门资产的行为和过程。[1]

政府投资是为了实现一定的经济和社会发展战略,政府运用国有资本(包括税费收入、国债、外国政府和国际组织债券、贷款或捐赠等)直接参与社会投资活动的行为,在本质上是一种非牟利性、非行政管理的国家经济调节行为,是非单纯的投资行为。从政府投资的功能和任务来看,有的学者认为,国家(政府)投资

---

[1] 参见施正文:《关于我国政府投资法制建设几个问题的探讨》,载《国家行政学院学报》2005年第1期。

经营目的有三:财政性——扩大国家机关财源,政治性——维护和巩固国家政权,经济性——调节经济结构与运行,①同时促进社会经济协调、稳定和发展,侧重于维护社会经济的总体效益和社会公平。

在现代市场经济条件下,市场是投资的主体,绝大部分投资都应由市场中的私人投资来承担,这是市场经济的应有之义。但由于市场的缺陷或有限性,政府投资具有宏观调控经济和资源配置的导向作用,以弥补市场失衡的状态,改变资源分配不均的情况,从而推动社会经济的发展和生产结构的优化。因此,政府投资在国民经济发展过程中具有不可替代的作用。

政府投资法是调整政府投资关系的法律规范的总称,它是有关主体进行政府投资活动的行为准则,是顺利进行政府投资的法律保障。我国目前尚未制定统一的政府投资法,这主要是由于我国长期以来的计划经济体制的影响造成。目前,我国的政府投资法律制度主要组成部分是行政法规、部门规章和较大数量的规范性文件,而且大部分法规规章的效力层级较低。实际上,我国政府投资法律体系应该形成从法律到行政法规、再到部门规章的金字塔形的法律规范结构,但在这个体系结构中,我们看到法律层级的规范空白,且行政法规也为数不多,实际上,大量的地方级法规、规章等起着法律的规范效力,成为政府投资领域的主要规范,所以大量的地方规范性文件的存在构成了政府投资赖以运行的规范性文件体系。这种法律、行政法规、部门规章三者比例严重失调的政府投资法律体系,使我国政府投资规则的效力偏低,并且存在着诸多空白。随着投资体制改革的不断深入,要求制定一部专门的、科学规范政府投资行为的政府投资法的呼声越来越高,同时这已是社会主义市场经济发展的必然要求。

### (二) 政府投资法律制度

政府投资的基本法律制度包括投资主体和投资体制、投资宏观调控制度、投资资金管理制度、投资项目管理制度、投资项目建设程序制度、投资监督和法律责任制度。②

#### 1. 政府投资主体和投资体制

一是政府投资主体。政府投资主体是政府及其授权和运营的组织,这些组

---

① 参见漆多俊:《经济法基础理论》,武汉大学出版社2003年版,第86页。
② 参见刘剑文主编:《财税法学》,高等教育出版社2012年版,第71页。

织成为投资主体应当具备法定的资格条件:在经济社会发展中能够依法独立作出投资决策,包括投资方向、投资规模、投资形式等;有足够的资金来源进行投资;对投资所形成的资产享有所有权和法人财产权,并能依法自主或委托他人经营;能够承担投资风险和相应的法律责任。政府投资主体作为经济实体,享有独立法人人格,代表各级政府进行投资,能够实行独立核算、自主经营、自负盈亏承担风险和相应的法律责任。目前,我国在经营性政府投资项目中实行项目法人责任制,政府直接把控制权授予作为市场主体的项目管理公司,由其实行全过程运作来承担风险和责任。而对非经营性政府投资项目则推行"代建制",政府通过招投标的市场方式确定代建人,以代建合同形式明确代建人在政府投资项目过程中的地位与权责。①

二是政府投资体制。目前,我国政府投资体制中存在政府投资范围过于宽泛、投资结构不合理的问题,并且在中央和地方投资权限划分中,有待进一步明确。中央政府和地方政府分配与投资事权划分不协调,由此产生政府权力边界的过度扩张和行为的不规范已成为不容忽视的问题。因此,政府投资体制的完善,首先要按照市场经济体制中政府与市场关系的定位、分税制财政体制和建设公共财政的要求,明确界定和合理划分政府投资范围,总的原则是政府投资应当从经营性项目或企业可以承担的项目中退出来,主要投向关系国家安全和市场不能有效配置资源的经济和社会领域,包括公益性和公共基础设施建设、保护和改善生态环境、区域经济均衡发展、高新技术产业化等。合理划分中央政府和地方政府的投资事权,赋予地方政府必要的投资职责。考虑划分的外部效应和规模经济效应原则,对于具有十分明显的外部效应和规模经济效应的公共产品一般由中央政府提供,或者根据其外溢程度提供投资补贴,让地方政府投资以改善效率促进公平,对那些会影响宏观经济运行和收入再分配的政府投资由中央进行。在筹资渠道上,采用税收、国有资产收益、收费、专项建设基金、罚没收入、债务收入等多种手段。在投资方式上,可运用政府直接投资,无偿提供;政府直接投资或融资,以经营方式提供;政府投融资;"建设—经营—转让"(BOT)等方式。要注意利用特许经营、投资补助等方式,引入市场机制,充分发挥政府投资的效益。

---

① 参见严玲、赵黎明:《政府投资项目双层多级委托代理链的分析》,载《财经问题研究》2005年第12期。

三是投资决策。要完善科学的决策规则和程序,发挥咨询中介机构的评估论证作用,特别重大项目实行专家评议制度,推行政府投资项目公示制度。

2. 政府投资宏观调控制度

一是政府投资的宏观决策。决策的科学化、民主化是政府投资决策的核心和最基本的原则。政府投资宏观决策要遵循科学的决策规则和程序,包括确定投资决策目标、方案设计、对方案进行分析评价、选择确定最佳方案、决策的实施及信息反馈。要采用科学的决策方法,定性方法与定量方法相结合。二是政府投资的计划管理。投资计划是确定计划期内投资规模、结构、布局、效率的文件,也是国家经济和社会发展计划的重要组成部分。国家有关部门要根据国民经济和社会发展的规划,编制政府投资的指导思想、总体布局和主要建设项目,努力提高政府投资效益。三是政府投资的财税管理。要通过与投资活动相关的税种、税率、减免税等税收制度,实现投资调控目标;通过国家预算的结构与规模变化,调节投资在各产业部门的分配比例关系;通过国家内外债务、投资补助、贴息、折旧、利润留成等制度,调节投资规模和方向。四是政府投资的结构管理。政府投资的部门和地区结构对国民经济的协调发展影响十分重大,国家要根据国民经济发展的需要,制定和适时公布全国和分地区的固定资产投资指导目录,明确国家鼓励、限制、禁止的投资项目,建立投资信息发布制度。

3. 政府投资资金管理制度

目前存在资金浪费、投资效益低等问题。主要表现在:第一,政府投资预算约束的"软"性,造成未经法定程序随意调整预算、不按规定执行投资预算、擅自扩大投资范围等情况;第二,一些部门和单位往往偏重于计划的完成,忽视效益;第三,权责不统一。

弥补政府投资项目资金管理中的漏洞,要编制政府投资的中长期规划和年度计划,统筹安排,合理使用各类政府投资资金;可采取直接投资、资本金注入、投资补助、转贷和贷款贴息等方式,按项目安排投资资金。要针对不同的资金类型和资金运用方式,确定相应的管理办法:一是基本建设拨款的管理。要明确拨款管理的范围,应限于公共预算安排的投资,规范拨款程序,并实行投资资金的国库集中支付制度。二是专项建设基金的管理。专项基金要实行收支两条线,按照国家规定立项,纳入国家投资计划进行全局考虑。财政部门按投资主管部门确定的国家投资计划和工程进度分期拨付,并加强财政、审计监督。

4. 政府投资项目管理制度

当前在政府投资项目建设管理中,承担政府工程建设的单位分散且缺乏竞争、设计超标、工程造价缺乏有效的市场化、招投标违规操作、施工单位参与项目不合规、监管机制存在欠缺等问题。因此,要进一步完善政府投资项目管理制度:一是项目法人责任制。项目法人责任制是由项目法人对项目的策划、资金筹措、建设实施、生产经营、偿还债务和资产的保值增值,实行全过程负责的一种项目组织管理制度。要明确项目法人的责任主体、责任范围、目标和权益、风险承担。对非经营性政府投资项目,可实行"代建制"。二是项目资本金制度。要明确项目资本金的范围、比例、出资方式、认缴进度、转让。三是项目招标投标制度。要规定招投标的范围、方式、程序、法律适用。四是项目合同管理制度。要对政府投资项目中涉及的工程勘探合同、设计合同、施工合同、监理合同、政府采购合同等实施有效管理,推行合同示范文本,规范合同行为。五是项目工程监理制度。要对工程监理的职责、范围、内容、程序、监理单位和监理人员的资质作出明确规定。六是政府性基本建设资金效益分析报告制度。要建立政府投资项目绩效评价制度,采取科学的指标体系进行绩效评价,并与政府投资责任追究制度结合起来,建立奖惩制度。

5. 政府投资项目建设程序制度

政府投资项目建设程序是政府投资项目建设全过程中各项活动所必须遵循的步骤、顺序及其法定要求,它既是投资进程客观规律的反映,也是各个投资主体必须履行的法定义务,对于保障投资取得预期的社会效益和经济效益有重要意义。政府投资项目建设程序一般按照下列几个步骤和顺序进行:提出项目建议书、进行可行性研究、进行设计、组织施工、竣工验收和交付使用等。

6. 政府投资监督制度

政府投资监督是国家机关和社会组织依法对投资主体执行国家投资法律法规和政策情况进行的监督、检查活动。政府投资资金大、涉及面广、周期长、与社会公共利益和人民生活密切相关,为了治理投资活动中存在的重投资轻管理、投资效益低下、部门协调不够、贪污腐败严重等问题,应当健全监督制度,采用多种监督形式,加大监督力度,以规范政府投资行为,整顿投资市场秩序,提高投资效益,保护投资各方利益。我国的政府投资监督制度应当包括立法机关监督、行政机关监督、司法机关监督和社会组织监督等形式。

7. 政府投资法律责任制度

政府投资法律责任是政府投资主体因其实施的违法行为而应承担的否定性法律后果,是政府投资法实施的基本保障。只有确定和健全法律责任制度,政府投资管理制度和各项规范才具有约束力。针对我国目前投资秩序混乱、投资法规不健全、投资软约束等弊端,应当综合运用行政责任、民事责任、刑事责任等多种形式,增强政府投资法律制度的刚性。

### (三) 政府投资引导基金

1. 政府投资引导基金概念

也称政府产业投资引导基金,是指由政府财政出资,以股权投资的形式,投资于创业初期的新兴战略性产业、高新技术企业支持其发展,在产业成熟后,通过上市、股权转让等方式退出,以达到优化产业结构、推动产业升级,促进国家经济持续健康发展的专项资金。目前我国投资引导制度正是以政府投资引导基金为载体发挥作用。

我国政府投资引导基金起步较晚,目前还处于探索发展阶段。2006年,国务院发布《实施〈国家中长期科学和技术发展规划纲要(2006—2020年)〉的若干配套政策》,提出鼓励有关部门和地方政府设立创业风险投资引导基金,引导社会资金流向创业风险投资企业,引导处于种子期和起步期的创业企业。2008年,国务院办公厅转发了财政部、发展改革委、商务部《关于创业投资引导基金规范设立与运作的指导意见》,提出引导基金是由政府设立并按市场化方式运作的政策性基金,主要通过扶持创业投资企业发展,引导社会资金进入创业投资领域。引导基金本身不直接从事创业投资业务。引导基金的宗旨是发挥财政资金的杠杆放大效应,增加创业投资资本的供给,克服单纯通过市场配置创业投资资本的市场失灵问题。特别是通过鼓励处于种子期、起步期等创业早期的企业,弥补一般创业投资企业主要投资于成长期、成熟期和重建企业的不足。2015年11月12日,财政部发布《政府投资基金暂行管理办法》,规定政府投资基金由各级政府通过预算安排,以单独出资或与社会资本共同出资设立,采用股权投资等市场化方式,引导社会各类资本投资经济社会发展的重点领域和薄弱环节,支持相关产业和领域发展。财政部门根据本级政府授权或合同章程规定代行政府出资人职责。2015年12月25日,财政部出台了《关于财政资金注资政府投资基金支持产业发展的指导意见》,对有关问题规定进行了细化。

2. 政府投资引导基金的功能

(1) 政府投资引导基金是国家实现产业战略发展的宏观政策工具。在市场经济条件下,企业和个人生产经营活动以利润最大化为目的,难以实现产业结构等宏观经济结构优化的目标,属市场失灵范畴。因而政府需要运用投资引导基金,从国家宏观经济平衡和结构优化的角度,筹集资金并带动社会资本投资,支持创业初期的新兴战略性产业、高新技术产业的发展,降低创业成本和风险,促进产业发展和成熟,引导产业结构升级和优化,逐步使节能环保、信息、生物与新医药、新能源、新材料、航空航天、海洋、先进装备制造、新能源汽车、高技术服务业等新兴战略性产业、高新技术产业成为我国的支柱产业,提升国家产业在国际上的竞争力,提高国民经济的整体效益。在投资引导基金运行过程中,政府不直接干预企业生产经营活动,不以营利为目的,而是充当政策工具。

(2) 政府投资引导基金是转变政府职能的重要手段。在社会主义市场经济体制下,市场机制在资源配置中发挥决定性作用,政府在此基础上发挥宏观调控功能。即企业是市场投资主体,政府投资主要发挥宏观调控功能。在不断深化经济体制改革的过程中,需要转变政府职能,而发展政府投资引导基金是转变政府职能的重要手段。政府设立各类投资引导基金,通过委托专业管理公司或建立基金公司,吸引社会资本参加,对新兴产业和高新技术产业领域的创业企业进行投资,但政府投资不占控股地位,不干预企业日常经营活动,实现政府对经济运行的间接调整职能。

(3) 政府投资引导基金是政府与社会资本合作的有效途径。在市场经济条件下,政府已不是市场投资的主体,通过投资引导产业结构的调整,仅靠财政资金显然不够,而通过设立产业引导基金,可以以较少的财政资金吸引更多的银行资本、保险资本以及其他社会资本的参与,发挥财政资金的杠杆效应,支持国家亟需发展的新兴战略性产业、高新技术产业发展。在创业企业成熟后,通过上市、股权收购等方式退出,除政府财政收回投资本金及股息、红利外,社会资本也能获得较好的投资回报,因而构成了政府与社会资本合作的有效途径。当然,政府投资引导基金的运行,遵循市场经济原则,政府对社会资本不作最低投资回报承诺,而是风险共担、利益共享,通过市场机制选择优秀的基金管理机构,对技术先进、市场广阔、管理有方的优秀企业进行投资,以取得良好的经济、社会效益。

(4) 政府投资引导基金是国家财政投融资体系的重要组成部分。在市场经济条件下,政府公共财政的主体是无偿性的,即政府主要以无偿的方式取得税费等财政收入,以无偿的方式为社会提供国防、外交、行政管理、教育、文化等公共服务。同时,为了提高资源配置效率,以有偿的方式安排部分财政收支活动,即财政投融资体系是公共财政体系的重要辅助成分,而政府投资引导基金是有偿安排财政支出的重要形式。政府投资引导基金不仅要求收回本金,而且要和投资企业的其他股份一样,取得股息和红利。因此,政府投资引导基金是政府调节产业结构、促进国家经济可持续发展的重要政策工具。

3. 政府投资引导基金基本制度

(1) 政府投资基金的设立。政府出资设立投资基金,各级财政部门应当控制政府投资基金的设立数量,不得在同一行业或领域重复设立基金,且政府投资基金设立的领域应仅限于支持创新创业。为了加快有利于创新发展的市场环境,增加创业投资资本的供给,鼓励创业投资企业投资处于种子期、起步期等创业早期的企业,支持中小企业发展。为了体现国家宏观政策、产业政策和区域发展规划意图,扶持中型、小型、微型企业发展,改善企业服务环境和融资环境,激发企业活力,增强经济持续发展内生动力,支持产业转型升级和发展。为了落实国家产业政策,扶持重大关键技术产业化,引导社会资本增加投入,有效解决产业发展投入大、风险大的问题,有效实现产业转型升级和重大发展,推动经济结构调整和资源优化配置,支持基础设施和公共服务领域。为改革公共服务供给机制,创新公共设施投融资模式,鼓励和引导社会资本进入基础设施和公共服务领域,加快推进重大基础设施建设,提高公共服务质量和水平。

(2) 政府投资基金的运作和风险控制。政府投资基金应按照"政府引导、市场运作、科学决策、防范风险"的原则进行运作。政府投资基金募资、投资、投后管理、清算、退出等通过市场化运作。财政部门应指导投资基金建立科学的决策机制,确保投资基金实现政策性目标,一般不参与基金日常管理事务。

政府投资基金在运作过程中不得从事以下业务:融资担保以外的担保、抵押、委托贷款等业务;投资二级市场股票、期货、房地产、证券投资基金、评级AAA以下的企业债、信托产品、非保本型理财产品、保险计划及其他金融衍生品;向任何第三方提供赞助、捐赠(经批准的公益性捐赠除外);吸收或变相吸收存款,或向第三方提供贷款和资金拆借;进行承担无限连带责任的对外投资;发行信托或集合理财产品募集资金;国家法律法规禁止从事的其他业务。

投资基金各出资方应当按照"利益共享、风险共担"的原则,明确约定收益处理和亏损负担的方式。对于归属政府的投资收益和利息等,除明确约定继续用于投资基金滚动使用外,应按照财政国库管理制度有关规定及时足额上缴国库。投资基金的亏损应由出资方共同承担,政府应以出资额为限承担有限责任。为更好地发挥政府出资的引导作用,政府可适当让利,但不得向其他出资人承诺投资本金不受损失,不得承诺最低收益。国务院另有规定的除外。

(3) 政府投资基金的终止和退出。政府投资基金一般应当在存续期满后终止。确需延长存续期限的,应当报经同级政府批准后,与其他出资方按章程约定的程序办理。政府投资基金中的政府出资部分一般应在投资基金存续期满后退出,如存续期未满,可通过股权回购机制等方式适时退出。

财政部门应与其他出资人在投资基金章程中约定,有下述情况之一的,政府出资可无需其他出资人同意提前退出:投资基金方案确认后超过一年,未按规定程序和时间要求完成设立手续的;政府出资拨付投资基金账户一年以上,基金未开展投资业务的;基金投资领域和方向不符合政策目标的;基金未按章程约定投资的;其他不符合章程约定情形的。

(4) 政府投资基金的预算管理。各级政府出资设立投资基金,应由同级财政部门根据章程约定的出资方案将当年政府出资额纳入年度政府预算。上级政府可通过转移支付支持下级政府设立投资基金,也可与下级政府共同出资设立投资基金。各级政府单独出资设立的投资基金,由财政部门根据年度预算、项目投资进度或实际用款需要将资金拨付给投资基金。政府部门与社会资本共同出资设立的投资基金,由财政部门根据投资基金章程中约定的出资方案、项目投资进度或实际用款需求以及年度预算安排情况,将资金拨付到投资基金。各级财政部门向政府投资基金拨付资金时,增列当期预算支出,按支出方向通过相应的支出分类科目反映;收到投资收益时,作增加当期预算收入处理,通过相关预算收入科目反映;基金清算或退出收回投资时,作冲减当期财政支出处理。

(5) 政府投资基金的资产管理。各级财政部门按照《财政总预算会计制度》规定,完整准确反映政府投资基金中政府出资部分形成的资产和权益,在保证政府投资安全的前提下实现保值增值。各级财政部门向投资基金拨付资金,在增列财政支出的同时,要相应增加政府资产,并要根据本级政府投资基金的种类进行明细核算。基金清算或退出收回投资本金时,应按照政府累计出资额相应冲减政府资产。政府应分享的投资损益按权益法进行核算。政府投资基金应当在年度结束后及时将全年投资收益或亏损情况向本级财政部门报告。财政部门按当期损益情况作增加或减少政府资产处理;财政部门收取政府投资基金上缴投资收益时,相应增加财政收入。政府投资基金应当定期向财政部门报告基金运行、资产负债、投资损益及其他可能影响投资者权益的其他重大情况。并按季编制并向财政部门报送资产负债表、损益表及现金流量表等报表。

(6) 政府投资基金的监督管理。各级财政部门应建立政府投资基金绩效评价制度,按年度对基金政策目标实现程度、投资运营情况等开展评价,有效应用绩效评价结果。政府投资基金应当接受财政、审计部门对基金运行情况的审计、监督。各级财政部门应会同有关部门对政府投资基金运作情况进行年度检查。对于检查中发现的问题按照《预算法》和《财政违法行为处罚处分条例》等有关规定予以处理。涉嫌犯罪的,移送司法机关追究刑事责任。

4. 我国政府投资引导基金制度的完善

(1) 建立国家级政府创业投资引导基金管理机构。我国各级政府设立的创业投资引导基金数量已经不少,再设立新的基金虽然在促进某些领域的创业投资企业发展还是必要的,但更为重要的是要对现有的创业投资引导基金进行整合,实行统一机构代管的方式运作,即设立一到两家专门的创业投资引导基金管理机构(以下简称基金管理机构),现有的各种政府创业投资引导基金由原设立方作为委托机构统一委托新设立的基金管理机构进行管理,新的基金管理机构根据政府设立不同基金的不同要求,以市场化原则对引导基金资产进行投资运作。基金管理机构还可以根据现有创业投资引导基金对中小企业生长期的整体覆盖情况,向相关政府机构设立新的基金,以对新兴产业给予更好和更有针对性的支持。

(2) 基金管理机构以市场化原则开展投资运作。新成立的基金管理机构要完全按照市场化原则开展投资运作,这需要包括以下方面的市场化:一是实现管理运作的市场化。主要是实现基金管理机构与各级政府机构的分离,基金管理机构在投资运作过程中,各级政府及政府机构不应对基金管理机构的决策过程和决策结果进行干预。二是内部管理模式的市场化。新成立的基金管理机构要按照市场化原则成立内部机构,在内部机构的管理运作方面以市场化的方式进行,建立投资决策的授权制度,提升基金管理机构的运作效率。三是工作人员的市场化。基金管理机构要招聘专业的投资管理人员组成运营团队,减少相关政府机构的人员进入基金管理机构的情况,同时,基金管理机构的人员任用与职务提升也要按照市场化原则进行。四是基金投资的市场化。基金管理机构投资的市场化包括两个方面:一方面,基金管理机构在选择与之合作的创业投资基金过程中要按照市场化原则进行,建立完整的基金选择、资金委托、投资过程监控、投资绩效考评和对基金管理情况的奖惩等流程,选择合适的创业投资人担任相应基金的管理者。另一方面,基金管理机构在委托创业投资基金开展投资运作过程中,也要遵循市场化原则,通过基金的持有人大会或者董事会会议获取合理信息并提出合理意见与建议,不对创业投资基金的管理运作,特别是投资决策进行干预。

(3) 建立健全基金管理机构运作目标和绩效考评机制建设。成立专门的基金管理机构之后,要根据基金管理机构的状况设置科学合理的市场化的运作目标和绩效考评机制,从而作为对基金管理机构运作效果考核的依据,其中,实现财政资金的保值增值和投资引导基金相关目标的完成情况要作为考核的主要指标。

(4) 建立有效的监督机制和政务公开制度。建立对基金管理机构的监督机制,完善基金管理机构的内部风险控制和审计制度,对基金管理机构的运作情况进行及时审查,同时,定期引入外部会计稽核机构以及公共审计机构对基金管理机构以及所管理各个基金的运作情况进行审计。还要建立基金管理机构的政务公开制度,要向社会公众公开相应的信息:一是基金管理机构的投资理念、组织体系、管理模式、部门职责和主要投资管理人员情况。二是所管理基金的情况,包括受托管理的引导基金的目标、投资范围;申请该基金管理人的资格、方式及选择流程;基金的管理人情况、受托管理资产情况及管理人的投资绩效情况。三是基金管理机构整体的绩效情况等。

## 三、政府与社会资本合作制度

### (一) 政府与社会资本合作制度(PPP)的起源与定义

1. PPP 的起源

PPP(Public-Private Partnership,即政府与社会资本合作)起源于公私合作模式,该模式最早出现在基础设施建设领域,传统上此类领域应由政府来负责,但随着贸易总量的上升和经济的发展,政府职能由管理型向服务型转变,实践必然要对政府和社会资本的合作提出要求。

PPP 这一具体概念的提出最早是在英国财政大臣肯尼斯·克拉克的《新突破》一书的副标题中,该书副标题直接表述的就是公共部门与社会部门之间的新型伙伴关系,[①] 此后 PPP 在英国的交通、教育、医疗和监狱等多个领域得到应用,英国在公私合作模式上的探索与实践(比如具有代表性的自来水供应系统)极大地促进了 PPP 模式的推广和发展,该模式的应用使得英国在基础设施领域获得了巨大的成功,各国也开始纷纷仿效。

PPP 被引进我国是在 20 世纪末,当时是以 PPP 的初级形式存在——BOT (Build-Operate-Transfer,建设—经营—转让),是政府就基础设施项目与私人部门签订特许权协议,在特许期限内,允许私人部门对该基础设施项目进行融资建设和经营,并通过向用户收取费用或者出售产品来清偿贷款、收回投资成本以及获取利润。同时,政府对该基础设施有监督和调控权,特许期限届满,私人部门应该有偿或无偿向政府移交该基础设施。BOT 是随着我国改革开放,在对外招商引资的过程当中引进的,但当时参与 BOT 的社会资本主要是外资,国内的民营企业基本上没有参与,在当时的 PPP(BOT 形式)发展初期阶段,典型项目有广西来宾 B 电厂、成都自来水六厂、深圳市广深沙角电厂 B 厂等等。在 2000 年之后,国内民营企业也开始纷纷参与到 PPP 中,尤其是 2004 年,建设部颁布实施的《市政公用事业特许经营管理办法》,在市政公用事业中正式引入"特许经营"的概念,并发起了城市供水、供气、供热、公共交通、污水处理、垃圾处理等行

---

① 参见徐兰英、王丽娜:《试论 PPP 融资模式的创新性和局限性》,载《辽宁工业大学学报(社会科学版)》2013 年 6 月。

业领域的大规模的项目实践,使得 PPP 在中国进入了发展的第二阶段,在这一阶段,民营企业逐渐开始成为参与 PPP 的重要力量,其模式也变得更多样化。此阶段的典型项目北京地铁 4 号线项目则正式提出了 PPP 的概念。总体来说,实践与理论的共识初步成型,有关政策法规框架、项目结构以及合同范式在这个阶段得到基本确立。自 2014 年以来,PPP 在我国进入了规范化阶段,国务院发布的 43 号文,即《国务院关于加强地方政府性债务管理的意见》(国发〔2014〕43 号)提出了加强地方政府债务管理,解决地方债务问题的要求,PPP 则作为对此的有效解决方案开始在全国范围内推广。

2. PPP 的定义

PPP 是一种项目运作方式,目前各国对其内涵还没有达成共识,对 PPP 的译法也是多种多样,有译为公私伙伴关系、公共和私人合作关系、官方与民间合作等等,以下列举几个具有典型性的定义表述。

(1) 联合国发展计划署认为,PPP 是一种由政府、营利性企业及非营利性组织以某一项目为基础而形成的相互间的合作关系的形式。合作各方可以通过此种合作形式获得比预期的单独行动更为有利的结果,且在责任与风险承担方面,政府与其他各参与方将共同承担责任以及融资风险,而非全部将责任与风险转移给私人部门。

(2) 欧盟委员会认为,PPP 是一种公共部门与私人部门之间的合作关系,目的是要通过双方的合作来提供在传统上本应由公共部门提供的项目或者服务。

(3) 世界银行认为,PPP 就是政府部门与社会部门为提供公共产品或服务而签订的长期合同,其中社会部门要承担部分风险及管理职能,它所获得的报酬将与业绩挂钩。

(4) 亚洲开发银行认为,PPP 就是公共部门与社会资本之间为进行基础设施建设及提供公共服务而建立的一系列合作伙伴关系。

(5) 加拿大 PPP 国家委员会认为,PPP 是一种存在于公共和私人部门之间的合作经营关系,它建立在两部门各自的经验、优势和专业技术等基础之上,主要强调的是两部门之间在风险上的共担以及利益的共享,如此也是为了更好地满足公共需求。

(6) 美国 PPP 国家委员会认为,PPP 是一种介于外包及私有化之间且结合了二者特点的公共产品的提供方式,它将公共基础设施的设计、建投、投资、经营和维护都依托私人资源来进行,强调私人部门在整个项目周期中的参与,尤其在投融资方面。

由于从不同视角会作出对PPP不同的定义,我国目前也未形成对PPP统一的定义,但正在引导并规范市场上对PPP的理解,相关法律文件表述,如:《国家发展改革委关于开展政府和社会资本合作的指导意见》(发改投资〔2014〕2724号)中指出:政府和社会资本合作模式是指政府为增强公共产品和服务供给能力、提高供给效率,通过特许经营、购买服务、股权合作等方式,与社会资本建立的利益共享、风险分担及长期合作关系。《关于推广运用政府和社会资本合作模式有关问题的通知》(财金〔2014〕76号)中指出:政府和社会资本合作模式是在基础设施及公共服务领域建立的一种长期合作关系。通常由社会资本承担设计、建设、运营、维护基础设施的大部分工作,并通过"使用者付费"及必要的"政府付费"获得合理投资回报;政府部门负责基础设施及公共服务价格和质量监管,以保证公共利益最大化。

综合以上,可以得出PPP的几大要素:PPP是公共部门与社会部门之间的一种长期合作;目的是为了提供公共产品或服务,并通过这种合作形式来提高公共产品或服务提供的质量和效率以满足社会公共需求;具有共担风险,共享收益的性质。

一般认为,PPP具有广义和狭义之分,狭义理解上的PPP就是一系列融资模式的总称,但从广义上来说,PPP是一个非常宽泛的概念,它指的是公共部门和社会部门为提供公共产品或服务而建立的一种合作关系,在完全由公共部门提供公共产品或服务和完全由社会部门提供公共产品或服务这两者之间的任何一种形式都应该属于PPP的范畴。[①]

现今,PPP是一种融资手段却并不仅仅只是作为一种融资手段,而是一次体制机制的变革,它已经被提升到国家治理现代化、快速转变政府职能、建立现代财政制度和推进新型城镇化健康发展等机制变革的高度,其核心是要求政府从管理者转变为合作者,建立平等地位,构建契约关系。[②]

---

① 参见张奇:《公私合作(PPP)项目决策与评估》,经济科学出版社2016年版,第2页。
② 同上书,第27页。

## (二) PPP 的主要特征、分类及主要形式

### 1. PPP 的主要特征

(1) 长期的合作性。公共部门和社会部门之间的合作性是 PPP 最为首要的特性,没有双方的合作就不存在 PPP,且这种合作是长期性的,这是由 PPP 的项目特征所决定的,其项目一般是基础设施建设等,项目建设周期较长,项目合同的期限会长达几十年,并且不同于 BOT,即使在前期的研究可行性论证结束、合同相对方(社会部门)被选定且被授予特许权之后,也不意味着政府就退出了该项目,在后续的过程中,政府依旧要以一个平等合作者的身份参与项目的建设、运营和管理。另一方面,PPP 模式下的社会部门也不同于传统 BOT 模式下的情形,它将提前参与到项目环节,即在前期的论证策划阶段,就有了公私双方的合作参与,与公共部门共同对项目进行设计与分析策划。由于社会部门对项目前期的参与,有关创新理念、先进的技术和丰富的管理经验等就能够融入项目当中,使项目更加完善。因此,公私双方的合作性是贯穿项目始终的,是一个长期性的合作过程。

(2) 利益共享性。结合其长期合作性的特点,双方能够展开合作的一个基础就在于共同目标的存在,即通过项目的合作达成双方"共赢"。社会资本具有天然的逐利性,而在 PPP 的合作关系中,政府将基础设施建设或公共服务等领域向社会资本放开,社会资本获得了政府的特许授权,就能够实现自身利益的追求,而政府能够利用社会资本在资金、技术和管理等方面的优势在减轻自身的财政压力、降低项目成本、促成职能转变等的同时,还能提高公共产品或服务的提供质量和效率,以满足社会公共需求。

(3) 风险共担性。也就是说,公共部门与社会部门合作并不是要把风险转嫁给社会部门,而是要与社会部门共担风险,PPP 所追求的应该是"1+1>2"的机制效应。公共部门和社会部门通过 PPP 这种模式的合作是为了获得比各自单独行动更多的预期收益,体现在风险控制上就是要将项目整体的风险最小化,参与各方需要考虑相互间的风险应对能力,以寻求在双方之间最佳的风险分担组合。架构内的参与方没有一方需要单独承担整个项目的责任风险,通过科学的模式架构设计,以合理的代价转移给多方,由最擅长的一方或几方承担对应的

责任。[①]

2. PPP 的分类

依据世界银行(将 PPP 分为服务外包、租赁、特许经营等六类)和加拿大(根据社会部门的参与程度和风险程度将 PPP 划分为七类)的分类情况,结合我国目前的 PPP 项目情况,总体上可以将其分为三大类:

(1) 外包类。项目由政府投资,社会部门只承担项目建设和维护过程中的一项或几项职能,为此提供产品或服务,由政府付费,双方进行的只是单纯的商业价值交换行为,社会部门通过政府付费获得的收益并不涉及对项目收益的分享,此时的项目投资和运营风险完全由政府承担。如 MC、O&M、BT。

(2) 特许经营类。政府对社会部门授予特许经营权,社会部门需要参与项目中更多的环节,一般会涉及项目的投资运营,并且,双方需要通过一定的合作机制共担风险,政府需要协调社会部门的收益性与项目整体的公益性之间的关系,因此需要建立有效的监管机制。在特许期限届满后,社会部门要将项目所有权移交给政府。如:BOT、BOOT、TOT、ROT。

(3) 私有化类。项目的所有权永久地归社会部门所有,社会部门承担项目的全部投资及风险,但为了保证公共利益,社会部门在项目的定价及服务质量方面受到政府的监管,这也是该类 PPP 项目中政府作用的体现。如:BOO、BBO。

3. PPP 的主要形式

(1) MC(management contract,管理合同),即政府与社会部门签订协议,约定价格并委托社会部门代为管理运营合同项目。

(2) DB(design-build,设计—建造),即社会部门依照协议设计并建造项目,并承担相应的工程风险,建造完成后由政府进行经营和维护。

(3) BT(build-transfer,建设—移交),即政府和社会部门签订协议,由社会部门负责项目的建造,在建造完成后由政府付费并将项目所有权转移给政府。

(4) O&M(operations & maintenance,经营和维护),即社会部门按照协议代为经营和维护项目,政府支付相应费用。

(5) DBO(design-build-operate,设计—建造—运营),即在项目所有权归属政府的前提下,由社会部门负责项目的设计和建造等职能,并可以在事先给定的

---

① 参见杨晓彦:《公私合作(PPP)模式的思考》,载《中国工程咨询》2015 年第 3 期。

一个期间内负责项目的运营并获得收益。

（6）BOT（build-operate-transfer，建造—运营—移交），即由社会部门进行项目建造，并在协议约定的期限内对项目进行运营维护以获得收益，待协议期限届满将项目移交给政府。

（7）BOOT（build-own-operate-transfer，建设—拥有—运营—移交），即政府给予社会部门特许权，使社会部门在一定期间内同时享有项目的经营权和所有权，待协议期限届满将项目所有权移交政府。

（8）BOO（build-own-operate，建造—拥有—经营），即由社会部门投资建造项目，建造完后即享有项目所有权并对项目进行经营，但需在与政府的协议中对该项目的公益性作出承诺，且政府有权对该项目的运营进行监督。

（9）BTO（build-transfer-operate，建造—移交—运营），即先由社会部门负责项目的融资建造，建造完成后项目所有权移交给政府，社会部门再与政府签订协议，由政府准予社会部门在约定期间内运营该项目以获得收益。

（10）BBO（buy-build-operate，购买—建设—运营），即社会部门从政府处购买项目所有权后进行建造及运营以获得收益。

（11）TOT（transfer-operate-transfer，移交—运营—移交），即由社会部门向项目的所有人购买项目的经营权，在约定期间内运营项目以获得收益，协议期限届满后再将项目无偿移交给原所有人。

（12）ROT（rehabilitate-operate-transfer，改建—运营—移交），即政府在TOT基础上对既有项目的改建、扩建，由社会部门负责改建、扩建项目的融资、建设、运营及管理，待协议期限届满再将该项目无偿移交给政府。

（13）PFI（private-finance-initiative，民间主动融资），它是对BOT模式在融资上的优化，即政府根据社会需求提出需建设的项目，通过招投标方式由获得特许权的社会部门来负责项目的建设及运营，待特许期限届满再将项目移交给政府，社会部门通过政府付费或向使用者收费的方式来回收成本获取收益。

4. PPP项目形式的选择

依据《关于印发政府和社会资本合作模式操作指南（试行）的通知》（财金〔2014〕113号），项目的具体运作方式的选择主要由收费定价机制、项目投资收益水平、风险分配基本框架、融资需求、改扩建需求和期满处置等因素决定。

此外，《国家发展改革委关于开展政府和社会资本合作的指导意见》（发改投资〔2014〕2724号）将项目明确划分为三类并规定了其对应PPP项目形式的选择：

第一，经营性项目。对于具有明确的收费基础，并且经营收费能够完全覆盖投资成本的项目，可通过政府授予特许经营权，采用BOT、BOOT等模式推进。要依法放开相关项目的建设、运营市场，积极推动自然垄断行业逐步实行特许经营。

第二，准经营性项目。对于经营收费不足以覆盖投资成本、需政府补贴部分资金或资源的项目，可通过政府授予特许经营权附加部分补贴或直接投资参股等措施，采用BOT、建设—拥有—运营BOO等模式推进。要建立投资、补贴与价格的协同机制，为投资者获得合理回报积极创造条件。

第三，非经营性项目。对于缺乏"使用者付费"基础、主要依靠"政府付费"回收投资成本的项目，可通过政府购买服务，采用BOO、委托运营等市场化模式推进。要合理确定购买内容，把有限的资金用在刀刃上，切实提高资金使用效益。

**（三）PPP操作流程中的财政调控法律制度**

依据财政部《关于印发政府和社会资本合作模式操作指南（试行）的通知》，PPP的操作流程依次为：项目识别（包括项目发起、项目筛选、物有所值评估以及财政承受能力论证四部分）、项目准备（包括管理架构组建、实施方案编制以及实施方案审核三部分）、项目采购（包括资格预审、采购文件编制、响应文件评审以及谈判与合同签署四部分）、项目执行（包括项目公司设立、融资管理、绩效检测与支付以及中期评估四部分）和项目移交（包括移交准备、性能测试、资产交割以及绩效评价四部分）。

财政调控就是通过制定财政政策和财政法律以规范财政活动的全过程，使财政将其固有职能外化为一种功效或作用，引导全社会实现宏观调节的既定目标。[①] 财政调控法律制度包括：财政收入调控法律制度（主要有税收法律制度、国债法律制度、费用征收法律制度等）、财政支出调控法律制度（主要有政府采购法律制度、财政转移支付法律制度、财政投资法律制度等）以及财政监管法律制度（主要为财政预算法律制度、审计监督法律制度等）。

---

① 参见顾功耘主编：《经济法教程（第三版）》，上海人民出版社、北京大学出版社2013年版，第289页。

PPP作为公私部门合作的一种运作方式，需要向社会部门放开在传统上不能或难以进入的领域。这些领域一般具有投资资金量大，投资周期长，回报率低的特点。社会资本由于天然的逐利性，一般不愿也不能进入，从而导致了市场在这些领域不能有效地配置资源。为了满足公众对这些领域的需求，尤其是其中的公共产品和服务领域，政府就需要在PPP中发挥财政的宏观调控作用，包括：利用财政的收入和支出介入资源配置，直接影响社会资源在公共部门和社会部门之间的配置，以此弥补市场在资源有效配置方面的缺陷；利用财政收支调节收入分配，实现公共利益的最大化，并兼顾各方利益，尤其是要控制社会部门可能的高额利润，保证社会资本能够通过PPP得到合理的收益而非暴利；通过财政分配，促使PPP良性运作以期获得良好成果，能够发挥投资在我国经济新常态下对经济稳增长的重要作用。

在项目识别阶段的项目发起中，项目可以由政府发起，即由财政部门（政府和社会资本合作中心）负责向交通、住建、环保、能源、教育、医疗、体育健身和文化设施等行业主管部门征集潜在的PPP项目。行业主管部门可以从国民经济和社会发展规划及行业专项规划中的新建、改建项目或存量公共资产中遴选潜在项目；也可以由社会部门发起，即以项目建议书的方式向财政部门（政府和社会资本合作中心）推荐潜在的PPP项目，通常以政府发起为主。

其中需要明确的是PPP项目的范围，列举以下几个规范性法律文件的表述：

1. 根据《国家发展改革委关于开展政府和社会资本合作的指导意见》，PPP主要适用于政府负有提供责任且又适宜市场化运作的公共服务、基础设施类项目。燃气、供电、供水、供热、污水及垃圾处理等市政设施，公路、铁路、机场、城市轨道交通等交通设施，医疗、旅游、教育培训、健康养老等公共服务项目，以及水利、资源环境和生态保护等项目均可推行PPP模式。各地的新建市政工程以及新型城镇化试点项目，应优先考虑采用PPP模式建设。

2. 根据财政部《关于推广运用政府和社会资本合作模式有关问题的通知》，适宜采用PPP模式的项目，一般是具有价格调整机制相对灵活、市场化程度相对较高、投资规模相对较大、需求长期稳定等特点的项目，主要是城市基础设施及公共服务领域中具有收费定价机制透明、有稳定现金流的项目，比如，城市供水、供暖、供气、污水和垃圾处理、保障性安居工程、地下综合管廊、轨道交通、医疗和养老服务设施等等。

3. 根据《国务院关于加强地方政府性债务管理的意见》，社会资本可以通过特许经营等方式，参与城市基础设施等有一定收益的公益性事业的投资和运营。

总体来说，PPP项目的范围涵盖了公共基础设施领域以及公共产品和服务领域，一方面是这些领域的适用体现了PPP中政府的公共目的，另一方面是政府在这些领域中将项目设计、建设、运作和维护等大部分工作都交由经公开、公平、竞争的方式挑选的社会部门承担，并负责对该基础设施和公共产品、服务质量的监管，双方展开长期的合作，最后通过"使用者付费"、或者必要的"政府付费"方式来使社会部门回收成本、获得合理收益。正是这种"政府付费"的特性，即政府作为购买者的购买行为，使得PPP归属于政府采购范畴或者应属于政府采购的延伸，适用于政府采购法律制度的规制，但除了公共产品和服务领域的PPP，政府在基础设施方面发起的PPP要比传统政府采购复杂得多。比如，在一个基础设施项目的PPP中，政府与社会部门组成特殊目的公司（special purpose vehicle，SPV），并签订特许经营合同，由SPV负责项目融资、建设及运营。由于该类PPP项目一般投资量大、时间周期长、工程复杂，涉及很多不确定因素，故而PPP在政府采购方面的具体规定有其特殊性要求，虽然在操作上基本沿用政府采购方式，但其法律依据除了传统的《政府采购法》和《招标投标法》及其各自的实施条例外，还包括相关政府部门的文件，主要为《政府采购竞争性磋商采购方式管理暂行办法》（财库〔2014〕214号）和《政府和社会资本合作项目政府采购管理办法》（财库〔2014〕215号）。

**（四）PPP的政府采购法律制度**

1. 政府采购的定义及特点

政府采购是为了实现公共目的，政府作为购买者依据法定条件和程序购买工程、货物或服务的行为。依据《政府采购法》的规定，政府采购是指各级国家机关、事业单位和团体组织，使用财政性资金采购依法制定的集中采购目录以内的或者采购限额标准以上的货物、工程和服务的行为。

依据《政府和社会资本合作项目政府采购管理办法》的规定，PPP项目采购是指政府为达成权利义务平衡、物有所值的PPP项目合同，遵循公开、公平、公正和诚实信用原则，按照相关法规要求完成PPP项目识别和准备等前期工作

后,依法选择社会资本合作者的过程。它将政府选择社会资本的过程划定为政府采购。政府采购的特点包括:

(1) 资金来源为财政资金,具有公共性。在 PPP 中,鉴于政府与社会部门的合作关系,所以在资金来源方面包含财政资金和非财政资金,而政府采购法律制度需要规制的是涉及财政资金的那部分。

(2) 采购主体为国家机关、事业单位、团体组织,主体特征为其运转要依靠国家财政资金。

(3) 公共目的性,即政府采购作为国家的一种宏观调控手段,是政府为了向社会提供公共物品,不具有营利性。

(4) 严格的规范性,即政府采购的全过程都必须严格按照有关法律法规进行并受监督。

(5) 政策性,即政府采购行为往往是为了贯彻某一时期内的有关国家政策,实现经济和社会政策目标,包括以政府采购的规模来调节经济的运行,促进国家产业结构的调整;通过优先购买国内产品来支持国内企业的发展,支持中小企业的发展;通过采购环保型产品来保护环境;促进就业等等。

2. PPP 项目采购的各方主体

虽然 PPP 对采购主体并未作出具体规定,但结合现行有关 PPP 采购的规范性法律文件和《政府采购法》以及实际情况,可以大致概括出的主体主要包括:(1) 采购主管机关:通常为财政机关;(2) 采购受益机构:依据《政府采购法》,该机构为需要采购的国家机关、事业单位和团体组织,但结合 PPP 的有关法律文件,虽然 PPP 项目发起多为政府,但社会部门也可发起,且资金来源不限于财政资金,所以 PPP 采购的受益机构要远远大于以上三类,只是当超出其范围时,可能不归《政府采购法》调整;(3) 采购中介机构:如采购代理机构、招标代理机构等,PPP 有关法律文件中还规定了 PPP 项目咨询服务机构,但其需要按照财政部对政府采购代理机构管理的相关政策要求进行网上登记;(4) 供应商;(5) 承包商。

3. PPP 政府采购模式

PPP 政府采购模式分为两种:一是由采购主管机构或者其授权机构统一采购的集中采购模式;二是使用单位的自行采购或委托采购模式,也称分散采购模式。依据《政府采购法》,集中采购的范围由省级以上人民政府公布的集中采目录确定,且纳入集中采购目录的政府采购项目,应当实行集中采购。未纳入集中采购目录的政府采购项目,可以自行采购,也可以委托集中采购机构在委托的范围内代理采购。

4. PPP 政府采购的方式

传统政府采购所依据的《政府采购法》规定了五种政府采购方式,分别为:公开招标方式、邀请招标方式、竞争性谈判方式、单一来源采购方式和询价采购方式。但是为了深化政府采购体制改革,适应推进政府购买服务、推广 PPP 模式、规范 PPP 项目政府采购行为等工作需要,进一步贯彻党的十八届四中全会精神,坚持立法先行和依法采购①,财政部出台了《政府采购竞争性磋商采购方式管理暂行办法》(财库〔2014〕214 号)以及《政府和社会资本合作项目政府采购管理办法》(财库〔2014〕215 号),在其中针对 PPP 规定了新的采购方式——竞争性磋商采购方式,因此,PPP 政府采购的方式就有以下五种(不包含询价):

(1) 公开招标:即招标人公开发布招标公告,允许所有符合条件的供应商公平参与竞争。政府的采购项目依标准数额划分为招标数额标准以上的项目以及招标数额标准以下的项目,针对招标数额标准以上的政府采购项目,一律要采用公开招标的方式。并且,公开招标也是政府采购的主要采购方式,采购人不得将应当以公开招标方式采购的货物或者服务化整为零或者以其他任何方式规避公开招标采购。另外,《政府和社会资本合作项目政府采购管理办法》规定,公开招标主要适用于采购需求中核心边界条件和技术经济参数明确、完整、符合国家法律法规及政府采购政策,且采购过程中不作更改的项目。

(2) 邀请招标:即招标人通过随机方式从符合资格条件的供应商中选出三家以上的供应商,并向其发出投标邀请。《政府采购法》规定了两种适用情形:一是采购项目具有特殊性,只能从有限范围的供应商处采购的;二是采用公开招标方式的费用占政府采购项目总价值的比例过大的。

(3) 单一来源采购:即采购人只能向唯一的供应商采购。《政府采购法》规定了三种适用情形:一是只能从唯一供应商处采购的;二是由于发生了不可预见的紧急情况而不能从其他供应商处采购;三是由于必须保证原有采购项目一致性或者服务配套的要求,需要继续从原供应商处添购,且添购资金总额不超过原

---

① 参见国库司:《财政部有关负责人就〈政府采购竞争性磋商采购方式管理暂行办法〉、〈政府和社会资本合作项目政府采购管理办法〉有关问题答记者问》,载《招标与投标》2015 年第 1 期。

合同采购金额的 10%。

(4) 竞争性谈判采购：即采购人事先就有关采购的事项与不少于三家供应商进行谈判，依据最符合预先规定的成交标准来确定最终成交的供应商。对此，《政府采购法》规定了四种适用情形：一是招标后没有供应商投标，或者没有合格标的或者重新招标未能成立的；二是技术复杂或者性质特殊，不能确定详细规格或者具体要求的；三是采用招标所需时间不能满足用户紧急需要的；四是不能事先计算出价格总额的。

(5) 竞争性磋商采购：依据《政府采购竞争性磋商采购方式管理暂行办法》的定义，它是指由采购人、政府采购代理机构组建的竞争性磋商小组与符合条件的供应商就采购货物、工程和服务事宜进行磋商，供应商按照磋商文件的要求提交响应文件和报价，采购人在磋商小组评审后提出的候选供应商名单中确定最终成交供应商的采购方式。同时规定了五种适用情形：一是政府购买服务项目；二是技术复杂或者性质特殊，不能确定详细规格或者具体要求的；三是因艺术品采购、专利、专有技术或者服务的时间、数量事先不能确定等原因不能事先计算出价格总额的；四是市场竞争不充分的科研项目，以及需要扶持的科技成果转化项目；五是按照《招标投标法》及其实施条例必须进行招标的工程建设项目以外的工程建设项目。

竞争性磋商采购包括"先明确采购需求、后竞争报价"两个核心阶段，与竞争性谈判采购相比，在前一阶段，二者的操作要求基本一致，但关键在"竞争报价"这一阶段，竞争性磋商采用"综合评分法"的标准来确定最终的成交供应商。综合评分法是指响应文件满足磋商文件全部实质性要求，且按评审因素的量化指标评审得分最高的供应商为成交候选供应商的评审方法。也就是在需求完整、明确的基础上实现合理报价和公平交易，并避免竞争性谈判最低价成交可能导致的恶性竞争，将政府采购制度功能聚焦到"物有所值"的价值目标上来，达到"质量、价格、效率"的统一。① 相比于竞争性谈判采购方式中的"最低价成交"，前者的优势显而易见。

需要注意的是，政府采购的法律包括《政府采购法》和《招标投标法》两大基本法，其中政府采购货物、服务适用《政府采购法》，而政府采购工程进行招标投

---

① 参见国库司：《财政部有关负责人就〈政府采购竞争性磋商采购方式管理暂行办法〉、〈政府和社会资本合作项目政府采购管理办法〉有关问题答记者问》，载《招标与投标》2015 年第 1 期。

标的,应适用《招标投标法》。依据《招标投标法》的规定:针对大型基础设施、公用事业等关系社会公共利益、公众安全的项目;全部或者部分使用国有资金投资或者国家融资的项目;使用国际组织或者外国政府贷款、援助资金的项目这三类工程建设项目包括项目的勘察、设计、施工、监理以及与工程建设有关的重要设备、材料等的采购,必须进行招标,也就必须使用《招标投标法》,而《招标投标法》中所规定的采购方式仅有公开招标和邀请招标两类。所以,有关PPP项目的政府采购应按以上规定执行。

5. PPP政府采购中的强制资格预审程序

《政府和社会资本合作项目政府采购管理办法》第5条规定,资格预审为所有形式PPP项目采购的前置程序。这是对传统政府采购法律制度的一大突破与创新,体现了政府对社会资本参与的筛选和严格把控,更有利于维护公共利益的安全,有关具体规定如下:首先由项目实施机构根据项目实际需要准备有关的资格预审文件,并向社会公开发布资格预审公告以验证项目的社会响应程度以及是否能实现充分竞争。再由项目实施机构、采购代理机构成立评审小组来负责PPP项目采购的资格预审和评审工作,如果有3家以上通过资格预审的社会资本,项目实施机构可继续进行项目采购文件的准备工作;如果不足3家,项目实施机构应当在调整资格预审公告内容后重新组织资格预审;如果重新资格预审后,合格社会资本仍不满3家,可以依法变更采购方式。最后,资格预审的结果应告知所有参与的社会资本,并将资格预审的评审报告提交财政部门(政府和社会资本合作中心)备案。

6. PPP政府采购的监管方式

(1)行政监督。这主要是指政府采购监督管理部门(各级人民政府的财政部门)的监督,它对政府采购活动以及集中采购机构的行为(采购价格、节约资金效果、服务质量、信誉状况、有无违法行为等事项)进行考核,并定期如实公布考核结果。主要包括三个方面内容:一是有关政府采购的法律、行政法规和规章的执行情况;二是采购范围、采购方式和采购程序的执行情况;三是政府采购人员的职业素质和专业技能。同时,还有审计机关对政府采购的审计监督,任何有关政府采购的行为都应当接受审计监督;监察机关针对参与政府采购活动的有关国家机关、公务员和行政机关任命的其他人员要加强监察;以及对其他政府有关部门的监督,主要是依据法律和行政法规,对政府采购活动负有行政监督职责的部门,按其职责分工来加强对政府采购活动的监督。

(2) 第三方监督。《政府和社会资本合作项目政府采购管理办法》创新性地提出了对 PPP 项目用市场化的手段引入第三方监督的要求,即对社会资本针对项目履约保证的强制信用担保要求,要求社会资本缴纳履约保证金:"社会资本应当以支票、汇票、本票或者金融机构、担保机构出具的保函等非现金形式交纳保证金,履约保证金的数额不得超过 PPP 项目初始投资总额或者资产评估值的 10%,无固定资产投资或者投资额不大的服务型 PPP 项目,履约保证金的数额不得超过平均 6 个月服务收入额。"

(3) 社会监督。由于 PPP 项目采购结束后要求向社会公开 PPP 项目采购的合同(项目合同文本涉及国家秘密、商业秘密的内容可以不公示),因此也就引入了社会对 PPP 项目采购活动的监督,也可以和第三方监督一起有效弥补行政监督的不足。

# 第十四章 税收调控法

现代国家对经济的宏观调控已经形成了"国家计划—经济政策—调节手段"为轴线的系统工程,我国的宏观调控法律制度也形成了对应的具体法律制度。其中,税收调控法是我国宏观调控法律体系中的重要组成部分,与之相对应,税法在我国宏观调控法律制度中占据着举足轻重的地位,税收调控的法治化便成为我国宏观调控法律体系建设,乃至中国特色社会主义法律体系建设中的必备环节。

## 一、税收与税法

### (一) 税收的概念

税收是国家为了实现其公共职能,凭借政治权力,运用法律手段,强制地、无偿地、固定地集中一部分社会产品所形成的特定分配关系。从此概念剖析,税收的本质是一种特殊的分配形式,一般情形下,国家分配社会产品是凭借其财产权利,但是税收作为国家财政收入的重要来源,凭借的是国家政治权力实现的分配。

从税收的基本概念和本质出发,我们可以总结出税收的具体内容应当包括以下几个方面:

1. 税收的一方主体必定是国家。"赋税是政府机器的经济基础,而不是其他任何东西",[1]社会分工和财产私有的形成促使了国家的形成,而国家为维护其存在和实现其功能,必然要有固定的经济支撑,因此税收便是国家推动政府机器运行的重要经济来源。税收制度作为国家产生的经济基础和国家经济职权的直观体现,与国家有着必然的、紧密的联系,即税收的其中一方主体必定是国家或国家身份之代表——政府。

---

[1] 《马克思恩格斯全集》(第19卷),人民出版社1963年版,第32页。

2. 税收具有明显的财政属性。国家的职能之一就是向社会提供公共产品和服务,相关职能的实现必然耗费大量的资金,但国家原则上不从事财富生产和交换活动,所以只能从私人主体那里获取资金,以形成国家的财政收入。而税收收入是财政收入的重要组成部分,是国家凭借其政治权力获得财政收入的重要方式。因此,税收具有明显的财政属性。

3. 税收是调节社会分配的一种方式。在社会和国家经济发展过程中,必然存在社会资源分配的差异性,这是市场机制发挥市场分配调节功能的前提。但是在市场失灵的情形下,社会产品分配不均、社会资源分配不合理的状况必然会发生,此时作为拥有经济职能的国家,就可以通过税收方式对社会资源进行二次分配。因此,税收是国家参与并主导的一种社会分配方式。

**(二) 税收的基本特征**

从上述税收概念、本质和内容,可以总结出税收具有以下几个特征:

1. 税收具有强制性

税收的强制性是指国家征税是以法律的形式加以规定,并依法强制课征。税收的强制性主要是指税收行为不受主观意志的影响,这主要包括两个方面:其一,税收的强制性表现为不受纳税人意志的影响,无论纳税人主观上是否愿意纳税,在客观上都有义务无条件依法做出纳税行为。其二,税收的强制性表现在不被政府意志所左右,即征税机关无权根据自己的主观愿望做出征税的客观行为,而是有义务按照法律的规定和是否满足税收的构成要件依法履行征税义务,行使征税职权。

2. 税收具有无偿性

"所谓税收,就是国家向居民无偿的索取。"[①] 从国家角度而言,税收是国家凭借政治职权获得财产的一种方式,是一种单方面的利益获得,即国家向居民依法征税不以支付任何对价为条件,包括不向其支付任何报酬和不承诺在将来提供任何服务和特权。并且税收行为一旦完成,所纳税款即归国家所有,由国家自由支配;从纳税人角度,也许在现在或将来,纳税人通过国家履行职能的行为中可能获得了国家免费提供的产品或服务,但是其消费的产品和服务数量不以其

---

① 《列宁全集》(第41卷),人民出版社1986年版,第140页。

缴纳了多少税款为依据。

在关于课税依据的相关学说中,有学者主张的交换说、保险说、新利益说等(可以统称为"劳务报酬说"),认为人民以向国家纳税的交换代价是国家对人民提供利益,即税收的对价是国家对纳税人的保护行为或市民利益的给付行为。正如马克思所说,"从一个处于私人地位的生产者身上扣除的一切,又会直接或间接的用来为处于社会成员地位的这个生产者谋福利"[1]。从这一角度出发,税收并非完全的无偿,而具有间接的有偿性。但这仅是相关学说观点的引申,而非通说。

3. 税收具有固定性

税收是国家凭借政治权力强制地、无偿地转移公民私有财产的行为,是对公民私有财产的公然攫取,但是这种公然攫取对于国家的存在和运行又是无法避免的。为了协调两者关系,就必须要求国家在征纳税之前就通过法律的形式,对征税纳税事项予以规定和明晰。一方面,这使得国家的征税行为必须满足法律规定的征收实体标准和程序规范,不能滥用职权,侵犯公民的合法权利;另一方面,这种标准和规范必须是明确的、稳定的,并体现在税法有关课税要素的规定之中,使得税法对于纳税人而言,具有明确的可预测性。

也有学者主张对于上述税法"三性"的理解不能绝对化,并在税收概念的基础上,比较税法和其他财政收入形式的差异,对其特征进行了总结,并提出了六个特征,即国家主体性、公共目的性、政权依托性、单方强制性、无偿征收性、标准确定性。[2]

### (三) 税收的分类

1. 税收的基本分类

国内外学者依据不同的标准对税收进行不同的划分。[3] 征税对象是税收制度的核心要素,是区别不同税种的主要标准。所以,以不同的征税对象为标准对税收的划分,通常被认为是税收的基本分类。

---

[1] 《马克思恩格斯全集》第 19 卷,人民出版社 1963 年版,第 20 页。
[2] 参见张守文:《经济法学(第三版)》,中国人民大学出版社 2016 年版,第 23 页。
[3] 从经济法学角度,对税收的划分也可称为对税种的划分,并且基于税收划分形成的税收体系和或基于税种划分形成的税收制度,在经济法上的认识也是大同小异的。(参见董庆铮主编:《外国税制》,中国财政经济出版社 1993 年版,第 2 页)

按照征税对象的不同,我国《税法》将税收划分为流转税、所得税、财产税和行为税。① 流转税是指以纳税人的商品流转额和非商品流转额为征收对象的一类税收。我国目前的流转税有:增值税、消费税、关税以及将要开征的证券交易税。所得税是指根据纳税人的所得额(收益额)征收的一类税收。我国现行的所得税有:企业所得税和个人所得税。财产税是指以纳税人所拥有或支配的财产为征税对象的一类税收。我国现行的财产税有:资源税、房产税、土地使用税、耕地占用税、契税、土地增值税和车辆购置税。行为税是指以纳税人的某些特定行为为征收对象的一类税收。我国现行的行为税有:印花税、车船使用税、城市维护建设税以及将开征的环境保护税。

2. 税收的非基本分类

除了按照征税对象的不同对税收进行基本分类外,理论界和实务界对于税收划分还存在很多划分方法,常见的几种划分如下:

(1) 从价税和从量税。按照计税依据划分,可以将税收划分为从价税和从量税。从价税是指以征税对象的价格为依据,按一定比例计征的税种,如增值税、营业税、关税。从量税指以征税对象的数量(重量、面积、件数)为依据,规定固定税额计征的税种,如资源税、车船使用税、土地使用税。一般情形下,流转税都表现为从价税。

(2) 中央税、地方税和中央地方共享税。按照税收管理权和税收收入归属分类,可以划分为中央税、地方税和中央地方共享税。中央税是指由国家最高权力机关或经其授权的机关进行税收立法,且税收管理权和收入支配权归属于中央政府的税收,也称国税;地方税是指由地方权力机关通过立法决定征收,且税收管理权和收入支配权归属于地方政府的税收,简称地税;中央和地方共享税是由中央政府和地方政府按分成比例共同享有税收收入的税种,简称共享税。

关于税收的这一划分和当今世界普遍实行的分税制税收体制密切相关。分税制就是指中央和地方政府对税收的事权划分的一种体现,根据事权和财权相结合的原则,合理确定各级财政的支出范围,通过中央税、地方税和共享税的划分,建立中央和地方两套并行的税收体系,分设中央和地方两套税务机构,从而协调中央和地方的税收权限,协作发挥税收的宏观调控职能。

---

① 国际上以征税对象为标准,通常将税收划分为商品税、所得税、财产税;也有学者认为商品税就是我国税制划分中的流转税。

(3) 直接税和间接税。按照税负是否转嫁，可以将税收划分为直接税和间接税。直接税是指那些税负不能转嫁于他人，需由纳税人直接承担税负的税种，如各类所得税和一般财产税。直接税中的纳税人就是最终负税人。间接税是将税负转嫁给他人，纳税人只是间接承担税负的税种，如增值税、消费税等流转税。间接税中的纳税人和负税人不一致，纳税人只是法律意义上的纳税人，负税人是经济意义上的纳税人。

(4) 财政税和调控税。依据课税目的的不同，可以划分为财政税和调控税。财政税是侧重于以取得财政收入为目的而课征的税；调控税是侧重于以实现经济和社会政策、加强宏观调控为目的而课征的税。

3. 税收划分与税收体系的结构

税收体系的结构又称为税制结构或税制，是指在对税收划分的基础上，形成的内在统一协调系统。具体而言，税收体系就是在对不同的税收划分类别即税种划分的基础上，确定一国的税收体系是由哪些税种或税类构成，以及各税种或税类中的数量比例等结构安排问题。

以国家为单位，可以将税收体系划分为单一税制和复合税制。单一税制是指仅由一个税种构成或以一个税种为主的税收制度。复合税制是指由各个不同的税种组成，或者由多个税种为主的税收制度。各国普遍实行的是复合税制，有利于保证税源充足、税种配合调控和涵养税源，促进社会经济可持续发展。但是复合税制国家也面临着不断协调改革现有税收体系，选择合适的主要税种，以求税收制度能够及时反映经济发展的现实问题。

**(四) 税法的概念、特征与职能**

税法就是国家权力机关及其授权的行政机关制定的调整税收关系的法律规范的总称。税法是保障税收宏观调控职能实现的重要保障，有税收就一定存在税法。因此，税法通常被视为经济法的重要部门法之一。

税法的调整对象是税收关系，即有关税收活动的各种社会关系的总和，因此可以将税收关系简单地分为税收征纳关系和其他税收关系。其中，税收征纳关系居于主导地位，是税法最主要的调整对象，因此又可以再次划分为税收征纳实体关系和税收征纳程序关系。其他税收关系是指除税收征纳关系以外的税收关系，主要是指纳税人与国家之间的关系，相关国家机关之间在税法的制定及解释权、税种开征与停征决定权、税率调整与税目增减决定权、减免税决定权和税收监督权等方面的权限划分关系;纳税主体、征税机关和相关国家机关之间发生的税收救济关系;主权国家之间发生的国际税收权益分配关系等税收关系。

税法的经济学法律的本质和重要经济法部门法的地位决定了其不仅存在着经济法的一般特征,还因为其独特的调整对象,有着区别于其他经济部门法的独立特征。不过关于税法的基本特征在学界并未形成同一结论,有学者主张税法的特征是经济性、规制性、综合性和技术性。也有学者主张税法的特征包括经济性、规制性、成文性、强制性和技术性。[①]

税法的职能是由税收的职能和法的一般功能决定的,概括起来我国《税法》的作用表现为两方面。

1. 规范作用。是指税法调整、规范人们行为的作用,实质上是法律的基本作用在税法中的体现和引申,具体可分为:(1) 税法是保护各方主体合法权益,维护正常税收秩序的法律准则;(2) 税法是制裁违法行为的法律保证;(3) 税法的实施可以对税收法律关系主体起到教育作用。

2. 社会作用。实质上使税收的经济职能在法律形式的保障下得以发挥。要正常发挥税收的基本职能,势必会与纳税人的利益产生矛盾、发生冲突。国家只有通过制定税法,才能在根本利益一致的基础上,解决在税收职能实现过程中产生的与纳税人的利益冲突的问题。因此,税法是国家取得财政收入的重要保证,是国家调控宏观经济的重要手段,是监督管理的有力武器,是维护国家税收主权的法律依据。

### (五) 税法与税收调控

近年来一些财税法学者主张将税法同经济法的宏观调控法区分开来,强调财税法公平社会分配的独特价值,明确否定其宏观调控的价值取向。有的学者认为税收调控权是一项不同于征税权的公权力,所以税法不是宏观调控法;[②]有的学者认为宏观调控职能是税法的"衍生职能",是垄断资本主义时期出现市场失灵后因政府干预的需要而产生的,区别于税法自古具有的财政、社会分配职

---

① 参见张守文:《经济法学(第三版)》,中国人民大学出版社2016年版,第143页。
② 参见朱一飞:《税收调控权研究》,法律出版社2012年版,第148页。

能,因此税收调控法只是税法的一部分;①有的学者认为税收调控仍以公平为主要价值,与税法价值吻合,所以税法与宏观调控法交叉。② 有学者解释这一区分不是在传统部门法观念下进行的,而是以"领域法"的新视角看待法学学科的研究对象。笔者认为,宏观调控和财政收入都是税法的功能,也都可以作为研究税法的视角,既可以从财政的角度研究税法,也可以从调控的角度研究税法,不应相互排斥。

## 二、税收调控

### (一) 税收调控的概念与依据

税收调控是指国家运用税收分配手段,直接调节纳税人的收入,间接影响纳税人社会经济行为调整,进而引起社会经济活动变化,以实现国家宏观调控目标的活动。③ 税收调控是国家有意识地创设和调整税制,或者利用现有税制运行所实际达到的优化资源配置、公平收入分配、维护经济稳定增长效果的调控制度和具体的调控活动。

学界对税收宏观调控的依据进行理论探讨,旨在论证国家运用税收法律进行宏观调控的正当性、合理性和有限性问题。

一些学者认为税收宏观调控正当性的依据在于宪法的转型,即宪法对国家职能规定的转型。"由于政策因素已经深入到税法的各个角落,量能课税原则的基本要求随时都在遭遇挑战。"宪法已经承认国家由自由国家向福利国家转型,法律为配合之,理应赋予国家相应的工具,以促进经济发展、社会公平。"因此,从法律上说,基于政策考虑而破坏量能课税原则并不一定为宪法所不容,前提是,通过税收法定原则和比例原则审查之。"④

也有学者认为税收宏观调控正当性基于财政本身的职能,⑤即建立在财政职能上的,由于财政职能有不同理论,导致对税收宏观调控的认识也不相同。财

---

① 参见陈少英:《税法学》,格致出版社、上海人民出版社 2011 年版,第 12 页。
② 参见王鸿貌:《税法学的立场与理论》,中国税务出版社 2008 年版,第 44 页。
③ 樊丽明:《税收调控研究》,经济科学出版社 2000 年版,第 3 页
④ 刘剑文、熊伟:《税法基础理论》,北京大学出版社 2004 年版,第 145 页。
⑤ 参见曹明星:《现代财税法之辩证生成论——背景要素的中美对极分析与案例解说》,中国税务出版社 2009 年版,第 85 页。

政职能决定于财政存在的依据,同时又规定着财政活动的方向和范围。当采用国家财政观时,宏观调控是财税法应有的、作为国家管理市场工具的价值所在,是一种国家权力;当采用公共财政观时,宏观调控就具有其限度,以弥补市场失灵为目的,是一种国家依职责给付的公共产品。

还有人基于社会契约理论对宪法和法律的解释,论证了税收调控的合宪性、合法性。① 有人基于财税法与市场经济的理念契合性,认为这种契合决定了税收能够发挥调节市场、辅助市场经济完善的作用,具体表现为市场经济体制完善要求财税法理念的充分发挥,以及财税法理念有利于推动市场经济体制完善两个方面。②

我们认为,上述观点已经周延地从宪法及其他法律中找到了国家税收宏观调控权力的正当性依据。实际上,税收调控所承载的社会政策和经济政策,必须符合现代国家的职能定位,落实到法律层面上,就是必须具有宪法和法律的依据。有观点也为明确税收调控权力的限度提供了思路,即从公共财政观出发,对税收宏观调控权作出限制,这就是税收法定原则的限制。

**(二) 税收调控手段之实体法的构成要素**

税收调控是通过税法实现的,这里的税法既包括税收法律法规,也包括政府制定的税收政策等。而无论是税法的哪一渊源,关于税法的规定都必须满足税法的构成要素。税收宏观调控的作用机制就在于通过对税收要素的调整,引导经济决策朝向有利于宏观经济快速、健康发展的方面发展,即税收调控就是以税法构成要素为手段,尤其是税收实体法律构成要素,进而发挥税收调控功能的。

1. 纳税人

纳税人即税法上规定直接负有税收债务的一方当事人,包括自然人、法人和非法人组织。一般意义上的纳税人是指最终负担纳税义务的个体,而非扣缴义务人等,也有学者将纳税人、扣缴义务人、纳税担保人、税务代理人、负税人等统称为税收主体。

我国《宪法》第 56 条规定:"中华人民共和国公民有依照法律纳税的义务。"即,我国的每一个公民都有纳税的义务,都是普遍意义上的纳税人。虽然在法律

---

① 参见朱一飞:《税收调控权研究》,法律出版社 2012 年版,第 107—108 页。
② 参见翟继光:《财税法原论》,立信会计出版社 2008 年版,第 242 页。

上,每个人都有纳税义务,但是在实际中是否需要履行纳税义务取决于税收制度的安排。自财产私有化出现以来,公民收入和财产之间必然存在差异,特别是在市场经济中,由于个人拥有生产资料的不同和个人能力的差异,导致不同群体、不同阶层、不同地区之间的公民之间的收入差距较大。而税收调控的目的之一就是调节分配不合理的现象,即税收通过向多收入者多征税、少收入者少征税或不征税、生活困难者提供税收补助的方式调节收入分配的差距。而发挥这一作用的基础就是根据他们经济收入的高低,对纳税人进行分类,设定一定的标准来判断公民是否具有税收主体资格。税收问题归根结底还是人与人之间的关系,因此,确定纳税人的地位和资格是税收调控最为直接的手段。

2. 征税对象

征税对象,也称税收客体、征税客体或课税对象、课税客体,是指征税的目的物,是指明对什么征税的问题。征税对象是税法最基本的要素,确定征税对象是税收调控的重要手段。

以征税对象为标准,可以确定相应的税种。一般情形下,我国通常根据征税对象性质的不同划分为四大类:流转额、所得额、财产和行为。以此为标准就可划分我国的四大税种:流转税、所得税、财产税和行为税。[①] 每一种税种在调控过程中都有着不同的优缺点,而税收调控就是利用各个税种的优缺点进行组合协调,使之协同作用,进而发挥宏观调控职能。这就需要在税收调控过程中选择主体税种、使税种覆盖范围尽量广泛,正确协调各个税种之间的关系,再辅以不断地修改和完善,以实现具体的税收调控目的。

3. 税率

税率是指应纳税额与税收客体的比例。[②] 税率可以划分为比例税率、累进税率和定额税率。每一类税率都有其独特作用,并且三类税率之下均可以再次进行划分。税率是税制的核心,反映了征税的深度,体现了税收政策的干预程度,相比于对纳税人和税种作出变动,税率的调控更加简便易行,是税收调控最常用的调控工具。

---

[①] 国外通常划分为商品和非商品流转额、所得额、财产三类,相应的税法可以划分为商品和劳务税、所得税和财产税。

[②] 税率有名义税率和实际税率之分,文中所指的仅是名义税率,即税法规定的税率;而实际税率是实际税额与实际税收客体的比例。在税法上并没有实际税率的规定,但实际税率真实地反映了纳税人的负担。

比例税率是指应征税额与税收客体数量为等比关系的税率,和征税对象的数量没有关系,又可以将比例税率再细分为三类:单一比例税率、差别比例税率、幅度比例税率。比例税率计算简便,有利于提高计算效率和征收效率,也便于纳税人的计算;并且,由于比例税率的税率高低与税基的大小并无关联,应用范围比较广泛,适合于对商品流转额的征收;但比例税率具有累退性,不利于保障公平,调节收入的具体实施效果欠佳。累进税率是随着税基数额的增大而提高的税率,即按税基数额大小,规定不同等级的税率。税基数额越大,税率越高。各种所得税一般都采用累进税率。超额累进税率又可以分为全额累进税率、超额累进税率。[①] 每一种税率都有各自的优缺点,从整体来看,累进税率更加合理,但是计算过程烦琐复杂,且全额累进税率会使两个级距的临界部位出现税负的增加超过应税所得额的增加,使税收负担极不合理的现象产生。定额税率又称固定税率,它是按单位征税客体直接规定固定税额的一种税率形式。定额税率又可以分为三种:地区差别定额税率、幅度定额税率、分级定额税率。定额税率变化弹性最小,调控能力也比较差,但是简单易行,易于操作。

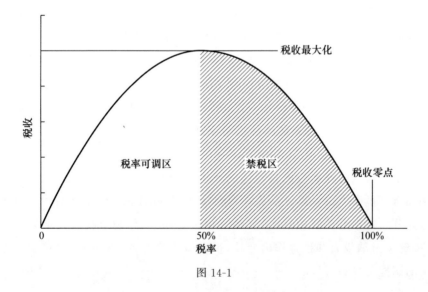

图 14-1

根据图 14-1 可知,当税率是经济活动最有效的刺激手段时,刺激经济增长的有效途径就是找到税收收入最高点,通过降低或提高税率向其靠近。以期达

---

① 陈少英教授还将累进税率划分为全率累进税率、超率累进税率。

到政府收入和产量的最大化,这样才能为税收调控甚至其他调控提供足够的财力支撑。税率高低对经济的作用还体现在对生产要素成本或收益的作用上,即税率还影响着劳动力的供求和资本的形成。劳动力供求关系受到劳动力市场报酬和劳动力要素成本的制约,市场上的劳动力供给量与市场报酬成正比,劳动力需求量与劳动力要素成本成反比。所以,如果减少税收,劳动力的实际报酬就会有所上升,劳动力要素成本就会下降,这样就能同时增加劳动力市场供给量和劳动力需求量,就业机会和就业人数同比增加,从而带动经济的增长。税率对资本的作用也是相同的原理。

4. 税收特别措施

税收特别措施是指在上述基本的税法要件之外体现税法规制性特征的一系列措施,又可以分为税收优惠措施和税收重课措施。严格来说,税收特别措施并不属于税收实体法的构成要素,但是从其发挥的特殊调控作用来看,我们不得不将其与构成要素相提并论。

税收优惠措施是指作为减轻或免除纳税人税负,从而使其获得税收上的优惠的各种措施的总称,主要是通过减少税基(税基式优惠,如税前扣除、亏损结转),或直接减少应纳税额(税额式优惠,如税收减免、税收抵免)来减低税负的优惠。税收重课措施是依法加重纳税人的税收负担的各种措施的总称,它体现的是对纳税人行为的限制和禁止。如,我国《个人所得税法》规定,对于个人劳务报酬所得一次收入畸高的,就可以依法加成征收。

国家根据经济发展的一般规律和社会的平均税负水平确定纳税人、征税对象和税率,但是由于市场经济千变万化,税收制度的经济基础是相对变化着的,且税收立法者预料经济变动的能力有限,因此,单纯依靠统一的征税对象和税率很难适应经济基础的变化,此时就需要政府通过税收特别措施,出于特别的调控目的对现有税收状况进行调整和安排,增加税收的灵活性,从而体现税收公平。这也造成了税收特别措施的政策性强,政府干预程度较深,很容易造成过度干预或干预不当,所以税收优惠措施需要实体制度法治化和程序制度法治化的严格约束。

(三) 税收调控的基本原理

税收调控是国家宏观调控的重要杠杆,税收的宏观调控职能也贯穿于宏观经济运行的全过程,①因此,调整税收关系的税法也天然具有宏观调控的作用,并且是建立在一定经济规律基础之上,且不以人的主观意志为转移。以下从经济稳定、资源配置和资源效率三个角度介绍税收对其的调控。

1. 税收对经济的调控原理

税收调控追求的最直接效果就是在保持市场经济在正常稳定的基础上逐步增长,税收调控的直接对象就是市场经济运行领域,那么税收是如何对经济进行调控的呢?

(1) 税法对于经济变动具有自动调控功能,会对经济变动自觉作出中和反应,有的学者也称其为作为一种具有较高微观效率的经济形式,市场经济存在着唯利性、滞后性和被动性三大缺陷,其本身很难保证社会总供给和社会总需求之间的平衡。而当经济因此发生波动甚至震荡时,税法会发挥自动中和功能,减缓经济变动的速度和影响。

税法的自动调控功能来源于税法制度对市场波动具有高度的灵敏性和自身高度的自动伸缩性。在社会总需求大于总供给时,会出现通货膨胀和物价上涨,这时候的税收收入会随之提高,从而抑制通货膨胀速度和物价上涨水平;在社会总供给大于总需求时,会出现经济萧条和失业,这时税收收入也会相应减少,减缓经济的萧条速度。税法对于经济的变动就像是一个"自动稳定器",随时缓和着市场经济上的经济震荡。正如萨缪尔森所说,"不管白天黑夜,不管总统是睡是醒,财政体制一直在保持着我们经济的稳定",而财政体制的"自动稳定器"功能表现最明显的就是税法的调控。

(2) 税收对经济变动具有被动调节功能。如上文所述,税收具有自动缓冲功能,但是这种自动反应能力是缓慢且有限的,当经济发生较大震荡时,很难通过税收的自动调节功能使市场秩序恢复,此时就需要超脱于市场之外的力量的干预和调控。具有经济职能的政府可以利用税率、税收措施等实行不同的税收政策,对市场经济作出有意识的、主动的干预和调控,彻底阻止或纠正市场失灵的状况。

国家通过增减相应的税种或改变税种体系、对征税对象和范围进行限定或扩张、对税率进行提高或降低和针对不同的对象实行不同的税收优惠措施,可以

---

① 税收的职能包括财政职能、经济职能和监督职能。

达到影响社会的投资和消费水平进而影响社会总需求和社会总供给,调整国家产业结构和模式,改善国家的市场资源配置,平衡不同阶层、地区的分配公平等效果。比如,税收调控作为宏观调控的重要方式,在社会总需求小于总供给时,可以通过减少税收总量,对供给总量进行压缩,也可以通过降低税率、缩小税基等方式,来促进投资和消费,从而扩大社会需求总量;当社会总需求大于总供给时,通过增加税收总量加大社会供给,相应的,也可以通过提高税率、扩大税基等方式限制投资、抑制消费,减少市场的资金投入,从而可以减少需求总量。在市场失灵情形下,政府的这种有意识的调控行为,会减轻或者阻止经济的波动和经济周期对市场的影响。

2. 税收对资源配置的调控原理

出于经济稳定增长的需求,税收调控发挥着经济调控职能,同样地,出于改善资源配置结构和提高资源配置效率的目的,众多税收法律法规和税收政策也会通过税收对资源配置进行调控,那么,税收对资源配置方面又是如何调控的呢?

首先,通过生产要素和商品价格控制资源的配置总量进行调控。税收之所以能够对资源配置进行控制,就是因为它能控制资源的生产要素,同时结合控制价格以控制资源生产者的生产行为,进而影响资源的生产总量。

资源配置就是对生产要素进行分配和利用的过程,而生产要素又包括生产资料要素、劳动力要素、管理者要素、信息要素。税法中的流转税是一种专门针对商品生产、销售过程中的流转额进行征税的税收类别,其作用效果遍布整个生产过程,当然也包括对生产过程中的这四个要素进行控制,再辅以所得税、财产税等可以达到对生产要素进行调节和控制的效果。如,生产资料要受到资源税的调节,提供劳动力的劳动者依靠劳动的收入要受到增值税和个人所得税的调节,管理者要受到个人所得税或企业所得税的调节,而信息服务也一定会受到增值税的控制。[1]

税收可以分为价内税和价外税,其中价内税的高低直接影响了商品价格的高低。当一般的生产成本固定时,价内税越高,商品的税收成本就越高,由于商品价值等于成本、税收、利润三者之和,为了维护一定的利润水平,商品的生产者

---

[1] 2015年"营改增"之前,部分劳动收入和信息服务要征收的是营业税,营改增之后,统一改征增值税。

就会提高商品价格,从而影响市场销量。相应地,市场价格和市场销量将会为生产者提供价格信息,影响生产者决定继续扩大或缩小该产品的生产行为。正是利用这一价格机制,税收调控着生产者的生产行为,进而对资源的总量和不同资源的比例进行着调控。

其次,通过调节产业结构影响资源的配置比例进行调控。市场运行中,资源的分布比例在很大程度上取决于不同产业部门所控资源的多少,即资源的配置比例与相应的产业结构比例是一致的,因此,调节资源分布比例的一个有效方法就是调节产业结构状况。关于调节产业结构的途径,可以归纳为两种:

一种是调节投资结构分布状况。通过是否对该投资所得进行征税以及税率的高低和税收优惠的有无,直接影响该产业的投资资金的增加或减少。通过征收消费税、投资方向调节税等直接引领投资方向,改变投资结构。因为产业结构是由投资结构决定的,增加该产业的投资就会加快该产业的发展和壮大,从而占据更多的资源比例;减少该产业的投资比例就会减缓甚至阻碍该产业的发展,进而使得该产业领域的资源总量不断下降。

另一种是调节现有企业的生产方向,即调整资产存量结构,促进某种产业兴起、壮大或淘汰。对现存领域内的不同产业按照税收中性原则,以其产业行为为主要标准,施以不同的税收政策,这会直接影响某些产业的现有资产总量的增加或减少。

3. 税收对社会公平的调控原理

在各国实施的税收法律和政策中,有相当一部分不是为了经济稳定增长或优化资源配置的目的,而是出于维护社会公平的目的,这一目的可能会和经济稳定增长的目标背道而驰。

一是通过总体税负调控市场效率和社会公平。税收是国家(或政府)把部分私人所有的资源强制、无偿、固定地集中归国家所有的社会资源分配方式。在特定时期,能够被利用的社会资源总量是相对稳定的,一个国家总体税负越高,就意味着政府通过财政收入掌控的社会资源总量就越多,用于调节社会公平的资源再分配可能性就越高;一个国家税负越低,也就意味着市场上的私有主体掌控的社会资源就越多,资源的配置效率就越高,但社会公平的再分配保障就越小。

毋庸置疑,市场经济拥有着资源配置的最高效率,但是市场经济在发挥这一效率的同时,往往会导致社会不公平现象的出现。市场配置资源的效率建立在市场私有主体掌控资源的总量之上,与之对应,政府实现社会公平调配也必须建立在掌握足够的社会资源基础之上。因此,出于资源配置效率和社会公平的考量,就必须协调政府和市场控制的资源总量的最佳比例,以求实现市场配置资源和政府配置资源的效益最大化。而税负就是寻找这一最佳比例的有效工具,通过调节税负的高低就可以控制社会资源在政府和市场私有主体掌控资源的比例,从而反映和调节市场资源配置效率和社会公平之间的关系,为追求最佳比例奠定了基础,同时也提供了条件。

二是通过具体税收制度调控收入公平分配。西方国家曾提出"效率经由市场,公平通过政府"的口号,税法在缩小社会收入差距方面具有不可替代的作用。税收制度虽然不是直接的"劫富济贫",但却发挥着同样的作用。以具体税收制度为例,介绍如下:

消费税是指税法规定的针对一些特定消费品、消费行为的流转额征收的一种税。一方面,消费税的平均税率高,而应税消费品价格弹性较低,有助于保证政府掌控一定的社会资源总量,方便进一步进行收入差距调控。另一方面,由于其征税对象具有奢侈性,通常是高收入群体的消费对象,对这些商品进行征税,是减少高收入群体所得,从而通过再分配去补充低收入群体的有效途径,有利于缩小收入差距,维护社会公平。

个人所得税的征收更能体现税收调控收入的特征,对个人收入的调控发挥着决定性的作用。个人所得税是指对个人(自然人)取得的各项应税所得的征税。个人所得税的征收采用超额累进税率,并按照收入来源的不同而采用不同的税收优惠措施,因而个人所得税从根本上体现了对高收入者多征税、对少收入者少征税或者不征税的功能,能够有效平衡收入差距,达到收入分配公平的目的。

财产税中存在着房产税、车船税、遗产税等税种,较多采用的是累进税率,这一税收制度意味着如果某个纳税个体拥有的房产、车船或死亡时的财产越多,就意味着其交的税也越多。财产税征收和所得税适用的是同样的原理,并且是在所得税课税之后还存在明显的收入差距情况下,对所得积累的进一步征税。

与税法的划分相对应,税收调控的具体机制可以划分为税收调控实体机制和税收调控程序机制。税收调控的实体机制包括:流转税调控机制、所得税调控机制、财产税调控机制、行为税调控机制。税收调控程序机制主要涉及税务管理制度。我国税收调控的具体机制主要体现在实体机制。

**(四) 流转税调控机制**

流转税,国际上又称"商品和劳务税",是指以纳税人商品和非商品的流转额为征税对象的一种税收。具体又可分为增值税、关税、消费税等。流转税较多表现为价内税,且属于间接税,与商品价格密切相关,通过设置不同的流转税就可以对不同的经济产业进行调控,对它们的供给总量和需求总量进行控制,如通过对一些高消耗或奢侈商品征收消费税,就可以增加这些商品的税收成本,提高市场交易价格,进而利用价格机制,抑制消费,增加储蓄和投资。

流转税调控具有稳定持续、征管简便、与经济运行密切相关等优点,方便从多方面对经济加以调节。流转税是针对商品或劳务在市场流转的全过程进行征税的,可以达到对每一个环节的调控目的,具有普遍调节的特点。但是,由于流转税与价格紧密相关,如果过多利用流转税的差别税率和税收优惠,会对价格造成扭曲,不利于市场机制的有效运行,也会进一步削弱调控措施的实际效果。且流转税对收入的调节功能较弱,收入越高,流转税占收入的比例就会越低,税负也相对越低。除了消费税,大部分的流转税都是以普通生活必需品为征税对象的,富人和穷人的税负差别不大。流转税的具体内容包括:

1. 增值税

增值税是对生产、销售货物或提供服务的纳税人,就其生产经营过程中实现的法定增值额征收的一种流转税。与法定增值额相对应的概念是理论增值额,理论增值额是指企业或者个人在生产经营过程中新创造的价值,即 $v+m=G-c$。法定增值额建立在理论增值额基础上,是由各国规定的本国增值税的征税对象。法定增值额因各国规定的不同而有所不同,其与理论增值额的差异在于各国是否扣除固定资产价值。

增值税又可以根据各国对固定资产处理结果的不同,划分为三种类型:(1) 生产型增值税。在计算增值税时,对购进固定资产价款中所含的税额不允许作任何扣除,从社会角度而言,增值税税基相当于国民生产总值(消费资料+生产资料),故称为生产型增值税。(2) 收入型增值税。收入型增值税在计算增值税时,只允许扣除当期应计入产品成本的折旧部分,也就是说从社会角度而言,增值税税基相当于国民收入,故称为收入型增值税。(3) 消费型增值税。消费型增值税是指对当期购进用于生产应税产品的固定资产价款中所含的税额,允许在购置当期一次全部扣除,从社会角度而言,其税基相当于社会全部消费品的价值,故被称为消费型增值税。从 2009 年 1 月 1 日起,我国增值税开始全面由生产型向消费型过渡。

增值税的纳税人是在我国境内销售货物或者提供加工、修理修配劳务以及进口货物的单位和个人。按照经营规模的大小和会计核算健全与否等标准,又可以分为小规模纳税人和一般纳税人。小规模纳税人是指"营改增"试点实施前销售服务、无形资产或者不动产的年应税销售额未超过 500 万元人民币(≤500 万元人民币)的纳税人;一般纳税人是指年应税销售额超过小规模纳税人标准的企业和企业性单位。

增值税的征税范围是在我国境内销售货物、提供应税劳务以及进口货物。2016 年 5 月 1 日起,全面实施"营改增",对原来缴纳营业税的各类主体都改征增值税,扩大了增值税的征税范围,实现了我国对货物与服务的流转税制的统一。

关于增值税税率,一般分为三种:基本税率 17%、低税率 13% 和零税率。零税率与免税不同,适用零税率的货物不仅出口环节免税,而且该货物在生产过程中的各个环节已经缴纳的税款亦予以退还。同时根据营改增改革文件(财税〔2016〕36 号)的最新规定:提供交通运输、邮政、基础电信、建筑、不动产租赁服务、销售不动产、转让土地使用权的税率为 11%;提供有形动产租赁服务的税率为 17%;境内单位和个人发生的跨境应税行为的税率为零,具体范围由财政部和国家税务总局规定;除上述规定外的其他应税行为的税率为 6%。自 2009 年 1 月 1 日起,小规模纳税人的征收率由过去的 6% 和 4% 两档统一下调为 3%。

增值税免税是对部分特定的生产经营活动获得的收入和报酬不征增值税,但对购进商品、劳务的已缴纳的增值税不予抵扣。我国《增值税暂行条例》规定的免税项目有:农业生产者销售的自产农产品、避孕药品和用具、古旧图书、直接用于科学研究、科学试验和教学的进口仪器、设备、外国政府、国际组织无偿援助的进口物资和设备、由残疾人组织直接进口供残疾人专用的物品、销售自己使用过的物品等。增值税的免税规定也是税收调控的一种作用方式。在营改增改革过程中,也采取了一系列税收优惠措施的对接制度,比如明确规定,新增试点行业的原营业税优惠政策原则上予以延续;对老合同、老项目以及特定行业采取过渡性措施;房地产业、建筑业、金融业和生活服务业在原营业税中的优惠政策,改革后继续延续;养老、医疗、教育、金融机构的同业往来,继续实施免税;优惠政策平移,保证税负不增。

2. 消费税

消费税是指税法规定的针对一些特定消费品、消费行为的流转额征收的一种税。消费税的纳税人是在我国境内生产、委托加工和进口应税消费品的单位和个人,以及国务院确定的销售应税消费品的其他单位和个人。消费税的征税范围限于《消费税暂行条例》规定的应税消费品,一般分为以下五类:(1)过度消费会对人类健康、社会秩序、生态环境等方面造成危害的特殊消费品,如木制一次性筷子。(2)奢侈品和非生活必需品,如游艇。(3)高能耗及高档消费品,如小汽车。(4)不可再生和替代的消费品,如汽油、柴油。(5)具有一定财政意义的产品,如汽车轮胎。消费税采用比例税率和定额税率两种形式,以适应不同应税消费品的实际情况;消费税根据不同的税目或子目确定相应的税率或单位税额,多数税率适用比例税率,定额税率主要适用于成品油税目以及黄酒、啤酒两个子目。

由于消费税具有较强的政策导向作用,近年来国家出台了一系列消费税的减免政策,如,航空煤油继续暂缓征收消费税;对用外购或委托加工收回的已税汽油生产的乙醇汽油免税;用自产汽油生产的乙醇汽油,按照生产乙醇汽油所耗用的汽油数量申报纳税;对生产销售达到低污染排放值的小轿车、越野车、小客车减征30%的消费税。为了鼓励出口,提高本国产品在国际市场上的竞争力,国际上通行的做法是对出口产品免税。如果出口产品已征消费税,则应退税。我国借鉴国际惯例,对纳税人出口应税消费品,免征消费税;但国务院另有规定的除外。

3. 关税

关税是对进出国境或者关境的货物、物品征收的一种流转税,包括进口关税和出口关税。关税的课税对象是进出国境或关境的货物、物品的流转额。关税的纳税人为进口货物的收货人、出口货物的发货人、进出境物品的所有人、该物品的所有人和推定为所有人的人。关税的征税对象是进出境的各种货物、物品。货物是指以贸易行为为目的进出关境或者国境的贸易性物资。物品是指入境旅客或者运输工具服务人员携带的行李物品、馈赠物品、邮递入境以及以其他方式进入关境或国境的属于个人自用的非贸易性物资。关税税率可以分为进口税率和出口税率，进口货物税率的设置主要有最惠国税率、协定税率、特惠税率、普通税率、关税配额税率等。国家仅对少数资源性产品及易于竞相杀价、盲目进口、需要规范出口秩序的半制成品征收出口关税，我国目前真正征收出口关税的商品只有 20 种，税率最高也不超过 20%。

关税减免方法可以分为三种：(1) 法定减免税，纳税义务人无须提出申请，海关可按规定直接予以减免税。(2) 特定减免税，也称政策性减免税，是指在法定减税外，按照国际通行规则和我国实际情况，制定发布的有关进出口货物减免关税的政策。(3) 临时减免税，是指在法定减免和特定减免范围之外的其他减免税，国务院根据《海关法》对某些特殊情况给予特殊照顾，一案一批，专文下达减免税。目前国家严格控制减免税，一般不办理个案临时性减免税，对特定减免税也在逐步规范、清理。

**(五) 所得税调控机制**

所得税是典型的直接税收，是以纳税人的所得额为征税对象的一种税收。所得税包括个人所得税和企业所得税两种。个人所得税可以降低个人的收入水平，使个人可支配收入减少。尤其是在实行累进税率的情况下，税率随着个人收入的增加而上升，因此对高收入者的征税明显高于低收入者，这就使得高收入者和低收入者的收入差距在征税之后缩小，从而对调节收入分配公平方面达到明显效果。企业所得税是对公司利润的征收，它可以减少资本收益，从而缩小资本收入者和劳动收入者之间的收入差距。

所得税调控的优点是在保障政府财政稳定的同时，对社会收入分配公平的调控。而且，正如汉森所说，"所得税可以作为刺激私人投资的工具"，取消或降低在某些投资领域的所得税收，对该领域的投资获利具有极大的促进作用。但是所得税是典型的直接税收，纳税人可以切身感受到其私有财产被"强制剥夺"，因此税痛感比较强，也很容易引起普通纳税人的不满和反感，从而削弱部分劳动者的劳动积极性，影响市场创造力和运行效率，并且计算过程比较复杂，容易造成偷税漏税，可能对税收征收工作造成困难。所得税的具体内容包括：

1. 企业所得税

企业所得税是指对企业在一定期间内的生产经营所得和其他所得，依法扣除成本、费用和损失等项目后的余额征收的一种所得税。我国企业所得税的纳税人是企业和事业单位、社会团体以及其他取得收入的组织,依照我国法律、行政法规规定成立的个人独资企业、合伙企业不征收企业所得税,对依照外国(地区)法律法规在境外成立的个人独资企业和合伙企业,由于其不存在与个人所得税重复征税的问题,仍然是我国的企业所得税纳税人。根据承担纳税义务的不同,又可以将企业所得税的纳税人分为居民企业和非居民企业。居民企业是指依法在我国境内成立,或者依照外国(地区)法律成立但实际管理机构在我国境内的企业。非居民企业是指依照外国(地区)法律成立且实际管理机构不在我国境内,但在我国境内设立机构、场所的,或者在我国境内未设立机构、场所,但有来源于我国境内所得的企业。

关于企业所得税的征税对象,居民企业应当就其来源于我国境内、境外的所得缴纳企业所得税。非居民企业在我国境内设立机构、场所的,应当就其所设机构、场所取得的来源于我国境内的所得,以及发生在我国境外但与其所设机构、场所有实际联系的所得,缴纳企业所得税。非居民企业在我国境内未设立机构、场所的,或者虽设立机构、场所但取得的所得与其所设机构、场所没有实际联系的,应当就其来源于我国境内的所得缴纳企业所得税。

企业所得税的税率是指企业应纳所得税额与其应纳税所得额之间的比例,可以分为基本税率(25%);预提所得税率表,非居民企业在中国境内未设立机构、场所的,或者虽设立机构、场所但取得的所得与其所设机构、场所没有实际联系的,适用税率为20%,但减按10%的税率征收;还有优惠税率,符合条件的小型微利企业,减按20%的税率征收企业所得税,国家需要重点扶持的高新技术企业,减按15%的税率征收企业所得税。

《企业所得税法》规定的税收优惠的体系以产业优惠为主,区域优惠为辅。包括产业型优惠,即对重点扶持和鼓励发展的产业和项目,给予企业所得税优惠。企业的下列所得可以免征、减征企业所得税:从事规定的农、林、牧、渔业项目的所得;从事国家重点扶持的公共基础设施项目投资经营的所得;从事符合条件的环境保护、节能节水项目的所得;符合条件的技术转让所得;预提所得税等。区域性优惠是指民族自治地方的自治机关对本民族自治地方的企业应缴纳的企业所得税中属于地方分享的部分,可以决定减征或者免征。总体而言,我国《企业所得税法》税收优惠的主要内容是促进技术创新和科技进步、鼓励基础设施建设、鼓励农业发展及环境保护与节能、支持安全生产、促进公益事业和照顾弱势群体,以及自然灾害专项减免税优惠政策等。

2. 个人所得税

个人所得税是指对个人(自然人)取得的各项应税所得征收的一种税。个人所得税的纳税人是在我国境内有住所或者虽无住所但在境内居住满1年,以及无住所又不居住或者居住不满1年但从我国境内取得所得的个人。以住所和居住时间为标准划分为居民纳税人和非居民纳税人。居民纳税人是指在我国境内有住所或无住所但在境内居住满1年的自然人,就其来源于我国境内和境外的全部所得缴纳个人所得税;非居民纳税人是在我国境内无住所又不居住或无住所且居住不满1年的自然人,仅就其来源于我国境内的所得缴纳个人所得税。个人所得税的征税对象是自然人取得的各项所得,在《个人所得税法》中列举了11项所得:工资、薪金所得;劳务报酬所得、个体工商户的生产、经营所得;对企事业单位的承包经营、承租经营所得;稿酬所得;特许权使用费所得;利息、股息、红利所得;财产租赁所得;财产转让所得;偶然所得;经国务院财政部门确定征税的其他所得。关于个人所得税的税率问题,我国共规定了三种情形:工资、薪金所得适用3%—45%的7级超额累进税率,按月征收;个体工商户生产经营所得和对企事业单位的承包经营、承租经营所得适用5%—35%的5级超额累进税率,按年征收;稿酬所得、劳务报酬等其他所得适用20%的比例税率,其中对稿酬所得按应纳税所得额减征30%,劳务报酬所得一次收入畸高的,加成征收。

我国规定对于部分所得免征个人所得税:省级人民政府、国务院部委和中国人民解放军军以上单位,以及外国组织、国际组织颁发的科学、教育、技术、文化、卫生、体育、环境保护等方面的奖金、国债和国家发行的金融债券利息、按照国家统一规定发给的补贴、津贴、福利费、抚恤金、救济金、保险赔款、军人的转业费、复员费、按照国家统一规定发给干部、职工的安家费、退职费、退休工资、离休工资、离休生活补助费、依照我国有关法律规定应予免税的各国驻华使馆、领事馆的外交代表、领事官员和其他人员的所得、中国政府参加的国际公约、签订的协议中规定免税的所得、经国务院财政部门批准免税的所得。并且对于残疾、孤老人员和烈属的所得、因严重自然灾害造成重大损失的和其他经国务院财政部门批准减税的,可以减征个人所得税。

### (六) 财产税调控机制

财产税是以纳税人所拥有或支配的特定财产为征税对象的一类税。财产税是以纳税人的财产存量为征税对象的,通常是在所得税征收之后,对所得的积聚再一次征税的活动。不同于流转税和所得税对流量进行征税,财产税是对存量进行征税,这一特点让财产税在税收调控中发挥着至关重要的作用。财产税是以社会整体利益为基点,对拥有财产较多的人进行征税,减少其财产总量,减少了财富的过度积累,缩小了社会财富差距。凯恩斯认为存在经济危机和难以实现充分就业的原因就在于社会有效需求的不足,而税收尤其是财产税,是增加消费和投资、提高社会有效需求的有效工具:当纳税人不愿或无力负担财产税时,就会将财产进行转移,更多的用于消费和投资,这样社会的有效需求就会随之增加。财产税是对所得税调控的一种补充,财产税是对一切积累的财产、生产资料、生活资料、资源等征税,具有直接税的性质,税负不容易转嫁,在一定程度上弥补了所得税不能对资产增值和存量财富课税的缺陷,发挥了调节收入和财富分配的功能。

财产税与财产的用益密切相关,因此征收财产税可以促进社会财富的公平分配,体现税收公平原则。财产税主要是属于地方税,有利于增加地方税收,平衡地区差异。并且,财产税尤其是资源税发挥着保护生态环境或战略资源的效果。但是财产税作为直接税,较为直接的税痛感使纳税人产生逃税避税心理,而且财产税属于较为原始的税种,通常不被现代国家视为一国税制中的主要税种。财产税的具体内容包括:

1. 资源税

资源税是国家对在我国境内从事资源开发、利用的单位和个人,就其资源生产和开发条件的差异形成的级差收入而征收的一种税。征收资源税体现的是国有资源有偿使用原则。我国资源税的征收范围包括煤炭、原油、天然气、黑色金属矿原矿、有色金属矿原矿、非金属矿原矿和盐七种,范围较狭窄。资源税最大的特点是仅以某些特殊的资源作为课税对象,而不是对所有的资源课征。相对应的,资源税的纳税人就是在我国境内开采或生产应税资源的单位和个人。

2. 耕地占用税

耕地占用税是对占用耕地建房或者从事其他非农业建设的单位和个人,就其实际占用的耕地面积征收的一种税,是对特定土地资源占用进行的一种课税。耕地占用税的纳税人是占用耕地建房或者从事其他非农建设的单位和个人,包括外商投资企业。征税范围包括建房或从事其他非农建设而占用的国家所有和集体所有的耕地。耕地占用税以纳税人实际占用的耕地面积为计税依据。耕地占用税实行地区差别定额税率,不同地区实行不同的税额幅度,全国划分为四类不同地区,确定相应的税额幅度。

3. 城镇土地使用税

城镇土地使用税是对在城市、县城、建制镇和工矿区范围内使用土地的单位和个人,按其实际占用的土地面积和规定的土地等级征收的一种税。在城市、县城、建制镇、工矿区范围内使用土地的单位和个人为城镇土地使用税的纳税人,包括外商投资企业、外国企业和外籍个人。城镇土地使用税的征税范围是城市、县城、建制镇和工矿区内属于国家所有和集体所有的土地,不包括农村集体所有的土地。自 2009 年 1 月 1 日起,公园、名胜古迹内的索道公司经营用地,应按规定缴纳城镇土地使用税。在计算应纳税额时,以纳税人实际占用的土地面积为依据,依照规定的税额征收。城镇土地使用税采用幅度定额税率,每平方米土地年税额规定有所不同,大城市的土地每平方米年税额为 1.5 元至 30 元;中等城市 1.2 元至 24 元;小城市 0.9 元至 18 元;县城、建制镇、工矿区 0.6 元至 12 元。

4. 房地产税

房产税是以房屋为征税对象,即以房屋形态表现的财产,按房屋的计税余值或租金收入为计税依据,向产权所有人或使用人征收的一种财产税。房产税的纳税人是房屋的产权所有人,包括国家所有和集体、个人所有房屋的产权所有人、承典人、代管人或使用人。房产税的征税范围包括在我国境内城市、县城建制镇和工矿区内用于生产经营的房屋。与房屋不可分割的各种附属设施或不单独计价的配套设施也属于房屋,应一并征收房产税。我国现行房产税实行比例税率。根据不同的计税依据,有两种税率:一按房产原值一次减去 10%—30% 后的余值计征,税率为 1.2%;二是按房产出租的租金收入计征,税率为 12%,个人按市场价出租居民住房暂减按 4% 的税率征收房产税。

我国规定房产满足下列条件时,可以减免房产税:国家机关、人民团体、军队自用的房产免征房产税,但上述免税单位的出租房产以及非自身业务使用的生产、营业用房,不属于免税范围;由国家财政部门拨付事业经费的单位,本身业务范围内使用的房产免征房产税;宗教寺庙、公园、名胜古迹自用的房产免征房产税;个人所有非营业用的房产免征房产税;对行使国家行政管理职能的中国人民银行总行所属分支机构自用的房产免征房产税。此外,纳税人纳税确有困难的,可由省、自治区、直辖市人民政府确定,定期减征或者免征房产税。

5. 契税

契税是指在土地、房屋权属转移时,向取得土地使用权、房屋所有权的单位和个人征收的一种税。契税的纳税人是境内转移土地、房屋权属时承受的单位和个人,包括外资企业和外籍个人。契税的征税范围包括国有土地使用权出让、土地使用权的转让、房屋买卖、房屋赠予、房屋交换,纳入契税征税范围的还包括一些权属转移方式,包括以土地、房屋权属作价投资、入股;以土地房屋权属抵债等。契税实行3%—5%的幅度比例税率,各省、自治区、直辖市人民政府可以在该幅度税率范围内按照本地区的实际情况决定。

契税税收减免包括以下五种情形:(1)国家机关、事业单位、社会团体、军事单位承受土地、房屋用于办公、教学、医疗、科研和军事设施的,免征契税。(2)城镇职工按规定第一次购买公有住房的,免征契税。(3)因不可抗力灭失住房而重新购买住房的,酌情准予减征或免征契税。(4)土地、房屋被县级以上人民政府征用、占用后,重新承受土地、房屋权属的,是否减征或者免征契税,由省、自治区、直辖市人民政府确定。(5)纳税人承受荒山、荒沟、荒丘、荒滩土地使用权,用于农、林、牧、渔业生产的,免征契税。并且为了更好地实行房价调控,我国于2016年实行了契税的新政策,比如对个人购买家庭唯一住房,面积为90平方米及以下的,减按1%的税率征收契税;面积为90平方米以上的,减按1.5%的税率征收契税;对个人购买家庭第二套改善性住房,面积为90平方米及以下的,减按1%的税率征收契税;面积为90平方米以上的,减按2%的税率征收契税。

6. 土地增值税

土地增值税是对有偿转让国有土地使用权及地上建筑物和其他附着物产权、取得增值性收入的单位和个人征收的一种税。世界各国对土地增值课税体现在对土地及其改良物的增值额课税,包括在保有期间因涨价形成的增值和发生转让时实现的增值两部分,通常在保有和转让两个环节征收,即土地自然增值税和土地转让增值税。土地增值税的纳税人为转让国有土地使用权、地上建筑物及其附着物并取得收入的单位和个人,包括外资企业和外籍个人。土地增值税的征税范围是有偿转让国有土地使用权及地上建筑物和其他附着物产权所取得的增值额。我国土地增值税实行四级超率累进税率,具体如表14-1所示:

表 14-1　土地增值税累进税率

| 级数 | 增值税与扣除项目金额的比率 | 税率(%) | 速算扣除系数(%) |
|---|---|---|---|
| 1 | 不超过50%的部分 | 30 | 0 |
| 2 | 超过50%至100%的部分 | 40 | 5 |
| 3 | 超过100%至200%的部分 | 50 | 15 |
| 4 | 超过200%的部分 | 60 | 35 |

7. 车辆购置税

车辆购置税是对在我国境内购置应税车辆的单位和个人征收的一种税,就其性质而言,属于直接税范畴。作为费改税的第一个税种,车辆购置税的前身是车辆购置附加费。车辆购置税的纳税人是在我国境内购买、进口、自产、受赠、获奖或者以其他方式取得并自用应税车辆的单位和个人,包括外资企业和外籍个人。车辆购置税的征税范围包括汽车、摩托车、电车、挂车、农用运输车,未列举的车辆不纳税。车辆购置税实行从价定率的办法计算应纳税额,税率统一为10%。

8. 车船税

车船税是在我国境内的车辆、船舶的所有人或者管理人应缴纳的一种税。在车船税出台之前,我国实行车船使用税制度、车船使用牌照税,这些均属行为税性质。车船税出台后,其税种由原来的行为税转变为财产税。车船税的纳税人是在我国境内,车辆、船舶的所有人或管理人。车船税的税率实行分类、分级定额税率,对于乘用车、商用车中的客车和摩托车按辆为计税标准,分别适用不同税率;对商用车中的挂车、货车、专用作业车、轮式专用机械车以整备质量吨数计税;对机动船舶以净吨位吨数计税,对游艇则以艇身长度为计税标准。

(七) 行为税调控机制

行为税亦称特定行为税或特定目的税,是政府为实现特定的目的,对某些行为所征收的一类税收。我国的行为税法以印花税为重点,包含城市维护建设税。行为税税源广泛,征税对象的数量较多。行为税一般是出于特定的调控目的对某一行为对象进行征税,具有临时性和偶然性的特征,且政策目的性强,有利于政府在短期内实施和结束。

## 三、税收调控法治化

### (一) 税收调控法治化的概念及含义

1. 税收调控法治化的概念

税收调控法治化是指一国税收调控主体在利用调控权力进行税收调控的过程中,其税收权力的设置、税收权力的行使等均应该满足法治化理念的要求。由于税收天然具有"侵略性",是国家"对国民财产自由权之侵犯,对职业与营业自由之干预"[①],因此,早在英国资产阶级革命时期,税收的法治化问题就开始成为一个重要的宪政课题。

若要细分税收调控法治化的含义内容,就必须从税收调控和法治化两个拆分概念入手。首先,关于税收调控的概念和具体内容在上节中已经做了详细的介绍,但是"法治化"这一概念在我国理论界并未出现一个统一的定义,但这不影响我们对法治理念的全局概括。亚里士多德的"良法之治"被普遍认为就是法治理念的体现,他认为"法治"包括两重意义:一是"已成立的法律获得普遍的服从",二是"大家所普遍服从的法律又应该是本身制定得良好的法律"。[②] 那么从这一概念引申,我们可以总结出,法治和人治不同,法治是一种理念、观念、价值或原则,以"良法"作为其基本前提,以权力制约与权利保障为主要内容。

税收调控法治化的概念不同于税收调控法制化。税收调控法制化是指立法机关或授权立法机关在法定权限内,按照法定程序,制定或认可而形成的具有普遍约束力的税收调控制度规范。税收调控法制化是税收调控法治化的必然要求,但是并不完全等同于税收调控法治化。

2. 税收调控法治化的含义

税收调控法治化是指税收调控行为在"良法"的前提之下,税收调控权力受到了充分的制约,税收调控的权威也得到了树立,市场机制在资源配置、经济运

---

① 葛克昌:《税法基本问题(财政宪法篇)》,北京大学出版社 2004 年版,第 117 页。
② 参见西方法律思想史编写组:《西方法律思想史资料选编》,北京大学出版社 1983 年版,第 53 页。

行中的基础性地位不受破坏,纳税人的合法权益得到保护的一种法治状态。

税收调控是通过税法实施完成的,所以税收调控的法治化必然要求税法的法治化,即税收实体法律制度和税收程序法律制度都要满足法治化要求。具体而言,税收调控法治化包括以下几个内容:第一,税收调控权力得到充分制约和积极行使。税收调控权力是国家进行税收调控的合法性依据,国家或政府应该在各自的权力范围内积极行使权力。第二,税收良法。税收调控是通过税收的具体制度予以实施的,包括税收实体制度和税收程序制度两方面。税收调控的法治运行就必须建立在税法是体现人民民主意志的良法的基础之上。第三,税收调控措施的实施过程也必须满足法治化要求,主要表现在税收调控权力的具体实施方面。

税收调控是国家行使税收调控权力的体现,是国家以税收法律为手段进而调控市场经济的活动,是以强制、无偿剥夺普通公民的私有财产为运行前提的。在社会契约理念之下,这种权力来源于公民对私有财产的自愿放弃,并且以认为市场运行机制存在失灵状况而强行干预为前提,如果一旦税收调控权力遭到滥用或误用,会给公民权益和市场经济带来严重的破坏。所以,这种权力必须受到限制和制约,以保障公民的合法权益不受其侵害,使市场经济健康发展。

**(二) 税收调控权的法治化**

税收调控法治化的首要问题就是税收调控权的法治化,这也影响着税法渊源体系的法定化。税收调控权是当代国家调节经济社会运行的一种重要权力,是国家公权力为了实现资源优化配置、收入公平分配、经济稳定增长等宏观调控目标,而创设或调整税收制度的权力,[①]是国家的职能也是国家的宏观调控职权在税收调控领域的体现。

税收调控权不同于征税权。税收调控权从性质上而言是一种立法权,表现为创设或者调整税收制度以调控经济的行为。而征税权属于行政权力的一种,表现为执行具体的税收调控政策的权力。比如,国家为鼓励发展环保节能产业而降低某些企业的企业所得税率,这是行使税收调控权的体现,但是税务行政机关依据低税率对符合条件的企业进行征税的行为,是对税收调控政策的执行,是

---

① 参见朱一飞:《税收调控权研究》,法律出版社2012年版,第49页。

属于行政权力的范围。

### （三）税收调控权配置法治化

税收调控权配置主要指税收调控权力在立法机关和行政机关之间的横向配置情况。正如上文所说,税收调控权实质上应当是一种立法权,原则上应当由立法机关行使,但是考虑到税收调控对象的复杂性、专业性和多变性,行政机关通过税收政策等形式在授权范围内行使税收调控权也是必要的。但是从我国现在的税收调控权力行使情形来看,存在缺乏税收基本法律、概括授权不合理、实质上税收调控权力过多由行政机关行使等不符合税收法定要求的问题出现,因此,解决税收调控权限在两者之间的横向配置问题是税收调控法治化的必然要求。

#### 1. 从现有的税法渊源体系问题分析税收调控权配置问题

我国税法渊源分为正式渊源和非正式渊源。正式渊源包括宪法、法律、行政法规、部门规章及相关规范性文件、条约和法律解释。非正式渊源有判例、习惯、税收通告和一般法律原则或法理。与正式渊源不同,税法的非正式渊源不能作为税收执法和司法的直接依据,但也具有一定的参考价值。在我国的税法体系渊源中存在着较多不符合法治化要求的问题,下面就从局部和整体两个角度分析我国的税法渊源体系存在的问题,进一步证明我国税收调控权配置法治化的必要性。

从局部来看,一是宪法是我国的根本大法,也是授权国家税收调控权力的根本之法。《宪法》第15条规定,"国家加强经济立法,完善宏观调控。"从此条也可看出国家税收调控权限正式来自于宪法此条关于宏观调控权力的规定。《宪法》第56条规定:"中华人民共和国公民有依照法律纳税的义务。"这就规定了公民对国家的纳税义务,同时也表明了非依照法律规定,不得使公民增加纳税负担或减少纳税义务。但是除了上述两条与税收调控或税法有关之外,再无别的法条对税收调控权和税收事项作出规定,因此内容过于抽象和简单。从长远看,应通过适当修改宪法,增设直接与税收有关的条款,加强宪法对税法的指导,提高税法的法律地位。二是税法渊源中的法律是指狭义上的法律,即全国人民代表大会制定的基本法律,以及全国人大常委会制定的基本法律以外的其他法律。全国人大及其常委会作出的规范性的决议、决定,同全国人大及其常委会制定的法律具有同等的法律效力,也应当属于税法的渊源。法律是税法的重要渊源。根据税收法律主义的要求,税法渊源的主体应该是法律。但是我国关于税收的法律只有《个人所得税法》《企业所得税法》两部法律,来自法律渊源的法律的缺少,使得我国大部分税法规范性文件的法律效力普遍偏低,如果时机成熟,我们应当加强税收法律立法,加强从法律层面的税收调控。三是国务院制定的各种法规,即行政法规,是税法的重要渊源。国务院发布的规范性的决定和命令,同行政法规具有同等的法律效力,也属于法的渊源。如《国务院关于加强依法治税严格税收管理权限的通知》《国务院关于地方税务机构管理体制问题的通知》等。

从整体来看,我国的税收调控权的横向配置出现人大立法不足、行政立法过多的问题。据粗略统计,现行有效的税收行政法规大约有 30 部、有关税收的部门规章大约有 50 部。我国税收法律制度存在税收法律偏少,税收行政法规和税收部门规章偏多的状况,需要通过加快立法进程逐步加以改变。我国现存的税法渊源存在的比例失衡问题已经证明我国税收调控权在横向配置上的失衡。

2. 贯彻税收法定原则,规范税收调控权的配置

关于规范税收调控权横向配置的问题,要求我们必须回归税收法定原则在税收调控方面的具体要求,从而确定法治化的具体路径。

税收法定原则是指税收的课征事项,均应以法律明确规定,若无法律规定,国家不得向人民课税,人民亦不能负纳税义务。这一原则意味着税种必须由法律规定,即每种税的征收要件必须在法律中明确规定,行政机关尤其是征税机关无征税自由裁量权;符合征税条件的事项,征税机关一律征收,税法无规定,征税机关则不得随意减免;征税机关应依法制定程序征税,纳税人有获得行政救济或司法救济的权利。

税收法定原则从文意要求上看,已经对税收调控权的横向配置作了明确的规定,立法机关即全国人民代表大会及其常委会以法律的形式行使税收宏观调控权的主体地位。但是我们不得不认识到,现在税收调控中行政机关能够占据积极地位是存在其合理性的。由于税法所规范对象的实际活动极为错综复杂且激烈变化,而法律多数为原则性规定,而且受立法技术的限制,不可能做到完全周延。所以,由国务院制定颁布的专门性税收行政法规,在我国经济体制改革过程中,其过渡作用是不可缺少的。只有行政机关最能够通过实践效果来判断税收调控的目的是否正当合理、时机是否成熟、税收政策和目的之间的关系是否符合比例原则的要求……而且,行政机关具有高效的执行力,政策制定更高效、政

策实施更便捷,政策执行更有保障,更能适应多变的市场经济变化需求。但是,通过抽象行政行为行使的税收调控权力也是具有天然膨胀趋势的行政权力的一种,存在着自由决定带来的不确定性和权力滥用的潜在可能性,必须要受到制约和监督。

关于税收调控权配置的法治化问题,我们必须在肯定人大享有税收调控权主体地位的基础上,保障行政机关享有必要的税收调控权。必须明确对于重要的课税事项,如关乎全体公民财产权利的事项,必须由人大或其常委会通过法律的形式进行规定,只有在允许的范围内,通过授权立法的形式授权行政机关相应的税收调控权,并且要对行政机关的税收调控权限范围、期限等进行明确的限定和划分。但是这种授权应当是为满足宏观调控的需要不得不为之的授权,并且要对权力的行使进行制约和监督。

对税收调控职权配置的法治化还需要反映在税法逐步完善的法律渊源体系之上。一方面,通过加强宏观调控基本法和税收基本法等法律的立法活动,明确税收调控的目标、原则、范围和方式,为行政机关税收调控权的行使和具体的征税活动提供明确的基本准则。另一方面,应当明确行政机关行使税收调控权制定税收政策等必需的立法授权,规范行政机关内部各部门在落实税收调控权中的具体行为,以确保税法调控中的行政立法在既定的法律内展开,避免过于灵活的税收政策带来税收制度的不稳定性和滥用权力的潜在可能性。

### (四) 税收调控法治化与公民参与

税收调控法治化的要求除了税收调控权法治化的配置和行使,还要求税收调控这一立法能够反映公民的意志,能够得到全体公民的肯定和支持,这里的公民应该是一国的全体成员,而非某一具体的负税人。

首先,税收调控的过程需要增强公民参与的意识和程度。税收调控权力的过程本质上是一个立法过程,在立法过程中增强公民的参与程度,听取公民的意见,使得最终的税收调控措施能够充分反映公民意志,这既能增强调控的科学性,也有助于征税环节公民的配合程度。

其次,税收调控法治化应当通过提高纳税人的纳税权利意识对国家的税收行为进行监督。按照税法征纳法律关系的基本内容,纳税人享有知情权、保密权、税收监督权、纳税申报方式选择权、延期申报权、延期缴纳税款权、申请退还多缴税款权、依法享受税收优惠权、委托税务代理权等权利,承担着依法纳税、接受管理、接受稽查和提供信息的义务。但是,我国税收调控过多强调纳税人的税收义务,纳税人的权利意识明显不足,缺乏来源于纳税人方面的监督力量,使得国家税收调控权力的制约力量大大减弱。

最后,税收调控法治化中强调公民的参与,还来源于税收法律关系平等性特征的实践性要求。具体到税收征纳法律关系中,就是征税机关和纳税人关系的平等性,然而政府运用权力强制征收也是必要的。因此,税收征纳关系是一种建立于平等基础上的有限的"不平等",这种表象的"不平等"是为实现最终的平等而使用的手段。公民的权利意识是整个社会实现法治的基石,公民对税收法律关系平等性的认识有助于正确权利意识的形成,从而影响整体的法治进程。因此,只有提高纳税人的法律地位,才会增强他们对税收工作的信任和支持,才能增进他们与税务机关的相互理解,在和谐的气氛中完成征纳税行为。

**(五)税收调控法治化与公平竞争审查**

我国的公平竞争审查概念是在2016年《国务院关于在市场体系建设中建立公平竞争审查制度的意见》(以下简称《意见》)中提出的。此文件正式提出我国政府建立公平竞争审查制度的目标,并对公平竞争审查的对象和方式等作了规定。公平竞争审查制度看似只是竞争法领域的规范,但是其彰显的"竞争中立"思想是适用于所有的行政权力和行政行为的,政府的税收调控行为通常表现为抽象行政行为,应当受到公平竞争审查制度的约束。

该《意见》规定了公平竞争审查的对象包括:(1)行政机关和法律、法规授权的具有管理公共事务职能的组织(以下统称政策制定机关)制定市场准入、产业发展、招商引资、招标投标、政府采购、经营行为规范、资质标准等涉及市场主体经济活动的规章、规范性文件和其他政策措施,应当进行公平竞争审查;(2)行政法规和国务院制定的其他政策措施、地方性法规,起草部门应当在起草过程中进行公平竞争审查。未进行自我审查的,不得提交审议。从公平竞争审查的第二个对象来看,行政机关行使税收调控而制定的行政法规和其他政策措施也是在公平竞争审查范围之类的,虽然审查方式仅仅是自我审查,但这是向前跨出的巨大一步。

行政机关的税收调控行为纳入公平竞争审查,具体可以表现为要求税收政策等遵循税收中性原则，税收中性是在市场经济下产生和发展起来的一种税收理论观点。它提倡税收对经济应该保持中立、不得干预纳税人的经济行为、不可影响市场对社会资源配置和国民经济运行的自发引导、税收课征应以所取税额为限，避免使纳税人和社会遭受额外负担。税收调控的实践意义就是税收调控行为不能以纳税人的特殊身份为依据而不同对待，可以在考虑不同主体的特殊行为而对其有所不同。

## 四、保障税收调控的征管制度

税收征收管理是国家税收管理机关根据税法指导纳税义务人正确履行纳税义务的重要工作环节，也是对征税活动所实施的组织、控制、监督、检查等制度的总称。1992年9月4日由全国人大常委会通过、后经1995年2月、2001年4月、2013年6月、2015年4月多次修改的《税收征收管理法》，确立了我国税收征收管理的基本制度。

### (一) 税务管理

税务管理是税务机关在税收征收管理中对征纳过程实施的基础性管理制度和管理行为。它包括税务登记管理，账簿、凭证管理，发票管理和纳税申报管理等内容。

企业及企业在外地设立的分支机构和从事生产、经营的场所，个体工商户和从事生产、经营的事业单位应自领取营业执照之日起30日内，持有关证件，向税务机关申报办理税务登记。税务机关应当于收到申报的当日办理登记并发给税务登记证件。

从事生产、经营的纳税人、扣缴义务人应按照国务院财政、税务主管部门的规定设置账簿，根据合法、有效凭证记账，进行核算。从事生产经营的纳税人、扣缴义务人必须按照国务院财政税务主管部门规定的保管期限保管账簿、记账凭证、完税凭证及其他有关资料。账簿、记账凭证、完税凭证及其他有关资料不得伪造、变造或擅自损毁。

发票必须由省、自治区、直辖市人民政府税务主管部门指定的企业印制。增值税专用发票由国家税务总局统一印制。禁止私印、伪造、变造发票。

纳税人必须在法律、行政法规规定或者税务机关依照法律、行政法规确定的申报期限内办理纳税申报,并报送纳税申报表、财务会计报表以及税务机关要求报送的其他纳税资料。

### (二) 税款征收

税款征收是税务机关将纳税人依法缴纳的税款及时足额收入国库的一系列活动的总称,也是税收征收管理工作的核心。税务机关依照法律、行政法规的规定征收税款,不得违反法律、行政法规的规定开征、停征、多征或者少征税款。税务机关征收税款和扣缴义务人代扣代收税款时,必须给纳税人开具完税凭证。

纳税人、扣缴义务人应按照法律、行政法规规定或者税务机关依照法律、行政法规的规定确定的期限,缴纳或者解缴税款。纳税人因有特殊困难不能按期缴纳税款的,经县以上税务局(分局)的批准,可以延期缴纳税款,但最长不得超过3个月。纳税人未按规定期限缴纳税款的,扣缴义务人未按规定期限解缴税款的,税务机关除责令限期缴纳外,从滞纳税款之日起,按日加收滞纳税款 2‰ 的滞纳金。

纳税人可以依照法律、行政法规的规定向税务机关书面申请减税、免税。减税、免税的申请须经法律、行政法规规定的减税、免税审查批准机关审批。

税务机关在征收税款过程中,可以采取税收保全措施。税务机关采取税收保全措施必须符合以下条件:在限期内实施;纳税人有明显的转移、隐匿其应纳税的商品、货物以及其他财产或者应纳税的收入的迹象,且经税务机关责成提供纳税担保后不能提供纳税担保;经县以上税务局(分局)局长批准。税收保全措施的形式有:(1) 书面通知纳税人开户银行或者其他金融机构暂停支付纳税人的金额相当于应纳税款的存款;(2) 扣押、查封纳税人的价值相当于应纳税款的商品、货物或者其他财产。如纳税人在规定限期内缴纳税款,税务机关必须立即解除税收保全措施。

税务机关在征收税款过程中,必要时还可以采取强制执行措施。《税收征收管理法》规定,从事生产、经营的纳税人、扣缴义务人未按照规定的期限缴纳或者解缴税款,纳税担保人未按照规定的期限缴纳所担保的税款,由税务机关责令限期缴纳,逾期仍未缴纳的,经县以上税务局(分局)局长批准,税务机关可以采取下列强制执行措施:(1) 书面通知其开户银行或者其他金融机构,从其存款中扣缴税款;(2)扣押、查封、拍卖价值相当于应纳税款的商品、货物或者其他财产,以拍卖所得抵缴税款。

为保护国家利益,欠缴税款的纳税人在离开国境之前,必须缴清税款才准许出境,即应当在出境前向税务机关结清应纳税款或提供纳税担保。未结清税款,又不提供纳税担保的,税务机关可以通知出境管理机关阻止其出境。

纳税人超过应纳税额缴纳的税款,税务机关发现后应当立即退还;纳税人自结算缴纳税款之日起3年内发现的,可以向税务机关要求退还,税务机关查实后应当立即退还。因税务机关的责任,致使纳税人、扣缴义务人未缴或少缴税款的,税务机关在3年内可以要求纳税人、扣缴义务人补缴税款,但不得加收滞纳金。因纳税人、扣缴义务人计算错误等失误,未缴或者少缴税款的,税务机关在3年内可以追征税款、滞纳金;有特别情况的,追征期可以延长到5年。

税务机关有权进行税务检查,纳税人、扣缴义务人必须接受税务机关依法进行的税务检查,如实反映情况,提供有关资料,不得拒绝或隐瞒。税务机关派出的人员在税务检查时,应当出示税务检查证件,并有义务为被检查人保密。

**(三) 违反税法的法律责任**

1. 行政责任

(1) 对违反税收管理行为的处罚。以下几种情况由税务机关责令限期改正,并可处以人民币2000元以下的罚款:一是未按照规定的期限申报办理税务登记、变更或者注销登记的;二是未按照规定设置、保管账簿或者保管记账凭证和有关资料的;三是未按照规定将财务、会计制度或者财务、会计处理办法报送税务机关备查的;四是扣缴义务人未按照规定设置、保管代扣代缴、代收代缴税款账簿或者保管代扣代缴、代收代缴税款记账凭证及有关资料的;五是纳税人未按照规定的期限办理纳税申报的,或者扣缴义务人未按照规定的期限向税务机关报送代扣代缴、代收代缴税款报告表的。

(2) 对偷税行为的处罚。偷税行为包括:纳税人采取伪造、变造、隐匿、擅自销毁账簿、记账凭证,在账簿上多列支出或者不列、少列收入,或者进行虚假的纳税申报的手段,不缴或者少缴应纳税款;扣缴义务人采取上述偷税手段,不缴或者少缴已扣、已收税款;纳税人欠缴应纳税款,采取转移或者隐匿财产手段,致使税务机关无法追缴欠缴的税款;企事业单位犯有偷税行为;纳税人向税务人员行贿，不缴或者少缴应纳税款；企事业单位采取对所生产或者经营的商品假报出口等欺骗手段，骗取国家出口退税款。纳税人偷税数额占应缴税额的10％以上并且数额在人民币1万元以上或用向税务人员行贿方法偷税的，依照有关法律规定按偷税罪处罚；偷税未构成犯罪的，由税务机关追缴其不缴或者少缴的税款，处以不缴或者少缴的税款五倍以下的罚款。

（3）对抗税行为的处罚。抗税是以暴力、威胁方法拒不缴纳税款的行为。抗税情节轻微，未构成犯罪的，由税务机关追缴其拒缴的税款，处以拒缴税款五倍以下的罚款；构成犯罪的，依照有关法律规定按抗税罪处罚。

2．刑事责任

自然人犯偷税罪的，偷税数额占应缴税额的10％以上不满30％且数额在人民币1万元以上不满10万元，或因偷税被税务机关给予两次行政处罚又偷税的，处3年以下有期徒刑或者拘役，并处偷税数额1倍以上5倍以下罚金；偷税数额占应缴税额30％以上且数额超过10万元，处3年以上7年以下有期徒刑，并处偷税数额1倍以上5倍以下罚金。单位犯偷税罪的，对单位判处罚金，并对其直接负责的主管人员和其他直接责任人员依照自然人犯偷税罪处罚。

自然人犯骗取出口退税罪的，处5年以下有期徒刑或者拘役，并处偷税数额1倍以上5倍以下罚金；骗取出口退税数额巨大或有其他严重情节的，处5年以上10年以下有期徒刑，并处骗取税款1倍以上5倍以下罚金；骗取出口退税数额特别巨大或有其他特别严重情节的，处10年以上有期徒刑或无期徒刑，并处骗取税款1倍以上5倍以下罚金或没收财产。单位犯骗取出口退税罪的，对单位判处罚金，并对其直接负责的主管人员和其他直接责任人员依照自然人犯骗取出口退税罪处罚。

犯抗税罪的，处3年以下有期徒刑或者拘役，并处偷税数额1倍以上5倍以下罚金；情节严重的，处3年以上7年以下有期徒刑，并处偷税数额1倍以上5倍以下罚金。

**（四）税务争议的解决**

纳税人、扣缴义务人、纳税担保人同税务机关在纳税上发生争议时，必须先依照法律、行政法规的规定缴纳税款及滞纳金，然后可以在收到税务机关填发的缴款凭证之日起60日内向上一级税务机关申请复议。上一级税务机关在收到申请之日起 60 日内作出复议决定。对复议决定不服的,可以在接到复议决定书之日起 15 日内向人民法院起诉。

当事人对税务机关的处罚决定、强制执行措施或者税收保全措施不服的,可以在接到处罚通知之日起 15 日内向作出处罚决定或者采取强制执行措施、税收保全措施的机关的上一级机关申请复议,对复议决定不服的,可以在接到复议决定之日起 15 日内向人民法院起诉。当事人也可以在接到处罚通知之日起或者税务机关采取强制执行措施、税收保全措施之日起 15 日内直接向人民法院起诉。复议和诉讼期间、强制执行措施和税收保全措施不停止执行。

当事人对税务机关的处罚决定逾期不申请复议也不向人民法院起诉、又不履行的,作出处罚决定的税务机关可以申请人民法院强制执行。

# 第十五章　产业调控法

## 一、产业调控法概述

### (一) 产业调控的概念

产业是关于生产经营活动中提供同类型产品或服务的各行业的合称。各国对产业的现行划分,普遍遵循三分法,即将产业划分为第一产业、第二产业、第三产业。第一产业包括农业、林业、牧业和渔业;第二产业包括制造业、采掘业、建筑业和公共工程、上下水道、煤气、卫生部门;第三产业包括商业、金融、保险、不动产业、运输、通讯业、服务业等。国家为实现其经济发展目标,促进与限制某项产业,规范产业组织,优化产业布局,推进产业结构合理化,会制定一整套政策体系,这些政策体系被称为产业政策。产业政策是国家制定的,引导国家产业发展方向、引导推动产业结构升级、协调国家产业结构、使国民经济健康可持续发展的政策。产业政策主要通过制定国民经济计划(包括指令性计划和指导性计划)、产业结构调整计划、产业扶持计划、财政投融资、货币手段、项目审批来实现。产业政策主要由下述四部分构成:(1)产业结构政策,即以产业间资源配置为对象从而影响产业结构变化的政策;(2)产业组织政策,是以产业内部资源最优配置为目标的政策;(3)产业技术政策,是指着重引导、影响产业技术发展与技术进步的政策;(4)产业布局政策,是指产业的区域分布和地区间资源配置的政策。

产业调控是宏观调控的一种,是政府通过产业结构、产业组织、产业技术、产业布局的调整和管理,从而保护国内产业,弥补市场缺陷,促进资源在国民经济各部门之间的合理配置,提高宏观经济效益,实现国民经济快速、协调、可持续发展的各种目标、政策和措施的总和。

### (二) 产业调控的主体

在国务院制定的有关产业政策的纲领性文件中都明确规定了国务院是国家

产业政策的制定者。例如《国务院关于当前产业政策要点的决定》第一部分第5条中明确指出："产业政策的制定权在国务院。"实际上，其他国家的产业制定权不一定在中央政府，我国存在的特殊情况决定了我国将产业政策的制定权集中在中央政府。2005年的《国务院关于发布实施〈促进产业结构调整暂行规定〉的决定》虽然没有明确提出国家产业政策制定权在国务院，但在其第三章第12条中规定："《产业结构调整指导目录》由发展改革委会同国务院有关部门依据国家有关法律法规制订，经国务院批准后公布"。

《国务院关于当前产业政策要点的决定》当中详细地说明了保障政策和组织实施的问题，要求国家计委、外汇管理部门、国家财政部门都要对产业政策的保障实施进行配合。根据《国务院关于发布实施〈促进产业结构调整暂行规定〉的决定》（国发〔2005〕40号），要求"各省、自治区、直辖市人民政府要将推进产业结构调整作为当前和今后一段时期改革发展的重要任务，建立责任制，狠抓落实，按照《暂行规定》的要求，结合本地区产业发展实际，制订具体措施，合理引导投资方向，鼓励和支持发展先进生产能力，限制和淘汰落后生产能力，防止盲目投资和低水平重复建设，切实推进产业结构优化升级。各有关部门要加快制定和修订财税、信贷、土地、进出口等相关政策，切实加强与产业政策的协调配合，进一步完善促进产业结构调整的政策体系。各省、自治区、直辖市人民政府和国家发展改革、财政、税务、国土资源、环保、工商、质检、银监、电监、安全监管以及行业主管等有关部门，要建立健全产业结构调整工作的组织协调和监督检查机制，各司其职，密切配合，形成合力，切实增强产业政策的执行效力"。可以看出实施保障机制主要是从两个角度进行的：一是省、自治区、直辖市人民政府要抓好本地区的落实问题；二是国务院各个职能部门也必须落实自己分管部分有关产业政策的实施问题。

（三）产业调控的法治化

1. 产业调控法治化的必要性

博登海默曾提到，产业政策的执行是一种政府有意为之的行为，即政府的干预或调控行为在此领域内实行法治就直接表现为政府要依法制定和执行产业政策，要受法律的约束，这凸显了对产业政策进行法律调整的民主实质和要求。如果政府制定和执行产业政策的行为不受法律的制约，那么产业政策的执行就可能变成行政专权,增加其任意性,或对经济发展造成严重的后果,因为"如果不对公共行政在为追求其目的而采取任何被政府官员认为是便利的手段方面的权力加以限制,那么这种做法便是同法律背道而驰的,因为这将沦为纯粹的权力统治。"①

我国自 20 世纪 80 年代以来,逐步重视制定和执行产业政策,多年来产业政策对调整我国产业结构,提高产业组织素质,促进经济增长方式的转变起了积极作用。但是也存在着一些不尽如人意的地方,如在某些方面产业政策的执行效果不理想,这除了产业政策本身的局限性之外,不重视法律手段在实现产业政策中的作用也是一个重要的原因。因此,要保证产业政策得到有效实施,将产业政策法治化是一个必要的举措。②

经济法学界普遍认为,我国产业政策法律化程度低,一些重要方面的产业政策仅表现为政府或其职能部门的法规、规章,很多甚至都未采取规章的形式,只是以某种规范性文件形式存在的"纯粹"的政策,层次低、效力差、约束力和强制力不够,这导致在具体实施中出现诸多变数,达不到预期效果。作为治理对策,"各项产业政策应注入相应的产业法律制度中去,产业政策法要很好地体现具体的产业政策内容,以保障各项产业政策法律不是空泛的法律条文"。③

2. 产业调控法治化的可行性

实现产业调控法治化有赖于我国法治的全面进步,如需要在宪政制度的框架下,探讨人大、行政机关和法院在产业政策制定和施行中各自应该发挥的建设性作用;有赖于若干重要法律制度的保障,如强化《反垄断法》的实施、制定行政程序法等。另外,实现产业调控法治化也需要结合我国基本经济、政治、社会和制度现实,选择合适的制度改良路径。④

有学者认为,我国这样一个地域辽阔、域情不一的国家,产业调控法应该地方化与区域化,就是实施产业政策的主体应该更加往下走,也就是说各地方政府应该用他们自己的财政能力、财政手段来形成一些区域化的特定的产业政策规

---

① 〔美〕博登海默:《法理学——法律哲学与法律方法》,邓正来译,中国政法大学出版社1999年版,第367页。
② 参见王立君:《后危机时代中国产业政策法律化的战略思考》,载《法学》2011年第6期。
③ 刘桂清:《产业政策失效法律治理的优先路径——"产业政策内容法律化"路径的反思》,载《法商研究》2015年第2期。
④ 参见叶卫平:《产业政策法治化再思考》,载《法商研究》2013年第3期。

划,这样做既可以解决地方产业发展与就业问题,又可以用地方的财税收入培养地方的产业,产业反哺也可增加地方的财政收入。①

我们认为,产业政策在每个国家每个时期的有效性是不同的,有效性的程度也是不同的,政府在制定产业政策时,应当充分考虑本国的实际情况,充分发挥市场竞争机制。产业政策的法治化是有必要的,但是将政策上升为法律并不是仅仅为了保障其权威性,产业调控法中不仅要规定产业政策内容,还要规定产业调控的程序内容,其制定、生效、失效、责任主体、救济措施都应该涵盖。

**(四) 产业调控法的特征**

产业调控法是调整国家运用产业政策,对产业结构、产业组织、产业技术和产业布局进行调控过程中发生的产业调控关系的法律规范的总称。产业调控法是我国宏观调控法的重要组成部分。产业调控法规范产业调控的基本手段、目标、方法,明确各产业部门在经济发展中的地位,保障产业的合理布局。

产业调控法作为宏观调控法的一种,它与宏观调控法的特征相似,主要有综合性、协调性和时效性。

就综合性而言,产业调控法的调整对象是综合的。涉及的产业包括第一产业、第二产业、第三产业的各个行业,产业调控法的范围包括产业结构法、产业组织法、产业技术法和产业布局法等。调整的手段也具有综合性,在调整过程中可以运用财税政策、金融政策等。

协调性在产业调控法的体现主要有:产业调控法需与其他宏观调控法协调才能取得效果,包括与规划法的协调、与财税法的协调、与金融法的协调等;产业调控内部需相互协调,包括产业措施的相互协调(鼓励、促进、限制、禁止等)、产业结构的相互协调(战略产业、基础产业、衰退产业、幼稚产业)、产业组织的相互协调(平衡大中小企业的数量)、各地区产业间的协调(沿海地区与内陆地区,发达地区与落后地区)等。

时效性是指产业政策法需要根据经济形势的变化不断调整。从经济规律及各国的经济发展史看,经济活动每隔一段时间(八年、十年)都会有一个周期,为适应这种周期性的变化,产业政策应作相应的调整。据此,产业调控法规范也应

---

① 参见李曙光:《对制定中国产业政策法的几点不同看法》,载《法学》2010年第9期。

作调整。产业调控法的这种及时变化的特点与一般法律所要求的稳定性有明显的区别,如对外商投资有重大影响的《外商投资产业指导目录》每隔一段时间就会修改。

**(五)产业调控法的发展**

改革开放以来,我国颁布了一系列的产业调控法律、法规、政策。例如,《国务院关于当前产业政策要点的决定》(1989年3月15日);《九十年代国家产业政策纲要》(1994年3月25日);《促进产业结构调整暂行规定》(国发〔2005〕40号)。这三个文件是国务院针对三个不同时期的情况制定的关于产业政策调整的规范性文件。为促进科技产业发展,我国颁布了《科学技术进步法》《促进科技成果转化法》《国家产业技术政策》等。为促进第一、第二、第三三大产业的发展,我国颁布了《农业法》《汽车工业产业政策》《全国第三产业发展规划基本思路》。针对具体产业,我国还颁布了《水利产业政策》《关于加快发展环保产业的意见》《清洁生产促进法》等。特别是我国针对外资投资,专门颁布了《外商投资产业指导目录》,该目录每过一段时间就会调整。如2017年6月28日,国家发展和改革委员会和商务部联合发布《外商投资产业指导目录(2017年修订)》,自2017年7月28日起实施,同时废止了《外商投资产业指导目录(2015年修订)》。[1]

---

[1] 2017年版《目录》与2015年版《目录》相比,主要有以下几方面变化:第一,调整优化目录结构,提出外商投资准入特别管理措施(《外商投资准入负面清单》)。2017年版《目录》将2015年版《目录》中部分鼓励类有股比要求的条目以及限制类条目、禁止类条目进行了整合,提出了在全国范围内实施的外商投资准入特别管理措施(外商投资准入负面清单),统一列出股权要求、高管要求等外商投资准入方面的限制性措施。第二,删除内外资一致的限制性措施。2017年版《目录》删除了2015年版《目录》中11条目的限制性措施,按内外资一致原则管理。如,大型主题公园建设等内外资均须履行项目核准程序,高尔夫球场、别墅等内外资均禁止新建,以及博彩业、色情业等内外资均禁止投资等。第三,缩小外商投资企业设立及变更审批的范围。除"境内公司、企业或自然人以其在境外合法设立或控制的公司并购与其有关联关系的境内公司"以外,将不涉及准入特别管理措施的外资并购设立企业及变更,包括上市公司引入外国投资者战略投资,均纳入备案管理。第四,减少有股比要求、限制类及禁止类条目。2017年版《目录》限制性措施共63条(包括限制类条目35条、禁止类条目28条),比2015年版的93条限制性措施(包括鼓励类有股比要求条目19条、限制类条目38条、禁止类条目36条)减少了30条。从行业看,2017年版《目录》进一步提高了服务业、制造业、采矿业等领域的开放水平。服务业重点取消了公路旅客运输、外轮理货、资信调查与评级服务、会计审计、农产品批发市场等领域的准入限制,制造业重点取消了轨道交通设备、汽车电子、新能源汽车电池、摩托车、食用油脂、燃料乙醇等领域的准入限制,放宽了纯电动汽车等领域准入限制,采矿业重点取消了非常规油气、贵金属、锂矿等领域准入限制。第五,维持鼓励类条目数量基本不变。2017年版《目录》继续鼓励外资投向先进制造、高新技术、节能环保、现代服务业等领域,比如鼓励类条目增加了特殊医学用途配方食品、虚拟现实(VR)、增强现实(AR)设备、3D打印设备关键零部件、城市停车设施等符合产业结构调整优化方向的项目。

## 二、产业结构调控法

产业结构调控法是促进产业结构合理化、高级化和资源合理配置的一种法律制度。产业结构调控法通过法律规范,对特殊的产业结构予以保护,促进产业结构适应经济发展。产业结构调控法通过保护、促进战略产业,调整、援助衰退产业,推动、支持幼稚产业,实现产业调控的目的。

### (一) 战略产业调控

战略产业是国家为实现产业结构高级化目标所选定的能够带动国民经济其他部门发展,并在国家产业发展中具有重要地位的产业。战略产业的具体范围各国在不同时期会有所不同。战略产业一般包括主导产业、支柱产业、先导产业和基础产业。主导产业主要指对国民经济具有支撑作用,在国民经济中占有较大比重的产业。主导产业在某种程度上直接关系着一个地区或城市产业发展的方向,能充分利用和发挥本地各种资源优势,且对其他产业或行业具有推动、制约和引导作用。支柱产业侧重的是产值和利润水平,是国家和地方财政最重要的收入来源,但它的社会效益和环境效益对其他产业的引导作用不高,属于不得不发展或维持的产业。先导产业是指对今后国民经济发展具有先导作用的产业,即产品收入弹性高,全要素生产率上升幅度大,对其他产业部门带动效应大的产业。基础产业有时也被称为瓶颈产业,是指为其他部门提供条件和机会的产业,或者说是那些由于它们的供给能力不足,导致国民经济增长机会损失的产业。

战略产业体现了国家的工业化水平,是决定国家整体实力的基础力量。随着产业技术进步和经济发展,一个产业的战略地位将会发生变化,总的趋势是某些传统战略产业可能逐渐失去其战略地位,而一些代表未来产业发展方向的新兴产业将成为新的战略产业。在传统战略产业领域,相当一部分垄断性战略产业将逐渐向竞争性战略产业转变,又有许多竞争性战略产业将最终转变为一般竞争性产业。

我国对战略产业采取保护、促进政策,主要措施有:(1) 税收优惠。国家为加快培育和发展战略性新兴产业,促进科技投入和科技成果转化,出台了高新技术企业所得税优惠、软件和集成电路企业税收优惠、企业研发费用税前加计扣除、节能环保相关优惠等一系列企业所得税优惠政策。(2) 贸易保护。对战略产业的合理贸易保护并不违反世贸组织的有关规则。通过贸易保护限制同类国内外商品的进出口,通过贸易保护限制国外私人直接投资,如我国不时更新的《外商投资产业指导目录》就是对外资投资的范围限制。(3) 国家投资。国家通过财政资金的优先安排,直接向战略产业投资。对于新兴战略产业,国家设立引导基金,促进技术与市场融合、创新与产业对接,孵化和培育面向未来的新兴产业,推动经济迈向中高端水平。近几年,我国将中央财政战略性新兴产业发展专项资金、中央基建投资资金等合并使用,盘活存量,发挥政府资金杠杆作用,吸引有实力的企业、大型金融机构等社会、民间资本参与,形成新兴产业创投引导基金。该基金实行市场化运作、专业化管理,公开招标择优选定基金管理公司负责运营、自主投资决策,扶植我国战略产业的发展。

### (二) 衰退产业调控

衰退产业是指一个地区或一个国家的产业结构中不适应市场需求变化、不具备区位优势、缺乏竞争力的产业群。即在正常情况下,某一国家或区域的某一产业产品市场容量在较长一段时期内持续下降或停滞、在产业结构中陷入停滞甚至萎缩的产业。产业衰退是产业从兴盛走向不景气,进而走向衰败的过程。产业衰退是客观的必然,是产业发展过程和产业兴衰的最后阶段。产业衰退就是创新能力不足或衰退,它导致了该产业竞争力的下降。

衰退产业体现为全行业生产能力明显过剩,或生产成本过高,产品销售困难,开工严重不足。由于生产能力严重过剩,企业之间竞争激烈。企业为了生存下去,不惜采取低价竞争手段,致使在相当一部分企业停产或半停产的同时,产品有销路、能够维持正常生产的企业也因产品价格低而处在收益率很低的境地,使全行业长期处在微利甚至亏损状况。衰退产业资金投入减少,优秀人才流失,产品技术含量低。低收益率使这些行业难以吸收新的投资,但是要进行结构调整,却需要大量的投资。许多企业处于低利润率甚至负利润率的状态,但由于存在各种困难,这些企业并不从这个行业中退出,这使全行业低利润率或负利润率的状态持续。

衰退产业的调整是一项复杂的系统工程,需要法律支持、体制改革、财政资金等多方面的支持援助,需要政府的直接干预。针对衰退产业,一般采取调整和援助政策。具体措施包括限制进口、财政补贴、减免税收、并购重组等。我国有大量的衰退产业,在供给侧改革的背景下,应加快采取措施,对衰退产业进行援助。现行采取有效手段包括:调整产业结构,加速现代技术对衰退产业的改造,促进高科技在产业中的运用,增加衰退产业的生存能力;调整生产要素,合理安排衰退产业的剩余资本和劳动力,优先为衰退产业的剩余劳动力提供就业机会,实施转业培训,促使企业及早更新换代;增加财政补贴,为企业的技术改造提供低息或无息贷款,建立企业改造基金等。

### (三) 幼稚产业调控

所谓幼稚产业是指某一产业处于发展初期,基础和竞争力薄弱,但经过适度保护能够发展成为具有潜在比较优势的新兴产业。在保护幼稚产业上,如何界定和选择幼稚产业是一个关键,选择不好就可能导致保护落后,保护需要大量的投入,付出一定的代价。如果某个产业由于缺乏技术方面的经验导致生产率低下、生产成本高于国际价格而无法与外国企业竞争,在经过一段时间的保护后,该产业能够提高效率,在自由贸易条件下存在下去,并取得利润,该产业即为幼稚产业。对幼稚产业正当的保护只限于对从外国引进的产业的学习掌握过程,过了这个期限就应取消保护。对幼稚产业的保护只应限于那些在不久之后没有保护也能生存的产业。最初为比较劣势的幼稚产业,经过一段时间保护后,有可能变为比较优势产业。

国家要推动和支持幼稚产业,同时提供必要的保护,对幼稚产业保护具有其现实合理性。但在当今这样一个经济全球化的时代,政府要有效实施对幼稚产业的保护,还须注意以下几点:(1)保护期限的确定。保护幼稚产业的最终目的是提高竞争力,一旦达到目的,就应该撤销保护政策。设定适当的保护期限,可以激励被保护产业充分利用保护期内的优惠条件提高生产效率,增强竞争力。(2)加强保护过程中的监管。政府需要对处于保护期内的幼稚产业实行必要监管,督促其在政府的帮助下正当利用优惠政策,努力提高生产效率。(3)鼓励国内竞争。制定有关法律法规,以强化保护政策的规范性和严肃性。

**(四) 特殊产业结构调控**

1. 中小企业结构改善

我国一直强调产业的做强做大,特别是国有企业一直获得国家的特别政策支持。由于就业问题严重,中小企业才被提到比较高的位置。中小企业在国家经济活动中具有重要作用。首先,中小企业的发展是国家和民族创新的渠道,有利于企业家创新精神的培养;其次,中小企业的发展创造了更多的就业机会;最后,中小企业的灵活性也提供了自主创业的机会。

对中小企业的改善主要会涉及以下几个方面的问题:第一个是资金问题,中小企业贷款比较难,资金融通非常困难。四大商业银行主导的金融机制对中小企业非常不利,银行认为中小企业贷款的风险很高,对其信用额度很难进行判断。在这种情况下,我国应发展中小银行以及民营银行,以便于中小企业的资金融通。第二个问题是有关中小企业的职业培训问题,政府应给予优惠的职业培训,以便中小企业能招聘到好的工人。第三个问题是行业组织问题,包括行业协会、商会等,在我国这些方面都是有所欠缺的。

2. 地区振兴的产业结构改善

我国经济的地区差异性很大,各地发展不平衡,为了保证国家经济的健康发展,必须对发展较慢、经济落后的地区加以促进。我国曾专门出台促进东北老工业基地发展的法规,也出台过促进中西部发展的法规和政策。我国在《促进产业结构调整暂行规定》中指出:"东北地区要加快产业结构调整和国有企业改革、改组、改造,发展现代农业,着力振兴装备制造业,促进资源枯竭型城市转型。"东北很多城市由于历史的原因是根据产业或企业设置的,这些城市的资源一旦枯竭,其转型的困难是比较大的。所以,对这些地区的结构必须进行调整。

2006年12月,国务院常务会议审议并原则通过《西部大开发"十一五"规划》,2012年2月,国务院批复同意了《西部大开发"十二五"规划》,这是国务院批复的第三个西部大开发五年规划。西部大开发是国家的一项重要战略任务。由于西部是内陆,东部靠海,这造成了东西部经济发展的不平衡。这个不平衡表现得太明显了,西部人口稀少,东部人口密集。主要原因还是东部交通方便,这对出口有利。国家不能任由这种不平衡发展下去,必须振兴西部经济,给西部以政策支持。①

3. 农业结构改善

农业结构本质不仅是农业问题,而是涉及农民、农村、农业,就是所谓的"三农"问题。该问题作为一个概念提出来是在20世纪90年代中期,此后逐渐被媒体和官方引用。实际上"三农"问题自1949年以来就一直存在,只不过当前我国的"三农"问题显得尤为突出,主要表现在:一是我国农民数量多,解决起来规模大;二是我国的工业化进程单方面独进,"三农"问题积攒的时间长,解决起来难度大;三是我国城市政策设计带来的负面影响和比较效益短时间内凸显,解决起来更加复杂。

长期以来,中央一直对农业问题高度重视,称其为"全党工作的重中之重",之前的提法是"把农业放在国民经济发展的首位""加强农业基础地位"。2008年党的十七届三中全会通过的《中共中央关于推进农村改革发展若干重大问题的决定》中,对"三农"问题进行了总结:农业基础仍然薄弱,最需要加强;农村发展仍然滞后,最需要扶持;农民增收仍然困难,最需要加快。《决定》提出了农村改革发展的指导思想、基本目标任务和遵循原则,并指出"三农"问题是我国改革的焦点问题。

针对农业结构调整,我国采取了以下措施:实施农业补贴政策;取消面向"三农"的各种收费,包括取消、免收或降低标准的全国性及中央部门涉农收费项目150多项;减免涉及"三农"的税收,除免征农业税外,还对农机、化肥、农药实行免税政策,制定实施了与农产品有关的进口税收优惠政策,并较大幅度地提高了农民从事个体经营活动时按期(次)缴纳增值税、营业税的起征点;全面取消农业税。2005年,十届全国人大常委会第十九次会议审议通过废止《农业税条例》,从2006年1月1日起,征收了2600多年的农业税从此退出历史舞台,这是具有划时代意义的重大变革,标志着国家与农民之间的传统分配关系格局发生了根本性变化。

---

① 初步形成新疆、陕甘宁、川渝等石油天然气生产基地;黄河上游、长江上游水电基地;陕北、蒙西、宁夏和云贵等煤电基地;甘肃、云南铅锌、四川钒钛、内蒙古稀土开发利用基地;青海、新疆钾肥生产基地;四川、内蒙古等地商品粮;新疆优质棉;广西、云南、新疆糖料;云南烟草;四川、贵州名酒;陕西、新疆瓜果;内蒙古畜牧产品等生产加工,在全国进一步发挥独特优势。西安、成都等地的航空航天、装备制造、高新技术产业也渐成规模。

## 三、产业组织调控法

产业组织是指同一产业内部各企业间在进行经济活动时所形成的相互联系及其组合形式。因各产业及企业间相互联系机制和形式的不同,对资源利用效率及产出效益都有直接的影响,因而利用经济政策改善产业组织,实现产业组织的合理化,并借此达到资源有效利用,收益公平分配等经济政策一般目标。产业组织调控法是政府协调市场结构、市场行为和市场结果之间相互关系的法律规范。

### (一) 产业组织调控的理由

产业保护与扶植政策是国家主动运用各种政策工具,采取重点生产方式,实行社会现有资源的重点配置。国家根据产业演进趋势,规划产业组织目标和发展序列,选择和确立对国民经济发展和产业组织具有较大关联效应的产业部门,通过政府的经济计划、经济立法、经济措施扶植战略产业的成长,实现产业结构升级,带动经济发展。同时,国家出于对决策者的水平和国际经济环境的不稳定性等方面的考虑,通过建立富有活力的企业制度和具有灵活性的市场结构来弥补产业组织的缺陷,促进产业结构自我调整功能的形成。一旦政府因结构调整进行重点投资时,民间投资就可以通过市场机制的作用来带动,从而促进产业结构调整和产业组织竞争力的提高。

由于市场的残缺,仅仅依靠市场竞争形成规模经济往往过于缓慢,因此通过集中的产业组织政策有可能缩短这一过程,从而也能缩小后进国家与先进国家的差距。成功的产业政策实践一般是在立足于市场机制的基础性作用的前提下,强调政府在产业结构升级和产业提高中的主导作用,实施产业组织政策。在国内市场残缺、民族产业国际竞争力不足,以及国际经济环境动荡不安的情况下,如果能够对产业保护与扶植政策恰当地加以运用,就能够起到弥补市场失灵与市场残缺,提高资源的配置效率,保护和扶植新兴、幼稚和重要的民族产业,防止经济震荡,保持社会经济稳定发展等多方面的作用。

### (二) 产业组织调控的内容

发挥规模经济。规模经济是指产品产量处在适度规模时因单位产品费用水平相对下降而获得的经济利益,是生产社会化和专业化的结果。这种规模经济的形成,靠市场虽也可渐次获得,但毕竟耗费时日。要加速企业生产的专业化发展,建立大批量生产组织体系,只有运用经济政策的力量,适时引导经济规模的形成,才能取得规模经济利益。企业达到并有效利用经济规模,市场供应主要由达到经济规模的企业承担。各产业的资本利用率相对均等。

促进有效竞争。有效竞争是指企业间通过提高质量、降低价格、提供优质服务等正当竞争手段而进行的有利于增进社会福利的竞争,是相对于无效竞争而言的。虽都是竞争,但这两种竞争结果截然不同。一个是对社会经济利益提高的促进,一个却是对社会资源的空耗。产业组织政策的实施,便是要限制无效竞争,促进有效竞争,从组织上保证资源的充分利用。企业规模相对均等,单个企业不能操纵市场,不存在人为的企业进入或退出市场的障碍。国家对各个产业的市场结构变动实行监测、控制和协调,防止不合理市场结构的产生。

### (三) 产业组织调控的措施

国家产业组织调控并不否认企业的自主权,在市场经济条件下,企业有自主选择组织形式和生产经营方式的自由,但这种自由必须符合国家产业的规模经济与有效竞争。国家可以采取各种积极的鼓励、诱导、扶持措施,引导企业采取符合国家经济发展总目标的组织形式。国家也可以采取各种消极的限制、禁止、取缔措施,对不利于实现国家经济发展总目标的企业组织形式予以控制。具体措施包括:降低市场集中度、依法分割处于垄断地位的企业、降低进入壁垒。减少不合理的产品差异化,建立企业合并预审制度,对中小企业实行必要的扶植,在某些产业实行规制政策,防止过度竞争。

还有禁止和限制竞争者的共谋、不正当的价格歧视,对卖方价格、质量实行广泛监督,增强市场的信息透明度,对非法商业行为进行控制和处置;对资源分配方面存在市场缺陷的产业,通过政府的干预(如直接投资)弥补市场机制缺陷;对赢利不多和风险较大的重大技术开发项目提供资金援助,禁止滥用稀缺资源等措施。

## 四、产业技术调控法

产业技术调控法是指为了促进产业技术进步,对产业技术发展实施指导、选择、促进与控制而规定产业技术发展目标、途径、措施的法律制度。产业技术调控法也是保障产业技术有效发展,促进资源向技术开发领域投入的主要法律制度。在知识经济时代,技术改造才可以使生产率提高,高新科技的投资回报要远远高于传统产业。为了适应产业结构的高级化、合理化,各国都采取立法手段,制定各种产业技术调控的法律以促进技术进步。我国自改革开放以来,制定了大量产业技术调控法及相关文件,其中重要的包括:《科学技术进步法》《科技成果转化法》《技术合同法》(1999年因我国颁布统一的《合同法》而被废止)、《技术引进合同管理条例》《中共中央、国务院关于加速科学技术进步的决定》《中共中央、国务院关于加快技术创新,发展高科技,实现产业化的决定》《国家中长期科学和技术发展规划纲要(2006—2020)》等,其他涉及产业技术调控的法规、部门规章、通知就更多。

产业技术调控法的体系包括科学技术进步法、产业技术创新法、技术成果转化法、技术引进法等。在可持续发展战略下,要保障资源的可持续利用,就必须以提高产业发展的技术含量为前提,改变大量消耗资源的落后生产方式,技术进步在未来的产业发展中具有尤为重要的作用。政府要承担推动社会科技进步的责任,通过立法为企业科技进步创造条件。

**(一) 科学技术进步法**

科学技术进步法是国家为了促进科学技术进步,发挥科学技术第一生产力的作用,促进科学技术成果向现实生产力转化,推动科学技术为经济建设和社会发展服务,而制定的各种法律规范的总称。我国科学技术进步法的单行性法律是由第八届全国人民代表大会常务委员会第二次会议于1993年颁布的《科学技术进步法》,该法自1993年10月1日起施行,2007年作了修订。

根据我国《科技进步法》,国家坚持科学发展观,实施科教兴国战略,实行自主创新、重点跨越、支撑发展、引领未来的科学技术工作指导方针,构建国家创新体系,建设创新型国家。国家保障科学技术研究开发的自由,鼓励科学探索和技术创新,保护科学技术人员的合法权益。国家鼓励科学技术研究开发,推动应用科学技术改造传统产业、发展高新技术产业和社会事业。

为保障科技进步,我国推行的科学技术进步的措施有:(1) 鼓励科学技术研究开发与高等教育、产业发展相结合,鼓励自然科学与人文社会科学交叉融合,相互促进。加强跨地区、跨行业和跨领域的科学技术合作,扶持民族地区、边远地区、贫困地区的科学技术进步。加强军用与民用科学技术计划的衔接与协调,促进军用与民用科学技术资源、技术开发需求的互通交流和技术双向转移,发展军民两用技术。(2)制定和实施知识产权战略,建立和完善知识产权制度,营造尊重知识产权的社会环境,依法保护知识产权,激励自主创新。企事业组织和科学技术人员应当增强知识产权意识,增强自主创新能力,提高运用、保护和管理知识产权的能力。(3)建立和完善有利于自主创新的科学技术评价制度。科学技术评价制度应当根据不同科学技术活动的特点,按照公平、公正、公开的原则实行分类评价。(4)加大财政性资金投入,并制定产业、税收、金融、政府采购等政策,鼓励、引导社会资金投入,推动全社会科学技术研究开发经费持续稳定增长。(5)建立科学技术进步工作协调机制,研究科学技术进步工作中的重大问题,协调国家科学技术基金和国家科学技术计划项目的设立及相互衔接,协调军用与民用科学技术资源配置、科学技术研究开发机构的整合以及科学技术研究开发与高等教育、产业发展相结合等重大事项。(6)完善科学技术决策的规则和程序,建立规范的咨询和决策机制,推进决策的科学化、民主化。制定科学技术发展规划和重大政策,确定科学技术的重大项目、与科学技术密切相关的重大项目,充分听取科学技术人员的意见,实行科学决策。(7)建立科学技术奖励制度,对在科学技术进步活动中做出重要贡献的组织和个人给予奖励。鼓励国内外的组织或者个人设立科学技术奖项,对科学技术进步给予奖励。

### (二) 产业技术创新法

产业技术创新是指以市场为导向,以企业技术创新为基础,以提高产业竞争力为目标,以技术创新在企业与企业、产业与产业之间的扩散为重点过程的从新产品或新工艺设想的产生,经过技术的开发(或引进、消化吸收)、生产、商业化到产业化整个过程一系列活动的总和。为实现产业技术发展目标,各种有用的新旧技术被重新组织起来,通过整合,技术关系得到重新调整和优化,落后技术被淘汰,新技术通过选择和进一步开发进入产业,即实现高新技术成果产业化,引进技术得到消化吸收,产业技术的整体功能因此得到增强或升级。在这个过程中,企业和技术都会有变化,一些企业因技术落后被淘汰或转向,也会因新技术得到应用而诞生新的企业甚至新的产业。产业技术创新法是调整产业技术创新形成的社会关系的法律规范的总和。

产业技术创新对企业的发展影响深远。在高新技术领域,能否及时推出新产品以及是否具有技术领先地位,对企业的市场占有率及市场扩展潜力有决定性的影响。这就要求知识密集型企业尽可能地集中智力资源和资金,沿着企业主要技术所导向的路线,进行持续的和系统的研究与开发,不断推出最新技术成果,保持企业在主要业务领域的技术领先地位。在国际性的资产重组和结构调整中,出现了精简业务内容,由多元化经营向以核心业务为主的专业化经营回归的热潮。国际化大企业开始对经营结构进行较大幅度的调整,它们纷纷把热衷多元化经营时购并的相关非技术子公司转让出去,放弃过度膨胀又效益不佳的产品,集中力量进行核心业务的经营。一些多元化企业,通过子公司拍卖和分立,使主营业务与边缘业务脱钩,突出了企业经营结构中的发展重点。事实也证明技术结构复杂、知识高密度投入的产品,对研究开发的专业化和生产加工的专业化程度都有较高的要求。凡是在这一领域发展迅速、取得成功的企业,几乎都是专业化程度高、核心业务明确的企业。

为鼓励技术创新,我国制定了相关的政策与法律,主要有《关于加速实施技术创新工程形成以企业为中心的技术创新体系的意见》《国家技术创新计划管理办法》《中共中央、国务院关于加强技术创新,发展高科技,实现产业化的决定》《关于科技型中小企业技术创新基金的暂行规定》《关于企业技术创新有关企业所得税优惠政策的通知》等。这些法规和政策对产业技术创新起了积极的推动和规范作用。

### (三) 产业技术成果转化法

科技成果转化是指为提高生产力水平而对科学研究与技术开发所产生的具有实用价值的科技成果所进行的后续试验、开发、应用、推广直至形成新产品、新工艺、新材料,发展新产业等活动的总和。为鼓励科学技术成果的转化,我国先后颁布了涉及农业、制造业、科技机构等领域的多项法律、法规,其中《促进科技成果转化法》对我国科技成果的转化起了积极的规范作用。

国务院有关部门和省、自治区、直辖市人民政府定期发布科技成果目录和重点科技成果转化项目指南,优先安排和支持下列项目的实施:明显提高产业技术水平和经济效益的;形成产业规模,具有国际经济竞争能力的;合理开发和利用资源、节约能源、降低消耗以及防治环境污染的;促进高产、优质、高效农业和农村经济发展的;加速少数民族地区、边远贫困地区社会经济发展的。

为保障技术成果的成功转化,必须在经费、税收、信贷、信息等方面给予支持。财政用于科学技术、固定资产投资和技术改造的经费,应当有一定比例用于科技成果转化。科技成果转化的财政经费,主要用于科技成果转化的引导资金、贷款贴息、补助资金和风险投资以及其他促进科技成果转化的资金用途,对科技成果转化活动实行税收优惠政策。金融机构应当在信贷方面支持科技成果转化,逐步增加用于科技成果转化的贷款。鼓励设立科技成果转化基金或者风险基金,其资金来源由国家、地方、企业、事业单位以及其他组织或者个人提供,用于支持高投入、高风险、高产出的科技成果的转化,加速重大科技成果的产业化。推进科学技术信息网络的建设和发展,建立科技成果信息资料库,面向全国,提供科技成果信息服务。

### (四) 产业技术引进法

技术引进是为提高引进国或企业的制造能力、技术水平和管理水平。我国境内的公司、企业、团体或个人,可以通过贸易或经济技术合作的途径,从境外的公司、企业、团体或个人获得技术。技术引进可以使引进方迅速取得成熟的先进技术成果,不必重复别人已做过的科学研究和试制工作。它是世界各国互相促进经济技术发展必不可少的重要途径。产业技术引进应从以下几个方面考虑:从国外引进工艺、制造技术,包括产品设计、工艺流程、材料配方、制造图纸、工艺检测方法和维修保养等技术知识和资料,以及聘请专家指导、委托培训人员等技术服务;引进技术的同时,进口必要的成套设备、关键设备、检测手段等;通过引进先进的经营管理方法,充分发挥所引进技术的作用,做到引进技术知识和经营管理知识并举;通过广泛的技术交流、合作以及学术交流活动、技术展览等,引进国外的新学术思想和科学技术知识;通过引进人才引进技术。

在大量引进外资的同时,我们也失去很多自主发展的机会,在缺乏自主知识产权和知名品牌的条件下,我国的竞争和发展只能处于弱势地位。所以,发展大企业大集团、提升企业的竞争能力,必须把提高自主创新能力放在更加突出的位置。

我国为引进国外的先进产业技术,颁布了一系列法律、法规,其中最主要的是《技术引进合同管理条例》及其《实施细则》。《条例》强调应引进的技术包括：专利权或其他工业产权的转让或许可；以图纸、技术资料、技术规范等形式提供的工艺流程、配方、产品设计、质量控制以及管理等方面的专有技术；技术服务。引进的技术必须先进，并且应当符合下列一项以上的要求：能开发和生产新产品；能提高产品质量和性能，降低生产成本，节约能源或材料；有利于充分利用本国的资源；能扩大产品出口，增加外汇收入；有利于环境保护、安全生产、改善经营管理、提高科学技术水平。

# 第十六章 计划(规划)调控法

## 一、计划调控法概述

### (一) 计划的含义与功能

1. 计划的含义

计划通常是指人们在行动之前预先进行的设计、规划或筹划,有时计划也被直接称为规划。计划要在历史经验的基础上,通过对所掌握的资料和信息的分析,对未来发展趋势作出判断和预期,制定一定的未来目标,并制定实现目标的具体步骤、方案和保证措施等。

经济计划是国家经济活动的重要内容,也是宏观调控的重要组成部分。计划是理性的体现,对于国家而言,经济计划就更为必要。在现代市场经济条件下,计划在国家的经济和社会发展中有着非常重要的地位,它在宏观上为国家和国民提供了行动的指针和目标,并为实现预期目标提供了具体的政策协调和政策导引。它本身就是一种宏观调控的手段,还可以协调和促进财政、税收、金融、产业等其他宏观调控手段,因而计划调控是一种更高层次的调控。

2. 计划的功能

(1) 预测引导。即预测未来发展方向,引导市场主体遵从。国家在制定经济规划时,会对涉及经济及社会发展的有关资料和信息作系统的收集和整理,通过对相关资料的分析,对未来可能发生的经济和社会形势作出判断,从而制定相关的目标和对策,这对国家的经济活动起了预测作用。

(2) 政策协调。即在实施计划目标的过程中,协调各个方面的政策,以实现计划目标。通过国家规划的制定、实施,使经济活动能够有序推进,国家的财政、税收、金融、产业政策以经济规划为依据,实现经济总供给与总需求的协调,财政收入与财政支出的平衡,产业结构的合理化,从而实现国家的总体目标。

(3) 宏观调控。通过预测引导、政策协调,来对经济与社会发展的主要方面进行宏观调控。国家经济规划编制公布后,各级管理部门及市场活动主体能够以此作为未来经济活动的依据,并根据国家规划制定本部门的目标及方案,最终实现社会总体经济的发展。

**(二) 计划的类型**

国家根据时间的长短,可以制定不同时限的计划,有短期计划(如年度计划)、中期规划(如五年规划)、长期规划(如远景规划)。也可以根据侧重点不同制定不同目的的经济计划,如小康目标、脱贫攻坚规划、中西部振兴规划等。根据计划层级,可以将计划划分为国家计划、省级计划、市县级计划等。按计划功能,可将计划划分为总体规划、专项计划和区域规划等。国家计划是一国对其经济和社会事业发展所作出的预测及其希望实现的政策目标,以及为实现政策目标所需采取的相互协调的政策措施。内容上较重要的有:

1. 国民经济和社会发展年度计划和五年规划

我国现行具有战略性指导意义的规划是国民经济和社会发展规划。国民经济和社会发展规划是国家加强和改善宏观调控的重要手段,也是政府履行经济调节、市场监管、社会管理和公共服务职责的重要依据。科学编制并组织实施国民经济和社会发展规划,有利于合理有效地配置公共资源,引导市场发挥资源配置的基础性作用,促进国民经济持续快速协调健康发展和社会全面进步。

国民经济和社会发展总体规划是国民经济和社会发展的战略性、纲领性、综合性规划,是编制本级和下级专项规划、区域规划以及制定有关政策和年度规划的依据,其他规划要符合总体规划的要求。专项规划是以国民经济和社会发展特定领域为对象编制的规划,是总体规划在特定领域的细化,也是政府指导该领域发展以及审批、核准重大项目,安排政府投资和财政支出预算,制定特定领域相关政策的依据。区域规划是以跨行政区的特定区域国民经济和社会发展为对象编制的规划,是总体规划在特定区域的细化和落实。跨省(区、市)的区域规划是编制区域内省(区、市)级总体规划、专项规划的依据。编制国民经济及社会发展规划必须做好前期工作,包括基础调查、信息搜集、课题研究以及纳入规划重大项目的论证等。规划编制必须有社会的参与和科学的论证制度,要充分发扬民主,广泛听取意见。各级各类规划应视不同情况,征求本级人民政府有关部门和下一级人民政府以及其他有关单位、个人的意见。除涉及国家秘密的外,规划编制部门应当公布规划草案或者举行听证会,听取公众意见。

## 2. 区域规划

区域规划是我国的一项重大规划。我国各种经济特区、新区、经济开发区在我国经济建设中发挥着重大作用。1979年4月,邓小平首次提出要开办"出口特区"。1979年7月,中共中央和国务院同意在深圳、珠海、汕头、厦门试办出口特区。1980年3月,"出口特区"改名为"经济特区"。经济特区也是世界自由港区的主要形式之一。它以减免关税等优惠措施为手段,通过创造良好的投资环境,鼓励外商投资,引进先进技术和科学管理方法,以达到促进特区所在国经济技术发展的目的。经济特区实行特殊的经济政策、灵活的经济措施和特殊的经济管理体制,并坚持以外向型为发展目标。1988年4月13日,第七届全国人大第一次会议通过撤销广东省海南行政区,设立海南省并建立经济特区。海南经济特区是全国最大的省级经济特区,并且是唯一的省级经济特区。2010年5月,中央新疆工作会议上正式批准喀什和霍尔果斯两座西北边陲小城定为经济特区,截至目前我国共有7个经济特区。

国家级新区是由国务院批准设立,承担国家重大发展和改革开放战略任务的综合功能区。新区的成立乃至于开发建设上升为国家战略,总体发展目标、发展定位等由国务院统一进行规划和审批,相关特殊优惠政策和权限由国务院直接批复,在新区内实行更加开放和优惠的特殊政策,鼓励新区进行各项制度改革与创新的探索工作。国家级新区是我国于20世纪90年代初期设立的一种新开发开放与改革的大城市区。

1992年10月,上海浦东新区成立。浦东新区设立之初,其宗旨是行政审批制度的改革。浦东新区通过简化行政审批制度,集中行政审批窗口,取得了良好的社会效果。浦东新区将市场监管部门统一,也同样有良好的示范作用。2006年3月,天津滨海新区成立。之后,新区成立的速度加快。2010年6月,重庆两江新区成立;2011年6月浙江舟山群岛新区成立;2012年8月兰州新区成立;2012年9月,广州南沙新区成立;2014年1月,陕西西咸新区、贵州贵安新区成立;2014年6月,青岛西海岸新区、大连金普新区成立;2014年10月,四川天府新区成立;2015年4月,湖南湘江新区成立;2015年6月,南京江北新区成立;2015年9月,福州新区、云南滇中新区获批成立;2015年12月,哈尔滨新区成立;2016年2月,长春新区成立;2016年6月14日,江西赣江新区成立;2017年4月1日,河北雄安新区成立。至此我国有国务院批准设立的国家级新区19

个。早期设立的国家级新区,在地理位置上多偏重于直辖市、沿海、沿江的地区,包括上海浦东新区、天津滨海新区、重庆两江新区、浙江舟山群岛新区、广州南沙新区。只有2012年8月成立的兰州新区地处西部内陆。2014年以后成立的国家级新区更多位于中西部、东北地区,这同时新建新区也与国家的空间开发战略契合,比如在长江经济带上的有南京江北新区、江西赣江新区等。

除国家级新区外,还有省级、市级新区。国务院城乡规划主管部门会同国务院有关部门组织编制全国城镇体系规划,其中一个关于12个省会城市和144个地级市的调查显示,省会城市平均一个城市规划4.6个新城(新区),地级城市平均每个规划建设约1.5个新城(新区)。某西部省会城市提出建3个新区、5个新城,总面积是现有建成区面积的7.8倍,全国新城新区规划人口达34亿。

我国各种区域规划取得有效成果的同时,存在的问题也不少。一是区域规划中各特区、新区、经济开发区的产业结构、竞争模式、制度环境等方面的趋同性严重,各新区间形成恶性竞争。为吸引足够的投资,各新区提供各种优惠,新区间形成"优惠大比拼"。二是制度创新严重不足。新区的核心竞争力应该是制度创新,我国经济特区设立之初也被赋予了制度创新的大任。早期的特区,尤其是深圳经济特区确实为我国的制度创新提供了有益的经验。随着相关经验在各地的推广和复制,制度创新越来越少,也越来越难。制度创新之所以难,因为需要对现有制度有深刻认识和解剖,而对现有制度的突破会触及既得利益集团的利益,这不是一个新区的设立就能够解决的。

基于规划的预测和引导功能,在规划制定过程中,需要考虑经济危机的应对策略。危机应对是任何单位和个人都必须制定的规划。没有危机应对规划,一旦危机发生,不但不能及时应对,还可能增加危机造成的损失。因此,完善的危机应对规划有利于减少危机造成的损失。

**(三) 计划调控法的概念与原则**

1. 计划调控法的概念

计划调控法是调整计划制订和实施活动中产生的社会关系的法律规范的总称。为保证计划的科学性、合理性和可行性,计划的资料收集、整理,计划的编制、实施,以及修改、监督等,均需要依法进行,计划调控法为计划活动提供了规范。计划法包括实体法和程序法。

计划调控法又称为计划法、规划法、经济稳定增长法等。

2. 计划调控法的原则

原则是法的价值观的体现,是法的指导思想,在原则的指导下,计划立法、执法工作会遵循正确的方向。根据计划调控的基本特点和要求,计划调控法应有以下原则:

(1) 科学原则。因计划事关全局,影响深远,一旦计划付诸实施,将难以逆转,故计划必须遵循基本规律,科学决策。任何计划都会涉及多个部门,这需要各个部门相互协调,高度重视计划衔接工作,使各类计划协调一致,形成合力。计划衔接要遵循专项计划和区域规划服从本级和上级总体规划,下级政府规划服从上级政府计划,专项计划之间不得相互矛盾的原则。

(2) 统筹原则。编制跨省(区、市)区域规划,还要充分考虑土地利用总体规划、城市规划等相关领域规划的要求。统筹兼顾各方面的利益,即考虑计划的积极作用,也分析可能的负面影响,尽可能将计划不周、计划不够灵活等可能带来的不利后果降到最低限度,同时制定相关应对的计划。

(3) 前瞻原则。计划必须有前瞻性,计划的影响是长期的,有些规划会对几十年甚至几百年后的社会经济产生影响。短视的计划,会束缚甚至阻碍未来的发展。计划必须有远见,为未来的发展预留足够的空间和可能。

(4) 主体确定原则。法治的前提是主体明确,计划也不例外。根据计划内容和层级的不同,计划关系也有不同的主体。明确规定每个主体行使何种权力,也是计划法治化的要求。国民经济规划涉及全国的长期发展,对国家的各个主体都会产生长期影响,因此计划的主体必须有足够的权威。我国现行涉及计划的审批机构包括全国人大和国务院。计划主体还涉及具体的编制主体、执行主体、监督主体。计划的法治化就是具体明确各主体的职责范围,规定不同计划的编制程序,界定计划编制过程中各主体应承担的法律责任。

## 二、市场经济改革与计划调控法治化

### (一) 计划在各国经济建设中的演变

计划经济曾经被认为是社会主义公有制经济的基本特征,计划与计划法被高度突出。国家用计划指导国民经济和社会事业的发展被认为是社会主义制度优越性的重要表现,计划法不仅调整国家与各级国家机关编制、审批、执行、监督、检查计划过程,还管制企业事业组织、城乡集体经济组织以及其他社会经济组织的计划落实、完成等活动,强化了高度集中的经济体制,大大束缚了经济主体的权利义务和积极性。苏联和东欧国家曾制定过有关计划方面的法律,如罗马尼亚1949年颁布的第一号法律就是关于计划的法律,1979年7月6日,大国民议会通过《罗马尼亚经济和社会发展计划法》;1976年,南斯拉夫颁布《南斯拉夫社会计划体制基础和社会计划法》。

资本主义国家和发展中国家在主要通过市场机制调节经济发展的情况下,也保留不同程度的国家干预,有的也在特定范围内制定实施一些经济计划(规划)。为了保证这些计划的制定与执行,有的国家还颁布了一些有关计划的法律法规。第二次世界大战以后,一些西方发达国家加强了国家干预,甚至推行计划指导,编制中长期规划,并进行相关立法,如法国的《计划改革法》(1982年颁布),联邦德国的《经济稳定与增长促进法》(1967年颁布)等。

但也有人对计划调控的有效性保持怀疑态度,主要是对政府能力及公正性的怀疑。英国经济学家哈耶克在质疑"社会主义计划"时提出的主要论点是:"如果中央指导所有经济活动的做法真的取代了个体企业管理者的积极创新作用……那么中央权力机构只提供一般性指导就不够了,而必须实施事无巨细的指导并且对一切事情负责",但中央计划当局不可能收集齐全有关每一件生产资料的单个信息,"仅收集这些数据一项任务就已经超出人之能力所可能企及的限度",更遑论对海量的信息进行加工整理并形成决策。由于计划调控在客观上会导致经济决策权力向政府特定部门集中,在没有足够的制度约束的情况下,权力集中可能诱发进一步的设租、寻租行为,管制领域中发生的"管制俘获"同样可能发生在计划领域,使得计划的制定和实施面临着公正性上的质疑。[①] 美国经济学家布坎南的公共选择理论通过引入"经济人"的分析范式,揭示了政策制定者在政治过程中如同企业在市场中一样,同样可能追逐自身利益的最大化(政治利益或者个人效用)。我国也有经济学专家否认计划的作用,认为计划应该退出宏观调控体系,因为宏观调控只有货币政策与财政政策两类。[②] 实际上,虽然市场经济和计划经济是完全不同的两种体制,但市场经济并不排斥必要的计划,因为

---

① 参见叶卫平:《产业政策法治化再思考》,载《法商研究》2013年第3期。
② 参见许小年:《为宏观调控正名》,载《现代商业银行》2008年第3期。

计划和市场都是经济手段。不少国家在实践中不同程度地保留或实施着计划,证明计划调控的作用还是为管理者所认可的。

### (二) 计划及其法治化在我国的进展

我国从 20 世纪 50 年代就利用计划进行经济活动,其中最有名的经济计划是"五年计划(规划)"。① 至今,我国已进入第十三个五年规划(2016—2020 年)。我国经济活动过程中充分利用了经济计划的作用,实现了经济的健康发展。我国也曾尝试用法律来调整计划活动,如财政经济委员会《国民经济计划编制暂行办法》(1952 年 1 月公布)、国家计划委员会《关于编制国民经济年度计划暂行办法(草案)》(1953 年 8 月 5 日试行)、国务院《关于各部负责综合平衡和编制各该管生产、事业、基建和劳动计划的规定》(1957 年 1 月 15 日发布)、中共中央、国务院《关于改进计划管理体制的规定》(1958 年 9 月 24 日发布)、国务院《关于加强综合财政计划工作的决定》(1960 年 1 月 14 日公布)、《国务院批转国家计划委员会等部门关于编制综合财政信贷计划的报告的通知》(1983 年 4 月 6 日)等,对编制国民经济规划的具体机构、职责范围、编制程序等作了规范。但在我国实行计划经济的较长时期内,并无计划法,原因在于当时我国的计划体制是高度集中的并以行政指令为主的,并无计划法的用武之地。我国在实行社会主义市场经济之后,逐步强化了市场机制在经济发展中的基础性主导性地位,同时发挥政府干预的重要作用,包括计划调控的应有作用。

改革开放以来,为进一步完善经济体制,我国于 1984 年 10 月颁布《关于改进计划体制的若干暂行规定》,1991 年 7 月颁布《关于试编两年滚动计划暂行办法的通知》。2005 年,国务院颁布《关于加强国民经济和社会发展计划编制工作的若干意见》,进一步强调了计划调控的重要性。十八届三中全会、四中全会决议对计划调控法制化进一步提出明确要求,三中全会提出"健全以国家发展战略和规划为导向、以财政政策和货币政策为主要手段的宏观调控体系",四中全会提出"制定和完善发展规划、投资管理等宏观调控法规"。这些政策、要求将对计

---

① 五年计划是中国国民经济规划的重要部分,属中长期规划。第一个五年计划(1953—1957 年,简称"一五"计划),是 1951 年春开始由中央人民政府政务院财经委编制。1955 年 3 月 31 日,全国人民代表大会同意中央委员会提出的第一个五年计划报告。1955 年 6 月,中央对"一五"草案作了适当修改,全国人大一届二次会议审议并于 1955 年 7 月 30 日通过。2006 年 3 月,十届全国人大四次会议通过《国民经济和社会发展第十一个五年规划刚要》,首次将计划改称为规划。

划调控及其法制建设起到积极推动作用,促进早日出台一部全面规范计划调控的法律。

### (三) 市场经济条件下计划调控法治化的必要性

有学者从现存的计划调控中存在的非法治现象及其所导致的问题出发,阐释了规划法治化的必要性。因高度集中计划的长期影响,我国计划领域迄今还称不上是法治的。计划编制中领导定指标、专业人员画蓝图,由权力机关通过后,基本上处于脱法状态,计划结束时笼统、非正式地报告一些喜人的数据,缺乏法治要求的规范、博弈、制度化的协调,以及救济和责任等要素,从根本上还没有摆脱开会、发文件、直接的指挥和命令等行政式计划的特质和窠臼。计划制定没有法律依据,计划的实施没有法律来保证。① 普遍地将计划视为政府的行政行为,将计划视为行政计划,进而按照西方行政法制的原理指导计划实践,这必然导致计划制定实施的行政化倾向。② 因此,计划要脱胎换骨,使它变得如同法治国家的预算那般的实在,就需要寻找法治的途径。③

计划的法治化有利于计划调控目标的实现,在我国社会主义市场经济条件下,国家计划也是宏观调控的重要形式之一。事实上,计划作为一种宏观调控的手段,恰恰在市场经济条件下才能够真正有效地发挥作用。今后,国家计划的任务主要是合理确定国民经济和社会发展的战略、宏观调控目标和产业政策,搞好经济预测,规划重大经济结构和生产力布局,安排国土整治和重点建设等。而要做到这一点,国家把计划加以法治化是非常重要的,因此计划法并不是可有可无的,而是必需的。④

计划在宏观调控体系中的中心地位决定了计划法治化具有重要意义。一方面,计划发挥着提纲挈领、统领全局的作用;另一方面,计划对其他宏观调控方式起着协调、引导、监督作用。⑤ 加强和完善宏观调控是市场经济的客观要求,而完善国家宏观调控体系,必须建立健全国民经济与社会发展计划(规划)制度。⑥

---

① 参见颜运秋、范爽:《法理学视野下的中国经济规划》,载《法治研究》2010 年第 3 期。
② 参见董玉明:《我国发展规划法制化基本问题研究》,载《经济法研究》2009 年第 8 卷。
③ 参见史际春:《论规划的法治化》,载《兰州大学学报》2006 年第 4 期。
④ 参见王先林:《略论我国宏观调控的法治化》,载《宏观调控法制文集》,法律出版社 2002 年版,第 146 页。
⑤ 参见徐孟洲:《论经济社会发展规划与规划法制建设》,载《法学家》2012 年第 2 期。
⑥ 同上。

计划与财政、金融一样是宏观调控中最基本、最重要的形式,相应地,制定和完善宏观调控的法律的核心内容也应集中在这些方面。①

当然也有人认为"计划"改"规划",宣告了计划法在我国的终结。② 规划的政策属性更加明显,不具有法律文件的规范属性,因而,也没有必要制定专门的规划法予以调整,主张放弃对计划法的研究。③

笔者认为,计划是对国民经济和社会发展的总体规划、统一部署,其目标是实现国民经济总量供求平衡,具有综合性、全局性,因此,计划是宏观调控的重要组成部分。计划所制定的目标为金融、财税、产业政策等其他宏观调控手段的实施提出了要求、指明了方向,对宏观调控的其他手段具有重要的引领作用,是宏观调控不可分割的一部分。当前计划调控过程中还存在种种不理想的状态,妨碍了计划功能的实现,因此理应将计划调控纳入法治化的轨道。在党的十八届四中全会作出"全面推进依法治国"决定的大背景下,计划调控法治化的目的在于规范、保障和控制计划调控的运用,是依法治国的题中应有之义。

## 三、计划调控法的立法模式与内容

### (一) 立法模式

计划调控法的立法模式可以有分散立法和集中立法两种。分散立法,即不进行专门的计划立法,只是在相关的立法中规定一些有关计划法的条款。我国现行的计划法规范主要采用分散的形式,相关的计划法规分散在其他法律、法规中,还有一些是以国家政策的形式出现的。

集中立法,即进行专门的计划立法。国外有集中立法先例,最典型的是法国1982年制定的《计划化改革法》。《计划化改革法》分为三个部分:第一部分为"国家规划"、第二部分为"地区规划"、第三部分为"其他的和暂行的措施"。法国的国家规划开始改称为"经济、社会和文化发展规划",在国家规划的编制程序方面,把国家规划分为第一规划法和第二规划法。法国的《计划化改革法》对程序

---

① 参见王先林:《略论我国宏观调控的法治化》,载《宏观调控法制文集》,法律出版社2002年版,第144页。
② 参见薛克鹏:《论计划法的终结》,载《社会科学研究》2007年第3期。
③ 参见薛克鹏:《"十一五"规划的经济法解读》,载《法学杂志》2007年第1期。

的规定是十分完备的。在国家规划和地区规划的制定和通过的程序方面,该法详细地规定了规划的建议、报告、咨询、协商、审批、调整、公布等程序性规范。在规划合同方面,也有许多有关合同缔结、转达、公布、解除等程序性规范。这表明了该法具有鲜明的程序法特征。

### (二) 立法内容

#### 1. 计划调控基本法

有不少人主张,一般的经济活动和计划规范可分散在有关法规中,而将国家宏观调控的事项集中制定一部具有较高法律层级的基本法,称为"经济稳定法"或"宏观经济协调法"。

"经济稳定法"立法目的是防止经济危机。现代经济活动的周期性明显,经济活动的关联度高,一旦危机出现,将造成系统性的后果。通过立法,从法律层面及早防范,一旦出现、及早应对,所以"经济稳定法"主要是以反经济周期,保障宏观经济稳定、健康发展为宗旨的法律。

"经济稳定法"是计划调控法的重要形式,并且是较为可行的立法形式。它的基本功能是通过法制化的经济手段来促进经济平衡,熨平经济周期,防止或缓解经济波动。为了保障上述职能的实现,该法运用的是各类法制化的经济政策综合协调调整的方法,主要体现为法制化的财税政策、货币政策、投资政策、外贸政策等各类政策的协调配合,以求实现规划的合力。为此,必须规定一系列的实体规划法律制度。这突出地表现在,为了反周期,该法不仅要规定专门的执法机关,还要规定一系列的具体制度,如经济预测、监测、经济信息发布制度;重要商品的国家订货、储备制度;灾害、危机、动乱等紧急状态情况下的限价、限薪、指定交易、市场管制等制度。

"宏观经济协调法"是协调各类宏观经济政策以及相关的宏观调控立法的法律。它尤其要明确规划、财政、金融之间相互配合和制约的机制,规定宏观调控的原则、任务、范围、目标,协调规划管理机关与有关经济综合部门的职责划分,确定宏观调控的方式、决策程序、监督检查、法律责任等。

#### 2. 计划实体法

计划法的实体规范主要体现为有关计划管理体制、宏观调控目标体系、宏观调控政策体系、计划主体的实体及其权利义务,还应规定立法宗旨、计划的性质任务、职能、内容、形式以及法律责任等。

国家计划管理机关计划管理权主要是：确定全国国民经济和社会发展的战略目标、任务和主要政策措施；制定和组织实施全国计划规划，以及全国性的行业计划规划和专项计划规划；制定全国产业、行业发展政策；组织全国计划规划的综合平衡；安排重点骨干工程建设，扶持少数民族地区和贫困落后地区经济和社会的发展，指导区域经济发展。至于地方政府计划管理权的行使，尤其应强调贯彻执行中央统一的计划和经济政策，组织实施中央计划中与本地区相关的任务，即应围绕国家计划的实现来作具体的计划工作。

计划法的任务是通过调节计划关系，保证国民经济和社会事业有计划、按比例地发展，巩固市场经济基础和国家独立与安全，逐步改善人民物质和文化生活。通过安排国民经济各方面的主要比例关系，如生产资料与消费资料比例关系、积累与消费比例关系、农业、工业、服务业间的比例关系，以及经济事业和科学文教事业间的比例关系等，实现综合平衡。还要做好人力、物力、财力的平衡以及国家指导下的各地区平衡。

3. 计划程序法

计划程序是指计划活动的程序，它主要包括计划的编制、审批、执行及调整等。由于计划程序至为重要，因而计划活动必须符合法定的程序规范。

计划的编制主体是依法有权编制规划的中央和地方政府。其中，国家计划由国务院编制和管理，并由国务院计划管理部门具体负责编制工作。全国性的工业生产、农业生产、基本建设、科学发展、文教卫生、人民生活和社会公用事业计划等行业计划由国务院各个部门负责编制。地方计划由有权编制的地方政府及其职能部门负责。

国家计划的编制至关重要。它应当体现计划的战略性、宏观性、政策性、协调性。在编制过程中应体现民主性和科学性，注意广泛听取意见、集思广益、有理有据、科学论证、实事求是，以求努力使规划的编制符合规律，符合实际，符合发展的需要。

计划编制完毕后，便进入审批阶段。计划由负责编制工作的政府的同级人大及其常委会负责审议、批准。全国性的综合性计划和专项计划由全国人大审批；地方计划由地方同级人大审批。全国和地方的行业计划和专项计划，分别由国务院及相应的地方政府批准。除上述有权审批计划的主体以外，任何单位或个人均无权审批计划。

　　计划经过审批后,便进入计划的实施或执行阶段。义务主体必须依法执行计划。由于经过法定程序审批的计划具有法律效力,因而一般不得变更或调整。但是,计划毕竟是对未来的预测,因而可能会存在与实践的发展相左之处,或者可能发生在编制计划时未有预见的情势变更。在上述情况下,应根据实际需要,对计划作相应的修补或调整。计划的实施主要靠计划中所体现的经济政策、经济杠杆、经济参数,使相关主体能够基于理性的选择,审时度势,趋利避害,以实现规划的预期目标。政府可通过相关经济信息的发布,国家政策未来走向的告知,国家订货或政府采购制度,税率、利率、汇率、保护价等经济杠杆的调节,以使计划得到更加圆满的实现。

　　为了保障计划活动的有效进行,应当加强计划监督检查,及时发现违法问题,并及时解决。对编制和完成计划做出显著贡献的单位和个人给予奖励;对于由于主观原因造成编制计划错误、带来经济损失的,或擅自变更计划、不执行计划等违反法定义务的,根据情节轻重和造成损失的大小,追究责任单位负责人和直接责任者的经济、行政以至刑事责任。一般还应规定解决计划争议的仲裁或司法程序。

# 第十七章　区域经济调控法[*]

## 一、区域与区域经济调控

### (一) 区域的基本范畴

区域是一个空间概念,就其通常意义而言,指的是特定的地理空间范围,它可以大到一个或若干个洲(或洋)、一个或若干个国家(或地区)、一个或若干个省(市),小到县、乡、村,或者一个工厂、一个学校,甚至一个车间、一个办公室。在日常生活中,人们经常将区域与地带、地区等词汇混用。[①]

对于区域这一概念,不仅在不同的学科中有着不同的理解,即便在同一学科中也难以取得共识。"地理学把区域定义为地球表面的地域单元;政治学把区域看成是国家管理的行政单元;社会学则把区域看作相同语言、相同信仰和民族特征的人类社会聚落。"[②]经济学则把区域作为经济上相对完整的经济单元。[③]

当然,在经济学中关于区域的概念也是不胜枚举的。1922年,俄国的定义为:"所谓区域应该是国家的一个特殊的经济上尽可能完整的地区。这种地区由于自然特点、以往的文化积累和居民及其生产活动能力的结合而成为国民经济总链条中的一个环节。"[④]美国区域经济学家胡佛(E. M. Hoover)认为:"区域是基于描述、分析、管理、计划或制定政策等目的而作为一个应用性整体加以考虑

---

[*] 本章内容主要根据殷洁专著《区域经济法论纲》(北京大学出版社2009年版)中"区域经济协调发展法律制度"改编而成。

[①] 区域、地带和地区都是指具有一定范围的地表空间。但是严格地讲,区域、地带和地区之间还是存在着一些区别。英国学者哈里·理查德逊的著作《区域与城市经济学》中分析这种区别时指出,区域是表示两维空间任一部分的一般性的词;地带是用来表示从边缘区分割的纬度带;地区是指国民经济中的一个区域,它有相当完整的结构,能够独立发挥功能。参见张秀生主编:《区域经济学》,武汉大学出版社2007年版,第6页。

[②] 乔云霞:《区域国际竞争力理论研究与实证分析》,经济科学出版社2005年版,第10页。

[③] 参见武友德、潘玉君等:《区域经济学导论》,中国社会科学出版社2004年版,第29页。

[④] 全俄经济区划委员会:《苏联经济区划问题》,商务印书馆1961年版,第82页。转引自张秀生主编:《区域经济学》,武汉大学出版社2007年版,第1页。

的一片地区。它可以按照内部的同质性或功能一体化原则划分。"[①]我国学者认为:"区域是具有某种共同的经济特征,经济结构的内在联系较为紧密,经济发展整体性较强的地域空间。区域的范围是相对的,因而在理解上既可以指大区域,亦可以指小区域,大区域包容着小区域,形成多层次的区域划分。"[②]还有人认为:"区域是指人类经济与具体时空条件紧密结合而形成的具有特定结构、功能和类型的相对完整的地理空间。在同一经济区域内自然条件、资源和社会经济条件大致类似,经济发展水平和所处阶段大致相同,经济发展方向基本一致,表现为经济意义上的连续性和同类性。"[③]

本章所称区域是经济学意义上的区域(或称经济区域),是指地理位置相连或相近,并且具有相同或近似的经济特性(如东部地区、西部地区),或者经济联系较为密切(如长三角地区、珠三角地区),或者具有某种特殊的经济功能(如经济特区、经济开发区、保税区、高新技术产业区)的一定地表空间。经济区域具有层次性,即某一经济区域内可以有子区域,而它本身又是更大范围经济区域的组成部分,比如长三角地区可以被视为我国东部地区的一部分,而它本身又包括苏南地区、浦东开发区等更小的区域。

此外,经济区域还有国际区域和国内区域之分,本章讨论的是国内经济区域的宏观调控法治问题。

**(二) 区域经济调控的必要性**

1. 区域经济非均衡发展具有常态性、长期性

"区际发展非均衡作为一种常态,是市场机制作用的必然产物。"[④]在世界上,几乎每个国家都存在相对贫困落后的地区或失业问题严重、经济萧条的地区。从理论上说,任何一个追求经济发展与社会进步的国家或地区,当经济发展到一定阶段后总会遇到各种各样的问题,既包括宏观与微观层次的问题,也包括地区层次的问题。[⑤] 在区域经济差距较大时,企业区域行为具有制造与扩大利

---

[①] 〔美〕艾德加·M.胡佛、弗兰克·杰莱塔尼:《区域经济学导论》,郭万清、汪明、孙冠群、俞世伟、刘康译,上海远东出版社1992年版,第239页。
[②] 张敦富:《区域经济学》,中国轻工业出版社2002年版,第2页。
[③] 武友德、潘玉君等:《区域经济学导论》,中国社会科学出版社2004年版,第29页。
[④] 陈计旺:《地域分工与区域经济协调发展》,经济管理出版社2001年版,第35页。
[⑤] 参见张可云主编:《区域经济政策》,商务印书馆2005年版,第1页。

益矛盾的一些特征,产生极化效应,即萧条区域和落后区域的企业(包括人财物)向发达区域集中。"中心区域"的极化,一方面增强了企业的竞争力,另一方面削弱了"边缘区域"企业的竞争力。"边缘区域"企业为求生存,往往采取机会主义行为,如在公共产品生产方面采取不合作态度以求"搭便车"、制造假冒伪劣产品、隐蔽产品信息以求获得超额利润等。"边缘区域"甚至还会与"中心区域"争夺原材料与制成品市场,造成区域间产业结构趋同。所有这些均会引发或加剧区域间利益矛盾,破坏区域经济关系,从而使社会整体利益受到损害。① 区域问题是经济发展的必然产物。生活水平的提高要求改变产业结构与贸易结构,而这往往有利于某些区域而不利于其他区域。这种变迁一直在发生,但从产业革命彻底改变发达国家的经济结构以来变得尤为显著。②

区域经济非均衡发展既制约国民经济的健康发展,又容易引发或加剧其他社会矛盾,进而可能成为社会不安定的重大隐患。宏观经济问题历来属于政府管理的领域。区际发展非均衡状态作为一种普遍的经济现象,它的合理性一面仅仅局限在一定的范围内。过大的区际发展差异,不仅因为所产生的宏观经济问题,如产业结构升级缓慢、需求不足引发投入不足等,从而影响整个国民经济的健康发展,而且将降低微观经济单位和要素的收益,使市场机制的作用受阻。因此,即使不考虑区际发展非均衡对社会公平和政治稳定所带来的负面影响,就是从经济角度讲,区际经济发展差距过大,也会通过影响宏观经济效益,而使市场机制难以有效发挥其配置资源的功能。③

2. 市场机制难以自动实现区域经济的协调发展

在 20 世纪 30 年代之前,自由主义理论认为,生产要素的空间流动能自动消除区域差距。在区域分工贸易方面,传统理论认为区域分工贸易必然会增进各地区的利益,使得区域均衡。④ 一般认为市场机制是一种能够实现效率最大化的机制,因此由市场机制作用所产生的区际非均衡发展具有一定程度的合理性。区际经济发展属于宏观经济范畴,各国经济发展的实践表明,市场机制对于解决宏观经济问题是失败的。正因为如此,缪尔达尔根据"马太效应"认为,市场机制

---

① See P. Krugman, What's New about the New Economic Geography? Oxford Review of Economic Policy(2), 1998, pp. 7—17.
② Gavin McCrone, Regional Policy in Britain, George Allan & Unwin Ltd, 1969, p. 13.
③ 参见陈计旺:《地域分工与区域经济协调发展》,经济管理出版社 2001 年版,第 35 页。
④ 参见张可云:《区域经济政策》,商务印书馆 2005 年版,第 99—100 页。

的作用将使区际发展差距进一步扩大,并使落后地区陷入恶性循环状态。市场机制所产生的效率是一种微观效率。微观经济单位和要素在追求和实现利益最大化的同时,并不能带来宏观经济效率的最大化。① 在区域经济差距较大时,各种区域利益主体都有制造或激化区域间利益矛盾和区域利益与整体利益间矛盾的倾向,而且单纯依靠市场是不可能完全消除矛盾与冲突的。② 贸易自由化加剧了区域不平衡。③

干预主义者发现,受多种因素限制,市场机制不能保证企业区域活动决策最佳,市场创造并加剧了没有政府帮助就不能解决的区域问题。无论是在区域分工贸易方面,或者是在区际要素流动方面,抑或是在区域发展格局演变方面,都存在区域的非均衡。④ 由于在一个国家的区域体系中贸易是开放的,比较利益原则与古典的调整机制均不起作用,使发达区域获得递增的收益而阻碍了贫困地区的发展。由于存在规模效应,发达区域实际上垄断了工业生产,而且,由于工业竞争不完全而农业竞争属于完全竞争,贸易流有利于发达区域。⑤ 在市场力量的作用下,发达地区经济表现为上升的正反馈运动,欠发达地区经济表现为下降的负反馈运动。在这种循环中,存在着扩散和回流两种不同效应。扩散效应是指从发达区域到不发达区域的投资活动,包括供给不发达区域原材料或购买其原料和产品;回流效应是由不发达区域流入发达区域的劳动力和资本,引起不发达区域经济活动的衰退。在循环累积因果过程中,回流效应总是大于扩散效应,因此区域差异在市场力量作用下会不断扩大。……当一个带有明显回流效应的极点区域产生时,有可能对邻域形成资源"吸空",即"空洞化"或"边缘化",导致邻域资源更加稀缺化。⑥ 从空间角度看,由于在生产或分配上存在密切的前、后向联系,或在布局上有着相似指向性的产业布局与某个拥有特定优势的区域会形成集聚经济效应,而企业总是倾向于在这种地方集聚。在完全市场调节下,市场机制则会使这种集聚的趋势越来越明显,从而导致区域经济非均衡

---

① 参见陈计旺:《地域分工与区域经济协调发展》,经济管理出版社2001年版,第35页。
② 参见张可云:《区域经济政策》,商务印书馆2005年版,第100页。
③ Paluzie and Elisenda, Trade Policy and Regional Inequalities, Papers in Regional Science, Vol. 80, Issue 1, 2001, p.67.
④ 参见张可云:《区域经济政策》,商务印书馆2005年版,第99页。
⑤ See N. Kaldor, "The Case for Regional Policies", Scottish Journal of Political Economy, Vol.17, Issue 3, 1970, pp.337—347.
⑥ 参见刘秉镰、韩晶等:《区域经济与社会发展规划的理论与方法研究》,经济科学出版社2007年版,第15页。

发展,形成明显的区际差距。①

总之,区域经济不均衡发展是市场机制的必然产物。区域经济协调发展的提出主要缘于区域经济非均衡发展的客观现实,而欲实现区域经济协调发展则有赖于政府对区域经济发展的有效宏观调控。"政府对区际发展非均衡的干预,并非是一种以牺牲效率换取公平的政治行为,而是一种谋求宏观经济利益,并为市场机制作用的发挥创造良好环境的经济行为。"②

## 二、区域经济发展的相关理论

传统的区际经济发展理论主要是基于区际经济发展非均衡这一普遍经济现象而展开研究的,即研究的焦点在于是否能够通过市场机制实现区际的相对均衡发展。为此,形成了两种相对立的区际经济发展观。一种观点认为,市场机制能够实现区际的均衡发展;另一种则持相反的看法,认为市场机制的作用,与其说能够缩小区际经济发展的非均衡程度,不如说将加剧区际经济发展的非均衡程度。③ 单纯强调市场自发力量不可能缩小区域之间的差距,必须通过政府有效干预才能达到区域经济协调发展。在政府干预区域经济发展的战略问题方面,又形成了诸多理论和观点,大体可分为区域平衡发展理论和区域非平衡发展理论。

### (一) 区域经济平衡发展理论

区域经济平衡发展理论产生于 20 世纪 40 年代,以保罗·罗森斯坦-罗丹(P. N. Rosenstein-Rodan)的大推进理论和拉格纳·纳克斯(Ragnar Nurkse)的恶性循环理论等为代表。

1. 大推进理论

所谓大推进,就是在一定空间范围内对国民经济中相互关联的基础部门同时进行大规模投资,打破落后地区贫困恶性循环以推动经济的良性发展。著名发展经济学家保罗·罗森斯坦-罗丹于 1957 年完成了代表作《大推进理论的注

---

① 参见张秀生主编:《区域经济学》,武汉大学出版社 2007 年版,第 325 页。
② 陈计旺:《地域分工与区域经济协调发展》,经济管理出版社 2001 年版,第 36 页。
③ 同上书,第 26 页。

解》,是该理论的倡导者和集大成者。该理论的核心就是通过对基础设施的大规模并行投资,既降低成本又相互扩张需求,并产生明显的外部经济效果。该理论主张发展中国家在投资上以一定的速度和规模持续作用于众多产业,从而突破其发展瓶颈,推进经济全面高速增长。该理论还认为,大推进的投资方式只能是政府投资,因为它不仅缺乏利润刺激,而且投资规模大。[1]

2. 恶性循环理论

20世纪50年代初期,著名发展经济学家拉格纳·纳克斯在其著作《不发达国家的资本形成问题》中,系统地论述了发展中国家和地区存在着一种贫困恶性循环的理论,以解释为什么低水平人均产出的发展中国家经济长期停滞不前。

纳克斯认为,低收入国家存在两种恶性循环:一种恶性循环是由资本稀缺、收入低下和储蓄缺乏三者构成的。低收入国家收入低下是生产率低下造成的结果,生产率低下主要是由于缺乏资本,资本缺乏又是由于缺乏储蓄能力,缺乏储蓄能力则是由于收入低下所致。这样,资本缺乏、收入低下、储蓄缺乏三者互为因果,形成一个封闭的循环。另一种恶性循环是由于需求不足、收入低下和投资不足三者构成的。低收入国家的投资不足和资本缺乏是投资缺乏引诱力量的结果,缺乏投资引诱又是由于市场需求不足。投资引诱受到市场规模的限制,而市场需求不足则是由于人们的收入低下,从而导致缺乏支付能力造成的。只要投资不增加,收入就不可能提高,市场需求也就不能增加。这样,投资不足、收入低下、需求不足三者互为因果,形成另一个封闭的循环。纳克斯认为,两个恶性循环是相互制约并且相互加强的,任何一个都无法自行突破,因而转变成上升的螺旋形变动。摆脱贫困恶性循环的途径是同时、全面地投资工业、农业、消费品生产、资本品生产等各个国民经济部门,形成广阔而充分的市场,产生足够的投资引诱,为投资规模的扩大、经济的增长创造条件。在经济增长的初期,之所以选择均衡增长的发展思路,一方面是由于各部门同时扩大生产规模,可以相互利用便利的生产、销售条件,降低生产成本,从而获得内在和外在经济效益;另一方面是出于均衡增长使各部门之间相互形成需要,避免形成多余的生产能力,并加强投资引诱,促进供给和需求保持平衡,使经济稳定而均衡地增长。[2]

---

[1] 参见郭熙保主编:《发展经济学经典著作选》,中国经济出版社1998年版,第225—238页。
[2] 同上书,第238—265页。

### (二) 区域经济不平衡发展理论

针对罗丹、纳克斯等人提出的部门、区域的均衡发展理论,另一些经济学家则从相反的方面提出了区域经济非均衡发展理论,主要代表人物有汉斯·辛格(Hans Singer)、艾伯特·赫希曼(Albert O. Hirschman)、沃尔特·惠特曼·罗斯托(Walt Whitman Rostow)、弗朗索瓦·佩鲁(Francois Perrous)、缪尔达尔(Gunnar Myrdal)等。他们各自从不同的角度分析论证了经济增长的非均衡过程,提出了各自的理论和政策主张,但共同点都是坚持非均衡发展的观点。[①]

1. 经济不平衡发展理论

汉斯·辛格(Hans Singer)在其《国际发展·成长与转变》一书中批评平衡发展理论时说:"平衡增长理论主张工农并重,忽视了经济发展的主旨在于将人力从低生产力的农业部门转移到生产力较高的工业部门,工业发展固然有赖于农业的协助,但尽管如此,经济发展仍然要完成转移人力使用的目的。要达到这一目的,平衡增长战略无能为力。"辛格认为,平衡增长不是从起步开始,而是从过去的结果之处开始。如果过去的发展并非均衡的发展,为了使失去的均衡逐渐恢复,则有必要采取不平衡的战略。[②]

赫希曼更详尽地阐述了经济不平衡发展理论。他在1958年出版的《经济发展战略》一书中,着重从现有资源的稀缺性和企业家的缺乏等方面指出了平衡增长战略的不可行性,并提出了不平衡增长理论。赫希曼认为,经济增长是一种传递的过程,即从经济主导部门向次要部门传递,从一个产业向另一个产业传递,从一个企业向另一个企业传递。他把发展看成"非均衡链"。[③] 中心的发展固然会借扩散效应的作用在一定程度上带动边缘的发展,有利于缩小区域差距,但中心的极化效应又起着扩大区域差距的作用。要缩小区域差距,仅靠市场机制是行不通的,政府干预必不可少。[④] 就空间而论,应当首先发展条件较好的地区,以此带动其他地区的发展。[⑤]

---

[①] 参见张秀生主编:《区域经济学》,武汉大学出版社2007年版,第41页。
[②] 参见张秀生、卫鹏鹏主编:《区域经济理论》,武汉大学出版社2005年版,第50页。
[③] 同上书,第50—51页。
[④] 参见张可云:《区域经济政策》,商务印书馆2005年版,第77页。
[⑤] 参见张秀生、卫鹏鹏主编:《区域经济理论》,武汉大学出版社2005年版,第51页。

2. 循环累积因果理论

循环累积因果理论是在缪尔达尔的循环因果原理的基础上,经卡尔多(N. Kaldor)等人提出具体理论模式发展形成的。①

在《经济理论与不发达区域》一书中,缪尔达尔明确指出,市场力量的作用倾向于扩大而不是缩小区域间的差距。一个区域的发展速度一旦超过了平均发展速度,它的"效率工资"(即货币工资增长率与劳动生产率增长率之比)就会趋于下降。于是,这一区域就获得了其他发展速度缓慢区域所不具有的累积性的竞争优势。一旦区域间发展水平出现差距,条件较好且发展较快的区域就会在发展过程中不断地为自己积累有利因素。由于在这类区域聚集所形成的外部与内部经济越来越好,这种已有的优势会越来越大。落后区域有限的优势(如劳动力价格便宜)不足以抵消这些聚集优势。从区域关系角度考察,区域经济差距的出现与扩大主要是由于发达区域具有上升循环运动的优势,而落后区域始终难以摆脱下降循环运动的泥潭。② 市场力的作用一般倾向于增加而非减少地区间的不平衡。一旦某些地区由于初始优势而超前获得发展,那么这种发展优势将持续下去,因此发展快的地区将发展得更快,发展慢的地区将发展得更慢,这就是"循环积累因果原理"。缪尔达尔认为,发达区域的增长对落后区域增长的影响会产生引致效应。这种引致效应有两种,即扩散效应(spread effects)与回流效应(backwash effects)。前者是有利的效应,包括发达区域为落后区域的产品(主要是初级产品)提供市场以及创新的传播。但一般而言,前者要逊于后者。后者是不利效应,指劳动力、资本、商品与劳务不均衡地从落后区域流向富裕地区。区域经济差距的存在,主要是由于回流效应起着主宰地位,扩展效应不足。缪尔达尔认为区域增长是一个不均衡的增长过程。③ 为此,在经济发展初期,政府应当采用不平衡发展战略,优先发展有较强增长势头的地区,求得较好的投资效率和较快的增长速度,通过这类发达地区的扩散效应来带动其他地区的发展。当经济发展到一定水平时,为了防止累积性循环因果造成的贫富差距无限制扩大,政府应主动制定一系列特殊政策来刺激落后地区的发展,以缩小地区间差距。

---

① 参见张秀生主编:《区域经济学》,武汉大学出版社 2007 年版,第 42 页。
② 参见张可云:《区域经济政策》,商务印书馆 2005 年版,第 72 页。
③ 参见郭熙保主编:《发展经济学经典论著选》,中国经济出版社 1998 年版,第 345—363 页;张秀生主编:《区域经济学》,武汉大学出版社 2007 年版,第 42 页。

### 3. 增长极理论

增长极的概念和理论,最初由法国经济学家弗朗索瓦·佩鲁于20世纪50年代初提出。1955年他在《增长极概念的解释》一文中正式提出"增长极"概念,并在1961年出版的《二十世纪的经济》一书中,对增长极理论进行了充分的阐述。佩鲁认为,经济增长并非同时出现在所有地方,它以不同的强度首先出现在一些增长点或增长极上,然后通过不同的渠道向外扩散,并对整个经济产生不同的最终影响。① 也就是说,在经济增长中,由于某些主导部门或有创新能力的企业或行业在特定区域或大城市聚集,形成一种资本与技术高度集中,具有规模经济效益,自身增长迅速并能对邻近地区产生强大辐射作用的增长极,并通过其吸引力和扩散力不断增大自身规模,对所在地区产生支配性影响,从而不仅使增长极所在地区优先增长,而且还能带动相邻地区共同发展。②

### 4. 梯度推移理论

所谓区域经济发展梯度,就是指不同区域在经济发展水平上所存在的差异。

梯度推移理论最早源于美国哈佛大学教授弗农(R. Vernon)等人首创的"工业生产生命周期阶段论"。区域经济学研究者将这种产业的生命周期阶段论引入了区域经济发展研究,创立了区域经济梯度推移理论。该理论认为:无论在世界范围内还是在一国范围内,经济技术的发展是不平衡的,客观上已形成一种经济技术梯度;有地方技术经济势差,就存在着技术经济推移的动力,就会形成生产力的空间推移。利用生产力的梯度转移规律,要从梯度的实际情况出发,首先让有条件的高梯度地区引进并掌握先进技术,然后逐步向二级梯度、三级梯度的地区推移;随着经济的发展,推移的速度加快,可以逐步缩小地区间的差距,实现经济分布的相对均衡,进而实现国民经济的平衡发展。③

### (三) 小结

区域经济是社会劳动地域分工长期发展的产物。区域经济市场自发协调论是建立在新古典经济理论的假设之上的,而这种假设在现实中是不存在的。区域经济发展不平衡是区域经济发展的基本规律。世界各国和地区都存在着不同

---

① 参见〔法〕佩鲁:《略论增长极的概念》,载《应用经济学》1995年第8期。
② 参见陈计旺:《地域分工与区域经济协调发展》,经济管理出版社2001年版,第28—29页。
③ 参见张秀生、卫鹏鹏主编:《区域经济理论》,武汉大学出版社2005年版,第54页。

程度的区域经济差异问题。

由于区际均衡发展理论在分析的过程中,忽略了规模收益递增、要素流动过程中的制度障碍及要素流动过程中的非理性行为,因此,它所阐述的要素流动机制能够在一定程度上弱化区际经济发展的非均衡状态。然而,由于在现实经济生活中,要素并非按照新古典经济学所期望的理想方向流动,甚至反其道而行之,因此市场作用所产生的要素流动机制并不能弱化区际发展的非均衡状态。[①]

区域经济不平衡理论的出发点是:地区经济的成长过程,实质上是产业部门的成长过程,而不同的产业由于条件、地位、作用不同,增长的势头是不一样的。往往首先从主导产业、地区开始,然后再逐步扩大到其他产业和地区。所以,在一定的时期内,地区资源只能选择在若干产业、若干地方进行投入。[②] 区域经济不平衡理论试图通过差异化的区域政策或措施,最终实现区域的平衡发展。但是,差异化的区域政策或措施如果运用不当,也可能事与愿违,容易引发马太效应,进而扩大或加剧区域间的经济差异。

## 三、国外区域经济调控制度的考察

以市场机制为资源配置主要手段的西方发达国家,在实现工业化和推进经济现代化的过程中,始终被区域发展不平衡问题所困扰。市场机制并没有像新古典主流经济学预期的那样使区域经济实现相对均衡发展,而是使区域发展非均衡加剧。日趋严重的区际问题,迫使西方各国政府普遍采取政府干预的手段,以缓解其对经济和社会发展带来的负面影响。[③] 区域政策往往是为了寻求更好的社会公正,加强或保持政治聚合以及更有效地利用未得到充分利用的国家资源。[④] 由于落后地区开发是一个长期的过程,为了保证开发目标的实现,保障开发战略和区域规划的贯彻实施,保持有关区域开发政策的一贯性和连续性,需要加强立法。从世界各国落后地区开发的经验来看,都非常注重法律的保障

---

① 参见陈计旺:《地域分工与区域经济协调发展》,经济管理出版社2001年版,第35页。
② 参见张秀生、卫鹏鹏主编:《区域经济理论》,武汉大学出版社2005年版,第52页。
③ 参见陈计旺:《地域分工与区域经济协调发展》,经济管理出版社2001年版,第1—2页。
④ See A. P. Thirlawll, Regional Economic Disparities and Regional Policy in the Common Market, Urban Studies(11), 1974, pp. 1—12.

作用。①

表 17-1 有关国家制定的区域开发法律②

| 国家 | 区域开发立法 |
| --- | --- |
| 美国 | 《宅地法》《鼓励西部草原植树法》《沙漠土地法》《麻梭浅滩与田纳西河流域开发法》《地区再开发法》《公共工程和经济开发法》《阿巴拉契亚区域开发法》等 |
| 日本 | 《国土综合开发法》《国土利用计划法》《北海道开发法》《东北开发促进法》《偏僻地区振兴法》《过疏地区振兴特别法》《新产业城市带建设促进法》《水资源地区对策特别措施法》《筑波研究学园都市建设法》等 |
| 韩国 | 《小企业事业调整法》《中小企业系列化促进法》《中小企业支援法》等 |
| 英国 | 《特别地区法》《工业布局法》《地方就业法》《工业发展法》《城镇与乡村规划法》等 |
| 意大利 | 《第 646 号法律》《第 675 号法律》《第 853 号法律》《第 64 号法律》等 |
| 德国 | 《财政平衡法》《联邦区域规划法》《促进经济稳定与增长法》《区域经济政策的基本原则》《投资补贴法》《改善区域经济结构的共同任务法》《联邦区域规划纲要》等 |

## （一）美国

美国位于北美大陆南部，面积 930 万平方千米，居世界第 4 位，2016 年统计人口 3.23 亿，曾经是区域发展很不平衡的国家。其北部是美国资本主义的发源地，是经济上最发达的工业集中区。第二次世界大战初期，这一地区面积仅占全国的 15%，人口占全国人口的 1/2，工业生产占全国工业生产的 3/4 还多。北部不仅形成了较完整的工业体系，而且还拥有庞大的商业、服务业、金融业体系及发达的农业，因此国内人才、资金主要流向北方。而南部和西部，地广人稀，贫穷落后，主要从事农业和初级产品的生产。南部 16 个州中的 14 个州是美国落后的地区，该地区向全国提供农林矿原材料、家用产品、半成品及劳动密集型工业品。该地区人均收入在第二次世界大战前夕大大低于北部，人才大量流失。西部地广人稀，面积占全国 1/2，人口仅占 17%。美国地区经济发展的不平衡，在第二次世界大战前夕达到顶点。有学者估算，1932 年，美国的地区差异系数高达 41%。③

---

① 参见张丽君等：《地缘经济时代》，中央民族大学出版社 2006 年版，第 563 页。
② 资料来源：朱厚伦：《中国区域经济发展战略》，社会科学文献出版社 2004 年版，第 23 页。
③ 参见〔德〕J·坦尼鲍姆：《美国和欧洲的开发经验对中国西部开发的启示》，载《中国经济西进》，社会科学文献出版社 2001 年版，第 460—470 页。

20世纪30年代初期,作为富兰克林·罗斯福"新政"的一部分,联邦政府加强了对区域经济发展的干预。一方面,通过扩大政府间转移支付来增强州和地方政府提供公共服务的能力,同时减少地区间经济发展的差异。1927—1934年,美国联邦政府间转移支付占联邦政府支出的比重由3.6%迅速上升到19.7%。另一方面,通过区域规划、财政援助和水利建设等多方面的措施,促进南部地区特别是田纳西河流域的经济发展。① 1933年,美国政府根据"新政"中的有关法案,成立了"田纳西河流域管理局"(TVA),负责组织管理田纳西河流域和密西西比河中下游一带的水利综合开发。

二战后,美国采取更为主动的措施,对区域经济进行干预。1961年5月,政府颁布《地区再开发法》,这是美国第一次将地区失业和经济落后问题视为全国性问题的法案。该法案明确指出:实行区域再开发的目的,必须是能够发展和扩大新的或现在的生产能力及资源,而不仅仅是将就业机会从美国的一个州转向另一个州。② 《地区再开发法》将两种类型确定为受援区:一类是过去12个月内的平均失业率至少为6%,而且过去两年内至少有一年的失业率超过全国平均水平50%以上的工业区;另一类是农户家庭总收入和生活水平都较低的乡村和小城镇地区。1965年政府又连续颁布了两个有重要影响的区域指向法规:(1)《公共工程和经济开发法》(以下简称"EDA"),用以替代原有的《地区再开发法》。③ 新法案对落后地区和困难地区的援助,不再是直接支持那里的私人企业,而把援助重点放在公共工程的投资上。"在EDA实行的前7年,大约有66%的支出用于支持地方的公共工程,只有13%用于企业贷款。获得EDA援助的地区一般至少要具备下列条件中的一项:严重或持续高的失业水平;中等家庭收入不到全国平均水平的40%;因关键企业倒闭引起失业率突然升高。"④(2)《阿巴拉契亚区域开发法》。阿巴拉契亚山区纵跨美国东部13个州,是美国主要的贫困区,该地区失业率高、人均收入低、居民受教育水平低。按照该法案,该地区组成了美国第一个由联邦政府和州政府合作管理的机构,即阿巴拉契亚区域委员会(ARC)。进入20世纪70年代后,美国对区域经济的干预逐步减弱,绝大部分区域援助被取消,区域发展支出大大削减。自20世纪80年代中期以来,美

---

① 参见陈计旺:《地域分工与区域经济协调发展》,经济管理出版社2001年版,第5页。
② 参见王维平:《经济政策创新与区域经济协调发展》,中国社会科学出版社2006年版,第113页。
③ 原法案被批评破坏了公平竞争原则。
④ 王维平:《经济政策创新与区域经济协调发展》,中国社会科学出版社2006年版,第114页。

国区域差异再度呈现扩大的趋势,贫困地区人口增长过快,农村就业减少,年轻劳动力外流,人们的不满情绪增加。出于国内政治压力和全球经济竞争的考虑,区域发展政策在沉寂了多年以后,重新受到美国政府的重视。克林顿政府组织制定和实施了对欠发达地区的援助计划,在1993年8月颁布《联邦受援区和受援社区法》,这是美国第一个比较系统解决欠发达地区发展问题的法案。根据该法案,政府拨款25亿美元用于税收优惠,10亿美元用于贫困地区的各项援助。①

经过二战后四十多年的发展,美国西部、南部的经济发展速度快于东北部和中北部,区域差距大大缩小,到20世纪80年代末,美国形成了各大区域经济发展相对平衡的局面。这种局面的形成与政府的区域平衡政策和积极行为是分不开的。②联邦政府实施了一系列转移支付政策,调节区域经济平衡。数据表明,仅1975年扣除税负就有308.49亿美元从东北部、中北部流向了南部和西部。即使到了1984年,联邦政府用于国内6959.28亿美元的财政支出中,南部占34.5%,西部占22.6%,东北部仅占21.6%,中北部占21.3%。③联邦政府还通过增加公共物品的投资,比如公路网建设、信息网建设、基础教育支出等,使南部和西部受益。随着高速公路的由北向南、从东往西不断延伸,美国南北和东西差距也在缩小。目前,各行各业广泛运用电子计算机,并相互连接形成网络,各地区均能平等享受全国乃至全球的经济、科技等信息。在信息的获取、处理、运用上,区域之间几乎没有什么差别。美国从小学、中学到州立大学,基本都是义务教育,州政府每年财政支出的85%用于教育,联邦政府在教育方面的财政支出主要用于欠发达地区。④

### (二) 英国

英国是崇尚自由市场经济的发源地。然而,依赖市场机制配置资源并没有实现区域均衡发展,反而使区域差距日趋扩大,尤其是曾经繁荣的老工业基地陷入严重的经济衰退,迫使政府采取积极措施,并通过立法形式解决这一问题。⑤

早在20世纪20年代,英国就因为东北部的煤炭等传统产业发展缓慢的问

---

① 参见王维平:《经济政策创新与区域经济协调发展》,中国社会科学出版社2006年版,第114页。
② 参见吴强:《政府行为与区域经济协调发展》,经济科学出版社2006年版,第174—175页。
③ 同上书,第175页。
④ 同上书,第175—176页。
⑤ 参见陈计旺:《地域分工与区域经济协调发展》,经济管理出版社2001年版,第2页。

题而对该地区进行援助。1928 年,英国政府设立了工业转移委员会,其主要职能就是制定政策促使工业投资由发达繁荣的地区向经济欠发达地区或萧条地区转移,其目的是通过劳工的流动,消除当时因出口需求减少、传统工业集中的地区出现的失业"黑点"。这项帮助失业者迁移到就业机会多的地区的政策,因 20 世纪 30 年代经济危机而未获得显著效果。20 世纪 30 年代,严重的经济萧条造成地区失业率差异很大。根据英国劳工部历史统计资料,1933 年,威尔士、苏格兰、东北部的失业率分别高达 37.8%、30.2% 和 29.8%,而伦敦和东南部的失业率分别为 14.2% 和 17%,远低于本国 23.4% 的平均水平。同年,英国失业人数接近 300 万,而接受财政援助实行迁移的工人仅 20 万。所以,当时财政政策对解决地区失业差异效果有限。但该政策开创了西方国家实施区域援助政策的先例,为后来英国及其他西方国家的区域政策提供了宝贵经验。[①]

1934 年,英国颁布了第一个区域指向的立法《特别区域法》(Special Area Act)。该法将苏格兰中部、东北沿海、西卡伯兰和威尔士南部 4 个经济萧条衰退的地区划定为特别区,实行特殊的"保护"政策,目的是促进这些地区的复兴。政府支出 200 万英镑改善这里的基础设施,并以投资补贴形式鼓励企业迁往这些地区。在 1937 年的修正案中,进一步扩大特别区的贷款权。虽然政府的援助并未创造很多就业机会,但这一创举意义深远,它标志着基于"移民就业"的原则解决区域问题的开端。同时,减少地区失业差异已成为英国后来所有区域政策的主要目的。[②] 1945 年,英国颁布了《工业布局法》(the Distribution of Industry Act),1947 年又颁布了"工业发展许可证"管理制度,进一步采取措施缩小区域发展差距,振兴萧条地区经济。为了在新建立的发展区增加就业机会,政府采用了种种政策,包括向企业贷款、建设工厂、提供长期投资补贴以及为工业提供基础服务;同时,规定新建企业必须取得工业开发许可证书。对工业区位严格控制,限制工业投资到那些已经得到充分发展的地区,从而为发展区创造发展机会。[③] 1960 年,英国政府颁布《地方就业法》,撤销《工业布局法》,将原来的发展区改为 165 个小发展区。小发展区按照失业率 4.5% 来划定,当失业率降低到 4% 以下,便取消发展区待遇,不再接受援助。1963 年,政府增强了对发展区的

---

[①] 参见吴强:《政府行为与区域经济协调发展》,经济科学出版社 2006 年版,第 180 页。
[②] 同上书,第 181 页。
[③] 同上。

促进措施,增拨基金改善基础结构,增设商业区,修建新的集体运输设施,并对受援区企业放宽折旧。1966年通过的《工业发展法》大幅度增加了援助的数量,将发展区的投资补贴提高到40%;同时将165个小发展区扩大为5个大发展区,其面积约占英国国土面积的一半。1967年,发展区中因为煤矿关闭而受到影响的一些区域,被政府确定为特别发展区,提供了更多刺激政策,如,在工厂经营的前3年补助工资成本的30%,对使用政府提供的预建工厂者免租金5年。1969年,英国政府将临近发展区的地区指定为新的中间地区,对其提供了包括25%的工厂建筑补贴等援助措施。[1]

1972年,英国颁布了《工业法》,该法奠定了英国在20世纪70年代以后相当长一段时间内区域政策的基础。政府采取区域发展赠予金制度,对不同地区发展规定不同的补助标准,以有重点地促进区域经济发展。1973年,英国加入欧共体后不久,欧共体试图解决各国不同的区域问题,设立了欧共体区域发展基金,对各国需要扶助的地区予以一定的资金补助。英国为适应欧共体区域政策和发展基金的要求,对本国的政策进行了一定的调整,继而又成立了苏格兰威尔士发展局,处理区域内的投资、管理事宜。20世纪80年代,英国面临着更复杂的区域问题,因此反思了此前国家区域政策的得失。1984年,英国政府对区域政策和法规进行了调整,取消了特别开发地区,缩小了受援地区的范围和援助金额,但扩大了中间地区的范围,受援地区由特别发展地区、发展地区和中间地区三级变为发展地区和中间地区两级,但还继续实施区域发展赠予金制度以刺激地区就业。到了20世纪90年代初,英国在欧共体的持续促动下,对区域规划和区域管理更为重视,对地方事务及城市和区域发展也加大了控制力度。英国政府对区域发展战略指导思想的确定具有决定作用,地方政府则具体推进和实施区域规划。[2]

由于英国政府长期不懈地采取措施,致力于解决萧条地区及欠发达地区的经济发展问题,因而英国各地区的经济发展差距不大。

### (三) 日本

日本是一个国土狭小的岛国,工业化所需的主要资源绝大多数都需要进口。

---

[1] 参见吴强:《政府行为与区域经济协调发展》,经济科学出版社2006年版,第181—182页。
[2] 参见王维平:《经济政策创新与区域经济协调发展》,中国社会科学出版社2006年版,第112—113页。

这一点决定了其经济布局主要集中在沿太平洋地带,从而使得沿日本海地带成为相对落后的地区。日本的区域经济差异不仅在宏观层面上表现为太平洋一侧的表日本与日本海一侧的里日本的差异,而且在中观层面上的各经济区也形成较大的经济差异。以东京、横滨、大阪、神户和名古屋为中心的南关东、西近畿东海地区,是日本产业活动最集中、经济最发达的高密度地区。山阳、北关东、北九州、北陆地区则为日本经济布局的中密度地区。东北、东山、四国、南九州,尤其是北海道地区则为日本经济落后的低密度地区。[①]

虽然日本的区域经济差异,尤其是表日本和里日本的差异有其客观原因,但日本政府还是十分重视缩小区域发展差异。日本于1962年制定《全国综合开发计划》,将国土分成"过密地区""整治地区"和"开发地区"三种地区,分别实施不同的开发对策。第二次世界大战结束后,日本曾制定过五次全国综合开发计划,在每一次综合开发计划中,都把解决区域经济发展过快和过慢问题列为最主要的整治目标之一。长期以来,特别是在经济迅速增长并迈入发达国家行列后,日本政府投巨资改善落后地区的基础设施,以吸引企业投资和遏制劳动力外流。另外,日本政府长期采取特殊政策,支持北海道地区经济发展,如制定《北海道开发法》,给予特别财政支持等。[②]

日本政府为缩小国内地区差异的各项政策均通过法律的形式颁布实施。例如,为诱导工业向地方转移,振兴地方产业而颁布的法律有:《新产业城市建设促进法》(1962年)、《工业整备特别地区整备促进法》(1964年)、《工业再配置促进法》(1972年)、《高技术工业集聚地区开发促进法》(1979年)、《有助于地区产业高度化的特定产业集聚促进法》(1988年)。限制大城市圈工业布局的法律有:《控制首都圈市区内工厂等新建的法律》(1959年)、《工厂立地法》(1959年)等。为开发落后的北海道地区,1950年,日本政府专门制定了《北海道开发法》。法律的严肃性、规范性和稳定性,保证了落后地区开发的顺利进行。[③]

### (四) 德国

德国在19世纪进行工业革命的过程中,始终奉行自由放任的市场经济制

---

① 参见吴强:《政府行为与区域经济协调发展》,经济科学出版社2006年版,第3页。
② 同上书,第3—4页。
③ 参见王维平:《经济政策创新与区域经济协调发展》,中国社会科学出版社2006年版,第118页。

度。第二次世界大战后,弗莱堡学派的"社会市场经济"理论不仅占据当时德国经济理论的主导地位,而且由于该学派的主要代表人物之一路德维希·艾哈德在任总理时,把该学派的理论及政策主张全面应用于经济,并取得良好的实践效果,从而使该学派成为有影响的学派之一。"社会市场经济"理论奉行公平、公正,并以实现"全民福利"为其基本目标。基于此,该学派认为自由市场机制在经济调节中应发挥主导作用,但国家应对市场调节产生的不公平进行积极干预。在这种经济思想支配下,德国政府始终运用区域经济政策,缩小区域发展差距,并且采用严格的财政转移支付制度,使区域间人均实际收入处于相对均衡状态。

第二次世界大战后,原德国分裂为联邦德国和民主德国两个国家。经过四十多年,这两个国家走过了一段政治和社会经济发展彻底决裂的道路。民主德国建立了中央集权的计划经济,其特征是内部缺乏效能;联邦德国则创建了带来"经济奇迹"的社会市场经济国家。1990年,虽然德国统一的愿望实现了,但也同时带来了地区经济发展不平衡的问题。西部地区经济一派繁荣,而东部地区经济则极端恶化。一贯奉行以平等、公正为核心的社会市场经济理论的德国政府,对这种区域经济发展严重失衡的情况立即作出反应。区域经济政策正是在这一背景下应运而生的。[①] 区域政策的基本原则及主要内容体现在《联邦基本法》《促进经济稳定与增长法》等先后制定的一系列法律法规中。联邦、州与地方政府在法律界定的范围内各司其职。只有在法律框架内的"问题地区"才能获得区域政策的支持。[②]

德国统一后,政府向原东德地区投资千亿马克,以改善其基础设施,并采取有力措施鼓励原西德地区企业到原东德地区投资。通过十多年的不懈努力,地区间的经济发展差距与统一前相比已大大缩小。

在区域经济政策手段方面,德国政府依据市场经济理论,采用了传导式的区域经济政策。这种独特的区域经济政策,既不同于计划经济体制下指令性的区域经济政策,也不完全等同于自由市场经济下纯粹信息式的区域经济政策。该政策手段包括:(1)信息与咨询政策。即政府通过一定方式将不同区域的区位质量等有关信息传递给企业、居民并提供相应的政策咨询。(2)刺激政策。即政府采取对某些落后地区鼓励发展的政策来影响该地区的区位质量,以达到企

---

① 参见吴强:《政府行为与区域经济协调发展》,经济科学出版社 2006 年版,第 185 页。
② 参见王维平:《经济政策创新与区域经济协调发展》,中国社会科学出版社 2006 年版,第 120 页。

业和居民、生产要素等向这些地区流动的目的。(3) 基础设施政策。即政府将具有高度现代化水平的、高效率的交通运输网络、发达的邮政和通信网络以及能源供应网络在各地区均衡分布,从而为地区经济的协调发展提供必要的保障。(4) 行政性的强制措施。这其中包括通过创造就业、职业培训、缩短工作时间等措施解决东部地区就业问题;通过工资机制,拉平东西部工资水平,提高东部地区企业及其产品的竞争能力等。①

区域经济政策在德国是由联邦和州政府来制定并实施。德国在 1969 年 10 月颁布的《改善区域经济结构共同任务法》中,规定了区域经济政策的具体内容主要由州来执行,联邦只在经济上给予资助(联邦提供区域经济促进费用的 50%)。② 共同任务的决策机构是计划委员会,它由州和联邦共同组成,代表联邦政府进入该委员会的是联邦经济部长和财政部长,各州政府由其经济部长代表。计划委员每 4 年制定一项常规计划。这一计划的主要内容包括:促进地区的划分;促进区内重点的确定;受促进地区应达到的目标;列举所有促进措施和资金;每项促进措施的性质、程度和前提。因此,州政府是区域经济政策的重要推行者。③

**(五) 启示与借鉴**

1. 缩小区域经济差距是长期而艰巨的任务

从发达国家区域发展差距及演变过程来看,区域经济发展差距是难以避免的社会经济现象,即使经济处于高度发达状态的国家,也难以消除区域间的绝对发展差距。也就是说,要实现区域经济发展的绝对均衡是不可能的。

从世界范围来看,区域发展不平衡是一个普遍的问题,缩小地区差距需要漫长的过程。即使是美国这样的发达国家,经过 60 多年的努力,才取得今天的成就,但也不能说它就完全解决了区域发展不平衡的问题。④ 德国最初急于求成,对东部企业实行"休克疗法",在东部实行高工资政策,使东部产品在价格上失去了竞争力,同时也失去了原有的市场。其结果是,东部不仅没能成为德国新的经

---

① 参见吴强:《政府行为与区域经济协调发展》,经济科学出版社 2006 年版,第 186 页。
② 同上。
③ 同上。
④ 参见王维平:《经济政策创新与区域经济协调发展》,中国社会科学出版社 2006 年版,第 120 页。

济增长点,反而成为西部推销商品的市场。① 我国是一个发展中国家,各地自然地理条件和社会经济基础相差很大,缩小地区差距更需要长期的努力。②

2. 缩小区域经济差距需要政府采取积极措施

市场机制难以消除区域发展差距,甚至可以说市场机制是造成区域差距扩大的根源,因此缩小区域差距需要政府的积极干预。正是由于各国政府普遍采取有效措施积极进行干预,从而使各地区居民的实际收入和享受的公共福利水平远小于地区差距。因此,除个别国家外,从整体上讲,区域差距并没有酿成区域问题。比如,英国为缩小地区差异,主要采取投资补贴、就业补贴等财政刺激措施,引导企业向高失业地区迁移;同时,采取工业许可等区位控制措施,限制人口和经济活动过于密集的东南部和大伦敦地区进一步发展。由于英国政府长期不懈地采取措施,致力于解决萧条及欠发达地区的经济发展问题,因而英国各地区的经济发展差距不大。③ 近年来,我国地区发展差距的扩大,很大程度上是资本、劳动力和其他生产要素流向收益更高的沿海地区造成的,它反映了市场经济的要求,有利于我国国力的迅速增强和经济的迅速增长,但又绝不能低估区域差距过大对经济发展和社会稳定的副作用,坐视区域差距的不断扩大;也不能违反市场经济规律,以行政手段硬性拉平差距。因此,借鉴发达国家的做法,在加快国家经济发展的同时,应当建立健全规范的财政转移支付制度,并逐步增加对贫困地区的转移支付力度,力求把区域差距控制在社会可以承受的范围之内。④

3. 调控区域经济协调发展应以立法为先导

区域协调发展需要运用多种经济政策和手段。为了确保政府在区域经济发展和协调中发挥应有的作用,必须建立和完善相应的法律制度体系。立法先行,有利于保证区域政策的连续性和政府行为的规范性。例如,美国政府颁布了《公共工程和经济开发法》和《阿巴拉契亚区域开发法》等;英国颁布了《特别区域法》《工业布局法》《工业发展法》等;日本制定了《北海道开发法》;德国颁布了《改善区域经济结构共同任务法》《联邦财政平衡法》等等。各国通过立法,明确受援区域的选择标准和政策目标,使得区域政策的实施具有可操作性。

---

① 参见郑长德:《世界不发达地区开发史鉴》,民族出版社 2001 年版,第 252 页。
② 参见王维平:《经济政策创新与区域经济协调发展》,中国社会科学出版社 2006 年版,第 120 页。
③ 参见吴强:《政府行为与区域经济协调发展》,经济科学出版社 2006 年版,第 184 页。
④ 参见王维平:《经济政策创新与区域经济协调发展》,中国社会科学出版社 2006 年版,第 120 页。

4. 调控区域经济协调发展应充分调动地方政府的积极性

区域经济协调发展,不能完全依赖中央政府,应当充分调动地方的积极性。在缩小地区差距方面,中央和地方政府要形成合理分工、协调运转的机制。中央政府负有促进地区协调发展的主要责任。它一般是通过制定总体开发原则和开发计划、提供资金支持以及进行适当干预,来行使这种职责。与此同时,应当充分发挥地方政府的主动性和积极性。像发达国家那样,把对落后地区的开发和援助纳入其总体规划,并制定阶段性目标;每一个具体开发计划的制定和组织实施,都经过"自下而上""自上而下"两道程序,以使开发计划既针对地方实际,又点面兼顾,达到综合发展的目的。我国各地区发展极不平衡,尤其是中西部落后地区急需中央政府给予支持,同时各地区也要进一步发挥积极性,自主发展特色经济,将潜在的比较优势转化为现实的经济优势。[①]

## 四、我国区域经济调控的法治化

### (一) 我国区域经济发展战略的演进

中华人民共和国成立以来,区域经济发展战略的演变大致经历了三个阶段:在改革开放前,我国区域经济发展战略主要是以生产力平衡布局为指导思想,强调沿海和内地的平衡发展;改革开放以后的 20 世纪 80 年代,我国生产力布局和区域经济发展的指导思想开始转向不平衡发展,实施了向优势地区特别是沿海地区倾斜的不平衡发展战略;20 世纪 90 年代以后,我国提出并着手实施区域经济协调发展战略。

1. 区域经济均衡发展战略

1949 年至 1979 年的 30 年间,由于我国沿海地区与内地经济发展严重不均衡,加上出于国际安全等考虑,我国实施均衡发展战略,强调国民经济综合均衡、部门均衡,并突出强调地区经济的均衡发展,工业布局向内地倾斜。

这一时期实施的区域经济均衡发展战略要点主要表现为三个方面:一是平衡生产力分布,重点加强内地建设。在中华人民共和国成立后的近 30 年中,国

---

① 参见王维平:《经济政策创新与区域经济协调发展》,中国社会科学出版社 2006 年版,第 121—122 页。

家的投资重点主要在内地,尤其是三线地区。如"一五"计划时期,全国共动工兴建694个工业建设项目,其中有472个分布在内地,占总额的68%,沿海与内地基建投资之比由1953年的1.04下降到1956年的0.67。二是强调建立区域独立的工业体系。1958年6月,中共中央发出加强协作区工作的文件,决定把全国划分为东北、华北、华东、华南、华中、西南和西北七个经济协作区,并要求各协作区根据工业和资源等条件,尽快建立大型工业骨干和经济中心,形成若干个具有比较完整的工业体系的经济区域。此后,各省、市,甚至各地县都致力于建立独立的、自成系统的工业体系,所谓"一省一盘棋、各省成体系",基本建设"星罗棋布、遍地开花"。三是转向以备战为中心、以三线建设为重点的轨道。1964年8月举行的中央书记处会议,根据毛泽东在会上提出的要准备帝国主义可能发动侵略战争的指示,决定新建的项目都要摆在内地。1965年,中共中央作出加速全国和各省市战略后方建设的决策,把全国划分为一、二、三线地区,[①]经济建设的投资重点为三线地区,工业建设要"大分散、小集中",不搞大城市,工厂布点要"靠山、分散、隐蔽",有的要"进洞"。根据这一决策,"三五"(1966—1970年)时期的内地基本建设投资占全国的66.8%,其中三线地区建设的投资占全国的52.7%;"四五"时期内地基本建设投资占全国的53.5%,其中三线地区建设的投资占全国的41.1%。20世纪70年代中期前后,国家的投资重点有所东移。[②]从总体上看,我国在改革开放前的宏观区域经济发展战略是区域经济平衡发展战略。

平衡发展战略的实施,取得了明显的成效:(1)国防和新生政权得以巩固,社会秩序恢复稳定,为各地区经济社会发展创造了和平环境;(2)基础设施建设的展开,大大加强了各地间的经济联系;(3)各地区经济普遍增长,形成了区域分工新格局;(4)各地区产业结构变化显著。上述效果中,最为突出的是依靠政府大规模集中投资,迅速提高了国防力量,实现了国内秩序的稳定,初步建立了中西部地区现代工业基础,其速度之快、规模之大是任何非政府垄断经济的国家

---

① 所谓一、二、三线,是按我国地理区域划分的。一线地区为地处东南沿海的战略前沿,二线地区为中部地区,三线地区为战略后方。三线地区包括两大片:一片是云、贵、川及湘西、鄂西地区的西南三线;另一片是陕、甘、宁、青及豫西、晋西地区的西北三线。三线又有大、小之分:大三线就全国而言,包括西南和西北;小三线是各省、市、自治区的小后方。

② 参见李忠杰主编:《西部大开发战略干部读本》,中共中央党校出版社2000年版,第88—89页;张秀生主编:《区域经济学》,武汉大学出版社2007年版,第311—312页。

所无法想象的。但由于政府垄断下的浪费、低效、激励不足等固有弊端,抹杀了经济发展的内在动力,使我国在第二次世界大战后世界性经济增长浪潮中落伍,与实现经济腾飞的大好时机失之交臂。①

与此同时出现了负面效果:(1)形成各地单一的所有制和产权结构,排除了市场竞争的可能性;(2)"嵌入式"工业布局,难以与中西部经济融合,形成"孤岛不经济"局面;(3)政府彻底的价格管制和计划调拨,使地区间不存在市场交易,资源配置失去公平;(4)政府简单的"办企业"式空间转移支付,不仅没有实现均衡,还造成整体效益大量损失;(5)形成了中央政府、地方政府与国有企业相互依赖、相互扯皮的制度刚性,区域管理效率不断下降。②

2. 区域经济不均衡发展战略

改革开放后,我国按照梯度推移理论,对长期实行的以均衡布局为目标趋向的区域发展战略进行了重大调整。根据邓小平"让一部分地区先富起来"的思想,实行了优先发展东部沿海地区的区域发展战略。在"六五"期间,投资布局基本上是以提高经济效益为中心,向优势地区倾斜。到"七五"时期,投资进一步向沿海地区倾斜,从1985年到1988年沿海地区与内地投资的比例由1.07∶1增加到1.36∶1,到1991年进一步提高到1.48∶1。③ 与此同时,实施沿海对外开放政策,优先开放东部地区,在财政、税收、外贸、投资等方面对东部地区给予优惠。20世纪80年代确立的经济特区和对外开放城市都在东部地区。20世纪80年代末海南从广东分离,成为我国行政级别最高的经济特区。20世纪90年代初期又在上海建立了对外资最富有吸引力的浦东开发区。虽然在这一时期我国实行了沿边开放政策,又对内地的省会城市进行了一定程度的开放,并在内地建立了一些国家级开发开放区,对促进中西部地区对外开放起到了积极作用,但从外资在我国的地区分布看,80%以上的外资集中在东部沿海地区。④

不平衡发展战略的实施,取得了明显的成效:(1)各地区经济快速增长和工业化进程加速;(2)沿海地区经济成长加速,带动全国经济快速增长;(3)各地经济结构发生了重大变化;(4)城市化进程明显加快,城市化与工业化的相关性显

---

① 参见吴强:《政府行为与区域经济协调发展》,经济科学出版社2006年版,第204—207页。
② 同上书,第207—209页。
③ 参见武友德、潘玉君等:《区域经济学导论》,中国社会科学出版社2004年版,第212页。
④ 参见陈计旺:《地域分工与区域经济协调发展》,经济管理出版社2001年版,第14—15页。

著提高。①

但是,由于国家投资和区域政策向沿海倾斜,使得地区差距尤其是东西差距不断扩大。"市场潜能和区位因素使得落后地区在吸引外商直接投资和促进贸易方面处于更加不利的地位。"②"如果政府投资战略继续向沿海地区倾斜,那么区域不均衡势必扩大。"③于是,区域经济的协调发展问题逐渐引起人们的重视。20世纪90年代初,地区协调发展被提到重要的战略高度。

3. 区域经济协调发展战略

1991年,李鹏在《关于国民经济和社会发展十年规划和第八个五年计划纲要的报告》中首次提出了区域经济协调发展观。报告指出:"要正确处理发挥地区优势与全国统筹规划、沿海与内地、经济发达地区与较不发达地区之间的关系,促进地区经济朝着合理分工、各展其长、优势互补、协调发展的方向前进。"1992年,邓小平南方讲话以后,我国在进一步巩固沿海地区对外开放成果的基础上,逐步加快了中西部地区对外开放的步伐,相继开放了一批沿江城市、长江沿岸城市和内陆省会城市,设立三峡经济开放区,由此开拓了沿海、沿江、沿边和内陆省会(省府)城市相结合的,多层次、多渠道、全方位的对外开放格局。调整国家投资和产业布局政策,具体表现在:(1)国家投资布局重点的转移,在大中型项目的布点上,对西部地区实行同等优先的政策,提高对西部地区的投资比重;(2)加快中西部乡镇企业的发展;(3)引导沿海地区和中心城市逐步将棉纺初加工转移到中西部产棉区;(4)在中西部地区设立高新技术开发区,推动高新技术在中西部地区的发展;(5)进一步完善国家扶贫政策体系。④

但是,由于西部地区经济基础薄弱,区位优势、发展条件均不如沿海地区,它所能吸引的投资远远不如沿海地区,加上体制上、政策上的原因没有得到消除,使得东部和中西部地区间发展差距仍在继续扩大,而且有进一步加剧的趋势。"在此期间,全国GDP的年均增长速度为26.61%,东部为28.12%,中西部分别为25.27%和23.38%;东部GDP占全国的比重由1990年的53.59%上升到

---

① 参见吴强:《政府行为与区域经济协调发展》,经济科学出版社2006年版,第215—217页。
② Guanghua Wan, Ming Lu and Zhao Chen, Globalization and Regional Income Inequality: Empirical Evidence from Within China, Review of Income & Wealth, Mar. 2007, Vol. 53, p.51.
③ Xiaobo Zhang, Kevin H. Zhang, How Does Globalization Affect Regional Inequality Within a Developing Country? Evidence from China? Journal of Development Studies, Apr. 2003, Vol. 39, p.65.
④ 参见武友德、潘玉君等:《区域经济学导论》,中国社会科学出版社2004年版,第213页。

1995年的56.85%,中西部则由1990年的30.13%和16.28%,下降到1995年的28.57%和14.58%。"①

针对"八五"期间我国区域经济问题进一步突出的现实,1995年,党的十四届五中全会通过的《中共中央关于制定国民经济和社会发展"九五"计划和2010年远景目标的建议》中提出了"坚持区域经济协调发展,逐步缩小地区差距"的指导方针。1996年,全国人大八届四次会议通过的《国民经济和社会发展"九五"计划和2010年远景目标纲要》,专设了"促进区域经济协调发展"一章,并指出从"九五"开始,逐步加大中西部地区发展力度,促进区域协调发展。1997年,党的十五大又对该战略作了明确肯定,要求促进地区经济合理布局和协调发展,从多方面努力,逐步缩小地区发展差距。从此,区域经济协调发展战略更加明确,成为我国在今后区域经济发展的指导思想。2003年10月,党的十六届三中全会通过了《中共中央关于完善社会主义市场经济体制若干问题的决定》,提出了"以人为本,全面、协调、可持续"的科学发展观,使区域经济协调发展战略由政策层面上升到理论高度,并提出统筹区域发展的重要思想。根据这一战略,我国继续鼓励东部地区率先发展,并相继提出了西部大开发战略、东北等老工业基地振兴战略和促进中部地区崛起战略,以形成东中西部优势互补、良性互动的区域协调发展机制。2006年3月14日,第十届全国人民代表大会第四次会议通过的《国民经济和社会发展第十一个五年规划纲要》(简称《"十一五"规划纲要》)第五篇专门规定了"区域经济协调发展"的问题。《"十一五"规划纲要》提出:"根据资源环境承载能力、发展基础和潜力,按照发挥比较优势、加强薄弱环节、享受均等化基本公共服务的要求,逐步形成主体功能定位清晰,东中西良性互动,公共服务和人民生活水平差距趋向缩小的区域协调发展格局。"《"十一五"规划纲要》明确了实施区域发展总体战略,即:"坚持实施推进西部大开发,振兴东北地区等老工业基地,促进中部地区崛起,鼓励东部地区率先发展的区域发展总体战略,健全区域协调互动机制,形成合理的区域发展格局。"2006年4月,中共中央、国务院发布了《关于促进中部地区崛起的若干意见》,这一纲领性文件为促进中部六省的经济发展提出了36条政策措施,商务部也提出了"万商西进"工程。由此,我国进入了全面实施区域经济协调发展战略的新时期。

---

① 陈计旺:《地域分工与区域经济协调发展》,经济管理出版社2001年版,第39—40页。

2011年3月14日第十一届全国人民代表大会第四次会议通过的《国民经济和社会发展第十二个五年规划纲要》(以下简称《"十二五"规划纲要》)第五篇"优化格局 促进区域协调发展和城镇化健康发展"中提出"实施区域发展总体战略""充分发挥不同地区比较优势,促进生产要素合理流动,深化区域合作,推进区域良性互动发展,逐步缩小区域发展差距。"其内容包括:"推进新一轮西部大开发""全面振兴东北地区等老工业基地""大力促进中部地区崛起""积极支持东部地区率先发展"以及"加大对革命老区、民族地区、边疆地区和贫困地区扶持力度"。

2016年3月16日第十二届全国人民代表大会第四次会议通过的《国民经济和社会发展第十三个五年规划纲要》(以下简称《"十三五"规划纲要》)第九篇"推动区域协调发展"中明确提出"深入实施区域发展总体战略"为"深入实施西部开发、东北振兴、中部崛起和东部率先的区域发展总体战略,创新区域发展政策,完善区域发展机制,促进区域协调、协同、共同发展,努力缩小区域发展差距。"《"十三五"规划纲要》还提出"以区域发展总体战略为基础,以'一带一路'建设、京津冀协同发展、长江经济带发展为引领,形成沿海沿江沿线经济带为主的纵向横向经济轴带,塑造要素有序自由流动、主体功能约束有效、基本公共服务均等、资源环境可承载的区域协调发展新格局",进一步为我国区域经济协调发展指明了方向。

**(二) 依法调控区域经济协调发展**

区域经济协调发展是我国新时期区域经济发展的重大战略。党中央、国务院已明确提出了西部大开发、振兴东北地区等老工业基地以及中部地区崛起等战略部署。从西方发达国家的经验来看,协调区域发展,离不开相应的法律支持和保障。我国是一个人口众多、幅员辽阔的大国。统筹区域发展,实现区域经济协调是一个漫长的过程。为了避免政府调控区域经济的非连续性和随意性,我国应当在建立和完善经济区划和区域规划法律制度的基础上,将落后地区开发、萧条地区振兴等区域经济协调发展中的一些调控政策和手段制度化、法治化。

**1. 尽快出台落后地区开发法和萧条地区振兴法**

按照区域经济理论,在区域经济发展过程中,由于区域之间的历史基础、资源禀赋、区位条件、国家政策等方面存在差异,必然造成区域经济发展的不平衡,产生不同类型的区域问题,从而形成不同的问题区域。问题区域主要包括三类:落后区域、萧条区域和膨胀区域。不同问题区域的病症不一样,需要采取不同的政策措施,对症下药,解决不同的问题和矛盾。① 例如,我国西部大开发即属于落后地区开发,东北等老工业基地振兴即属于萧条地区振兴。

尽管国家发展和改革委员会已制定了《西部大开发"十一五"规划》和《东北地区振兴规划》,但这些毕竟不是真正意义上的法律或行政法规,其权威无法确立,因而落实起来缺乏制度保障。此外,如前一章所分析的,目前我国无论是西部开发、东北振兴,还是中部崛起,都存在区域范围过大的问题。在如此大的范围内真正实施援助或控制根本就不可能有针对性。因此,目前迫切需要制定专门的法律法规为落后地区开发和萧条地区振兴提供制度保障。

在形式方面,可以考虑分别制定一部"落后地区开发法"和一部"萧条地区振兴法"作为基本法律制度。在此基础上根据具体问题区域的特别情况制定单行条例,比如"西部开发条例"。

在内容方面,作为问题区域的基本法,"落后地区开发法"和"萧条地区振兴法"应当明确立法的宗旨和基本原则,问题区域的认定机关、方法和程序,可运用的政策工具或手段等等。

这里尤其值得一提的是关于问题区域的认定机关、方法和程序。这实际上是问题区域的识别问题,即哪个机关有资格或权力认定某区域属于问题区域,该机关依据什么标准认定问题区域,问题区域的范围应当是多大,以及问题区域的提出、调查、审议、通过的程序。通过立法建立问题区域识别机制,不仅有助于提高我国区域经济政策的针对性,克服随意性,而且有利于克服权力寻租,减少腐败现象。

至于问题区域的范围,建议将原来以省级行政区作为基本空间单元改为以县级行政区作为基本空间单元,即问题区域是由一个县或若干个县组成。也可以考虑建立两级问题区域制度:其中一级问题区域也就是目前所划分的西部地区、中部地区、东北地区等大区域;二级区域以县级行政区作为基本空间单元。

2. 进一步完善区域经济调控的预算和转移支付法律制度

由于我国传统体制下形成的"生产建设型财政"仍然在起作用,"公共型财

---

① 参见陈宣庆、张可云主编:《统筹区域发展的战略问题与政策研究》,中国市场出版社 2007 年版,第 175 页。

政"尚未确立,"财政包干制"造成的政府间财力不平稳等原因,使财政转移支付制度难以有效发挥作用,公共服务的均等化不能实现,地区间竞争失去了公平的基础,严重影响着区域关系的协调和社会主义市场经济体制的建立和完善。①

市场经济理论和国际实践证明,转移支付制度是市场经济平稳运行的"安全阀",对于增强中央政府的宏观调控能力,协调中央与地方的关系,促进地区经济协调发展,维护全社会的公平与效率是一项十分有效的制度安排。中央财政转移支付是各国普遍采用的协调区域经济发展的办法之一。通过中央财政转移支付,一方面可以缩小各区域间因经济发展水平差异而导致的提供公共产品能力的差异;另一方面可以有效地实施中央政府的区域经济发展战略。其中,以"均等化"为目标的转移支付,是缓解地区之间财政能力差异,保证落后地区公共服务达到基本水准最重要的手段。专项拨款或专项转移支付制度在弥补一般均衡拨款不足的同时,易于发挥优先安排资源开发以及带动国内投资等作用。② 由于我国地域辽阔,各地经济社会发展的"初始条件",如自然条件、历史现状、民族特点等差异很大,造成地区间发展差距和财政收入差距很大,各地提供的公共物品和公共服务的数量和质量悬殊,使地区之间的经济竞争处于不公平状态。这种差距只有通过中央财政转移支付来弥补。

我国目前的转移支付制度存在的主要问题为两方面:一是事权划分尚未改变。从市场化改革的进程看,我国政府间收入分配体制经历了四次重大变革(在"分灶吃饭"的原则下,1980年划分了收入和支出责任;1982年实行按比例分成制;1988年实行财政包干制;1994年实行分税制)。其基本路径仍然延续着"分权→集权→再分权→再集中"的过程。1994年进行的重大改革再次集中了财政收入,但是却未改变事权(支出权限)的划分,结果产生了财政资金缺口。而有限的政府间转移支付额难以抵消这一缺口。在现行财政体制下,财政收入难以实现均等化,因此不能抑制地区间不平衡的加剧。由于原有收入分配制度的刚性、"专项转移支付"的不规范以及对预算外收入的依赖,财政预算的随意性较大、透明度不高。③ 二是转移支付与征税挂钩,这加剧了地区差距。1994年的改革先天就具有对地区间收入分配产生非均等化效应的特点,因为它把收入分享原则

---

① 参见吴强:《政府行为与区域经济协调发展》,经济科学出版社2006年版,第87页。
② 参见钟小敏:《政府间财政转移支付论》,立信会计出版社1998年版,第2页。
③ 参见黄佩华等:《中国:国家发展与地方财政》,中信出版社2003年版,第24页。

从以前的收入再分配改变为来源地原则,使转移支付与征税挂钩,将更多的收入返还给了富裕地区而不是贫困地区,出现了累退效果,使省际财力产生巨大差距,贫困省的支出太少,大多数基本服务如教育和医疗卫生供给严重不足。[①] 我国现行《预算法》第31条规定:"中央预算和有关地方政府预算中安排必要的资金,用于扶助经济不发达的民族自治地方、革命老根据地、边远、贫困地区发展经济文化建设事业。"据此,财政部先后发布了《革命老区专项转移支付资金管理办法》(2006年4月29日,已废止)、《边境地区专项转移支付资金管理办法》(2006年4月29日,已废止)、《边境地区转移支付资金管理办法》(2013年6月15日)、《革命老区转移支付资金管理办法》(2015年7月2日)、《中央对地方专项转移支付管理办法》(2015年12月30日)等等。然而,从实际贯彻执行这些管理办法的情况来看,成效并不明显,主要原因在于转移支付资金总体规模或力度不大,资金不到位甚至被挪作他用的情形也时有发生。此外,还存在转移支付决策过程不规范、不透明等问题。

协调区域经济发展,实现区际公共服务均等化,关键在于完善预算和转移支付制度,推行公共财政。为此,建议在《预算法》或其实施细则中明确规定预算支出中专门用于协调区域经济发展的资金比例及其用途。此外,应借鉴一些发达国家的经验,除一般性补助外,中央对地方转移支付量应根据因素法确定,所考虑的因素应包括人口、人均收入、财政能力等。应当根据这些因素建立科学的、能够量化的指标体系。各地方政府可以根据指标体系计算出本地区应获得的转移支付量和应输出的转移支付量。这种透明度高的转移支付制,可以避免各地方政府与中央政府之间长期形成的不规范交易行为。[②]

3. 进一步完善区域经济调控的税收法律制度

从理论上来说,对发达地区和不发达地区采取不同的税收政策是可以增加落后地区利益的,并能够在一定程度上协调区域经济差距。但是,税收减免又意味着破坏税制统一。所以,税收减免目前很少用作区域政策措施。在欧盟国家中,只有法国、意大利与卢森堡运用。许多欧盟国家取消这一措施是为了在共同体市场内统一税法。税收减免主要是针对地方税的征收,其形式是降低税率,或者是在五年至十年期内完全不征收(自公司在问题区域开展经济活动开始)。这

---

① 参见吴强:《政府行为与区域经济协调发展》,经济科学出版社2006年版,第92页。
② 参见陈计旺:《地域分工与区域经济协调发展》,经济管理出版社2001年版,第267—269页。

些税收特权会鼓励企业将利润重新投资在问题区域。在法国,税收特权问题是由区域与地方当局决定的。在意大利,当项目符合法律标准时,税收减免是自动进行的。①

为了改善问题区域的投资环境,吸引投资,我国在对问题区域进行政策扶持时难免运用税收优惠措施,但是应当进一步完善税收减免制度,明确税收减免的法定权限和程序,以保证全国税制的统一。

4. 进一步落实区域经济调控的政府采购法律制度

政府采购是政府为了实现公共目的,按照法定的方式和程序,购买货物、工程和服务的行为。在市场经济条件下,政府是最大的消费者,其采购支出的数额十分巨大,因此政府采购在协调区域经济发展中具有十分重要的作用。比如,"意大利为了开发南部地区,曾从法律上规定中央政府必须把它投资总额的40%投向南方,并从南方购买不少于其采购额的30%的产品和劳务。"②

我国《政府采购法》第9条规定:"政府采购应当有助于实现国家的经济和社会发展政策目标,包括保护环境,扶持不发达地区和少数民族地区,促进中小企业发展等。"2004年,财政部发布的《政府采购货物和服务招标投标管理办法》重申了该规定。2014年,国务院发布的《政府采购法实施条例》(自2015年3月1日起施行)第6条规定:"国务院财政部门应当根据国家的经济和社会发展政策,会同国务院有关部门制定政府采购政策,通过制定采购需求标准、预留采购份额、价格评审优惠、优先采购等措施,实现节约能源、保护环境、扶持不发达地区和少数民族地区、促进中小企业发展等目标。"

5. 进一步规范区域经济调控的政府投资行为

投资对区域经济发展的影响很大。"一方面,投资对区域经济增长具有推动作用,主要表现在投资增长会引起生产扩张,促使经济的总供给能力提高。另一方面,投资资金投向和投资量的变化,对区域经济结构产生决定性的影响。"③运用政府投资,促进区域经济的发展和区域产业结构的改善。"新中国成立五十多年来,中国区域经济的发展是政府主导型的,政府支配了全部或大部分可投资资源,依靠政府大规模直接投资进行经济建设。"④

---

① 参见张可云:《区域大战与区域经济关系》,民主与建设出版社2001年版,第460页。
② 陈计旺:《地域分工与区域经济协调发展》,经济管理出版社2001年版,第265页。
③ 武友德、潘玉君等:《区域经济学导论》,中国社会科学出版社2004年版,第265页。
④ 吴强:《政府行为与区域经济协调发展》,经济科学出版社2006年版,第194页。

政府投资可分为生产性投资和非生产性投资。政府对生产性建设项目进行投资,通过建设过程中的外部性和生产过程中的外部性形成对相关产业的需求,可以带动相关产业的发展;政府对非生产性建设项目进行投资,如各类公共基础设施,能够形成建设期间和正常运营期间的外部性,吸引和诱导厂商对该地区进行投资。因此,无论何种政府投资,对于地区经济都能够起到刺激作用,从而增加这一地区的经济实力和社会总产出,提高落后地区固定要素集中程度,吸引流动性要素流入该地区。但是两类投资产生的社会效益是不同的。

从缩小区域经济差距、实现区域公共服务的均等化考虑,我国有必要尽快出台"政府投资法"或"国有资产投资法",规范政府的投资行为。同时,不仅应加大对中西部落后地区和欠发达地区的投入,而且应将有限的资金更多地安排在非生产性投资的项目上,严格控制政府在经营性、竞争性领域的投资行为。

# 第十八章　房地产调控法

## 一、房地产调控的原因

房地产市场事关我国经济的健康发展,也关系着公民的居住权问题,我国政府对房地产市场极为重视,出台了一系列的调控措施。我国的房地产调控始于2003年。当年6月5日,中国人民银行颁布了银发〔2003〕121号文,该文件要求加强房地产的信贷管理,并规定房地产自有资金不低于总投资的30%。该规定对我国的房地产投资产生巨大影响,改变了我国房地产投资"空手套白狼"的模式。但我国房地产调控的许多措施颇有争议,存在着亟待依法调控的问题。

### (一) 房地产市场对我国经济社会的影响

政府对房地产市场进行调控,是基于对房地产市场对政府、社会和市场(包括企业和个人等)的巨大影响。

1. 对政府的影响

对政府而言,我国房地产市场对GDP的贡献率极高,据国家统计局数据,近几年,房地产投资对我国GDP的贡献率为14%左右。房地产税收也是各级政府的主要财政收入,2015年涉房地产税收高达2.09万亿元人民币,(2014年和2016年分别为1.2万亿元人民币和1.50万亿元人民币)。政府财政预算中的政府性基金预算的最大收入是土地出让金的收入。2014年全国土地出让金的收入更是高达4.29万亿元(2015年为3.25万亿元,2016年为3.75万亿元,具体见表18-1)。

土地出让价款已经相当于地方本级收入的50%或者更多,直接来源于房地产的相关税收约占地方税收收入的40%。地方政府负有偿还责任的债务大多用地方融资平台的土地及相关财产做抵押,未来能否如期偿还地方负债,也与当地房地产市场紧密相关。

表 18-1　全国土地出让金统计

| 年份 | 土地出让金数额（人民币） | 年份 | 土地出让金数额（人民币） |
|---|---|---|---|
| 2006 | 7000 亿元 | 2012 | 28517 亿元 |
| 2007 | 13000 亿元 | 2013 | 41000 亿元 |
| 2008 | 9600 亿元 | 2014 | 42900 亿元 |
| 2009 | 15910 亿元 | 2015 | 32547 亿元 |
| 2010 | 27111 亿元 | 2016 | 37457 亿元 |
| 2011 | 31500 亿元 |  |  |

虽然土地出让金收入总体处于上涨趋势，但其出让成本也越来越高，尤其是用于征地和拆迁补偿及对被征地农民补助支出的比例越来越高，已经占到土地出让收入50%以上，土地出让纯收益将呈下降趋势。随着统一的城乡建设用地市场的建立，国有土地出让数量将会有一定程度减少，地方收入依赖土地出让收入的模式难以持续。

2．对相关产业的影响

房地产业对相关产业的影响也非常巨大，与房地产业关联度极高的产业和行业极多，相关产业包括金融、保险等，行业包括钢铁、水泥、建筑、家电、装修、园林绿化、勘察、设计、监理等等多个行业。房地产业的盛衰直接决定这些产业的发展。

以金融业为例，房地产业发展推动了金融业发展。房地产具有不可移动性、耐久性、保值和增值性，使得不动产信托、抵押成为现代信用的基础，房地产业也成为最安全可取的投资领域。金融机构从保值角度出发，往往把投资房地产作为提高经济效益，减少投资风险和增强信贷能力的重要手段。房地产业对资金高度依赖，由于房地产业是资金密集型产业，市场发展受资金供应的影响很大。不仅居民个人购房资金来自贷款，我国房地产业各个环节所需资金有相当部分来自银行，其发展需要金融信贷政策的倾力支持。适量的资金是房地产市场繁荣的重要条件，过量的资金进入市场结果必然是市场过热，形成泡沫，加大风险。我国目前许多银行存在盲目信贷支持房地产商的行为。许多开发商自有资金严重不足，采用假按揭、重复抵押的方式，恶意套取银行资金，制造房地产业的虚假繁荣，这也使银行风险加大。

再以建筑业为例，房地产业与建筑业之间既有区别，又相互联系。国家将建筑业和房地产业作为两个独立的产业部门来对待。建筑业是建造各类房屋、构筑物和设备安装工程的物质生产部门,它的主要范围包括各类生产和非生产房屋及构筑物的建造,新建或改建企业的设备安装工程,房屋拆除和维修作业,与建设工程对象有关的工程地质勘察及设计等工作。房屋建设属于典型的建筑业组成部分,而不属于房地产业范围。但建筑业的发展完全依赖于房地产业。

3. 对居民个人影响

我国宪法明确尊重和保障公民的基本人权,公民获得居住条件,也是对人权的保障,符合生存伦理。居民是否拥有自己的住房,也决定着居民的生活质量。

住房是我国居民的主要财富,我国大部分居民拥有房产,由西南财经大学中国家庭金融调查和研究中心制作的《中国家庭金融调查》显示,我国城镇居民拥有住房比率已经达到87%,远远超过日、韩、德、美等国家,也高于印度、墨西哥、克罗地亚等发展中国家。尤其在最近三年,城镇居民的住房拥有率更是大幅增长,从2011年8月的84.8%上升至2014年3月的89%。① 一旦房地产价格大幅下跌,我国居民的个人财富也会大幅缩水,这会极大影响居民的个人消费。

房地产市场对居民个人的银行贷款归还能力也有直接影响,我国的银行贷款包括居民购房贷款。据银监会统计:2016年12月末,金融机构人民币各项贷款余额106.6万亿元中的19.14万亿元为居民个人住房贷款。居民住房的贬值,也可能影响居民再融资和归还贷款的能力。同样,房地产的价格暴涨,也会产生资产泡沫,促使盲目消费等。

(二) 房地产价格的过度暴涨,促使政府调控

1. 房地产价格现状

从2003年我国房地产宏观调控至今,房地产价格特别是住宅价格,其上涨幅度大大超过了我国GDP和居民收入的增长幅度。根据国家统计局提供的数据,我国2003年全国商品房的平均销售价格为人民币2359元/平方米,2016年全国商品房的平均销售价格达到了人民币7546元/平方米,这一涨幅远超居民可支配收入的涨幅。特别是一线城市的价格,其涨幅更加惊人。

以上海为例,2003年,上海住宅的平均成交价格为人民币5118元/平方米,

---

① 自有住房拥有率是判断一国、一地区居民居住条件的有效工具。这个工具我国各级政府很少公布或引用,但其实它能有效地指导各地政府善用中央政策去管理房地产。其实房地产业是否健康的重要指标不仅仅是房价的高低,更重要的是看固定人口(本地户籍)的自有住房拥有率。当一个地方固定人口的住房拥有率不断接近合理水平时,房价的高低对当地政府的民生就不是根本性问题了。

而 2016 年,上海新建住宅平均销售价格已达人民币 25910 元/平方米。剔除共有产权住房和动迁安置住房等保障性住房后,上海新建商品住宅平均销售价格分别为:内环线以内人民币 87547 元/平方米,内外环线之间人民币 62265 元/平方米,外环线以外人民币 26778 元/平方米。普通居民的购买力已无法承受上海的普通住宅价格。

2. 房价高涨的原因分析

我国房地产调控的目的之一是防止房价的过快增长,预防房地产泡沫,避免金融风险。推高房价的因素很多,主要有以下几个方面:

我国资金面宽松,流动性充足。我国每年的新增贷款增长极快,尤其是 2009 年,新增贷款几乎是 2008 年的两倍,造成了 2009 年的房价疯涨(见表 18-2)。

表 18-2　我国近十年新增贷款

| 年份 | 新增贷款(人民币) | 年份 | 新增贷款(人民币) |
| --- | --- | --- | --- |
| 2007 | 3.59 万亿元 | 2012 | 8.2 万亿元 |
| 2008 | 4.9 万亿元 | 2013 | 8.89 万亿元 |
| 2009 | 9.6 万亿元 | 2014 | 9.78 万亿元 |
| 2010 | 7.95 万亿元 | 2015 | 11.72 万亿元 |
| 2011 | 7.47 万亿元 | 2016 | 12.65 万亿元 |

在新增贷款大量增加的同时,我国个人住房贷款余额也直线上升(见表 18-3),大量资金投向房地产市场,进一步推高房价。

表 18-3　个人住房贷款余额

| 年份 | 个人住房贷款余额(人民币) | 年份 | 个人住房贷款余额(人民币) |
| --- | --- | --- | --- |
| 2006 | 22700 亿元 | 2012 | 81000 亿元 |
| 2007 | 26700 亿元 | 2013 | 90000 亿元 |
| 2008 | 29800 亿元 | 2014 | 107400 亿元 |
| 2009 | 44115 亿元 | 2015 | 141800 亿元 |
| 2010 | 58115 亿元 | 2016 | 191400 亿元 |
| 2011 | 72000 亿元 | | |

各级地方政府对土地财政的依赖,也是推高房价的主要因素。客观地分析,

地方政府是乐见房价上涨的,房价高,土地出让价格自然高。因此土地价格与房屋价格互为因果。

由于货币超发(央行2016年金融统计数据报告显示：2016年12月末,广义货币(M2)余额155.01万亿元),购买力下降。持有货币者为增值保值需要,迫切需要避险工具。我国的股票市场不规范,价值投资无法体现,交易风险巨大,股票市场无法吸引避风险型的投资者,因此不动产就成了最好的避险工具。我国土地所有权不能转让,土地使用权虽然可以转让但有年限规定,并限制较多,资金就趋向房产。而房产有工业用房、商业用房和住宅用房之别,我国对工业用房、商业用房的转让规定较多的税收种类(如土地增值税),而住宅交易的税收相对较低,故房地产市场各类交易品种中,价格上涨最快的是住宅,我国的大量房地产调控措施,也主要针对住宅。

实体经济经营困难促使大量制造业关闭,大量制造业资金转向房地产业。制造业面临的压力来自于多个方面。近年来,政府加大对劳动者的保护,最低工资标准提高,劳动者解除合同相对自由,企业对劳动者的社会保障等方面,都使得用工成本增加。政府对企业的社会责任也提出了更高的要求,包括环境保护、产品责任、保护消费者利益等,企业经营的经营成本增加较快。现行企业的税收成本、融资成本也在增加,而世界经济疲软、贸易保护主义使得出口利润明显下降。从制造业撤出的资金将房地产业作为实现增值、保值的优选。

除投资、投机可以推高房价外,对住宅的真实需要,即所谓刚需同样会推高房价。根据国家统计局数据,我国2016年底的城市化率为57.35%,这意味着如果这57.35%的常住人口都要在城市安家的话,我国将有7亿多人需要在城市购买房屋,除已在城市有房外,还有大量需要购买房屋者。另外,家庭分户也构成刚性需求,家庭成员成家立业,与父母分户居住,有条件的家庭会购房。已购房家庭因经济收入增加,也会产生换房需求,以改善居住条件。

房价高的根本原因是供求关系,增加供应是满足旺盛需求、抑制房价不断上涨的有效措施。但我国现行土地供应是垄断式的供应方式,政府为保证房价稳定以及对土地财政的依赖,各地住宅用地的供应一直处于半饥饿状态。① 房地

---

① 正因为意识到调控的针对性,国土资源部加强了对土地的供应。2017年4月6日,住建部、国土资源部《关于加强近期住房及用地供应管理和调控有关工作的通知》就要求地方政府:对消化周期在36个月以上的,应停止供地;36—18个月的,要减少供地;12—6个月的,要增加供地;6个月以下的,不仅要显著增加供地,还要加快供地节奏。

产开发企业为获得有限的开发土地,不断抬高土地的出让价格,高土地价格使房价居高不下。社会保障房供应不足,也使没有购房实力的刚需群体举债进入住宅市场。

## 二、我国房地产调控措施及评价

### (一) 我国采取的房地产调控措施

为保证房地产市场的健康发展,防止发生系统性的风险,我国采取了一系列的调控措施。自2003年房地产调控以来,我国采取了经济的、法律的、行政的手段。运用的调控工具也包括金融、财政、税收、规划、产业政策、土地供应等各个方面。

1. 金融政策

基于房地产企业的自有资金不足而产生金融风险,央行对房地产调控就是从资金开始的。2003年6月5日,中国人民银行颁布了银发〔2003〕121号文,其主要内容就是要加强房地产的信贷管理,该文件规定房地产企业在房地产开发时,自有资金不低于总投资的30%。2004年4月26日,国务院又以国发〔2004〕13号文将房地产企业自有资本金比例提高到35%作为开发的条件。

金融调控措施中运用得较多的金融工具还包括对个人购房贷款的首付比例要求。2004年8月30日,银监会发布银监发〔2004〕57号文件,将个人住房贷款首付比例由20%提高到30%,同时提高贷款利率。这是我国首次利用个人住房贷款首付比例调控房地产市场,之后的金融调控措施涉及首付比例调控的方法被反复运用,[①]对于第二套房甚至将首付比例提高至70%。

2. 产业政策

房地产业到底是我国的支柱产业还是一般产业,曾有不同的意见。不同类型的产业,国家的相关税收政策、金融政策是不一样的。为此,2003年,国务院

---

① 中国人民银行和银监会于2007年9月颁布的银发〔2007〕359号文中,首次对已利用贷款购买住房、又申请购买第二套(含)以上住房的,贷款首付比例不得低于40%,贷款利率不得低于中国人民银行公布的同期同档次基准利率的1.1倍,且贷款首付款比例和利率水平应随套数增加而大幅度提高。2016年3月25日,上海《促进房地产市场平稳健康发展的若干意见》(简称"沪九条")规定:从紧实行差别化住房信贷政策,对拥有一套住房再次购买普通自住房首付50%,购买非普通住房首付70%。严禁房地产企业和中介机构从事首付贷及过桥贷等场外配资金融业务。

专门颁布文件,明确房地产业为我国的支柱产业,应给予相关政策的支持。[①] 2003年之后,房地产市场对我国经济影响的认识渐趋统一,相关政府文件、法规都围绕房地产市场的稳定与健康发展而颁布,这从政府文件的标题都可体现。[②]

### 3. 税收政策

房地产调控过程中,税收政策的运用也极为平常。涉及房地产业的税收范围广泛,据不完全统计,涉及房地产业的税收主要包括土地增值税、城镇土地使用税、耕地占用税、房产税、城市房地产税、契税、营业税、印花税、企业所得税、个人所得税、固定资产投资方向调节税、城市维护建设税和教育费附加等12项。

由于我国一直把住宅作为居住的生活品,在对土地、工业用房、办公用房、商业用房等征收相关税收的同时,对住宅交易是免征税的。这些对住宅免征的税收包括:土地增值税、营业税、个人所得税、房产税等。这也使趋利的资金投向住宅市场,2003年以来,在房地产价格不断上涨的过程中,住宅价格尤其明显。为此,我国于2005年首次对住宅交易开征营业税和个人所得税。2005年5月11日,国务院办公厅针对炒房行为颁布了国办发〔2005〕26号文(简称"国六条"),该文件规定:住宅购买人购入房屋后,在两年内又将该房屋出让的,则出售人应按交易额全额缴纳营业税[③]。2005年10月18日,税务总局又进一步规定,个人出售住宅应按所得额缴纳20%个人所得税。在我国的住宅交易中,一直免缴营业税和个人所得税的现实被改变。从2007年起,税务总局又将房地产企业的土地增值税由"预征制"转为实打实的"清算制"。[④] 土地增值税执行清算制,在一定程度上打击开发商囤地或捂盘的行为,同时该规定的出台对于鼓励开发商多

---

[①] 国务院于2003年8月12日颁布的国发〔2003〕18号令明确规定:房地产业是我国的支柱产业之一。要求政府支持房地产业健康发展的同时,要增加经济适用房、廉租房的供给。

[②] 围绕稳定房地产市场的文件不下十个,包括:2006年5月29日,国务院办公厅《关于调整住房供应结构稳定住房价格的意见》(国办发〔2006〕37号);2010年1月10日,国务院办公厅《关于促进房地产市场平稳健康发展的通知》(国办发〔2010〕4号);2010年4月19日,国务院《关于坚决遏制部分城市房价过快上涨的通知》(国发〔2010〕10号);2011年1月26日,国务院办公厅《关于进一步做好房地产市场调控工作有关问题的通知》(国办发〔2011〕1号);2015年3月25日,国土资源部、住建部《关于优化2015年住房及用地供应结构促进房地产市场平稳健康发展的通知》。

[③] 2006年5月31日,国税总局又颁布了国税发74号文件,对"国六条"中二手房营业税新政策的具体执行问题予以明确。2006年6月1日后,个人将购买不足5年的住房对外销售全额征收营业税。个人将购买超过5年(含5年)的普通住房对外销售,应持有关材料向地方税务部门申请办理免征营业税的手续。

[④] 2007年1月24日,国家税务总局颁布《关于房地产开发企业土地增值税清算管理有关问题的通知》,该通知规定:从2007年2月1日起,房地产企业土地增值税的交纳将由先前的"预征制"转为"清算制"。

开发普通住宅具有一定的导向意义。长期以来,税务部门认定居民住宅不属于营业用房,故居民住宅是免征房产税的。① 为进一步防止投机行为,增加持有环节的税费,2011年1月28日,上海和重庆两市试点对住宅征收房产税,②期望通过房产税,增加持有住宅的成本,从而减少对住宅的投机行为。

4. 土地供应政策

我国房地产的最大成本是土地。由于土地的垄断性供应模式,土地的供应数量完全由政府把控。降低房价的途径之一是降地价,而降地价就需要增加供应。但在利用土地政策方面,政府并没有先通过增加土地供应来降低房价,而是通过规范土地市场来稳定房地产市场。2004年3月,国土资源部颁布了国土资发〔2004〕71号文件(该文件被业界称为"8.31大限"),根据该文件规定:从2004年8月31日起,经营性土地使用权,必须以"招拍挂"方式出让。该文件对规范土地市场确实起到了积极作用。因文件要求住宅土地出让必须实行"招拍挂",这推高了地价,也对高房价起了推波助澜的作用。国土资源部在调控过程中不断调整措施,在2007年又对防止开发商囤地③和保证小户型土地供应作了规定。④

由于对房地产市场用地缺乏前瞻性,土地市场产生了各种"地王",因此国务院要求加强对土地供应的计划编制。2010年3月10日,国土部颁布《关于加强房地产用地供应和监管有关问题的通知》,该通知要求地方政府加快住房建设用地供应计划编制、促进住房建设用地有效供应、切实加强房地产用地监管等。为

---

① 我国房产税的征收依据是国务院1986年颁布的《房产税暂行条例》,该条例规定的纳税主体是房屋的产权人和承典人,规定的税率分别为房产余值税率1.2%,房屋租金税率12%。

② 上海市房产税文件规定:从2011年1月28日开始,本市居民家庭在本市新购且属于该居民家庭第二套及以上的住房,非本市居民家庭在本市新购的住房符合缴纳条件的,需缴房产税。重庆市房产税文件规定:个人拥有的独栋商品住宅,个人新购的高档住房(高档住房是指建筑面积交易单价达到上两年主城九区新建商品住房成交建筑面积均价2倍(含2倍)以上的住房),在重庆市同时无户籍、无企业、无工作的个人新购的第二套(含第二套)以上的普通住房,符合缴纳条件的,需缴纳房产税。

③ 2007年10月10日,国土资源部《招标拍卖挂牌出让国有建设用地使用权规定》(39号令)强调,建设用地使用权证书必须在完全付清土地款的情况下才能获得,不得进行按比例分期发放。以少量资金囤地的行为将被明令禁止,同时限制开发商靠买房人的钱滚动开发。对于土地出让金的交付,财政部也作出了相关规定。2009年12月17日,财政部等五部门发布《关于进一步加强土地出让收支管理的通知》(财综〔2009〕74号),该通知强调土地出让金首次缴纳比例不得低于全部土地出让价款的50%。土地租赁合同约定的当期应缴土地价款(租金)应当一次全部缴清,不得分期缴纳。

④ 2007年10月8日,国土资源部下发《关于进一步加强土地供应调控的通知》,要求开发商每宗地的开发建设时间原则上不得超过3年。要求地方政府对廉租房、经济适用住房和中低价位、中小套型普通商品住房建设用地的年度供应总量不得低于住宅供应总量的70%。

保证足够的住宅用地供应,国务院办公厅于 2011 年 1 月 26 日颁布《关于进一步做好房地产市场调控工作有关问题的通知》(国办发〔2011〕1 号),该文件规定了保障性住房、棚户区改造住房和中小套型普通商品住房用地不低于住房建设用地供应总量的 70% 的要求。在所有保证住宅用地供应的文件中,最有针对性的是 2017 年 4 月 6 日住建部、国土资源部联合发布的《关于加强近期住房及用地供应管理和调控有关工作的通知》,该通知要求:对消化周期在 36 个月以上的,应停止供地;36—18 个月的,要减少供地;12—6 个月的,要增加供地;6 个月以下的,不仅要显著增加供地,还要加快供地节奏。

5. 规划政策

房地产宏观调控也运用了规划调控,特别是房地产规划中,对房型规划作了特别要求,以解决百姓对普通房型的需求。2005 年 5 月 11 日,国务院办公厅颁布国办发〔2005〕26 号文,首次提出保证中小套户型供应,并在次年对中小户型供应作了量化规定。① 国务院办公厅还发布国办发〔2006〕37 号文件,该文件规定自 2006 年 6 月 1 日起,凡新审批、新开工的商品住房建设,套型建筑面积 90 平方米以下住房(含经济适用住房)面积所占比重,必须达到开发建设总面积的 70% 以上。过去已审批但未取得施工许可证的项目,凡不符合上述要求的,应根据要求进行套型调整。

6. 监管措施

房地产市场宏观调控的载体是房地产市场,为此,宏观调控主体对房地产市场进行了规范化管理。其中对房地产交易产生巨大影响的"期房限转"就是在房地产宏观调控过程中形成的。2005 年 5 月 11 日,国务院办公厅颁布了国办发〔2005〕26 号文,该文件规定:购买人购入的商品房在房屋实际交付前,不得再转让给他人。该规定的目的是防止对住宅的过度投机和投资。② 另外限制交易的措施是限制特定人交易住宅。2006 年 7 月 24 日,建设部联合其他 5 部委下发

---

① 2006 年 5 月 29 日,国务院办公厅出台《关于调整住房供应结构稳定住房价格的意见》》(国办发〔2006〕37 号),对"国六条"进一步细化,而且在套型面积、小户型所占比率等方面作出了量化规定。该文件提出每个项目中 90 平方米以下的中小户型的比例不低于 70% 的标准。2011 年 1 月 26 日,国务院办公厅在《关于进一步做好房地产市场调控工作有关问题的通知》(国办发〔2011〕1 号)中进一步强调:保障性住房、棚户区改造住房和中小套型普通商品住房用地不低于住房建设用地供应总量的 70% 的要求。

② 类似限制交易的措施地方政府也出台过,如 2017 年 3 月 24 日,厦门市国土房产局公布《关于进一步完善调控措施促进我市房地产市场平稳健康发展的通知》,规定新购买的住房,需取得产权证后满 2 年方可上市交易。

建住房〔2006〕171号文件(被业内称为"外资限炒令"),该文件加强了对外商投资企业房地产开发经营和境外机构和个人购房的管理。因大量房地产商囤房,国务院办公厅发布国办发〔2006〕37号文,要求对捂盘惜售、囤积房源、恶意炒作、哄抬房价的房地产企业,加大整治查处力度,情节恶劣、性质严重的,依法依规给予经济处罚,直至吊销营业执照,并追究有关负责人的责任。2006年7月6日,建设部联合国家发展和改革委员会、国家工商行政管理总局联合下发建住房〔2006〕166号文件,要求房地产开发企业取得预售许可证后,应当在10日内开始销售商品房。

限制交易最直接的方法就是限购。最早实行限购的城市是北京市。2010年4月30日,北京市人民政府发出《贯彻落实国务院关于坚决遏制部分城市房价过快上涨文件的通知》,该通知规定:自通知发布之日起,暂定同一购房家庭只能在本市新购买一套商品住房。之后,全国各大一线城市纷纷出台限购规定。自2017年开始,从限购、限贷到规范市场各方面的政策风暴,已经席卷了部分三线城市以及环一线城市的四线城市。三四线城市在加入限购大军的同时,其限购、限贷标准的严格度,则大有向一二线城市看齐的趋势。以环北京为代表,崇礼区、涞水县和涿州市,以及河北省的三河市、大厂县、香河县、固安县、怀来县等一批陌生的名字,首次登上了房地产限购政策的历史舞台。

### (二) 房地产调控存在的问题

1. 调控措施合法性存疑

在调控过程中,为了达到良好的调控效果,相关部门会有意无意地忽视我国的现行法律规定。法律、法规已有规定,但因法律、法规不利于调控,相关调控部门就出台规定,直接与法律、法规产生冲突。如国土资源部颁布的《关于继续开展经营性土地使用权招标拍卖挂牌出让情况执法监察工作的通知》(国土资发〔2004〕71号)规定:"商业、旅游、娱乐和商品住宅等经营性用地供应必须严格按规定采用招标拍卖挂牌方式。8月31日后,不得再以历史遗留问题为由采用协议方式出让经营性土地使用权。"这与我国《城市房地产管理法》第13条规定不符,该条规定:"土地使用权出让,可以采取拍卖、招标或者双方协议的方式。商业、旅游、娱乐和豪华住宅用地,有条件的,必须采取拍卖、招标方式;没有条件,不能采取拍卖、招标方式的,可以采取双方协议的方式。"根据土地管理法及城市房地产管理法规定,商业、旅游、娱乐和豪华住宅用地并不是一律实行招拍挂,而国土资源部就作了与法律规定不一致的扩大性解释。

虽然商业、旅游、娱乐和豪华住宅用地并一律实行招拍挂有利于防止腐败,使土地出让更具透明性,但在法律仍允许协议转让的前提下,则应先修改法律,而不能由有关部门通过出台一个解释来变更法律。

2. 为调控而损害行政相对人利益

许多调控措施损害行政相对人利益。政府为了尽可能达到调控效果,经常出台一些矫枉过正的措施。这些措施短期效果明显,但也可能造成行政相对人的利益受损。以国务院办公厅颁布的国办发〔2006〕37号文件为例,该文件规定:"自2006年6月1日起,凡新审批、新开工的商品住房建设,套型建筑面积90平方米以下住房(含经济适用住房)面积所占比重,必须达到开发建设总面积的70%以上。过去已审批但未取得施工许可证的项目凡不符合上述要求的,应根据要求进行套型调整。"这一规定对于中小户型住宅的供应起到了积极的作用,为了保证政策的效果,对于已经审批的项目也要改变,与行政许可法的相关规定不符,①也损害了已经取得行政许可的行政相对人的利益。因行政许可的改变而给行政相对人造成损失的,还应该赔偿,但涉及房地产调控的户型调整文件,并没有因为政府调整户型供应而给相关受影响的房地产商以补偿。

3. 调控措施可操作性不足

许多调控措施的规定不够具体,处罚无依据,界定不清楚。模糊的规定,造成的后果是调控措施得不到落实。再以国务院办公厅颁布的国办发〔2006〕37号文件为例,为规范房地产市场的乱象,该文件规定:"对捂盘惜售、囤积房源,恶意炒作、哄抬房价的房地产企业,要加大整治查处力度,情节恶劣、性质严重的,依法依规给予经济处罚,直至吊销营业执照,并追究有关负责人的责任。"该处罚似乎很严厉,但到底如何界定这些房地产市场的乱象,构成违规的要件是什么,处罚依据在哪儿,文件都未说明。结果是房地产市场的违法现象依然非常普遍。

4. 中央与地方的调控目的冲突

中央调控房地产市场的理由之一是房地产价格过高,已严重背离了满足普

---

① 《行政许可法》第8条规定:公民、法人或者其他组织依法取得的行政许可受法律保护,行政机关不得擅自改变已经生效的行政许可。行政许可所依据的法律、法规、规章修改或者废止,或者准予行政许可所依据的客观情况发生重大变化的,为了公共利益的需要,行政机关可以依法变更或者撤回已经生效的行政许可。由此给公民、法人或者其他组织造成财产损失的,行政机关应当依法给予补偿。

通百姓居住的需求。而地方政府更看重房地产对政府的经济贡献,包括 GDP、财政收入、就业率等。所以会出现中央政府要求严厉控制房价的同时,地方政府鼓励购房的怪象。有个典型的例子,2010 年 1 月 10 日国务院办公厅发布的《关于促进房地产市场平稳健康发展的通知》提出:合理引导住房消费,抑制投资投机性购房需求;落实地方各级人民政府责任等要求。同日,杭州市出台《关于加强保障性住房建设,支持自住型和改善型住房消费,促进房地产市场健康稳定发展的若干意见》,该意见明确:在杭州市区因首次置业或改善型需求购买普通住房,均可享受房款总额 1.3% 的购房补贴。虽然文件的目的都是为了房地产市场的健康发展,但中央要求抑制需求,而地方却鼓励需求,其结果自然大相径庭。类似的南辕北辙还有很多,[1]这充分说明中央与地方在房地产市场调控上存在的差异。

## 三、房地产调控法律措施

### (一) 明确政府责任

房地产市场是一个综合性的市场,既有遵循市场规律的商品房市场,也有政府承担责任的保障房市场。现在的许多争议和调控,混淆了政府、社会、市场间的关系。商品房的本质是商品,既然是商品,政府就要按照一般商品的管理,肩负监管、规范的责任。

房地产调控的本质是平衡供求关系。需要明确的是我国现有商品房供求关系的现状,只有认清形势,才能采取有针对性的措施。根据我国第六次人口普查数据,截至 2010 年 11 月,全国住宅建筑总面积为 393 亿平方米,人均面积为 30.4 平方米。其中,城市住宅建筑总面积为 106.6 亿平方米,人均面积为 29 平方米;镇住宅总面积为 80.4 亿平方米,人均面积为 31.6 平方米;乡村住宅总面积为 206 亿平方米,人均面积为 30.7 平方米。截至 2016 年末,我国的住宅施工面积为 52.13 亿平方米,待售面积为 4.03 亿平方米。从 2011 年至 2016 年,全

---

[1] 如,在中央关于要求地方加强房地产市场调控的背景下,安徽省芜湖市在 2012 年 2 月 9 日,由市政府公布了《关于进一步加强住房保障改善居民住房条件的若干意见》,该意见中有较大力度鼓励购房的规定,包括:契税 100% 补助;特定面积及特定人群购房补贴;购房落户等。该意见施行不到一周时间就被中央相关部门叫停。

国共销售住宅 57.114 亿平方米。以上数据总计,截至 2016 年底,我国的住宅总供应量可以达到 516.79 亿平方米,这还未包括 2011 年以来农村的新增住宅。按我国人口平均计算,2016 年全国人均住宅在 40 平方米左右。

就人均居住现状看,我国住宅并不缺。虽然人均住宅不缺,但住宅的人均分布并不均匀,部分地区房价仍有上涨的空间,即住宅供应量不足。以上海为例,根据上海市统计局数据:截至 2015 年底,上海的常住人口为 2415.27 万人,户籍人口为 1442.97 万人,人口密度为 3809 人/平方公里,总户数为 536.76 万户。户籍人口户均人数 2.69,全部人口以沪均 2.69 人计算,需 895 万套住宅。上海现有成小区住宅 760 万套(农民住宅没有计入),考虑到上海住宅的空置率,上海的实际户均人数 2.4,则上海需要 1006 万套住宅(2415/2.4),这表明,如果要让上海人人拥有住宅的话,上海还需要供应 200 多万套住宅。

房地产的地区差异性大,因此调控措施不能一刀切,需要因地制宜,同时根据各地的不同情况。最根本的原则是一定要遵循市场经济规律。

商品房既然是商品,就应按照经济规律来管理。根据政治经济学的基本原理,商品的价格是以商品价值为中心,根据供求变化而上下变动。这意味着商品房的价格是其价值(建造商品房的成本)和供求关系决定的。商品房最主要的成本是土地成本,而政府是土地的独家供应者,因此土地成本降,商品房价格降,这是必然的。政府如果要降低商品房的价格,其中的一个有效措施是降低土地供应价格。降土地价格并不难,只要增加住宅用地的供应,改变长期以来"饥饿"的土地供应模式即可。住宅用地增加是控制房价最好的方式,不仅因为土地增加会降低土地的价格,土地增加另一个直接效果是增加了住宅的供应。商品房成本降低,同时供应量又增加,这必然会降低商品房的价格。

**(二)加快社会保障房的供给**

政府在房地产市场的责任是保障公民基本的生存权,即保障社会保障房的供给。我国房地产市场的主要问题不是房价太高,而是保障房供应的不足和房地产租赁市场的缺陷。如果没有能力购买商品房的群体的居住权能够保证,则政府就无责任。

根据"十三五"规划,我国将加快构建以政府为主,提供基本保障;以市场为主,满足多层次需求的住房供应体系,深化住房制度改革,优化住房供需结构,更好地保障"居者有其屋"。我国现行的保障房政策,能够满足条件的只是一小部分群体,申请社会保障房的条件极高。根据上海市 2014 年社会保障房申请条件,[1]会有一大批无力购房户不能申请社会保障房。上海市 2014 年的廉住房申请标准将 3 人及以上家庭的人均月可支配收入限额从 2100 元调整为 2500 元、人均财产限额从 8 万元调整为 9 万元;2 人及以下家庭的申请条件还可以在前述标准基础上上浮 10%。经济适用房(共有产权房)申请标准将 3 人及以上家庭的人均月可支配收入限额从 5000 元调整为 6000 元、人均财产限额从 15 万元调整为 18 万元;2 人及以下家庭的申请条件,还可以在前述标准基础上上浮 20%。因此,一批无力购买商品房又不满足社会保障房条件的居民就会对商品房市场价格产生极大的关注。

社会保障房市场存在的另外一个问题是社会保障房的适居性问题。所谓的适居性有两个方面:社会保障房的质量和配套设施。对于我国社会保障房的质量问题已经多有反应。由于政府社会保障房的建设是微利或无利可图的,政府需要补贴建设,而大多数地方政府资金不足,为了完成社会保障房的任务,因此地方政府就会尽大努力减少建设成本。社会保障房质量无法保证还源于政府将社会保障房作为房地产开发商获得住宅用地的条件。许多财政困难的地方政府要求房地产开发商配建社会保障房,开发商为最大限度获取利润,降低社会保障房的建设标准,使得社会保障房出现各种问题。我国社会保障房配套设施不齐全即是问题之一。住房的核心价值是配套设施,最主要的公共配套设施包括医疗设施、教育设施、交通设施、购物设施等。各地的社会保障房大都地处偏远,各种配套设施欠缺,极大降低了住房的适居性。

**(三) 社会保障房公平合理分配**

社会保障房分配环节出现了不少问题,不符合条件的通过各种关系获取房源。有大量的社会保障房闲置,住房保障部门不愿分配已建社会保障房,[2]个中原因各不相同,有的留着社会保障房不分配,似乎说明社会保障房不缺;有的社会保障房确实没有人申请,因为地处偏远、配套设施不完善,根本不适合居住。

---

[1] 各地的社会保障房申请标准由当地政府根据经济发展现状及居民收入的变化会作适当的调整。
[2] 审计署 2015 年 11 月审计公告显示:5 个省的 5 个市县已建成的 5.75 万套保障性住房闲置。贵州省贵阳市 30855 套保障房未分配;江西省南昌市则有 21840 套未分配;河南省新乡市的 3509 套保障房未分配。

所以，房地产调控的一个主要任务是政府承担起社会保障房提供者的责任，切实有效地解决社会低收入者的住房问题。

### （四）完善房地产租赁市场

房地产市场中政府除提供社会保障房外，政府另一个责任是建立有效公平的房地产租赁市场。当公民无力购买住宅，又不符合申请社会保障房条件时，为解决自己的居住问题，可以转向租赁市场。通过承租他人住宅解决居住问题，但这必须有一个良好的租赁市场为前提。一个良好的房地产租赁市场应该是竞争充分、规则完善、有效保护承租人的市场。我国现在较缺乏的是房地产租赁市场的完善法规。相关的房地产租赁法律、法规对承租人的保护不够充分。这造成的后果是房东侵犯房客利益现象发生频繁，房东撕毁合同的案例普遍。由于租房的诸多不便，使得本不具备购房能力的人被迫加入购房人群。因此，房地产市场宏观调控的另一有效途径是建立完善的住房租赁体系，这也是政府履行房地产市场宏观调控的责任之一。

为保证房地产市场的稳定，保障居住人利益，我国在一些地方试点住房所有权与住房居住权具有相同权利，这就是被人们称为"租售同权"的政策。①

保障租赁市场的另外一个措施是政府出让租赁房土地。2016年6月3日，国务院办公厅正式发布《关于加快培育和发展住房租赁市场的若干意见》，该意见旨在规范住房租赁市场发展，促进我国住房市场由以售为主向租售并举转变。该意见明确提出，改善租房市场有效供给，在支持和规范个人出租住房的同时，也将发展住房租赁企业，提高租房房源的集中化、规模化、标准化水平。在此背景下，北京率先开启了"限房价、竞地价、竞自持"土地出让方式，并且由北京万科率先竞得了首个全部自持的住宅地块。之后，同属一线城市的上海也于2017年7月5日推出了"只租不售"的住宅用地。② 随着一线城市经验的积累，此种模式

---

① 所谓的"租售同权"，是使租赁他人房屋的租赁者与拥有产权房屋的所有人享有同样的权利。这是基于2017年7月18日，住建部、国家发改委、公安部等9部委发布的文件《关于在人口净流入的大中城市加快发展住房租赁市场的通知》形成的，该通知中涉及的内容是："推进部门间信息共享，承租人可按照国家有关规定凭登记备案的住房租赁合同等有关证明材料申领居住证，享受相关公共服务。"

② 2017年7月5日，上海规土局网站发布了2幅位于浦东新区张江和嘉定新城的拟出让地块公告，地块的土地用途都标注为"租赁住房"。这是上海公开土地市场上未曾出现过的新土地用途，公告要求所建物业严格按照"只租不售"模式管理，仅用于出租，不得出售。受让人应在出让年限内整体持有租赁住房物业并持续出租运营，有关房屋套型、功能及运营管理等全生命周期管理要求。

会在更多城市推开,这将进一步缓解普通居民的购房压力。

### (五) 减少行政手段

我国房地产调控运用了限购、限贷、限价、限卖措施,[1]对房地产市场的健康发展起了积极的作用,但这毕竟是行政手段。用行政手段调控市场经济活动,不利于市场经济的健康发展,有些措施还与现行法律相冲突。房地产宏观调控在充分利用经济手段和法律手段的同时,要逐渐减少行政手段,尤其不能采用与法律冲突的行政手段。

调控要有针对性,防止政策的负外部性。采取房地产调控措施时,要充分调研分析,防止调控措施的异化。我国在对二手房转让调控时对出让方征收营业税、所得税后,由于供应没有及时跟上,卖家将税收转嫁给买家,结果则是进一步推高了房价。因此调控措施的可行性、科学性决定调控的效果,这一教训必须吸取。

---

[1] 所谓限售是规定购入商品房后,未满一定年限禁止出售。厦门、惠州都出台过相关规定。2017年4月8日,惠州市人民政府办公室发布《关于进一步完善我市房地产市场监督管理工作的通知》,出台一系列楼市调控措施,相关措施于2017年4月9日起施行。其中规定:新购买(新购买是指自通知施行之日起购买)的商品住房(含新建商品住房和二手住房)须取得不动产权证满3年后方可转让。

## 附 录

# 中华人民共和国国民经济和社会发展第十三个五年
# (2016—2020年)规划纲要

## 第一篇 《指导思想、主要目标和发展理念》

中华人民共和国国民经济和社会发展第十三个五年(2016—2020年)规划纲要,根据《中共中央关于制定国民经济和社会发展第十三个五年规划的建议》编制,主要阐明国家战略意图,明确经济社会发展宏伟目标、主要任务和重大举措,是市场主体的行为导向,是政府履行职责的重要依据,是全国各族人民的共同愿景。

第一篇 指导思想、主要目标和发展理念

"十三五"时期是全面建成小康社会决胜阶段。必须认真贯彻党中央战略决策和部署,准确把握国内外发展环境和条件的深刻变化,积极适应把握引领经济发展新常态,全面推进创新发展、协调发展、绿色发展、开放发展、共享发展,确保全面建成小康社会。

第一章 发展环境

"十二五"时期是我国发展很不平凡的五年。面对错综复杂的国际环境和艰巨繁重的国内改革发展稳定任务,党中央、国务院团结带领全国各族人民顽强拼搏、开拓创新,经济社会发展取得显著成就,胜利完成"十二五"规划确定的主要目标和任务。

积极应对国际金融危机持续影响等一系列重大风险挑战,适应经济发展新常态,不断创新和完善宏观调控,推动形成经济结构优化、发展动力转换、发展方式转变加快的良好态势。经济保持持续较快发展,经济总量稳居世界第二位,人均国内生产总值增至49351元(折合7924美元)。经济结构调整取得重大进展,农业稳定增长,第三产业增加值占国内生产总值比重超过第二产业,居民消费率不断提高,城乡区域差距趋于缩小,常住人口城镇化率达到56.1%,基础设施水平全面跃升,高技术产业、战略性新兴产业加快发展,一批重大科技成果达到世界先进水平。公共服务体系基本建立、覆盖面持续扩大,教育水平明显提升,全民健康状况明显改善,新增就业持续增加,贫困人口大幅减少,人民生活水平和质量进一步提高。生态文明建设取得新进展,主体功能区制度逐步健全,主要污染物排放持续减少,节能环保水平明显提升。全面深化改革有力推进,经济体制继续完善,人民民主不断扩大,依法治国开启新征程。全方位外交取得重大进展,国际地位显著提高,对外开放不断深入,成为全球第一货物贸易大国和主要对外投资大国,人民币纳入国际货币基金组织特别提款权货币篮子。中华民族伟大复兴的中国梦和社会主义核心价值观深入人心,国家文化软实力不断增强。中国特色军事变革成就显著,强军兴军迈出新步伐。全面从严治党开创新局面,党风廉政建设成效显著。我国经济实力、科技实力、国防实力、国际影响力又上了一个大台阶。

尤为重要的是,党的十八大以来,以习近平同志为总书记的党中央毫不动摇坚持和发展中国特色社会主义,勇于实践、善于创新,深化对共产党执政规律、社会主义建设规律、人类社会发展规律的认识,形成一系列治国理政新理念新思想新战略,为在新的历史条件下深化改革开放、加快推进社会主义现代化提供了科学理论指导和行动指南。

"十三五"时期,国内外发展环境更加错综复杂。从国际看,和平与发展的时代主题没有变,世界多极化、经济全球化、文化多样化、社会信息化深入发展。国际金融危机冲击和深层次影响在相当长时期依然存在,世界经济在深度调整中曲折复苏、增长乏力。主要经济体走势和宏观政策取向分化,金融市场动荡不稳,大宗商品价格大幅波动,全球贸易持续低迷,贸易保护主义强化,新兴经济体困难和风险明显加大。新一轮科技革命和产业变革蓄势待发,国际能源格局发生重大调整。全球治理体系深刻变革,发展中国家群体力量继续增强,国际力量对比逐步趋向平衡,国际投资贸易规则体系加快重构,多边贸易体制受到区域性高标准自由贸易体制挑战。局部地区地缘博弈更加激烈,传统安全威胁和非传统安全威胁交织,国际关系复杂程度前所未有。外部环境不稳定不确定因素明显增多,我国发展面临的风险挑战加大。

从国内看,经济长期向好的基本面没有改变,发展前景依然广阔,但提质增效、转型升级的要求更加紧迫。经济发展进入新常态,向形态更高级、分工更优化、结构更合理阶段演化的趋势更加明显。消费升级加快,市场空间广阔,物质基础雄厚,产业体系完备,资金供给充裕,人力资本丰富,创新累积效应正在显现,综合优势依然显著。新型工业化、信息化、城镇化、农业现代化深入发展,新的增长动力正在孕育形成,新的增长点、增长极、增长带不断成长壮大。全面深化改革和全面推进依法治国正释放新的动力、激发新的活力。同时,必须清醒认识到,发展方式粗放,不平衡、不协调、不可持续问题仍然突出,经济增速换挡、结构调整阵痛、动能转换困难相互交织,面临稳增长、调结构、防风险、惠民生等多重挑战。有效需求乏力和有效供给不足并存,结构性矛盾更加凸显,传统比较优势减弱,创新能力不强,经济下行压力加大,财政收支矛盾更加突出,金融风险隐患增大。农业基础依然薄弱,部分行业产能过剩严重,商品房库存过高,企业效益下滑,债务水平持续上升。城乡区域发展不平衡,空间开发粗放低效,资源约束趋紧,生态环境恶化趋势尚未得到根本扭转。基本公共服务供给仍然不足,收入差距较大,人口老龄化加快,消除贫困任务艰巨。重大安全事故频发,影响社会稳定因素增多,国民文明素质和社会文明程度有待提高,法治建设有待加强,维护社会和谐稳定难度加大。

综合判断,我国发展仍处于可以大有作为的重要战略机遇期,也面临诸多矛盾叠加、风险隐患增多的严峻挑战。必须准确把握战略机遇期内涵和条件的深刻变化,增强忧患意识、责任意识,强化底线思维,尊重规律与国情,积极适应把握引领新常态,坚持中国特色社会主义政治经济学的重要原则,坚持解放和发展社会生产力、坚持社会主义市场经济改革方向、坚持调动各方面积极性,坚定信心,迎难而上,继续集中力量办好自己的事情,着力在优化结构、增强动力、化解矛盾、补齐短板上取得突破,切实转变发展方式,提高发展质量和效益,努力跨越"中等收入陷阱",不断开拓发展新境界。

第二章 指导思想

高举中国特色社会主义伟大旗帜,全面贯彻党的十八大和十八届三中、四中、五中全会精神,以马克思列宁主义、毛泽东思想、邓小平理论、"三个代表"重要思想、科学发展观为指导,深入贯彻习近平总书记系列重要讲话精神,坚持全面建成小康社会、全面深化改革、全面依法治国、全面从严治党的战略布局,坚持发展是第一要务,牢固树立和贯彻落实创新、协调、绿色、开放、共享的发展理念,以提高发展质量和效益为中心,以供给侧结构性改革为主线,扩大有效供给,满足有效需求,加快形成引领经济发展新常态的体制机制和发展方式,保持战略定力,坚持稳中求进,统筹推进经济建设、政治建设、文化建设、社会建设、生态文明建设和党的建设,确保如期全面建成小康社会,为实现第二个百年奋斗目标、实现中华民族伟大复兴的中国梦奠定更加坚实的基础。

必须遵循以下原则：

——坚持人民主体地位。人民是推动发展的根本力量，实现好、维护好、发展好最广大人民根本利益是发展的根本目的。必须坚持以人民为中心的发展思想，把增进人民福祉、促进人的全面发展作为发展的出发点和落脚点，发展人民民主，维护社会公平正义，保障人民平等参与、平等发展权利，充分调动人民积极性、主动性、创造性。

——坚持科学发展。发展是硬道理，发展必须是科学发展。我国仍处于并将长期处于社会主义初级阶段，基本国情和社会主要矛盾没有变，这是谋划发展的基本依据。必须坚持以经济建设为中心，从实际出发，把握发展新特征，加大结构性改革力度，加快转变经济发展方式，实现更高质量、更有效率、更加公平、更可持续的发展。

——坚持深化改革。改革是发展的强大动力。必须按照完善和发展中国特色社会主义制度、推进国家治理体系和治理能力现代化的总目标，健全使市场在资源配置中起决定性作用和更好发挥政府作用的制度体系，以经济体制改革为重点，加快完善各方面体制机制，破除一切不利于科学发展的体制机制障碍，为发展提供持续动力。

——坚持依法治国。法治是发展的可靠保障。必须坚定不移走中国特色社会主义法治道路，加快建设中国特色社会主义法治体系，建设社会主义法治国家，推进科学立法、严格执法、公正司法、全民守法，加快建设法治经济和法治社会，把经济社会发展纳入法治轨道。

——坚持统筹国内国际两个大局。全方位对外开放是发展的必然要求。必须坚持打开国门搞建设，既立足国内，充分运用我国资源、市场、制度等优势，又重视国内国际经济联动效应，积极应对外部环境变化，更好利用两个市场、两种资源，推动互利共赢、共同发展。

——坚持党的领导。党的领导是中国特色社会主义制度的最大优势，是实现经济社会持续健康发展的根本政治保证。必须贯彻全面从严治党要求，不断增强党的创造力、凝聚力、战斗力，不断提高党的执政能力和执政水平，确保我国发展航船沿着正确航道破浪前进。

### 第三章 主要目标

按照全面建成小康社会新的目标要求,今后五年经济社会发展的主要目标是:

——经济保持中高速增长。在提高发展平衡性、包容性、可持续性基础上,到2020年国内生产总值和城乡居民人均收入比2010年翻一番,主要经济指标平衡协调,发展质量和效益明显提高。产业迈向中高端水平,农业现代化进展明显,工业化和信息化融合发展水平进一步提高,先进制造业和战略性新兴产业加快发展,新产业新业态不断成长,服务业比重进一步提高。

——创新驱动发展成效显著。创新驱动发展战略深入实施,创业创新蓬勃发展,全要素生产率明显提高。科技与经济深度融合,创新要素配置更加高效,重点领域和关键环节核心技术取得重大突破,自主创新能力全面增强,迈进创新型国家和人才强国行列。

——发展协调性明显增强。消费对经济增长贡献继续加大,投资效率和企业效率明显上升。城镇化质量明显改善,户籍人口城镇化率加快提高。区域协调发展新格局基本形成,发展空间布局得到优化。对外开放深度广度不断提高,全球配置资源能力进一步增强,进出口结构不断优化,国际收支基本平衡。

——人民生活水平和质量普遍提高。就业、教育、文化体育、社保、医疗、住房等公共服务体系更加健全,基本公共服务均等化水平稳步提高。教育现代化取得重要进展,劳动年龄人口受教育年限明显增加。就业比较充分,收入差距缩小,中等收入人口比重上升。我国现行标准下农村贫困人口实现脱贫,贫困县全部摘帽,解决区域性整体贫困。

——国民素质和社会文明程度显著提高。中国梦和社会主义核心价值观更加深入人心,爱国主义、集体主义、社会主义思想广泛弘扬,向上向善、诚信互助的社会风尚更加浓厚,国民思想道德素质、科学文化素质、健康素质明显提高,全社会法治意识不断增强。公共文化服务体系基本建成,文化产业成为国民经济支柱性产业。中华文化影响持续扩大。

——生态环境质量总体改善。生产方式和生活方式绿色、低碳水平上升。能源资源开发利用效率大幅提高,能源和水资源消耗、建设用地、碳排放总量得到有效控制,主要污染物排放总量大幅减少。主体功能区布局和生态安全屏障基本形成。

——各方面制度更加成熟更加定型。国家治理体系和治理能力现代化取得重大进展,各领域基础性制度体系基本形成。人民民主更加健全,法治政府基本建成,司法公信力明显提高。人权得到切实保障,产权得到有效保护。开放型经济新体制基本形成。中国特色现代军事体系更加完善。党的建设制度化水平显著提高。

第四章 发展理念

实现发展目标,破解发展难题,厚植发展优势,必须牢固树立和贯彻落实创新、协调、绿色、开放、共享的新发展理念。

创新是引领发展的第一动力。必须把创新摆在国家发展全局的核心位置,不断推进理论创新、制度创新、科技创新、文化创新等各方面创新,让创新贯穿党和国家一切工作,让创新在全社会蔚然成风。

协调是持续健康发展的内在要求。必须牢牢把握中国特色社会主义事业总体布局,正确处理发展中的重大关系,重点促进城乡区域协调发展,促进经济社会协调发展,促进新型工业化、信息化、城镇化、农业现代化同步发展,在增强国家硬实力的同时注重提升国家软实力,不断增强发展整体性。

绿色是永续发展的必要条件和人民对美好生活追求的重要体现。必须坚持节约资源和保护环境的基本国策,坚持可持续发展,坚定走生产发展、生活富裕、生态良好的文明发展道路,加快建设资源节约型、环境友好型社会,形成人与自然和谐发展现代化建设新格局,推进美丽中国建设,为全球生态安全做出新贡献。

开放是国家繁荣发展的必由之路。必须顺应我国经济深度融入世界经济的趋势,奉行互利共赢的开放战略,坚持内外需协调、进出口平衡、引进来和走出去并重、引资和引技引智并举,发展更高层次的开放型经济,积极参与全球经济治理和公共产品供给,提高我国在全球经济治理中的制度性话语权,构建广泛的利益共同体。

共享是中国特色社会主义的本质要求。必须坚持发展为了人民、发展依靠人民、发展成果由人民共享,作出更有效的制度安排,使全体人民在共建共享发展中有更多获得感,增强发展动力,增进人民团结,朝着共同富裕方向稳步前进。

坚持创新发展、协调发展、绿色发展、开放发展、共享发展,是关系我国发展全局的一场深刻变革。创新、协调、绿色、开放、共享的新发展理念是具有内在联系的集合体,是"十三五"乃至更长时期我国发展思路、发展方向、发展着力点的集中体现,必须贯穿于"十三五"经济社会发展的各领域各环节。

第五章　发展主线

贯彻落实新发展理念、适应把握引领经济发展新常态,必须在适度扩大总需求的同时,着力推进供给侧结构性改革,使供给能力满足广大人民日益增长、不断升级和个性化的物质文化和生态环境需要。必须用改革的办法推进结构调整,加大重点领域关键环节市场化改革力度,调整各类扭曲的政策和制度安排,完善公平竞争、优胜劣汰的市场环境和机制,最大限度激发微观活力,优化要素配置,推动产业结构升级,扩大有效和中高端供给,增强供给结构适应性和灵活性,提高全要素生产率。必须以提高供给体系的质量和效率为目标,实施宏观政策要稳、产业政策要准、微观政策要活、改革政策要实、社会政策要托底的政策支柱,去产能、去库存、去杠杆、降成本、补短板,加快培育新的发展动能,改造提升传统比较优势,夯实实体经济根基,推动社会生产力水平整体改善。

# 后 记

次贷危机后,世界各国政府均加大了宏观调控的力度。我国自进入经济新常态和转型升级时期以来,政府亦出台了一系列对市场宏观调控的新措施,这也导致很多新情况、新问题的出现。在发挥市场在资源配置中起决定性作用的深化改革背景下,如何把握市场与政府的关系成为大家关注的焦点,宏观调控法治化及其创新被再次强调。因此,对宏观调控法的再学习再研究,具有不同以往的现实意义。为此,我们承担了中国法学会重点委托课题"市场与宏观调控法治化研究",本书就是在该课题成果的基础上扩展而成的专著型教材。

本书以新时代中国特色社会主义思想为指导,贯彻新发展理念,理论紧密联系实际,力图全面反映最新的学术成果和新鲜的实践经验,同时兼顾专业教材的系统性、基础性和规范性。本书既可作为经济法学专业教材,也可作为研究宏观调控法治和经济管理实务的参考读物。

本书由吴弘担任主编,任超任副主编。各章撰写分工是:第一章(吴弘、殷洁),第二、十七章(殷洁),第三、五、十三、十四章(任超),第四章(吴弘、胡晓媛),第六、十二章(吴弘),第七、九、十章(桂祥),第八章(胡晓媛),第十一章(桂祥、胡晓媛),第十五、十六、十八章(杨勤法),最后由吴弘统稿。

欢迎读者不吝赐教。

2018 年 2 月 19 日